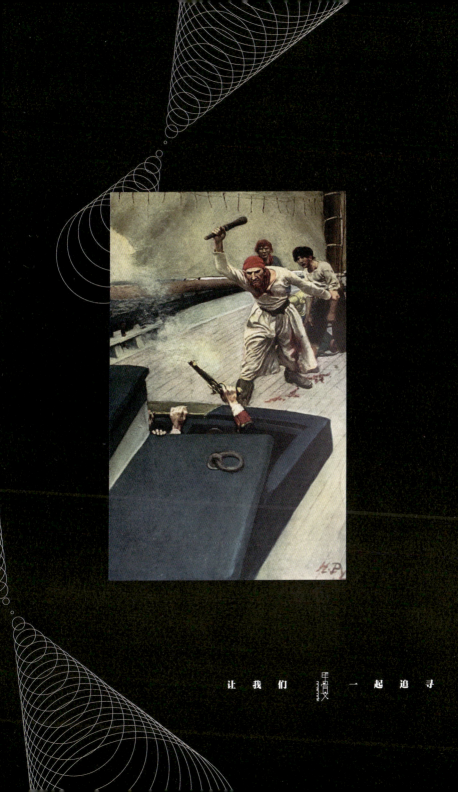

让 我 们 一 起 追 寻

野性北美·多林作品集 **IV**

海美
盗洲
史

ERIC JAY DOLIN

Black Flags, Blue Waters
The Epic History of
America's Most Notorious Pirates

黑
色的旗

蓝
色的海

〔美〕埃里克·杰·多林 著

冯璇 译

社会科学文献出版社
SOCIAL SCIENCES ACADEMIC PRESS (CHINA)

献给珍妮弗、莉莉和哈里

船不过是钉起来的板子，水手不过是普通的人：
有陆地上的老鼠，也有海洋上的老鼠，
有陆地上的盗贼，也有海洋上的盗贼；
我指的是海盗。

——威廉·莎士比亚，《威尼斯商人》

目　录

缅因
（马萨诸塞殖民地
的一部分）
新斯科舍

法尔茅斯
（波特兰）
塞布尔角

纽约

新罕布什尔

马萨诸塞
波士顿

罗得岛
科德角

康涅
狄格
楠塔基特
浅滩
乔治浅滩

宾夕法尼亚

费城

长岛
纽约（纽约市）

新泽西

马里兰

特拉华湾

亨洛彭角

特拉华

詹姆斯河

切萨皮克湾

弗吉尼亚

威廉斯堡

查尔斯角

詹姆斯敦

亨利角

**1700年前后的
美洲海岸沿线**

0   100   200

英里

北卡罗来纳

巴斯

奥克拉科克岛

卢考特角

开普菲尔角

南卡罗来纳

查尔斯镇
（查尔斯顿）

缅因（马萨诸塞
殖民地的一部分）

佩马奎德河

法尔茅斯（波特兰）

卡斯
科湾

蒙希根岛

达马里斯科达岛

新罕布什尔

里士满岛

朴次茅斯

浅滩群岛

马萨诸塞

格洛斯特

波士顿

0   50

英里

普利茅斯港

罗得岛

康涅狄格

普罗温斯敦

科德角

新伦敦

纽波特

马撒葡萄园岛

西班牙船只
失事地点

布洛克岛

楠塔基特

佛罗里达

麦加
吉达
红海
莫查
亚丁湾
曼德海峡

非洲

印度
苏拉特
孟买
加尔瓦尔
马拉巴海岸

阿拉伯海

印度洋

约翰娜（昂儒昂）

圣玛丽

马达加斯加

圣奥古斯丁

**1700年前后非洲与
印度之间的印度洋**

0   500   1000
英里

佛罗里达

墨西哥湾

拿骚
新普罗维登斯
哈瓦那
巴哈马

坎佩切湾

尤卡坦半岛
开曼群岛
特内夫群岛
洪都拉斯湾
罗阿坦岛
洪都拉斯

古巴

牙买加

托尔图加

金斯顿港

加   勒   比   海

巴拿马城

南美洲

伊斯帕尼奥拉岛
（海地和多米尼加
共和国）

圣托马斯

小安的列斯

背风群岛

马提尼克岛
巴巴多斯

库拉索岛

**1700年前后的
加勒比海盆地**

0   200   400
英里

引　言

图 1　这幅二十世纪早期的画作，描绘了海盗黑胡子与英国海军中尉罗伯特·梅纳德于 1718 年 11 月末在"简号"单桅纵帆船上交手的情景

黑色的旗，蓝色的海

1726 年 4 月末，约翰·格林船长（Captain John Green）终于准备起航了。最后一些食物、淡水和物资也被运上停泊在宽阔的牙买加金斯顿港（Kingston Harbor）码头的"伊丽莎白号"（*Elizabeth*）。格林和他的十六名船员打算横跨大西洋，到非洲的几内亚海岸（Guinea Coast）运送一船奴隶，这些奴隶正是支撑牙买加这个岛屿上残暴经济的主要劳动力。牙买加那些面积巨大且利润丰厚的甘蔗种植园都是靠数以万计的奴隶来完成极为辛苦的甘蔗收割和加工工作的，他们生产的产品满足了越来越多大英帝国国民在喝茶、喝咖啡及做蛋糕时加入甜味剂的渴望。绝大多数幸福的消费者并不关心提升味觉享受背后发生了什么可怕的事情。种植园奴隶的死亡率非常高，所以种植园主们需要不断补充新的奴隶，才能满足不断增长的对糖的需求。如果没有像格林和他的船员这样的人提供的服务，牙买加的经济最终会陷入停滞。[1]

"伊丽莎白号"从牙买加岸边湛蓝的海水中驶离后不久，麻烦就开始了。格林船长和他的大副托马斯·詹金斯（Thomas Jenkins）很快引起了大多数船员的敌意，船员们声称格林和詹金斯"给他们安排了繁重的工作"，还"把他们当作狗一样……野蛮地对待"。[2]二十七岁的水手长威廉·弗莱（William Fly）[3]利用了这种愤怒的情绪，开始策划一场哗变。5 月 27 日深夜，当"伊丽莎白号"已经航行至距离美洲海岸几百英里远之后，弗莱和他的同谋者们决定，发动攻击的时候到了。

凌晨一点刚过，负责执勤的弗莱发出了信号。因知道即将发生的暴力事件而神经紧绷的弗莱和另外四人一起大步走过主甲板，接近了正在掌舵的莫里斯·坎顿（Morrice Cundon）。弗莱倾身贴近坎顿，在后者耳边低声地威胁道："该死的家伙，你敢动一下或喊一句，我就把你的脑袋打碎。"[4]为了强调自己的威胁不是一句空话，弗莱还撩开上衣，露出了插在腰里的枪。呆若木鸡的坎顿眼看着弗莱和紧随其后的船员亚历山大·米切尔（Alexander Mitchell）沿舱梯走到甲板下面，朝着船长的舱房去了。

这两个哗变者粗暴地弄醒了床上的格林船长，不顾他的激烈挣扎，硬把他拖到主甲板上。当他们即将把他扔进大海时，格林尖叫道："看在上帝的分儿上，水手长，不要把我扔下船去，如果你这样做，我会下地狱的。"十分享受自己新获得的生杀大权的弗莱，冷酷地命令船长跟着他说："主啊，请怜悯我的灵魂。"[5]然后，弗莱、米切尔和一个姓温思罗普（Winthrop）的船员就将格林推出船舷。不愿接受命运的船长还在做最后的挣扎，他紧紧地抓住主帆的控帆索①。然而，这只把他的死期推迟了一小会儿。当船长吊在海面上荡来荡去的时候，温思罗普抢起箍桶匠的大斧子，斧头在空中划出一个巨大的弧形，砍断了这位倒霉船长的双手，他整个人随即落入海中。

哗变者心中的嗜血因子仍在叫嚣，此时他们要找的是下一个受害者——詹金斯。舵手塞缪尔·科尔（Samuel Cole）向这位大副喊话说："无耻小人，从你的船舱里出来！"但詹金斯刚刚听到了格林抵抗行刑者的声音，所以他根本不会

xix

---

① 指系在帆桁或主桅帆下角的，用来调整船帆受风角度的绳子。（文中脚注未做特别说明的，均为作者注。）

听从这个要求。相反，詹金斯开始恳求道："看在上帝的分儿上，放我一条活路吧。"[6]结果，詹金斯也被哗变者拖到主甲板上，温思罗普用尚染着血的斧头敲碎了詹金斯的肩膀，还在将大副扔进海中的同时大喊："他应该去追随他的指挥官！"在水中一起一伏的詹金斯还在呼救："看在上帝的分儿上，扔给我一条绳子。"[7]不过没有人会救他。哗变者们控制了这条船，将它重新取名为"名望的复仇号"（*Fame's Revenge*）。他们的海盗生涯就这样开始了。

在选举弗莱为船长之后，海盗们设定了到美洲近海水域寻找猎物的新航线。"名望的复仇号"是一艘双桅横帆船，这种规格的船还有个名字叫"鸟嘴船"（snow）①。它算不上什么有威慑力的大船，船上总共只有四门加农炮和两门放在底座上的回旋炮，不过这些装备的威力已经足够实现船员们的犯罪计划了。在接下来的几周里，弗莱和同伴们夸耀地称自己为"冒险家"[8]，他们在北卡罗来纳和新泽西之间掠夺了三艘商船，在此过程中还囚禁了一些俘虏。[9]俘虏中最重要的一个人是商船"博内塔号"（Bonetta）的前船长威廉·阿特金森（William Atkinson），他当时正搭乘这些被俘船只中的一艘前往波士顿。由于阿特金森对当地水域非常熟悉，弗莱让他做出一个选择：要么为"名望的复仇号"领航，前往新英格兰；要么被海盗们"打碎脑袋"[10]。

---

① "snow"的发音近似荷兰语"snauw"，意思为"鸟嘴"，指的是这种船有一个尖尖的船头。——译者注

引　言

阿特金森不情愿地接受了这项任务，在 6 月 12 日前后，弗莱要求他把这艘鸟嘴船驶向马撒葡萄园岛（Martha's Vineyard），因为海盗们想要到岛上补充淡水和木材。然而，阿特金森心中却另有打算。他故意错过了马撒葡萄园岛，然后又错过了楠塔基特岛（Nantucket）。直到船已经开出很远，弗莱才意识到他们偏离了既定航线。弗莱因阿特金森的欺骗而怒不可遏，甚至扬言要杀了阿特金森，但他清楚自己不能杀死这个船上最好的领航员，所以他让阿特金森继续前行，并命令他设定一条前往新斯科舍（Nova Scotia）的新航线，那里是新英格兰渔船聚集的地方。如果一切顺利，弗莱就可以在那里抛弃笨拙缓慢的"名望的复仇号"，换一条速度更快、行动更灵活的船。

早在故意偏离航线之前，阿特金森心中就已经有了盘算。他渴望有机会夺下这条鸟嘴船，而且他已经和其他几个俘虏分享了这个还未完全成型的计划。实际上，阿特金森过去就经常设想，如果自己的船被海盗俘获了他该怎么做。他已经下定决心，一旦被俘，他会先"迎合"海盗以获取其信任，"直到抓住反抗他们的机会"。[11]阿特金森需要的只是一个突破口。

6 月 23 日早晨，"名望的复仇号"行驶到新斯科舍以南约六十英里处的布朗斯浅滩（Browns Bank），这里是新英格兰渔民最喜欢的、能够捕捞最棒鳕鱼的地方。"名望的复仇号"上高高飘扬着被公认为象征着海盗的黑旗，弗莱和他的手下很快就突袭了一艘来自马布尔黑德（Marblehead）的斯库纳纵帆船"詹姆斯号"（James）。不过弗莱想要的是速

5

度更快的船，所以当另一艘看起来很好的斯库纳纵帆船进入他的视线时，弗莱让大部分手下驾驶"詹姆斯号"去追那艘船。

弗莱对一艘速度更快的船的渴望成了给他带来毁灭的根源。当时，"名望的复仇号"上只剩三名弗莱的手下，其中一人还能听他差遣，另一个因涉嫌阴谋哗变而被关起来，第三个已经烂醉如泥。与此同时，船上的俘虏人数却达到十五名，而且其中一些没有受到任何束缚。

"詹姆斯号"搭载着海盗们去进行劫掠勾当后不久，站在"名望的复仇号"船头的阿特金森就通知弗莱，说自己看到远处又出现了一艘渔船。考虑到这可能就是他一直等待的机会，所以阿特金森只是假装自己看到了更多的船。阿特金森激动地告诉弗莱，说他很快就会"拥有一支船队"[12]。当原本站在接近船尾的高甲板上的弗莱表示反对，说自己从小望远镜中只看到一条船时，阿特金森叫他到船头来仔细看看。弗莱的举动证明他既不是一名出色的海盗，也不是什么辨识人心的能手，因为他把两支装有子弹的手枪和一柄长剑都留在高甲板上，毫不怀疑地和阿特金森一起来到船头，然后坐在绞盘上，拿出小望远镜观察海面上的情况。

当弗莱的注意力都集中在搜寻船只上时，阿特金森抓住这个毫无防备且没什么反抗能力的海盗首领，将他的手臂反剪在身后。与此同时，另外两名同样决心一有机会就要反抗海盗的俘虏冲上来，控制住了弗莱，这让阿特金森有机会冲到船尾取来一把属于弗莱的枪。他用枪指着弗莱，冷冷地对他说："如果不立即束手就擒，你马上会被打死。"[13]

听到这里发生了混乱，唯一一名还忠于职守的海盗沿着梯子爬上主甲板。阿特金森迅速转过身，用枪托猛击这个海盗的头部，并在另一名俘虏的帮助下，把他也制服了。弗莱和他的追随者们很快都被铐上铁链。他作为海盗船船长的短暂、血腥，几乎是闹剧般的职业生涯就突然地终结了。

阿特金森立即设定了前往波士顿的航线。与此同时，"詹姆斯号"上的海盗们则震惊地看着"名望的复仇号"正离他们远去。他们驾船一直追赶到深夜。但阿特金森是一名技术娴熟的水手，他在夜色的掩护下甩掉了追随者。在接下来的几天里，"名望的复仇号"上的人都会听到弗莱连续不断的咆哮。他"诅咒自己，诅咒生他的人"，还诅咒"上 xxii 天……审判他的上帝，（以及）所有对英国人展现慈悲心（或放过他们）"，而不是一抓到他们就把他们都杀死的海盗。他还希望"地狱里的所有恶魔都能现身，把这条船带走"——他无疑认为那样的命运也好过船到港后自己要面临的结局。[14]

6月29日，"名望的复仇号"停靠在波士顿，[15]这里是美洲殖民地上最大、最具活力的港口。戴着镣铐的海盗都被送到城中的监狱里。那座阴沉沉的石砌建筑有三英尺厚的墙壁，还有一个巨大的用橡木和铁制成的大门，开启这扇大门的钥匙足有一英尺多长。[16]迅速召集起来的特别海事法庭于7月5日做出判决，弗莱和他手下的两人因犯海盗罪被判处绞刑，剩下的一个，也就是那个醉酒的船员则被免于死刑，因为事实证明他只是一个容易上当受骗的笨蛋。

判决做出后的一周内，海盗成为镇上最流行的话题，也是科顿·马瑟（Cotton Mather）提供宗教服务的重点对象。马瑟是自己家族中的第三代清教徒传教士，也可以算是美洲殖民地中名气最大的人。他去探望了几名被判处死刑的囚犯，并恳求他们摈弃过去的罪行，在上帝面前悔过。马瑟声称这是能让他们在执行绞刑后"避免在地狱里受折磨"[17]的唯一方式。

接下来的那个星期日，马瑟在波士顿的基督教堂〔Christ Church，今天的老北教堂（Old North Church）〕布道，他谴责海盗的罪恶行径，赞美全能和仁慈的上帝的法则。两名遵从马瑟的恳求、已经做出忏悔的海盗也聆听了布道，并成了坐满教堂长椅的教区居民的怜悯对象。不过弗莱拒绝出席，还声称"他不想被暴民们盯着看"[18]。弗莱甚至还厚颜无耻地告诉诚恳但唠唠叨叨的马瑟，说他不能忏悔，不能否认自己过去的行为。因为他根本就没有悔意，所以不能"对世人撒谎"[19]。

xxiii 两天后，一辆马车来到监狱，将罪犯转移至他们将被处决的港口边缘。尽管"闷闷不乐、怒火中烧的"[20]弗莱已经绝食近一个星期，只偶尔喝点儿水，但他的精力却令人意外的充沛。一名目击者说"弗莱以一种充满勇气的方式轻快地跳上马车"[21]，而他的两名同案犯则表情严肃地爬上车。成千上万的人在街道两边排成长队，迫切地想要亲眼见证这场耻辱的游街。马瑟说弗莱打算"勇敢地迎接死亡"[22]。他手里举着一小把花束，甚至还恭维了沿途的一些观众。他"灵活地爬上（绞索下的）平台"，并对聚集的人群微笑。

然后，为了彻底展示自己所谓的勇气，他指责刽子手"干不好自己的工作"，然后亲自给绞索重新打结，好让它能正常发挥作用。

图 2　《从东南方向远望美洲新英格兰地区的大城镇波士顿的景象》（A South East View of the Great Town of Boston in New England in America），创作于 1736 年前后。这幅画主要是根据一幅早期的雕版印刷品创作的，画中描绘的是威廉·弗莱和他的同伙因海盗罪受审时波士顿的样子

　　三位本地牧师为他们做了祷告，每个海盗都有机会留下临终遗言。其中两个人用这个时间进行祈祷，并警告围观者们抵制诅咒、酗酒和不守安息日等他们自己没能抵制住的罪恶的诱惑。当轮到弗莱时，马瑟希望他最终能够在上帝面前 xxiv 承认自己的过错。但这一希望是徒劳的。即便是在脖子上套着绞索时，弗莱依然态度轻蔑地看着下面的围观者，他"建议船长们"好好对待自己的船员，否则就可能导致船员像他们这样发动哗变。尽管弗莱拒绝为自己的行为承担责任

9

而且没有任何悔意，马瑟仍然获得了一点点儿满足感。因为就在弗莱要被吊起，迎接"即将到来的审判"时，马瑟注意到海盗的双手和膝盖都在颤抖。[23] 马瑟当时肯定在想，弗莱确实应该感到恐惧，因为不知悔改的灵魂在另一个世界里必然面临更多报应。

行刑完毕后，海盗们的尸体被用小船运到波士顿港中一个名叫尼克斯之友（Nix's Mate）① 的小岛上，那里距离波士顿大约五英里。弗莱的两名手下得到安葬，但主导这个悲伤、凄惨故事的弗莱却"被挂在铁杆上，这样的景象是对他人，特别是对在海上远航之人的警告"[24]。

如此警告其实没什么必要。弗莱这场引人注目、充满血腥，但持续时间很短的海盗活动就是始于十七世纪晚期，被称为海盗黄金时代那个阶段的谢幕演出。这段时间是人们已知的海洋历史中最充满戏剧性的劫掠时代。当时的海盗在大西洋和印度洋里实施了严重的破坏，海盗之中不乏威廉·基德船长（Captain William Kidd）和黑胡子（Blackbeard）这类标志性人物，更有数以千计的，尽管不那么为人所熟知，但同样做出引人关注、令人不齿恶行的海盗。海盗黄金时代的吸引力如此之大，以至于在大多数人的心目中，它实际上成了海盗活动的同义词。

关于这个时期的作品已经有很多，本书也属于该文献范

---

① "尼克斯之友"虽然面积很小，却是一个在执行这次绞刑的那个年代相当受敬畏的岛屿，如今这里只有一个建在岛屿最高处的方形花岗岩柱基，上面立着一个引导船只进出海港的金字塔形信号灯。

畴，但是其中包含着一种转变和发展。相较于宽泛地关注这一整个时代，《黑色的旗，蓝色的海》聚焦于那些在美洲的英国殖民地以外行动，或在美洲海岸沿线劫掠船只的海盗。 xxv

从十七世纪八十年代初到 1726 年为止，这些海盗与殖民地之间有着极为紧密、往往很混乱，甚至经常导致致命下场的联系。尽管这种安排始于一种经济上利润丰厚的友好合作，但它带来的结果却是一场针对海盗的血腥战争，在从波士顿到查尔斯顿（Charleston）之间各个地方都有很多海盗被绞死。《黑色的旗，蓝色的海》探索了这种令人着迷的动荡关系的起源和本质，并在此过程中揭示了美洲历史上最引人入胜的故事之一。

当然，美洲与海盗活动的联系并没有因弗莱在 1726 年被执行死刑就戛然而止。最值得注意的是，从十九世纪初期到中期，美国同时击败了在北非海岸沿线骚扰美国船只的巴巴里海盗（Barbary pirates），以及在整个加勒比地区和北美洲东部至墨西哥湾沿岸劫掠美国航运船只的西班牙海盗。在距今更近的案例中，二十一世纪的索马里海盗一直在严重扰乱美国甚至是全世界的海上贸易。他们在以索马里为基地的航程范围内攻击并控制往来船只，并用这些船换取赎金。这些牟利活动和其他与美洲有关的海盗活动也是很吸引人的故事，但它们都不是本书涵盖的内容。这里将要展现的是按照时间顺序叙述的黄金时代美洲海盗的历史。

《黑色的旗，蓝色的海》的核心在于海盗本身，就是那些做出在公海上进行袭击和掠夺这个决定命运的选择的人。但在谈论海盗之前，我们有必要先定义"海盗"这个词，并将其与私掠者（privateer）区分开来。"海盗"这个词最早出现于十四世纪，它源自希腊语"*peiratēs*"和拉丁语"*pīrāta*"，宽泛地说，这两个词都有"袭击、攻击和伤害"[25]的意思。更具体来说，在与航海有关的语境中，海盗指的是在海上偷盗的人；它们是陆地盗贼的海上版本。

从人们能够驶入海洋开始，海盗就出现了。任何一种文化、任何一个国家，只要它的船只在海水中放下过一支桨，在海风中升起过一张帆，它就肯定与海盗斗争过，海盗被希腊诗人荷马称为"冒着生命危险，随心所欲地劫掠其他人财物的海狼"[26]。备受争议的英国探险家、弗吉尼亚詹姆斯敦殖民地（Jamestown Colony）的创立者之一，约翰·史密斯船长（Captain John Smith）的评价就很正确。他说："正如在陆地上一样，那些有很多人口的地方总会有一些盗贼，所以在所有船只频繁经过的海域中也会有一些海盗。"[27]在史密斯做出这个评价近两千年前，罗马历史学家和政治家狄奥·卡西乌斯（Dio Cassius）已经明智地注意到："没有海盗不实施劫掠的时候。只要人性的本质不变，海盗就不会消失。"[28]无论在古代还是现代的历史中，关于海盗造成毁灭的故事数不胜数。

相比之下，私掠者则是驾驶归私人拥有、由私人装备的武装船只，经政府许可在战争期间追捕敌国船只的人。这种许可具体表现为一张"私掠许可证"（letter of marque），该证是由政府颁发的正式法律文件，持证人有权俘虏属于交战国的船只，并将这些船只和船上的货物据为己有。拍卖船只和货物的所得通常会由私掠者、资助其进行私掠活动的投资者和颁发许可证的机构分享。通常情况下，政府把私掠者作为一种扩大本国海上力量的手段，尤其是在政府的海军还没有强大到足以自行发动战争的情况下。更具体地说，通过攻击和限制敌人的海上贸易及海军力量，私掠船可以给敌国的经济和军队造成野蛮的破坏，这些行动的目的都是为了帮助国家，确保本国的胜利。鉴于私掠行为既具有合法性，又体现了让人无法忽视的与海盗行为的相似性，有人将其称为"获得许可的"[29]海盗活动。

正如众多历史学家和作家注意到的那样，海盗和私掠者之间的界限往往极其模糊，有时甚至是无法察觉的。私掠许可证本身的合法性就是一个可疑的问题。同理，那些被贴上海盗标签的人可能会认为，不管怎么说，自己的行为符合国家暗示或明述的意愿，他们显然是在为国而战。让问题更加混乱的还有视角问题。就像美往往取决于观察者自身的判断一样，一个人眼中的海盗可能是另一个人眼中的私掠者。例 xxvii 如，虽然持有正规文件的私掠者在发证国看来是合法的，但被这些私掠者攻击的人们很可能会将他们视为海盗，这种含有贬义的标签更强化了这种行为看起来下流可耻的性质。

这本书是关于海盗，而不是关于私掠者的故事，尽管有些读者无疑会争论说，在某些案例中，从这个或那个方面划分二者的区别并不恰当。虽然如此，本书的重点将集中在被著名的英国法学家和政治家爱德华·柯克爵士（Sir Edward Coke，1552—1634）称为"人类敌人"（*hostis humani generis*）[30]的人身上。这些躲在海上的逃犯会劫掠商船，而且通常不会考虑受害者的国籍。他们做的都是违法之事，为了谋取个人利益，他们不惜在公海上制造恐怖。

《黑色的旗，蓝色的海》中最根本的内容是关于那些表现得像海洋中的赌徒的人的，他们为寻找财富而劫掠商船的过程是一种风险很大，有时甚至会丧命的游戏。大多数海盗并没能收获经济上的高回报，他们的职业生涯也往往因暴力导致的死亡而早早终结。但情况也并非总是如此。有些人，特别是那些于 1700 年以前在殖民地海岸外活动的人，最终成功地带着他们通过从事海盗活动赚来的财富全身而退了。

这本书也是一段关于胁迫，甚至是极端暴行的历史。海盗几乎总是能够仅靠威胁使用武力，而不是真正付诸暴力就让他们的受害者乖乖投降，但当这种方法失败时，海盗们也会为他们渴望的东西而战。然而，最血腥的冲突通常并非发生在海盗和他们的受害者之间，而是发生在海盗和被派去消灭他们的军队之间。

这本书还是一个关于政治上的阴谋勾结的故事。在十七世纪晚期，尽管鼓励和支持海盗活动无异于公然藐视英国法律，但许多殖民者依然对此十分热衷。这些殖民者并不认为海盗是危险的劫掠者，反而把他们当作保护商业活动的天使、朋友和家人，因为在宗主国设定的苛刻贸易限制下，海盗能够帮助殖民地获得急需的货物和资金。有些殖民地总督甚至会接受贿赂，然后向海盗颁发私掠许可证，从而给海盗们打上官方的幌子，尽管总督们心里明白他们根本无意去追捕什么英格兰的敌人，而是要前往印度洋掠夺装载着伊斯兰世界财富的船只，然后把这些财富都带回家。

最后，《黑色的旗，蓝色的海》还是一个关于打击、惩

xxviii

罚和根除海盗的故事。针对十七世纪晚期日益严重的海盗问题，英格兰启动了政治、法律和海军行动，在打击海盗威胁方面取得了相当大的成功。但在 1715 年前后，海盗活动出现了复苏，海盗的数量也随之激增。他们比以往任何时候都更多地将沿美洲殖民地海岸线航行的英国船只当作劫掠对象。曾经被许多殖民者和他们的官方代表赞许支持的海盗，此时越来越成为对贸易构成严重威胁的致命敌人。在一系列法律、政治和军事手段的联合作用下，到十八世纪二十年代中期，也就是弗莱和他的同伴被绞死在绞刑架上的时候，海盗几乎完全绝迹了。

除了叙述他们的作为，《黑色的旗，蓝色的海》还探索了为什么海盗要在法律和社会规范之外追求一种如此危险和暴力的生活的问题。海盗的动机往往很难辨别，尤其是在我们对大多数海盗的早期生活知之甚少的情况下。几乎没有哪个海盗会把自己的想法写到纸上，但关于那个时代的记录，再加上当代人进行的学术研究，还是足够我们对这些"在死亡之王的旗帜下"[31]航行的人们的动机，做出一些非常有趣的分析。

在接下来的内容中，读者将会走进一道展示了那些在海上掠夺的恶棍的画廊。除了臭名昭著的基德和黑胡子，这里还有美洲第一个海盗迪克西·布尔（Dixie Bull）；非同凡响的巴克尼尔海盗亨利·摩根（Henry Morgan）；让整个殖民地都为他的成功而兴奋的托马斯·图（Thomas Tew）；与海盗身份不相称的绅士海盗斯特德·邦尼特（Stede Bonnet）；

以施加酷刑和谋杀为乐的爱德华·洛（Edward Low）；以及曾经得到像迈达斯国王的财富那么巨大的宝藏，却最终失去一切的塞缪尔·贝拉米（Samuel Bellamy）。

然而，海盗并不是让这个故事生动鲜活的唯一角色。其他人也加入了他们的行列，比如严苛的英国殖民地管理者爱德华·伦道夫（Edward Randolph），他对于支持海盗活动的殖民者充满了不屑；再比如被称为"国王"的亚当·鲍德里奇（Adam Baldridge），他是马达加斯加最臭名昭著的海盗栖息地之一的地头蛇；还有贪财的纽约殖民地总督本杰明·弗莱彻（Benjamin Fletcher）；证明了黑胡子不是战无不胜的罗伯特·梅纳德中尉（Lieutenant Robert Maynard）；美洲版"鲁滨孙·克鲁索"菲利普·阿什顿（Philip Ashton）；以及在 1723 年夏天于布洛克岛（Block Island）附近抓捕了三十六名海盗的彼得·索尔加德船长（Captain Peter Solgard）。

海盗一直是流行文化中最丰富多彩、最令人难忘的明星形象之一。这其中很大一部分原因在于不少书籍和电影把海盗当作一种标志性的主题，比如罗伯特·路易斯·史蒂文森（Robert Louis Stevenson）的《金银岛》（*Treasure Island*），以及 1935 年的电影《喋血船长》（*Captain Blood*），这部电影为好莱坞偶像埃罗尔·弗林（Errol Flynn）的职业生涯开了个好头。距离今天最近的还要数迪士尼公司的《加勒比海盗》（*Pirates of the Caribbean*）系列电影，爱卖弄、有活力、魅力十足的约翰尼·德普（Johnny Depp）扮演的杰克·斯帕罗船长（Captain Jack Sparrow）引发了对海盗的新一轮狂热，也进一步巩固了海盗对人类心理的控制力。海盗服会成为万圣节前夜最受欢迎的服装之一完全不令人意外。每年 9 月 19 日，还有众多忠实粉丝会庆祝"国际讲海盗行话节"（International Talk Like a Pirate Day）。

许多人以浪漫的眼光看待海盗，但除了那些在他们已经消失之后才编织出来的传奇故事以外，他们身上绝对没有任何浪漫之处。这并不是说海盗很无聊。恰恰相反，就算本书中出现的海盗无法与魅力四射、伶牙俐齿的杰克·斯帕罗船长相媲美，他们仍然算得上引人注目的角色。而美洲海盗的真实故事也绝对比任何被写成小说，或改编成电影的虚构海盗冒险更令人震惊和着迷。

第一章
微小的开端

图 3 《美洲的巴克尼尔海盗》（*The Buccaneers of America*）1678 年荷兰语原版的书名页，本书由亚历山大·奥利弗·埃斯奎默林（Alexander Olivier Esquemelin）创作

第一章 微小的开端

西班牙和葡萄牙国王腓力三世（Philip Ⅲ，在位时间 2
1598～1621 年）对 1607 年 5 月在弗吉尼亚詹姆斯敦创建并
日渐发展起来的英国殖民地充满警惕。虽然英国人宣称他们
感兴趣的只是殖民地开发，但腓力三世认定他们其实别有用
心。经过持续多年的间歇性战斗后，他刚刚于 1604 年与英
格兰签订了和平条约，不过他对这个新"朋友"的可靠性
并不乐观。1608 年 7 月，腓力三世把自己的想法分享给国
务委员会的一名委员，他写到自己"被告知，英国人打算
在弗吉尼亚殖民地建立立足点，（想着）从那里起航，去进
行海盗活动"[1]。鉴于腓力三世有那么多财富需要保护，也难
怪他会为此感到担心。

在十六世纪，当欧洲刚开始向新世界扩张时，西班牙的征
服者们残酷无情地击败了美洲两个最大的原住民文明，从而占
领了具有丰富金银资源的主矿脉。埃尔南多·科尔特斯
（Hernando Cortés）于 1521 年野蛮地推翻了阿兹特克帝国
（Aztec Empire）的统治，大量贵金属开始流入西班牙市场。到
1532 年，弗朗西斯科·皮萨罗（Francisco Pizarro）打败了印加
人，尽管印加君主阿塔瓦尔帕（Atahualpa）向其交付了大约二
十吨黄金和白银作为赎金以确保自己获释，但皮萨罗还是于次
年杀死了他。[2]从那之后，涌入西班牙的财富就更源源不绝了。

在曾经是阿兹特克帝国和印加帝国领地的地方兴起了很
多西班牙采矿城镇。起初，西班牙人只是将金锭、银锭运回
西班牙，后来改为在当地建造铸币厂，将大部分贵金属铸造
成钱币。最多产的铸币厂是 1575 年在印加城镇波托西
（Potosí，位于今天的玻利维亚境内）建立的。波托西坐落于

19

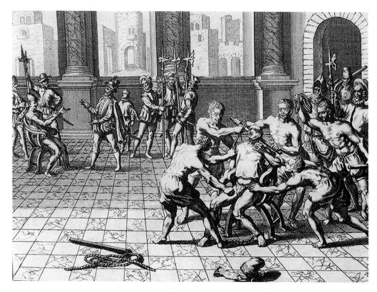

图 4　1707 年制作的雕版印刷品，描绘的是西班牙人在 1533 年勒死印加君主阿塔瓦尔帕的情景

图 5　1553 年制作的雕版印刷品，描绘了波托西的景象，波托西山也被称为财富山或银山

被西班牙人称为里科山（Cerro Ricco，直译为"财富山"）的山峰脚下。这座近一万六千英尺高的山峰还有一个恰当的绰号——"银山"，因为这里拥有迄今发现的储量最丰富的银矿。由此还产生了一句能代表全世界最狂热愿望的名言："要富得像波托西一样。"[3]

这些铸币厂为西班牙帝国提供了丰富的钱币，包括闪闪 4
发光的埃斯库多金币（escudos）①，以及最重要的、被惯称为西班牙银元（pieces of eight）的八里亚尔银币（eight-reale coins）②。西班牙银元后来成为"第一种在全世界真正流通的货币"[4]。到十六世纪末，西班牙控制的美洲地区每年能够产出超过三千吨的金锭、银锭和钱币，[5]这样的财富激增是史无前例的。不过，换取财富的代价也非常沉重。安第斯山脉地区的原住民被西班牙人强迫在矿上进行那些艰苦至极且非常危险的劳动，为此丧命的人数之多令人咋舌，以至于里科山的别称中又多了一个"吃人的山"[6]。

长长的骡队驮着金锭、银锭和钱币穿越内陆茂密的丛林，翻过险峻的山脉，再顺着下行的河流抵达海边，等在海岸边的船只要么将搜刮来的贵重财富运回大西洋彼岸的西班牙，要么送到太平洋对面的西班牙殖民地菲律宾。运送财富 5
的船只中最壮观的要数一种被称为"马尼拉大帆船"（Manila

---

① 面值两埃斯库多的金币也称为一个达布隆（doubloon）。

② 西班牙银元也称为八里亚尔币是因为它的面值是八里亚尔。这些银元通常会被切成八份以获得更小单位的零钱。鉴于美元就是以西班牙银元（八里亚尔币）为基础的，以及一个银元可以分成八份，那么两份就相当于二十五美分。因此"two bits"（一美元的两小份）就成了俚语中二十五美分硬币的代称。

Galleons)[7]的船，它能从今天的墨西哥阿卡普尔科（Acapulco）航行至马尼拉，全程近九千英里。船上不仅装备了大量加农炮，还配备了数百名帝国最优秀的水手和士兵。这些大船的船身都是用柚木和拉南木（lanang）之类热带树木的木材制造的。这些木材密度极高，加农炮炮弹打在上面也总会被弹开，造成不了任何损害。大帆船船队从阿卡普尔科满载着金银驶向菲律宾，那里的西班牙商人用这些财富购买昂贵的亚洲货物，包括中国的有光泽的丝绸、印度的棉质布料和摩鹿加群岛（Moluccas，又称香料群岛）的香料。这些货物会被送回阿卡普尔科，经陆路运到墨西哥的东海岸，然后装上驶向西班牙的船只。当时的人称那些驶向马尼拉的传奇般的大帆船为"海洋中最大的战利品"[8]。

金银和外国货物如此充盈地流入不仅让西班牙变得难以想象的富有，还成了首屈一指的帝国。然而其他欧洲人嫉妒地看着西班牙的好运，无不为此而火冒三丈。让他们的愤怒不断加剧的原因是西班牙对美洲的大片地区主张权力，只给其他想要挖掘新大陆财富的欧洲国家留下面积很小的一些贫瘠地区。西班牙提出领土主张的一部分理由是，征服者残忍地征服当地原住民后，那些地区都成了本国的殖民地。另一部分理由是 1494 年西班牙和葡萄牙之间签订的《托德西利亚斯条约》（Treaty of Tordesillas）[9]。这个条约的核心内容是教皇亚历山大六世（Alexander VI）在地图上画出的一条南北方向的地理分界线。这成为西班牙对这条分界线以西所有尚未被基督徒统治者统治的地区主张权力的依据，而葡萄牙则可以据此主张这条分界线以东类似地区的权力。这个条约实质上几乎将除了巴西东部部分地区之外的整个北美洲和南美洲都给了西班牙。当然，其他同样具有帝国野心的欧洲国家都不承认这个条约，也拒绝遵守其中的规定。但在西班牙人看来，这条约意味着他们对几乎整个美洲享有理所应当的权力。

　　然而，与之竞争的欧洲强国都有办法来纾解自己对于西班牙强占大面积领地的愤怒——他们可以偷盗西班牙人的财 6 物。鉴于欧洲大部分地区在十六世纪和十七世纪初都陷于混战中，西班牙也一直在与各种各样的敌人交锋，很多国家都有机会派遣私掠船出海寻找运送财富的西班牙船只，并对其进行劫掠。与此同时，很多欧洲海盗也会抱着同样的目的起航。虽然荷兰与法国的私掠船和海盗都对西班牙船只构成了重大威胁，但英国人才是收获价值最丰厚战利品的一方。[10] 7 这些英国人中最成功的一位还要数弗朗西斯·德雷克（Francis Drake）。

　　从小在海盗和私掠者中间长大的德雷克深谙战斗之道，还是一位技术娴熟的水手，他因在 1577 ~ 1580 年进行了环球航行而名声大噪。这是英国人第一次实现这一目标的探险活动，也是继斐迪南·麦哲伦（Ferdinand Magellan）在 1519 ~ 1522 年为西班牙完成这一壮举之后，历史上第二次有人完成环球航行。然而，德雷克航行背后的动机并非获得航海方面的荣耀，而是为了金钱。当时统治英国的人是都铎王朝的伊丽莎白一世（Tudor Elizabeth I），她在位的四十五年间（1558 ~ 1603 年），英格兰经历了一系列文化和政治力量的复兴。尽管西班牙和英格兰在当时处于名义上的和平状 8 态，但德雷克从这位"童贞女王"（Virgin Queen）那里得

图 6　霍华德·派尔（Howard Pyle）于 1921 年创作的题
为《袭击西班牙大帆船》（An Attack on a Galleon）的插图

到了在太平洋中掠夺西班牙财富的秘密指令。伊丽莎白一世
对西班牙人一直心怀不满，尤其对自己的姐夫腓力二世
（King Philip Ⅱ，1556～1598 年在位）心存恨意，她声称后

者给她造成了"各种伤害"[11]，所以伊丽莎白想要惩罚西班牙人，并将他们的财富据为英格兰所有。

图7 小马库斯·海拉特（Marcus Gheeraerts the Younger）所作的弗朗西斯·德雷克爵士肖像的雕版印刷品

德雷克交付的成果比伊丽莎白一世想象的还要好得多。他通过袭击南美洲西部海岸线上的多个西班牙城镇和近海水域中

的船只，很快就聚敛了大量的金银财富。他最令人印象深刻的
胜利要数俘获被西班牙水手们打趣地称为"吹牛大王号"
（*Cacafuego*）的"圣母无原罪始胎号"（*Nuestra Señora de la
Concepción*）。[12]这虽然只是一艘在海岸沿线运输货物的船，而
不是著名的马尼拉大帆船，但它装载了一位国王的赎金，包
括八十磅的金条和很多吨银锭，因为银锭太多，这艘船直接
用银锭取代了通常的鹅卵石作为压舱物。除此之外，船上还有
不计其数的箱子，里面装的都是银币，以及大量珍贵的珠宝。

　　德雷克的"金鹿号"（*Golden Hind*）大获全胜地返回英
格兰，于 1580 年 9 月 26 日在普利茅斯港（Plymouth Harbor）
抛锚停船。尽管怒火中烧的腓力二世将德雷克定性为海
盗——他做的也确实是海盗的勾当，但英国人从此开始把他
视为私掠者和英雄，以至于大约二百五十年后，诗人和文学
评论家塞缪尔·泰勒·柯勒律治（Samuel Taylor Coleridge）
一针见血地评论说："除非同时代的人都认定一个人为海
盗，否则他就不是海盗。"[13]

　　德雷克的卓越地位在 1581 年 4 月 4 日获得了伊丽莎白
女王的确认。在参加"金鹿号"甲板上举行的奢华宴会期
间，女王册封德雷克为骑士。不过，女王没有亲自用镀金长
剑轻敲德雷克的肩膀，而是让法国大使代为主持这一仪式。
有些人将这个举动解释为女王为表示王室并没有正式宽恕德
雷克的行为而做的表面功夫，不过所有人都知道事实恰恰相
反。毕竟，德雷克不仅为女王献上了装饰着钻石和祖母绿的
首饰，还遵循女王的命令惩罚了西班牙人，更何况，德雷克
在这个过程中带回来的财富有一半是要归属于女王的，这个

数目甚至超过了王室一年的收入。[①][14]

　　因为德雷克和其他被统称为"海狗"[15]的伊丽莎白女王的海上劫掠者对西班牙运宝船的袭击，腓力二世的儿子和继承人腓力三世自然会将弗吉尼亚殖民地的詹姆斯敦设想成一个英国海盗活动的据点。更何况，很多詹姆斯敦的资助者都公开宣称自己是私掠者，[16]而在西班牙人眼里，他们根本就是海盗。西班牙国王的担忧在听到西班牙轻帆船船队指挥官唐迭戈·德·莫利纳（Don Diego de Molina）的汇报之后进一步加深了，后者正是他派去监视詹姆斯敦定居点的。 10

　　不过，莫利纳不但没能监视殖民者，反而在1611年夏天被他们抓住并囚禁起来。[17]几年后，莫利纳在别人的帮助下将一封书信偷偷地从詹姆斯敦送出去。这封信最终被交到在伦敦的西班牙大使手中，继而呈给腓力三世。莫利纳在信中提到弗吉尼亚的时候警告"他的君主"，说有必要"阻止九头蛇怪的发展，要将它扼杀在萌芽阶段"。他认为如果放任不管，这个殖民地将变成一个"欧洲所有海盗的聚集地"，最终必将摧毁美洲的西班牙殖民地，并在这一过程中夺走它们全部的财富。[18]考虑到西班牙在国际上的主导地位，以 11及英格兰想把西班牙从高位上赶下去的野心，腓力三世对解决

---

① 据说，英国探险家沃尔特·雷利爵士（Sir Walter Raleigh）在1618年9月对弗朗西斯·培根爵士（Sir Francis Bacon）说："没有哪个劫掠了千百万财富的人被当作海盗，被扣上这个罪名的人抢到的都是小数目。"德雷克获得的待遇恰恰证实了这个说法。参见"Notes by Sir T. Wilson, of his conversation with Raleigh（September 28, 1618），" *Calendar of State Papers*, *Domestic Series*, *The Reign of James 1, 1611 - 1618*, vol. 9, ed. Mary Anne Everett Green（London: Longman, Brown, Green, Longmans, & Roberts, 1858），577。

图 8 "吹牛大王号"（图左）受到弗朗西斯·德雷克的 "金鹿号"袭击

这个可能威胁给他带来巨大财富的美洲殖民地的问题非常上心。

腓力三世和莫利纳对弗吉尼亚成为一个海盗活动出发据点的担忧显然合情合理，不过大部分担忧最终都成了多余的。刚刚创建的殖民地定居点几乎无法维持自身的存续，更别说

图9 约翰·史密斯船长绘制的弗吉尼亚地图，1612年由威廉·霍尔（William Hole）制作了该地图的雕版印刷品。与典型地图不同的是，这张地图上的地理北指向地图的右侧，而非上方。图中几乎将陆地分成两部分的细长水域是切萨皮克湾

给西班牙人带来什么威胁了。定居者的重中之重是如何活下去，并开发出烟草之类可供交易的产品，这样才能为殖民地继续扩大和英格兰在新大陆上主张领土主权打下基础。尽管如此，弗吉尼亚在成立初期还真与海盗有过一点儿关系。

1619年初，丹尼尔·埃尔弗里斯（Daniel Elfrith）船长驾驶英国船"财务官号"（*Treasurer*）从詹姆斯敦出发，到加勒比海袭掠西班牙船只。准确地说，"财务官号"是一条私掠船，因为它的所有者沃里克伯爵（Earl of Warwick）从萨沃伊公爵（Duke of Savoy）那里购买了委任状，从而为自己的船取得了袭击西班牙船只的许可。弗吉尼亚殖民地总督是沃里克伯爵的朋

友，他承认了委任状的有效性，还祝埃尔弗里斯交好运。

"财务官号"在墨西哥海岸外的坎佩切湾（Gulf of Campeche）与荷兰船"白狮号"（White Lion）联手袭击了西班牙运奴船"施洗约翰号"（São João Bautista），并强占了船上的人类货物（奴隶）。当年晚些时候，这两艘船返回詹姆斯敦，殖民者用食物交换了二十名奴隶，这些人就此成为第一批抵达英属北美地区的非洲人中的一部分（还有几个人在几年前被带到百慕大群岛上）。[19]历史学家们对于这二十个奴隶的命运进行了激烈的辩论，但尚未得出任何定论，不过可能的情况是他们中的少数人归总督所有，继续给他做奴隶，另一些则成为契约仆人，在烟草种植园里劳作几年后赢得了自由民身份。

然而，在船只出海的那段时间里，弗吉尼亚殖民地的政治局势已经发生了变化。新的殖民地总督对埃尔弗里斯的"私掠行为"充满猜疑和仇恨，并直白地称之为海盗活动。这一立场符合王室政策，因为此时英格兰与西班牙处于和平状态，且伊丽莎白女王的继承人、斯图亚特王朝的第一位国王詹姆斯一世（King James I）已经宣布任何形式的私掠行为均系违法，无论该行为是由英国臣民还是外国政府赞助。詹姆斯一世持有的观点与他的都铎表亲截然不同，他认为私掠者与海盗毫无分别，在他眼中都是"养成了破坏和掠夺习惯、下流无耻及怀有恶意的人"。[20]高等海事法院与总督和王室的看法一致，并迫使沃里克伯爵不得不为埃尔弗里斯的行为进行辩护。最终，沃里克伯爵凭借其在政治圈内的人脉避免了让自己遭受任何强烈的反对。但为建立殖民地出资的伦敦弗吉尼亚公司（Virginia Company of London）的领导人

12

给殖民地总督寄去一封意思明确的信，命令他确保弗吉尼亚殖民地不会冒犯包括西班牙在内的任何英格兰的"朋友"。[21]具体来说，总督应当禁止海盗船驶离殖民地，还要防止海盗在殖民地内容身，除非他们"已经接受了严厉的惩罚，并被没收了所有货物"。[22]

弗吉尼亚可以声称自己是第一个与海盗有关联的美洲殖民地——虽然这种关联程度并不高——但它并不是第一个在自己的海岸沿线被海盗活动侵扰的殖民地。那样的事发生在沿海岸线更向北的地方，而且是在更晚一些的十七世纪中期，那时的英国已经在新大陆上建立了更稳固的根据地。

在十七世纪三十年代初期，英国殖民者迪克西·布尔（Dixie Bull）[①][23]移居到新英格兰。河狸皮毛是这里最有价值的商品。印第安人[②]负责收集这些皮毛，然后用它们与殖民

---

① 有些资料中，迪克西的拼法是"Dixy"或"Dixey"。

② 在撰写本书时，笔者必须决定究竟是使用"印第安人"（Indian）还是"美洲原住民"（Native American）来广义上地指代北美洲的原住民群体。选择"印第安人"的主要原因是，很多笔者尊敬的作家都使用了这个术语，而且笔者也觉得它是最恰当的选择。正因为如此，当读到戴维·哈克特·费希尔（David Hackett Fischer）创作的《尚普兰的梦想》（Champlain's Dream）时，笔者高兴地发现费希尔提到他曾经向一些聚集在一起的印第安人首领询问他们更喜欢别人如何称呼他们。首领们给出了两个答案：当你指代某一个具体的民族时，那么他们认为你应当使用这个民族的名字，比如莫霍克族（Mohawk）。但是，如果你是笼统地指代"他们所有人"，那么他们认为"印第安人"这个称谓"比任何其他称谓都好"，而且"他们为被这样称呼感到骄傲"。笔者也将遵循这样的建议。参见 David Hackett Fischer, Champlain's Dream, The European Founding of North America（New York：Simon & Schuster, 2008），636n26。

13 者交换铁器、布料、贝壳串珠和其他各种廉价的小饰品。富
    有光泽的皮毛被运回英国，并在那里制成时髦、防水、非常
    昂贵、在旧大陆的欧洲风靡一时的河狸皮帽子。出售皮毛对
    于数千名在普利茅斯和马萨诸塞湾（Massachusetts Bay）的
    殖民者来说是一个至关重要的产业，也是他们的主要收入来
    源，他们得靠这些收入来购买补给和偿还冒险家的债务，后
    者正是为他们前往美洲的航行出资的人。[24] 像许多到充满艰
    辛的美洲殖民地碰运气的富有进取心的殖民者一样，雄心勃
    勃的布尔也抱着靠河狸皮交易致富的希望。

图10 约翰·詹姆斯·奥杜邦（John James Audubon）创作的
《美洲河狸》（American Beaver）。这种令人着迷的啮齿目动物在很
多年里一直是支撑殖民地经济的根基

    当灾难来临时，布尔正在缅因海岸与当地的印第安人交
易。1632年夏天，一小群法国人偷走了他的船，船上装满
了用来交易的货物和皮毛。怒不可遏的布尔匆匆征用了一艘

船，并召集了一支由十五名武装人员组成的队伍，前去报复法国人。可惜布尔不但没能追赶上自己的目标，反而陷入了补给用尽的窘境。布尔选择通过海盗活动来解决问题，于是劫掠了两艘英国商船。然后，出于某种无人知晓的原因，布尔说服他的队伍将他们的掠夺目标设定为佩马奎德河（Pemaquid River）河口的佩马奎德堡（Fort Pemaquid），它的位置就在今天的布斯贝港（Boothbay Harbor）东北方向几英里之外。

　　佩马奎德堡是亚伯拉罕·舒特（Abraham Shurte）于1630年建立的，[25]与其说它是个堡垒，不如说它更像一个供商人们聚集的交易站。大约有五百名英国殖民者和渔民定居在此。1632年秋的某一天，布尔领导了一场针对堡垒和周围民宅的突袭，抢走了价值五百英镑的货物和物资。[26]当时，一位商船船长的年薪大约是二十四英镑，在马萨诸塞的剑桥买一幢房子，外带六英亩耕地和五英亩草地才需要十英镑左右。[27]当突袭者们收起船锚，准备带着战利品离开时，堡垒中的人对准他们开了一炮，造成布尔的一名手下丧命。这让布尔一伙人感受到死亡的寒意，根据当时的描述，他们心中因此"充满了担忧和恐惧"[28]。

　　堡垒遭受无端袭击的消息在整个新英格兰地区迅速传开，整条海岸线上的人们都警觉起来。快到11月底时，（位于今天新罕布什尔州朴次茅斯附近的）皮斯卡塔夸殖民地（Piscataqua Plantation）的沃尔特·尼尔船长（Captain Walter Neale）给著名的马萨诸塞湾殖民地总督约翰·温思罗普（John Winthrop）写信，说明了发生的一切。于是，温思罗普

14

立刻召集参事会①，参事会同意派遣二十名男子驾驶属于殖民地的小帆船"海湾的祝福号"（*The Blessing of the Bay*）前去追捕海盗。但极端寒冷和多雪的天气导致为航行做的必要的准备工作受到拖延。与此同时，温思罗普得知尼尔已经派遣了四条船，载着四十名武装人员去追捕布尔——这也是殖民地开展的第一次海上军事行动。鉴于此，温思罗普和参事会决定暂缓采取"一切针对海盗的进一步行动，直到他们（从尼尔那里）获得新消息为止"[29]。到 12 月初，消息终于传了回来，可惜内容令人沮丧：尼尔派出的人什么也没找到。

15 　　在接下来的几个月里，人们时不时会看到布尔和他的手下，他们似乎已经放弃了海盗活动，因为他们都害怕一旦被捕就会受到致命的惩罚。据温思罗普说："他们去了几个英国人的殖民地，但并没有拿走他们付钱购买之外的任何东西。"温思罗普还听说"他们制定了一项反对过度饮酒的规章"，偶尔还会"聚集在甲板上，每个人唱一首歌，或讲一些没什么意义的话"。为了明确表示他们不想再惹麻烦，布尔和他的手下给所有英国殖民地的总督写了一封信，"表示他们不打算再伤害自己的同胞，而是决定驶向南方，并建议总督们不要派人追捕他们，因为他们决心宁可让自己沉入海底也不愿被抓住"[30]。有一次，他们俘虏了一个来自马萨诸塞殖民地塞勒姆的男子，这个名叫安东尼·迪克斯（Anthony Dicks）的人是一位船长，[31]但当他们试图强迫迪克斯为他们的船领航，帮助他

---

　　① 参事会（Council，也译作政务会）是北美殖民地时期一个兼有立法、行政和司法职能的特权机构，可与总督一起组成审理民事案件的最高上诉法院，后期逐渐演变成上院及独立后的参议院。——编者注

图 11 马萨诸塞湾殖民地总督约翰·温思罗普。
1630～1649 年间，他担任这个职务的时间共计十二年

们前往弗吉尼亚殖民地时，迪克斯拒绝并最终逃脱了。回到陆地上的迪克斯告诉一位朋友说，那些劫持他的人非常害怕被捕，"以至于绳索发出的咣当声都会让他们感到恐惧"。[32]

1633 年 5 月，温思罗普派出"一条舰载艇①去追捕海盗布尔"[33]，但经过长达两个月徒劳无功的搜寻之后，舰载艇返回波士顿。人们再也没有听到过布尔的消息，他后来怎么样了至今仍是个谜。一个同时期的说法是布尔的船员们"向东逃亡"，最有可能是去了加拿大的法国殖民者定居点，"布尔去了英格兰，但是上帝消灭了这个大恶之人"。[34]其他人则相信

16

———————
① "pinnace"，一种带帆的小船，通常被用作大船的勤务船。

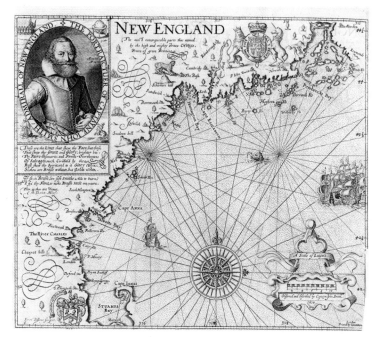

图 12　约翰·史密斯船长在 1616 年绘制的新英格兰地图。在迪克西·布尔成为海盗的那段不长的时间里，这片地区的人保持着高度警惕

布尔加入了法国人的行列，或者是被印第安人杀死了。[35]

　　虽然在殖民地引起一些警觉，并且让温思罗普感到气恼，但迪克西·布尔并不能算一个真正的海盗，他这段短暂的放荡生涯也没有催生多少模仿者。事实上，在接下来的五十年里，直到十七世纪八十年代初期，几乎没有任何海盗在美洲殖民地海岸沿线掠夺过船只。产生这种结果的主要原因是最诱人的财富和真正的海盗活动都发生在遥远的南方，即加勒比地区。那里正迅速成为海盗的天堂。

17　　在十六世纪晚期到十七世纪初期，海盗若要袭击拉丁美洲海岸沿线的西班牙船只及海岸沿线的西班牙城镇，大多会采取突然袭击的策略，即一下子抢走他们能够染指的所有财物，然后迅速返回位于欧洲的家乡。然而到了十七世纪中期，越来越多的海盗开始在加勒比地区出没。他们被称为巴克尼尔海盗（buccaneer），这个词源于伊斯帕尼奥拉岛（Hispaniola），即今天的海地和多米尼加共和国。

1630 年前后，一个主要由法国人，也包含一些英国人、荷兰人和葡萄牙人组成的避难者群体定居伊斯帕尼奥拉岛。这群人中有沉船灾难的幸存者，有从船上偷跑出来的水手，有为了摆脱西印度群岛上烟草和甘蔗种植园的契约奴役的人，还有为了躲避这一地区里其他西班牙殖民地的掠夺和侵扰的人。为了维持生计，他们在岛上捕杀了很多牛和猪，这些动物都是克里斯托弗·哥伦布（Christopher Columbus）1493 年进行第二次，也是更具野心的前往新大陆的航行时带到这里的动物繁殖的后代。当地的泰诺人（Taíno 18 population）教这些避难者如何加工肉类，他们应当把肉切成条，挂在湿木头搭成的架子上，然后把架子支在缓慢燃烧且没有火焰的火堆上。被烟熏的部位在法语中叫"boucan"（巴克），熏制肉类的过程叫"boucanier"（巴克尼尔），翻译成英语就是"用烟熏"的意思。巴克尼尔这个称呼就这样成了这些人的代名词。

起初，巴克尼尔人是爱好和平的，满足于依靠狩猎并将加工好的肉制品卖给过往船只为生，除此之外几乎与外界没有其他往来。但西班牙人对这个迅速发展起来的定居点感到

图 13　描绘巴克尼尔海盗的插图，出自 1744 年法语版埃斯奎默林的《美洲的巴克尼尔海盗》（*The Buccaneers of American*）

愤怒，认为这些人是擅自闯进他们领地的，于是就对巴克尼尔人发动了一系列凶猛攻击，迫使他们撤退到伊斯帕尼奥拉岛西北海岸外一个面积很小、更容易防守的托尔图加岛（Tortuga）上，这个单词在西班牙语中是海龟（turtle）或陆龟（tortoise）的意思，这样一个名字源自这个岛的不寻常的形状。当巴克尼尔人坚持到伊斯帕尼奥拉岛上狩猎时，西班牙人也对托尔图加岛发动攻击，屠杀了许多守卫者，还把其余的人都驱散了。不过有大约三百名幸存者后来在托尔图加

19

岛上重新集结，他们修建了一座堡垒，增强了防御措施，并决定把西班牙人作为他们猎捕的新目标。就这样，巴克尼尔人变成了纯粹的巴克尼尔海盗。

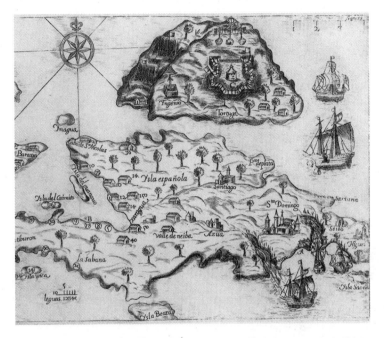

图14 1658年的地图，显示了伊斯帕尼奥拉岛以北不远处的托尔图加岛

全副武装的巴克尼尔海盗一开始驾驶的是独木舟和小船，他们从岛上出发，驶向附近的海运航道，然后在那里袭击从美洲大陆向西班牙运送货物和财富的西班牙船只。这些袭击的成功使巴克尼尔海盗有能力获得更大型的船只，从而航行到更远的地方搜寻掠夺目标。到了十七世纪中期，整个加勒比地区的巴克尼尔海盗数量大幅增加，他们还形成了一个名为"海岸兄弟会"（Brethren of the Coast）[36]的松散团体，将成员们团结在一起的是对西班牙人的仇恨、对彼此的忠诚和一套他们制定的生活规则。

图 15 弗雷德里克·贾德·沃（Frederick Judd Waugh）于 1910 年前后创作的《巴克尼尔海盗蜂拥上船》（Buccaneers swarming onto a ship）。

　　巴克尼尔海盗有一套与当时自上而下的统治观念大相径庭的行为方式，他们在组织自己的活动时选用民主原则的做法可以说是独一无二的。当一名巴克尼尔海盗船船长打算发动袭击时，他会发出一个号召，志愿参加的人则带好自己的长剑、枪支、火药和子弹，登上他的船。在设定航行路线时，海盗们会进行投票，依据少数服从多数的原则决定去哪里寻找掠夺目标。他们还会以民主的方式起草一份协议或一整套条款让所有人签字，用以明确如何分配战利品。例如，一份典型的合约中可能会规定某个专业船员的报酬，比如一个木匠可以获得一百五十个西班牙银元，一个外科医生可以获得二百五十个。合约中还规定了一项初步的、尚不完善的医疗保险或工伤赔偿条款。比如向失去右臂的人提供六百个西班牙银元或六个奴隶，向失去左臂的人赔偿三百个西班牙银元或五个奴隶，向失去一只眼睛的人赔偿一百个西班牙银元或一个奴隶。以上的所有费用结清之后，剩余部分就可以进行分配了。船长占据的比例最高，因为人们使用了他的船，行动也是他领导的；其余船员则均分财富，但一个男孩只能拿到一个男人应得份额的一半。[37]

巴克尼尔海盗对待俘虏往往非常残忍。当时流行的折磨方式包括把人捆起来用棍棒殴打；或者用绳子绑住不幸的受害者的四肢，然后分别向四个方向拉扯，同时还会在他们的手指和脚趾之间放置点燃的导火线。一个特别令人毛骨悚然的折磨手段是把细绳缠绕在人的头上，然后不断绞紧，直到"他的眼睛像鸡蛋一样鼓出来"[38]。有些海盗为了取乐或获取信息而折磨他们的因犯，其他一些更精于算计的人则能够利用这种野蛮，把酷刑作为一种策略。他们清楚，如果仅仅是他们的出现就可以让被他们盯上的受害者群体感受到真正的恐惧的话，那么这些人就更有可能放弃抵抗，巴克尼尔海盗们也就不必冒着生命危险去抢夺他们想要的东西了。因此，用今天的术语来说，不时使用酷刑可以让巴克尼尔海盗保持具有威胁性的品牌身份。

在所有十七世纪的巴克尼尔海盗中，没有谁比法国人弗朗索瓦·罗洛内（François L'Ollonnais）更凶残。他从童年时代起就生活在加勒比地区，曾经是一名契约仆人。在获得自由后，他选择成为一名巴克尼尔海盗。他对西班牙人的深刻仇恨是驱使他变成虐待狂的原因。有一次，在武力占领一艘西班牙船之后，罗洛内把其船长和船员都赶到货舱，然后命令他们一个一个地沿着梯子爬到主甲板上。只要俘虏一爬出舱口，罗洛内就会挥剑将他砍倒，长剑在空中划出一道弧线，几乎能把受害者的头直接砍掉。还有一次，在击败一队试图在丛林中伏击他的西班牙军队后，罗洛内要求西班牙俘虏交代有没有能够避开类似攻击前往目的地的路线。当那些人说没有之后，罗洛内大发雷霆。根据当时的说法，他"用短刀（剑）划开一个俘虏的胸膛，将还在跳动的心脏从受害者的身体里扯出来啃了一口，然后把它扔到其他俘虏面前说：'告诉我一条安全的路线，否则我会让你们所有人都是这样的下场。'"[39]在这次残忍的行为发生不久之后，罗洛内本人就被以与他的行为同样野蛮的方式谋杀了。他是被巴拿马（Panama）的当地人砍死的，之后，凶手还切下他的四肢放在火上烤。[40]

随着时间的推移，巴克尼尔海盗活动的范围已经超出托尔图加岛附近的海域。到了十七世纪六十年代，他们最喜欢的聚集地是1655年被英国人占领的牙买加岛。罗亚尔港（Port Royal）位于岛屿东南部边缘一段十英里长的沙嘴顶端。这里不断发展壮大的居民群体吸引了巴克尼尔海盗的注意，而且他们很快发现自己掌握的技能对牙买加的总督们来说非常有价值，于是海盗和殖民地之间建立起一种互利的关系。虽然英国人用强大的船队征服了牙买加，但在几年之内，这些舰船都被调离了；与此同时，在岛屿上驻扎下来的

图16　《罗洛内的暴行》（The Cruelty of Lolonois），出自 1684 年英文版埃斯奎默林的《美洲的巴克尼尔海盗》中的雕版印刷插图。图中展示了弗朗索瓦·罗洛内把刚刚从一个俘虏胸腔中挖出的心脏举到另一名俘虏的面前，为的是从后者口中挖出更多的信息

大量士兵要么纷纷死于热带疾病，要么返回了家乡。结果，这使得该殖民地变成了一个相对缺乏防御能力的地方，而且

还被西班牙这个几乎一直与英格兰为敌的国家的多个前哨站包围着。为保护牙买加免受攻击，总督们寻求巴克尼尔海盗的支持。毕竟，巴克尼尔人憎恨西班牙人，而且他们能够组成一股强大的战斗力量。

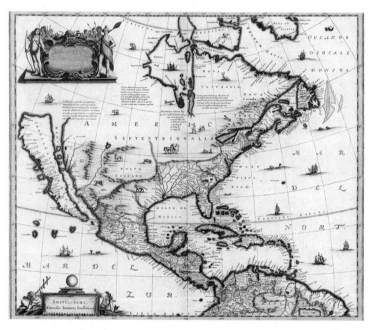

图 17　1652 年前后荷兰人绘制的地图，显示了北美洲、中美洲和南美洲的一部分

十七世纪六十和七十年代，牙买加的总督们向无数巴克尼尔海盗签发私掠许可证，光动动笔就把这些海盗转变成私掠者。他们不仅袭击西班牙的航运和定居点，还会帮助保卫牙买加。尽管这些私掠许可证既有在英格兰和西班牙交战时授予的，也有在两国处于和平状态下授予的，因此其合法性往往值得怀疑，但牙买加的总督们并不在意这个问题。牙买加和英国王室之间隔着一整片海洋，总督们一般赞同的观点是"在（《托德西利亚斯条约》规定的）界限之外没有和平可言"[41]。再说，这些由巴克尼尔海盗变身而来的私掠者带回的战利品不仅促进了当地经济的发展，还填满了殖民地和王室的金库。[42]

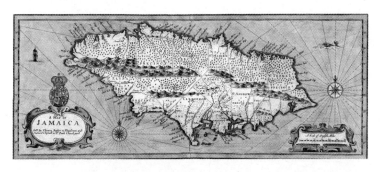

图18　1676 年前后的牙买加地图，罗亚尔港位于东南部海岸地区

　　到 1680 年，罗亚尔港可以说是新大陆上最富有的英国　24
城镇。[43]这里建起了很多砖砌的宏伟建筑，人口数量接近三千，其中三分之一是奴隶。不过罗亚尔港的精致外表并不能掩盖其绝对肮脏污秽的阴暗面。这就是罗亚尔港为什么会被名副其实地称作"世界上最邪恶的城市"[44]和"西印度群岛的索多玛（Sodom）"[45]，这里的街巷中游荡着一个混合了巴克尼尔海盗和私掠者的令人厌恶的群体，他们都在寻找酒精的麻痹和肉体的乐趣。一个巴克尼尔海盗是这样评价自己的同行的：

　　　　他们兜里留不住一点儿钱。只要有钱他们就会忙着去
　　赌博、嫖娼或喝酒。他们中的一些人能在一天内挥霍两三

千个西班牙银元，到第二天则穷得连身上穿的衬衣都不剩。我曾经在牙买加看到一个男人给了一个妓女五百个西班牙银元，只为看她的裸体……我的船长过去经常会买一大桶葡萄酒放在街道正中，把酒桶的桶盖直接敲进桶里，然后他就站在那里挡着路。每个过路人都必须和他一起喝酒，否则他就要用随身携带的枪把他们打死。[46]

鉴于此，罗亚尔港的酒吧和妓院的集中程度异乎寻常的高就不会令人感到惊奇了。玛丽·卡尔顿（Mary Carleton）是城中最声名狼藉的妓女之一，她拥有一种特别强烈的职业道德。一个同时期的人在写到她时说道："她是一个身材粗壮的人，否则肯定承受不了这么多殴打和侵犯……她就像理发师的椅子一样供所有人使用——前一个刚走，后一个又来了。"[47]

在牙买加附近水域中活动的最著名的私掠者是亨利·摩根（Henry Morgan），不过大多数人了解的可能只是以他的名字命名的朗姆酒品牌。除了他来自威尔士这一事实之外，摩根的早年生活就是一团疑云。对于他最后怎么来到牙买加的描述也都是相互矛盾的，但所有描述都认可的一点是，摩根大约是在 1655 年英国军队占领牙买加的那段时间来到这个岛上的。来到牙买加之后，摩根参与过许多次巴克尼尔海盗或私掠者组织的航行，但让他获得最大名望的是他于 1671 年对巴拿马城进行的血腥突袭，那里正是存放从波托西和秘鲁矿区输出的金银的核心中转站。

带领五十艘船和近两千名手下的摩根在达连地峡

**图 19 1704 年英文版《美洲的巴克尼尔海盗》中描绘的
亨利·摩根船长**

（Isthmus of Darien，今天的巴拿马地峡）东海岸的查格拉
斯（Chagras）登陆，他们先摧毁了一座西班牙堡垒，然后
顽强地穿过地峡直抵巴拿马城。城中的西班牙人收到侦察
员传回的即将发生入侵的警报，已经做好了迎接摩根的准
备。但这些守卫只是一群武器不足的乌合之众，根本无法
与摩根那经过实战考验的队伍匹敌。摩根的许多手下曾经
是巴克尼尔海盗，已经磨炼出一身海盗的战斗技能。最终，
六百名西班牙守卫丧命，还有更多人受伤，而摩根只损失

了十五名手下。

然而，摩根要找到真正的巨大宝藏的希望破灭了。早在袭击发生之前，巴拿马总督唐胡安·佩雷斯·德·古斯曼（Don Juan Pérez de Guzmán）就已将城中的大部分财富转移26 到等在岸边的船上。他还命令他的士兵在多个战略位置放置火药桶，并且明确告知他们，一旦入侵者攻入城镇范围内，就点燃这些火药桶的引线。因此，当摩根的人进入城市时，城中发生了爆炸，还燃起大火，而装载了大部分财富的船只则顺利地驶离。第二天，原本有成千上万座建筑的地方只剩下烧焦的木材和灰烬。后来回忆这个毁灭的场景时，摩根写道："著名的古城巴拿马就这么被付之一炬了，这里曾是全世界最大的白银和黄金市场。"[48]

27 然而，在接下来的三个多星期里，摩根的手下除了对城中居民施以酷刑，逼迫他们说出藏匿财物的地方，或强奸被俘的妇女之外，还会在碎石瓦砾中仔细翻找被烧化之后又凝固起来的金块、银块和宝石，或是到乡村地区搜寻可掠夺的财物。还没来得及逃跑的西班牙船只也都被洗劫一空，这让劫掠者的战利品进一步增加了。对通过这些手段获得的财富总值的估算结果差别很大，最高的说超过四十万个西班牙银元，最低的认为只有十四万个。[49]大多数能找到的证据都支持这个较低的估算结果。摩根和他的手下们完全明白从他们手中溜走的财富可能有多么巨大，对假如没有错失那些财富该多好的想象只能让他们心烦意乱。[50]

1671 年 4 月，摩根像一个凯旋的英雄般受到牙买加公众的热烈欢迎，但给摩根签发委任状的总督托马斯·莫笛福

图 20　1726 年版约翰逊的《海盗通史》中描绘的亨利·摩根船长，图中的他站在燃烧着大火的巴拿马城外

德爵士（Sir Thomas Modyford）却忧心忡忡。在将近一年之前，即 1670 年 7 月，《马德里条约》（Treaty of Madrid）的签署确立了英国和西班牙在美洲的和平状态。根据该条约中的条款，西班牙承认英格兰在美洲占据的包括牙买加在内的一些殖民地；两国还一致同意将私掠行为认定为违法行为，并严厉打击海盗活动。然而，关于条约的消息是在摩根启程

前往巴拿马城之后才传到牙买加的。考虑到条约带来的政治格局变化，莫笛福德担心摩根的破坏行为会被视为对英国盟友的残忍攻击，是一种海盗行为，而不是击败受憎恨的敌人的快意大胜。

莫笛福德的担忧并非没有根据。西班牙政府将摩根视为海盗，再加上因自己在美洲建立的殖民帝国的中心遭到破坏而深受打击，他们要求有人为此付出代价。为了安抚西班牙国王卡洛斯二世（Charles II），英格兰国王查理二世（Charles II）派人取代了莫笛福德的职务，将他逮捕，然后用铁链锁着带回英格兰，并把他关进伦敦塔。六个月后，仍然渴望安抚西班牙的英格兰又逮捕了摩根，并将他带回英格兰，不过在国王考虑该如何处置他的时候，摩根依然被允许自由活动。

最终，当事人的所有过错都被一笔勾销。不仅如此，他们甚至还受到了一些奖赏。莫笛福德被囚禁在伦敦塔中两年后获释，他受损的名誉也得以恢复。至于三年前头顶着一片阴云回到伦敦的摩根，他不仅被免除了所有罪责，还被封为骑士，并以副总督的身份被派遣回牙买加，负责清除岛屿周围的海盗活动。促成摩根令人惊讶的复兴的因素很多。他对巴拿马城的成功袭击使他成为本国人眼中的英雄，不仅让人们重拾关于德雷克曾经取得的伟大胜利的光辉记忆，还为英国人带来了新的值得庆祝的事。查理二世也陷入对英雄的崇拜中。国王陛下很快就对野心勃勃、低俗下流、嗜酒如命的摩根产生了好感，这很容易理解，因为被称为"快活王"（Merry Monarch）[51]的查理二世本人就是和摩根一模一样的享乐主义者。与此同时，查理二世越来越不喜欢自己的西班牙盟友，他坚信两国很快就会再度成为敌人。最后要提到的是战利品的影响。凭借在巴拿马城和之前一些劫掠活动中获得的财富，摩根已经大大改善了王国的财政状况。司空见惯的情形是，金钱可以免除许多罪责。

根据《马德里条约》的规定，包括摩根在内的各个牙买加总督都尝试通过一系列联合措施来驱逐岛上的海盗，这些措施包括王室赦免、订立惩罚性法律、举行审判和执行绞刑。不断扩大的牙买加商人阶层对这些措施拍手称赞。他们以前曾欢迎巴克尼尔海盗作为岛屿的守卫者，但此时他们对海盗已经不再抱有赞许的态度，因为岛屿遭受西班牙袭击的威胁已经大大减少。带来这一结果的部分原因正是摩根和他的同伴们进行的那些成功的"私掠活动"。这些商人还希望摘掉扣在牙买加头上的海盗隐蔽所的恶名，并将其重新塑造为一个欢迎殖民活动，希望发展以奴隶劳动为推动力的蔗糖经济的地方。

然而，消灭海盗被证明是一项艰难的任务。正如在1663～1684年三次担任牙买加总督的托马斯·林奇爵士（Sir Thomas Lynch）注意到的那样，"我们已经追查这种被诅咒的行当（海盗活动）很久了，然而"海盗太多，"就像杂草或九头蛇怪一样，除掉一批，又来一批"。[52]尽管如此，到1688年8月25日，当五十三岁的摩根走完自己横冲直撞、沉浸在酒精中的一生时，牙买加的海盗和私掠者数量都已经大大减少，而且这个岛屿也不再被视为如先前一样邪恶、放荡和喧闹的地方了。[53]

29

殖民地海洋网络的流动性必然意味着英格兰在北方的殖民地，从南卡罗来纳到马萨诸塞的整条海岸线都不可能完全与加勒比地区的海盗毫无关联。事实上，从十七世纪四十年代到八十年代，殖民地与海盗之间的联系还逐渐加强了，这样的状态在很大程度上对海盗和殖民者同样有益。

第二章
热烈欢迎

图 21　1673 年新阿姆斯特丹（纽约）的景象

　　加勒比海盗与殖民地之间最重要的联系是经济上的。殖 　30
民地的商人派遣很多船只前往加勒比地区与海盗进行交易，
作为回报，很多海盗将他们的财富带到北方的殖民地，把它
们花在购买食物、喝酒、嫖娼以及为下一次航行储备补给

31　上。[1]海盗财富流入殖民地，最早也是最重要的例子之一发生在 1646 年，即托马斯·克伦威尔船长（Captain Thomas Cromwell）返回新英格兰之时。

　　十七世纪三十年代时，克伦威尔还是马萨诸塞殖民地的一个"普通海员"[2]，但到了四十年代早期，他加入了沃里克伯爵的"私掠者"团体。这伙人在和平时期袭击了加勒比地区的西班牙船只，所以实质上属于海盗。1646 年 5 月，三艘满载着抢来财物的帆船驶入普利茅斯港，船上还有克伦威尔和八十名船员。用普利茅斯总督威廉·布雷福德（William Bradford）的话说，这些人"精力充沛"且"不守规矩"。这群阔绰的访客们在普利茅斯停留了一个月，"毫无节制地"消费。[3]起初，他们酗酒、打架，普遍表现得像"疯子"一样，这让殖民地中很多比较古板正经、循规蹈矩的清教徒市民感到震惊。然而，在他们停留的后期，海盗们变得"不再极端，也更守秩序"，并且"慷慨地资助了很多贫穷的人"。[4]曾经是一名律师，此时担任马萨诸塞湾殖民地总督的虔诚的约翰·温思罗普用宗教的眼光看待海盗到访普利茅斯这件事，称是"神圣的天意"让他们到这里来分享自己的财富，以"安慰和帮助"这个城镇。[5]

　　其他海盗追随克伦威尔的脚步，也把财富散布到各处。例如，牙买加总督林奇就在 1684 年指出，北方的殖民地上"如今充满了海盗的钱财"[6]。这笔财富的价值之高令人震惊。林奇声称，海盗们光是给波士顿这一个地方送去的财富就达到约八万英镑。一名英国官员称这个地方是"所有国家的海盗共同的容留地"[7]。欲了解这些掠夺来的财富的规模，我们可以参考当时的收入情况：一个殖民地的普通男性劳动者每年的收入大约是十英镑（女性只能获得这个数目的一半左右），商船船长的年收入能达到七十二英镑。[8]据估计，"美洲殖民地上流通的钱币中至少有一半是西班牙的"银元，而且其中大部分可能来源于海盗。[9]

除了钱币之外，海盗还会把银锭送到波士顿的铸币厂，该铸币厂建立于 1652 年，是英属美洲殖民地上的第一家。银锭在这里被铸成殖民地著名的松树银币，这个恰如其分的名字来源于印在银币上的白松图案。它象征着雄伟的白松那又高又直、挺拔粗壮的树干在为英格兰不断壮大的海军和商船提供坚固的桅杆方面发挥的重要作用。如一位当时的英国官员观察到的那样，铸币厂"鼓励海盗将他们的（银）餐具带到这里，这样就可以把它们铸造成钱币，以便大量运输时不致引起注意"。[11]在这个时期的大部分时间里，任何美洲殖民地私自铸币都是非法的。但海盗和殖民地的铸币者们根本不把这当回事。另一种有创意的选择是把银锭交给银匠，由他们来收购赃物并转手出售。银匠会把这些贵金属熔化掉，再用它们制作成叉子、刀子和勺子。[10]这些日常用品的所有者日后若是缺钱了，还可以把它们熔化掉再铸成钱币。

海盗还为美洲殖民地带来了各种各样的货物，比如靛蓝染料、布料和糖，所有商品都会被本地商人尽数收购。除货物之外，海盗还会带来非洲奴隶。[12]事实上，越来越多的海盗不再仅仅为殖民地提供财富、货物和奴隶，而是选择在殖民地扎根。1688 年，一位殖民地官员就发现，最近有"几

图 22　马萨诸塞殖民地铸造的松树银币的正反面。不知出于什么原因，1652～1682 年铸造的所有松树银币上刻的日期几乎都是 1652 年。有人说选择这个时间是为了纪念《马萨诸塞湾殖民地铸币法案》（*Massachusetts Bay Mint Act*）于 1652 年通过。也有人相信，选择这个时间是因为这个时间处于查理一世（**Charles I**）在 1649 年被处决之后，新国王（查理二世）加冕之前。在这个时间段里，英格兰是一个共和国，既然当时没有国王，那么马萨诸塞殖民地的官员可以认为 1652 年是一个英格兰对于殖民地没有管辖权的时间段，因此殖民地就有权自行铸造钱币。这枚品相特别完好，又很稀有的银币在 2013 年的拍卖会上拍出 76375 美元

个"海盗在纽约和新伦敦"购置了房子和土地，（并）在那里定居，他们每个人能带来一千或一千五百英镑的财富"[13]——这个数目相当于，甚至还要略多于当时一个"家境殷实的商人"[14]拥有的财富。在这些海盗摇身一变成为市民的例子中，最引人注目的要数托马斯·佩因船长（Captain Thomas Paine）的故事。[15]

1682 年，佩因驾驶"珍珠号"（*Pearl*）在加勒比地区游弋，搜寻西班牙船只作为袭击目标。时任牙买加总督的林

奇向他提出一个能让他免于因海盗罪被起诉的交换条件。如果佩因能"抓到或消灭"[16]海盗，他做的一切都可以被宽恕。佩因接受了这个建议，还获得一份私掠者的委任状来完成这项任务。但他很快就露出了狐狸尾巴。离开牙买加后不久，佩因就驶向巴哈马（Bahamas）。他在那里不仅没有执行自己的任务，反而与一些海盗船船长联手。这支兄弟船队升起法国国旗作伪装，行驶到位于佛罗里达圣奥古斯丁（St. Augustine）的西班牙人定居点，结果却沮丧地发现当地居民处于高度戒备状态。所以他们没有攻击城镇，而是改在周边地区掠夺财物，恐吓西班牙人定居者。船队中的多条海盗船此时已经分道扬镳，佩因和他的手下驶向一个西班牙沉船事故的发生地，打算在那里潜水打捞财物。在那之后，他们驶向罗得岛（Rhode Island），于1683年夏天抵达纽波特（Newport）。佩因随船带来的可观财富在当地确实受到了欢迎。

波士顿的副海关稽查员托马斯·撒克（Thomas Thacker）一得知佩因到来，就立即前去扣押这艘船。但是，罗得岛总督小威廉·科丁顿（William Coddington Jr.）阻止了这一行动，并告诉撒克，说可以等到第二天早上再处理这个问题。撒克确信这种拖延战术是为了有机会提醒佩因，好让他的手下"有时间武装自己以抗拒逮捕"[17]。到第二天早上时，佩因、撒克和科丁顿，再加上此时恰好在城中处理殖民地事务的新罕布什尔总督爱德华·克兰菲尔德（Edward Cranfield）和纽约殖民地总督托马斯·唐根（Thomas Dongan）聚集在一起仔细研究摆在眼前的问题。佩因已经出示了自己的委任状，不过此时撒克、科丁顿和唐根都认为该文件是伪造的，并宣称那上面的签名不是林奇的。不过，他们把林奇这个人错误地想象成了国王的内宫侍臣林奇，而不是枢密院绅士林奇。尽管佩因拥有的委任状授权他打击海盗，而不是劫掠西班牙人，但那毕竟是林奇授予的真实委任状，所以委任状造假的指控几乎肯定是错误的，而且很可能也用不上了，因为指控者都明白，佩因根本没有按照委任状行事。然而，科丁顿最终还是承认了委任状的有效性，即便是在撒克指出"珍珠号""进行的是海盗航行"[18]，还劫掠了圣奥古斯丁附近的西班牙定居点之后，科丁顿仍然拒绝扣押该船。

获得自由和清白的佩因于是在纽波特定居，不过不到一年之后，纽约殖民地的海关稽查员威廉·戴尔（William Dyer）就找上了门。后者于 1684 年 9 月下令逮捕佩因，并称他为"大海盗"[19]。戴尔还指控科丁顿窝藏海盗，以及没有协助撒克扣押佩因和他的船。[20]但这些指控最终没有产生任何效果，佩因很快就被释放了。几年后，他娶了一位声名显赫的本地法官，也是未来的殖民地总督的女儿，还成为其所属群体中的杰出成员。

佩因是从加勒比地区来到罗得岛的，但海盗与美洲殖民地之间的联系其实是双向的，有些海盗就以殖民地为主要根据地，从这里出发向南寻找劫掠机会。当英国人爱德华·伦道夫于 1676 年被派往美洲调查殖民地贸易活动，并解决土地所有权的问题时，他很惊讶地了解到殖民者竟然与推动海盗活动有如此之深的牵连。"我发现他们会装备一条载重量为六七十吨①的船，船上配备了充足的人手。他们称这些船为私掠船，然而船只都是在没有获得委任状的情况下驶向属于西班牙的西印度群岛的。私掠者会在那里对当地居民实施各种暴力，抢夺大量的财物运回家，包括金锭、银锭、钱币、（典礼上穿着的）华丽服装、教堂器具等其他财富。"[21]

　　美洲殖民地对海盗的接受程度引起了英格兰的警惕。宗主国政府视海盗活动为严重的违法行为，犯罪者要判重罪，还可能受到死刑的惩罚。宗主国政府希望殖民地定居者打击海盗，而不是为他们提供庇护。根据英国法律，海盗应当被送往伦敦接受审判，但这样做需要耗费的大量时间和金钱决定了几乎没有海盗会被送回大西洋彼岸接受法律制裁。虽然一些殖民地的当地法院也审判过海盗，但这种事往往是例外而不是常规。即便真的要依法审判，许多殖民地遵循的反海盗法律本身也充满各种漏洞，以至于它们的存在几乎毫无意义。[22]
　　在殖民地对海盗进行的极少数的审判都是为了装装样子。1687 年，愤怒的詹姆斯二世国王（King James Ⅱ）给纽约总督唐根写信阐明这个问题。他说他和议会经常收到来自殖民地的报告，其内容显示"（那里）执行的是一种不正当的处置方式……而不是依法起诉海盗"，比如海盗总是"在能够证明他们有罪的证据已收集到之前"被匆匆送上法庭，或者参与案件的陪审团总是偏袒海盗。无论是哪种情况，最终的结果都是无罪释放，海盗又可以"继续他们惯

---

① 吨位是描述一条船装载货物的能力的单位。

常进行的，会对贸易造成极大损害的海盗活动”。[23]

假定有人要举行审判，起码得先有人能够对海盗提出指控，但是想做到这一步都会遇到重重阻碍，其中最主要的是遭到能够从海盗活动中获得好处的商人的反对。一个特别突出的例子发生在 1684 年 9 月，当时曾经想要抓住佩因却以失败告终的纽约海关稽查员戴尔，试图扣押由米歇尔·兰德雷森（Michel Landresson）担任船长的法国海盗船“魔术师号”（*La Trompeuse*）。

36　　1684 年 8 月，“魔术师号”结束了在加勒比地区的成功巡游，航行到波士顿港入口处。波士顿人认为海盗船的到来是喜从天降，更何况还有消息称船上的财宝数量惊人，每个船员能够分到的份额高达七百英镑——这些钱无疑很快就要被花到城中的各个烈性酒商店和其他消费场所中。[24]波士顿最富有的商人之一塞缪尔·施林普顿（Samuel Shrimpton）甚至派了一名领航员前去引导这艘船安全前往港口中归他所有的诺德斯岛（Noddle's Island）①。几个星期后，戴尔乘船驶入波士顿，宣称要以国王的名义扣押“魔术师号”，还声称所有帮助并鼓动了被他称为“因血腥杀戮和劫掠而闻名的头等要犯”的兰德雷森的人也都将被追究责任。

但宣布扣押这艘船和实际控制这艘船是完全不同的两件事。在写给国王顾问之一的信中，戴尔谈到兰德雷森：“我已经提出要将他绳之以法，但我的要求被拖延了，还有很多

---

①　诺德斯岛如今已经不再是一个岛，它成为东波士顿的一部分，临近洛根国际机场。

人劝阻我，威胁我，某位塞缪尔·施林普顿先生甚至说"，如果我要没收该船，"……他就把我的头打开花"，或者把刀插进我的身体。戴尔抱怨说施林普顿已经把船纳入诺德斯岛的监管范围，那个地方"接受所有海盗"的货物，包括"大量的金、银、珠宝和可可豆"。[25]更糟糕的是，这名商人自吹自擂地说他会以武力保卫这艘船，还打算为其提供一切物资，以便再进行一次航行。最终，戴尔只能自己生闷气，没有任何人被绳之以法。施林普顿重新装备了"魔术师号"之后，兰德雷森马上驶离波士顿，寻找其他受害者去了。[26]

促使殖民地敞开胸怀迎接海盗的原因有很多，排在最前面的要数海盗提供的金钱，这是一种长期稀缺的资源。出现这个情况并不奇怪，因为根据当时的商贸法律，交易总是对英格兰有利的，而殖民者从宗主国购买制成品时通常必须使用硬币而非纸币。英格兰在十七世纪中后期遭遇了一系列硬币和金锭、银锭短缺的实际情况，这只会使殖民地的货币形势更加不稳定。如科顿·马瑟在 1691 年指出的那样："新英格兰的白银就像一条快速流淌的河中的河水，来得快，去得也快。"[27]

海盗是让这条河不至于干涸的人。海盗的银子太宝贵了，以至于不少殖民地互相竞争，尽量抬高外国硬币的兑换价格，因为海盗总是选择去那些兑换价格最高的殖民地，这样他们就可以实际上换取最多的纸币，享受最多的服务。在这种操纵方面处于领先位置的地方包括马萨诸塞、宾夕法尼亚、纽约、东泽西和西泽西（后来的新泽西），以及南卡罗来纳。这些地方的港口正好也是海盗最集中的地方自然不是

37

巧合，他们就是因为这个原因才到这些区域内定居的。[28]

殖民地总督们看重海盗的钱财不仅是为了让本地经济受益，更是出于某些自私的想法。鉴于担任总督获得的薪水往往很微薄，一些总督就选择利用职务之便来增加个人财富。那些出生于尊贵家庭，如今陷入财务困境的人最有可能成为投机者——这种情况并不罕见。某些总督必须自行筹集殖民地防务资金的事实只会让他们的财务状况更加艰难。基于上述所有原因，有些总督会接受和鼓励海盗提供回扣和贿赂也许并不会令人意外，甚至还有些总督在这方面过于厚颜无耻、巧取豪夺，以至于最终不得不辞职谢罪。[29]

海盗带来的货物是他们会受到热情欢迎的另一个原因。根据英格兰《航海法案》（Navigation Acts）的规定，欧洲货物必须由主要是由英国人驾驶的英国船只运输，经英格兰转运，并在那里支付高额关税后才能进入殖民地市场。[30]这导致本就昂贵的进口商品的价格变得更高。殖民者憎恶限制性的《航海法案》，而海盗为他们提供了一个可以绕过该法案规定的绝佳机会。通过直接从海盗手中购买商品，商人和其他殖民者就可以避开中间人，用比从合法交易者手中购买便宜得多的价格买到自己想要的东西。

这些廉价货物，再加上宝贵的硬币和金锭、银锭，往往能为海盗创造一个强大的支持者群体，其中包括总督、立法者、商人和殖民者，所有这些人都可以从海盗的不义之财中获益。在那些总督打算遵循王室政策，并采取行动打击海盗的殖民地里，总是存在着强大的抵制力量，这些因素会导致他们最终无法将自己的想法付诸实践。如历史学家马克·

第二章　热烈欢迎

G. 汉纳（Mark G. Hanna）指出的那样，许多总督在被任命或当选之前就与本区域内的商人建立了长期的关系，而且"即使某个总督希望避免与海盗活动沾边，在海盗市场中兴旺发展的商业精英们也会向他施压，直到他顺从为止"[31]。这种压力并非只来自"商业精英"。一位当时的编年史作家认为，政府官员"如果选择正当且有力地执行针对海盗或非法交易者的法律，那么该官员的人身或财产安全都将难以得到保障，因为他们会激起人民的反对"[32]。

海盗还能提供保护。英国王室根本不关心殖民地的军事需要，这往往意味着殖民地不得不自卫。鉴于大多数殖民地都因为资金匮乏而导致民兵和海军力量不足，所以他们的自保能力相当有限。海盗可以提供有战斗能力的人来帮助填补防务上的空白。多才多艺的佩因船长就是一个由海盗变身保护者的绝佳范例。

1690 年夏天，三艘法国私掠船出现在新英格兰的海岸沿线，给这片地区带来了恐慌情绪。此时正是大同盟战争（Ninc Ycars' War，1688～1697 年）期间，大部分欧洲国家都在联合对抗法国。在殖民地范围内，这场战争被称为威廉王之战（King William's War）。三艘私掠船已经袭击了楠塔基特岛、马撒葡萄园岛、费希尔斯岛（Fishers Island）和布洛克岛。他们在那里洗劫民居，杀死牲畜，强占船只，还用鞭打的手段迫使居民交代自己隐藏贵重物品的地点。关于这些暴行的消息很快传到了大陆，罗得岛纽波特的居民都确信自己会成为下一个遭到袭击的目标。总督的参事会召开了紧

39

急会议，并征用了一条停泊在纽波特港的巴巴多斯单桅纵帆船①"忠诚的斯特德号"（*Loyal Stede*），这艘船上有十门加农炮和六十名船员。他们缺的只是一位能指挥这艘船的船长，鉴于殖民地中没有人比托马斯·佩因船长更了解海战，所以他成了船长的不二人选。

佩因的船与另外一艘拥有三十名船员的单桅纵帆船一起驶出纽波特港，朝布洛克岛而去。在听到当地人说法国人已经起航前往新伦敦后，佩因开始追击他的目标，没多久就看到了敌人的船只。这场战斗持续了两个半小时。交战初始阶段，一艘法国单桅纵帆船的船长还给自己倒了一杯葡萄酒，"这个暴力成性、果断坚决的家伙"宣称，"如果他不能立即登上"两艘英国船中的一艘，"他就要遭天谴了"。[33]事实证明这是一个空洞的自吹自擂。就在他把玻璃杯举到嘴边时，一颗子弹射穿了他的脖子，将他当场杀死。在战斗因天色变暗而结束之前，又有一名法国人和一名为英国人作战的印第安人丧命。

夜里，战斗双方的船只在海面上相隔不远的距离各自抛锚。佩因确信战斗将在早上再次打响，但在黎明前不久，法国船只主动驶离了。当时有一个说法是，带领法国船队的那个法国人在上一场战争期间，曾经和佩因在同一艘私掠船上共事，当他"通过某种方式"得知对手是自己曾经的船长时，他说他"宁愿选择和魔鬼战斗也不愿和他交手"。[34]无论他是出于这个还是其他什么原因逃跑的，反正法国人都不见了，而佩

---

① "sloop"，一种单桅纵帆船，主帆和艏帆是顺龙骨方向纵向设置的。

因和他的船员们则像英雄一般在纽波特受到了热烈欢迎。[35]

　　虽然到访殖民地和在殖民地定居的海盗数量相对较少，40
但因为殖民地当时人口稀少，所以他们还是对殖民地生活具
有超乎寻常的巨大影响。1690 年时，美洲只有略超过十九
万名殖民者，还有大约一万七千名奴隶。这些人稀疏地分散
在北美洲大陆的东部边缘地带，大多数人居住的地方距离海
岸不超过几英里。即使是在波士顿这个殖民地最大的港口城
镇中，居民数量也才只有七千。因此，海盗带来的大量金
钱、货物和身强力壮的劳动力足以使他们成为一股重要的经
济、社会和军事力量。[36]

　　正如海盗能够让殖民地受益一样，殖民地也为海盗提供
了宝贵的资源和机会。殖民地港口是海盗购买物资、出售赃
物、招募人手、寻求医疗救助，以及享受酒精和性服务的地
方。在海盗结束自己的职业生涯以后，他们还会在殖民地定
居，当然前提是他们能够活到金盆洗手的那一天。还有一点
同样重要的是，海盗能够在殖民地洗刷和修理他们的船只。

　　在航行的过程中，船体会因为积聚了海藻或藤壶等各种
生物体而变得肮脏不堪，这不仅会增加船身受到的阻力，减
缓航行速度，还会给船体造成严重的破坏。最糟糕的问题莫　41
过于船蛆（*Teredo navalis*），它是一种软体动物，会蛀蚀木
头，咬出管状的空洞，使木质变得像瑞士奶酪一样稀烂。洗
刷和修理船只的主要方法是在绳索的帮助下，让船向一侧倾
斜，直至露出通常泡在水下的船体部分，这样船员就可以将
船身洗刷干净，更换腐烂或已蛀出洞的木材，用棉絮堵住漏

65

图 23　船蛆会蛀穿木头，从而很快地毁掉浸在水中的木质船体。图中的白色构造是这种最不寻常的软体动物分泌的钙质管状组织

水的接缝处，再给船身重新涂一层含有焦油、硫黄和动物脂肪的油性混合物，从而延长船的使用寿命，改善船的性能。较大的港口设有专门的码头，供海盗们在那里洗刷和修理船只，如果没有这样的码头，他们也可以在海岸沿线的避风海湾里完成这项工作。

图24　尽管这张图是十九世纪中期的，但它很好地表现了洗刷和修理船只的景象。图中正在接受维修的是两艘法国轻型护卫舰："星盘号"（*La Astrolabe*）和"狂热号"（*La Zélée*）

通过提供所有这些实惠，殖民地等于为海盗提供了一个滩头阵地，好让他们能够继续进行不光彩的活动。[37]没有这样的支持，海盗就无法生存，更不可能发展壮大。 42因此，殖民地实际上完全可以算是海盗进行犯罪活动的同伙。

但殖民地对海盗的接受和支持并不是绝对的。能够带来金钱、货物和保护的海盗是受欢迎的，但当他们在海岸沿线干他们的"勾当"时，就不会被容忍了。托马斯·庞德（Thomas Puund）的例子就属于这种情况。[38]

黑色的旗，蓝色的海

1689 年 8 月 9 日清晨，庞德和十二名带着武器的手下驾驶一条小型单桅纵帆船从波士顿港起航，他们的最终目标是到加勒比地区劫掠法国人。但首先他们需要换一条好点儿的船，还需要更多的人手、食物、武器和弹药。第二天，他们制服了一条来自塞勒姆（Salem）的名为"玛丽号"（Mary）的小渔船①。庞德的手下驾驶着这条渔船正式开始了他们的海盗航行，渔船船长哈林·查德（Halling Chard）和他的两名船员被转移到庞德原本的单桅纵帆船上返回陆地，查德的另一名船员约翰·达比（John Darby）却主动要求留下来——这是个相当奇怪、自私和轻率的决定，因为他等于把妻子和五个孩子抛弃在马布尔黑德不管了。[39] 庞德和他的手下接着前往卡斯科湾（Casco Bay），他们从海湾众多岛屿中的某一个偷了一头小牛和三只羊，然后停泊在忠诚堡（Fort Loyal）附近，这个位于今天缅因州波特兰的堡垒里有一支规模很小的守备部队。

达比带领两名船员一起上岸，当他们去找淡水时，达比拜见了守备部队的指挥官西尔维纳斯·戴维斯（Silvanus Davis）。戴维斯问达比从哪儿来。达比说他们本来在塞布尔角（Cape Sable）附近打鱼，结果遭到一条法国私掠船的袭击，对方在抢走了他们的面包和水之后才放他们离开。戴维斯认识"玛丽号"，所以他问为什么查德船长没有到堡垒来。达比回答说船长的脚受伤了，还说他们只想要淡水，以及请当地的医生到船上去处理一下船长的伤。这些当然都是

---

① "ketch"，一种前侧有一个主桅，后侧有一个矮一些的后桅的双桅船，前后船帆顺龙骨方向纵向设置。

谎言。庞德的真实目的是说服一名医生加入他前往南方的冒险活动。海盗船上非常需要医生的专业知识，因为受伤是伴随海盗活动而来的职业风险，而上岸寻找愿意救治他们的医生几乎从来不是什么可行的办法。

43

达比的回答让戴维斯警觉起来。当他的手下检查了"玛丽号"，并向他汇报说船上的船员人数比典型的渔船船员人数多，而且他们根本没有看到查德船长的影子之后，戴维斯的疑心更重了，他开始担忧来到自己堡垒的这些人可能都是"匪徒"[40]。尽管如此，戴维斯还是批准了送一名医生到渔船上的要求。但等医生被送回岸上之后，围绕这件事的可疑之处更多了。医生肯定是拒绝了庞德要他留在船上的请求，不过因为他表现得十分紧张，不断改变关于船上到底有多少人的说法，所以戴维斯忍不住怀疑这名医生是不是参与了什么邪恶的阴谋。其实医生可能只是因为与庞德的接触而受到了惊吓，所以他并不是需要提防的人。戴维斯还不知道的是，当天早些时候登上"玛丽号"的士兵中有两人已经同意参与庞德的行动，还承诺会招募其他士兵来加入他们。

到了晚上，戴维斯在堡垒周围安排了武装警卫，要他们"好好注意岸边"的情况。[41]午夜时分，七名决定投靠庞德的士兵行动了。这些叛徒用枪指着自己原来的同伴，拿走了可以拿得动的所有武器、弹药和衣物之后，划着堡垒的小船驶向"玛丽号"。他们登船后不久，庞德就设定了前往科德角（Cape Cod）的航线。

一天之后，在科德角的高地［今天的特鲁罗（Truro）］之外，庞德又俘获了一艘名为"高速号"（Goodspeed）的单桅纵帆船，于是他再次换了船，把自己的手下转移到"高速号"

上，"高速号"的船员则驾驶"玛丽号"离开了。庞德还送回
了一条消息，他让原"高速号"的船员转告波士顿当局，如果
政府派遣单桅纵帆船"追赶他们"，那么它面对的将是"炮火
的回击"，因为他的所有手下都宁愿死"也不愿被抓回去"。[42]

实际情况是，殖民地政府早已根据查德船长提供的情报
派出一艘武装船前去追捕这些海盗，在"玛丽号"驶回波
士顿港后，政府又派出第二艘船。不过，这两艘船最终都空
44 手而归。与此同时，庞德和他的手下选择了一条迂回路线。
他们先去科德角和马撒葡萄园岛上弄来更多的牲畜和水，然
后于8月27日在霍姆斯霍尔［Holmes Hole，今天的温亚德
港（Vineyard Haven）］抢劫了一艘双桅帆船①上的食物、朗
姆酒和烟草，然后就把船放了。接下来，一场狂猛的暴风雨
迫使他们驶向弗吉尼亚，在约克河（York River）上避了八
天，其间他们又招到了两名船员和一个奴隶。当海面回归平
静之后，他们朝马撒葡萄园岛附近的诺申岛（Naushon
Island）的篷布湾（Tarpaulin Cove）驶去。随后的几个星期
里，庞德就在科德角和马撒葡萄园岛之间往来，俘获了两条
船，并从其中一条船上抢夺了食物，第三条船因为没被追上
而逃过一劫。到9月底，这群四处游弋的海盗返回篷布湾，
打算等待一个好天气再出发，前往库拉索岛（Curaçao）。

马萨诸塞殖民地总督西蒙·布拉德斯特里特（Simon
Bradstreet）为这些持续的掠夺行为感到担忧，于是下令让

---

① "brigantine"，一种双桅帆船，前桅上的帆沿着与龙骨垂直的方向设置，
主桅上的帆沿龙骨方向纵向设置。

第二章 热烈欢迎

二十名士兵驾驶庞德之前用过的"玛丽号"渔船，前去将"海盗们"抓回波士顿，接受法律的制裁。总督还允许士兵在必要时使用致命的手段"制服"他们。[43]负责领导这次行动的人是塞缪尔·皮斯船长（Captain Samuel Pease），他于9月30日从波士顿港出发，开始执行任务，先是绕着科德角向海中伸展出去的陆岬来回巡逻，然后向西驶向温亚德海峡（Vineyard Sound）。10月4日，皮斯发现一条从伍兹霍尔（Woods Hole）驶入海峡的独木舟，独木舟上的一名男子说"篷布湾里有海盗"，听到这一消息后，皮斯的手下"大声欢呼起来"，并做好了战斗准备。[44]

没过多久，皮斯就看到了远处的"高速号"。他命令手下驾驶他们的渔船逼近目标。海盗们试图逃跑，但"玛丽号"的性能更好，迅速缩小了两船之间的距离。"高速号"一进入射程范围，"玛丽号"的主桅杆上就升起英国国旗，船员向对方发射了警示性的炮弹，还鸣枪威吓。庞德的船员们则被部署在主甲板上，做好了战斗准备，同时藐视地升起自己的"血腥（红色）旗帜"，表明拒不投降，还将对所有的敌人杀无赦。

皮斯宣称海盗是在"攻击英格兰国王"，但庞德没有被 45
吓倒。他站在靠近船尾的高甲板上，一边挥舞着长剑，一边朝对面船上的人咆哮："登上我的船呀，你们这些无耻小人，我一定瞬间就把你们打趴下！"庞德刚刚喊出这个好战的邀请，双方就交火了。庞德手臂上和肋骨下面中弹，皮斯则是手臂、身侧和大腿被击中。这两个人都被带到甲板下面。士兵们反复劝说海盗放弃抵抗，还说他们会获得"仁慈的对待"，但海盗们对这样的提议嗤之以鼻。他们喊道："好呀，小人们，我们会仁慈地对待你们！"[45]第一枪打响一小时之后，士兵们拥上"高速号"，先是进行彻底的扫射，然后用他们的毛瑟枪枪托无情地把海盗们打得血流不止，只能屈服。硝烟散尽之后，有四名海盗身亡，剩下的大部分都受了伤，而士兵一方只有五人受伤。死去的海盗之一就是约翰·达比，被他抛弃在马布尔黑德的妻儿以后只能自力更生了。

海盗被完全控制住之后，"玛丽号"和"高速号"驶回罗得岛，受伤的人从这里被带到大陆上的临时住所，接受来自纽波特的医生的治疗。但医生们对于皮斯的伤已经无能为力，他最终因伤势过重于 10 月 12 日去世。一周之后，船只都驶回波士顿，海盗们也被锁进森严的城市监狱里。

"高速号"上的船员于 1690 年因涉嫌海盗罪和谋杀罪而接受了审判，虽然他们中有十四人被认定罪名成立，并判处绞刑，但这些刑罚最终并未执行。不知出于什么原因，殖民地的一些重要市民敦促总督布拉德斯特里特宽大处理，求情的人当中不乏一些"尊贵的女士"[46]，还有前总督约翰·温思罗普的孙子，也是主持海盗审判的地方法官之一的韦斯蒂尔·温思罗普（Waitstill Winthrop）。布拉德斯特里特同意了他们的请求，所以最终只有一个海盗被绞死。除了庞德之外，其余罪犯的刑罚都被免除了，甚至有一个人是在已经送上绞刑架，即将行刑的最后时刻获得赦免的。根据一名总督参事会成员的说法，这一突发事件引起了"人们的极大反感"[47]，因为他们都是为了观看行刑场面而来的。至于庞德，他先是被免除死刑，后来又于 1690 年春天被送回英格兰。出于某些未知的原因，针对他的所有指控在那里都被撤销了。

第二章　热烈欢迎

在庞德还没有被抓到的那段时间前后，海盗的历史发生了一次戏剧性的转变。虽然海盗继续在加勒比地区为非作歹，但海盗的数量正在下降，因为这个热带狩猎场对潜在掠夺者的吸引力已经大大降低：为了抵御外来袭击，西班牙的运宝船船队配备了更加严密的保卫；牙买加和其他地区的政府也在打击海盗活动；此外，尽管西班牙从新大陆获得的金银数量仍然可观，但与早些年相比，还是大不如前了。这些原因都让海盗的生活变得艰难。

1692 年 6 月 7 日正午之前不久，牙买加遭遇了一场毁灭性的地震。这个激烈且具有戏剧性的象征的出现，似乎就是为了标志海盗活动的衰退。在罗亚尔港的海盗避风港中，建筑物倾倒崩塌，大街小巷成为液化的泥土奔流的河道，人们被卷入其中，直到地震停止，土壤重新固化时，卷在里面的人都难逃被挤压得粉身碎骨的厄运。有一些被困者的脑袋伸出地面之上，在随后的日子里，四处游荡的成群饿狗就会啃食这些头颅。当一切都平息之后，罗亚尔港近三分之二的陆地都沉入海面之下，包括那些后来伤重不治的人在内，遇难人数接近五千——其中大部分是巴克尼尔海盗。更令人毛骨悚然的震后景象是漂浮在港湾水面上成百上千具被泡得肿胀的尸体，根据目击者的描述，有些被冲上岸边的尸体都成了"鱼和空中飞禽的肉食"[48]。一位幸存下来的当地牧师称这次地震是"上帝降到（世界上）最不敬神、最堕落的人们"[49]头上的一次可怕的审判。[50]

当海盗们在加勒比地区的前景日趋黯淡的时候，一个全新的充满机遇的狩猎场出现了。半个地球之外的印度洋中，

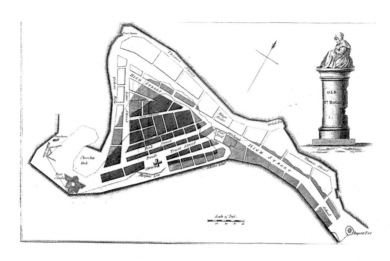

图 25　罗亚尔港在 1692 年地震以前的样子。地图中的外围边缘是老罗亚尔港的边界，靠近底部和中间的深色阴影部分显示的是地震后的城市范围，城市的其余部分都被海水淹没了

防御性很差的船只上载满了来自亚洲的财富，比如优质的丝绸、珍贵的宝石、结实的棉布、充满异国情调的香料，以及大量的金银首饰和钱币等，这些都是让海盗无法抗拒的诱人目标。在殖民地官员的热情支持下，许多海盗从美洲港口驶向印度洋，他们一起开创了美洲历史上海盗活动收益最丰厚的时代。

第三章
金钱多如沙石之地

Piratical Station—Isle of Madagascar.

图 26　一名海盗和一名马达加斯加岛上的原住民女性在一起（1837 年的雕版印刷品）

48　　　1689 年春天，三艘海盗船停泊在世界第四大岛马达加斯加岛（Madagascar）西南海岸的圣奥古斯丁湾（St. Augustine's

49　Bay）。这两艘英国船和一艘荷兰船算得上值得一看的景象。它们"几乎已经毫无用处，根本不适宜继续航行"，船体上布满了虫洞，还有厚厚一层因为在海上漂泊数月而积聚的海洋生物。帆布船帆"饱经风霜，破损严重"，以至于不得不替换成折成双层的丝绸。尽管这些船只的状况非常糟糕，但船上的人个个兴高采烈。他们此时的富有程度甚至超出了他们做过的最疯狂的美梦，因为他们刚刚从属于强大的莫卧儿帝国（Mughal Empire）的船只上抢来"丰厚的战利品"。莫卧儿帝国从十六世纪初到十八世纪中期一直统治着印度和巴基斯坦的绝大部分地区。这些船上的丝绸船帆，以及船舱中的金银都是这次掠夺的证明。上岸后，海盗们毫无顾忌地将钱财花在"昂贵的欧洲烈酒……（和）高档的葡萄酒"上，他们还大吹大擂地说，"他们的一条小船，只带二十名船员"就可以轻易地制服海上航行的莫卧儿帝国最大的船。[1]

　　这些海盗并不是第一批攻击莫卧儿船只的人。几十年来，欧洲海盗一直在印度洋中搜寻这些价值高昂的劫掠目标。在印度与红海中的吉达（Jeddah）和莫查（Mocha）这样的阿拉伯港口之间频繁穿行的贸易船只，为海盗提供了众多猎物。这些船上要么装满了运往西方的钱币、纺织品和其他富有异国情调的东印度①产品，要么装满了从西方运回东

---

①　"东印度"是当时的人们对包括印度、中国、日本和远东其他地区在内的所有地方的总称。

方的价值同样高昂的货物。然而对于专行抢劫之事的海盗们来说，最具吸引力的还要数朝圣船。每年穆斯林到麦加朝圣期间，莫卧儿的船只不仅仅用于贸易，还会载上一大群前往麦加的朝圣者，在这种最神圣的航行中，人们不仅穿戴着自己最华美的衣物和珠宝，还要携带大量钱财。[2]

穿过印度洋的船会运载巨大财富的消息传遍了西方。人们在卖酒的店铺里端着麦芽酒和朗姆酒谈论这些话题，在作为世界十字路口的繁忙码头上聊的也是这些。水手们热情地诉说着莫卧儿财富的诱惑。在美洲，无论是曾经在加勒比地区追逐西班牙财富的海盗们，还是梦想着发动一场猛攻的海员们，无不将贪婪的目光投向东方的这条水上黄金高速路。多亏威廉王之战（1688～1697 年）提供的好机会，他们很快就找到了一种追求这些财富的独特方式。 50

如在之前的战争中一样，英格兰仍然依赖私掠者来弥补海军的不足，并向敌人发起攻击。具体到这场冲突中，他们的敌人是法国人。在整个大英帝国的范围内，官方正式签发了不少私掠许可证，于是就有了很多新获任命的私掠者，他们遵照自己所受的委托到海上追击法国人。然而，私掠许可证在美洲发挥的往往是一种不同的用途。就算明知申请人根 51
本不会去和法国人战斗，而是打算去攻击印度洋中的莫卧儿船只，只要他们缴纳了一定费用，不少总督也会批准签发私掠许可证，好让这些人利用该文件做掩护，使他们的航行具有表面上的合法性。如果这些假冒的私掠者在海上因为任何原因被拦截，他们就可以声称自己进行的是受官方许可的任务。然而，鉴于英格兰并没有与莫卧儿帝国交战，所以从概念上说，对莫卧儿航运船只的攻击应当被认定为纯粹的海盗活动。这个事实完全不会令殖民地总督们感到困扰。他们不仅靠颁发私掠许可证大发横财，还像任何投资"私掠"航行的投资者一样，期望海盗们日后返回出发地，与殖民地分享他们的财富，并偿还欠下的债务。

已知的第一艘前往印度洋搜寻莫卧儿财富的美洲船是由威廉·梅森（William Mason）担任船长的"雅各布号"（*Jacob*）。[3]该船于 1690 年末从罗得岛出发，甚至都没有申请可作为掩护的私掠许可证。船上这些潜在的海盗出海一年半都没能俘获一艘船，所以船员之间发生了争执，最终导致分裂。梅森带着十九名追随者登上另一艘船，爱德华·科茨（Edward Coates）则成为"雅各布号"的新船长。之后"雅各布号"的运气就变好了，在接下来的六个月里，科茨和他的手下掠夺了四艘莫卧儿船只，抢到了足够的银币、黄金和各种东印度货物，每名船员都能分得八百英镑。对这样的结果心满意足的科茨及其手下们决定返回美洲享受他们的战利品。

他们驶向纽约的原因是这里的总督雅各布·莱斯勒（Jacob Leisler）以欢迎海盗及他们从加勒比地区带回的战利品而闻名，所以人们自然而然地认为他对于海盗从印度洋带回的财富也会抱有同样的态度。但当"雅各布号"于 1693 年 4 月抵达纽约殖民地的海岸之外时，殖民地的政治格局发生了变化——莱斯勒被本杰明·弗莱彻取代了。科茨很可能是从海上遇到的某艘船那里得知这个消息的。因为尚无法确

定弗莱彻对他们会是什么态度，所以科茨没有直接驶入纽约
港，而是驾驶"雅各布号"去往另一个众所周知的对海盗
非常友好的地方——长岛顶端的绍斯霍尔德（Southold），　52
这样他就可以在那里安全地考虑自己的下一步行动了。科茨
先是派遣一个名叫爱德华·泰勒（Edward Taylor）的海盗上
岸，寻找当地一位名叫威廉·尼科尔（William Nicoll）的政
客商讨对策。这两个人随后一起前往纽约市拜见弗莱彻，希
望弄清楚他会不会批准"雅各布号"进入港口，并保护船
员免受法律制裁。

　　十八世纪的一位历史学家直言不讳地将弗莱彻描述为
"一个满怀激情、才华横溢、精力旺盛，但非常贪婪的
人"[4]。像许多殖民地总督一样，弗莱彻也把自己的职位当作
捞钱的工具。他的一个同级别官员称他是"一个可怜的乞
丐"，因为他"只追求金钱，根本不在乎国家的利益"[5]；另
一个人则说他"特别喜欢别人给他送礼"[6]。因此，当泰勒
和尼科尔走进他的办公室时，弗莱彻毫不令人意外地渴望与
他们达成交易。

　　弗莱彻允许这艘船进入纽约港的条件是海盗向他和尼科
尔各支付七百英镑。泰勒同意了这个要求，但由于很多海盗
已经带着自己分到的钱下船去了，所以科茨很难把钱凑齐。
作为替代办法，他干脆把"雅各布号"给了弗莱彻，又另
外凑了二百英镑给尼科尔。这个结果对于弗莱彻来说反而更
有利，他很快就以八百英镑的价格把"雅各布号"卖掉了。
除此之外，他还从每个进入纽约城的海盗身上榨取了一百英
镑，以此作为不找他们麻烦的交换条件。连弗莱彻的妻子和

女儿也因为这次交易而受益，她们从海盗那里获得了各种各样的金链子、珠宝首饰和有光泽的丝绸。这次冒险带来的丰硕成果让贪婪的弗莱彻渴望再与其他意图袭击莫卧儿船只的潜在海盗合作。一年多之后，他的第一次机会随着托马斯·图船长（Captain Thomas Tew）的到来出现了。

图出生于罗得岛，1691 年，他接受百慕大群岛总督的委托，带领一艘私掠船前往非洲，去攻占一个冈比亚河（Gambia River）上的法国堡垒戈雷（Gorée）。"亲善号"（Amity）是一艘七十吨的单桅纵帆船，船上配备了八门炮和六十名船员。1691 年深秋，图作为船长带领这艘船，与另一艘接受了类似任务的船一起离开百慕大。在穿越大西洋的过程中，两艘船因为一场猛烈的暴风雨失散了。这给了图一个机会。他早年曾做过海盗，现在可以自己做主了，就强烈建议船员们也都改行做海盗。他还坚定地要求将印度洋作为目的地，因为那里有许多富有的穆斯林船只可供抢劫。

可能是受到图激情演说的影响，也可能是受到莫卧儿财富的召唤，反正船员们都被说服了。于是，他们驾船绕过好望角（Cape of Good Hope），然后驶入连接红海和亚丁湾的曼德海峡（Strait of Bab-el-Mandeb），所有从吉达和莫查出发或要驶向这两个地方的船只都必须从这个海峡通过。图船长在那里发现了一艘正驶向红海的莫卧儿大船。虽然它比"亲善号"大得多，船上还有很多门炮和三百多名士兵，但图船长依然鼓励自己的手下大胆行动，还说尽管看起来没什么胜算，但他们一定可以俘获这条船。结果他们真的做到了，而且还是一场速战速决、兵不血刃的胜利。图船长的手下洗劫了整艘船，找到了大量的金银、珠宝和其他财物。战利品如此丰厚，以至于他们只能拿走从船上发现的一部分火药，因为"亲善号"上已经没有足够的空间存放更多的物品。据估算，每个船员分到的财富数额可以达到一千二百至三千英镑不等。

图船长原本计划返回百慕大，但当他及其手下于1693年末离开印度洋时，大西洋上的一场猛烈的狂风摧毁了"亲善号"的主桅，导致"亲善号"偏离航线。最终，该船于1694年4月驶入罗得岛的纽波特。当地人兴高采烈地欢迎了图。罗得岛的居民为一个本地人能积聚这么多财富感到惊讶，有一个说法是船上的财物价值高达十万英镑。图拍卖了一些物品，向罗得岛总督凯莱布·卡尔（Caleb Carr）赠送了一份厚礼，还给"亲善号"在百慕大的资助者送信说明他们该如何获得自己享有的战利品分成，这个数目相当于他们投资数目的十四倍。

这个纽波特的新名人公开谈论了自己的壮举。约翰·格雷夫斯（John Graves）是图的一位老朋友。当他在纽波特的码头上碰到图之后，这些故事就流传开了。格雷夫斯说，"他与我无话不谈，他宣称他去年在红海俘获了一艘属于莫卧儿帝国的载满财富的船"，这让他获得了"一万二千多英镑"，这笔钱将由他和船主分享。[7]

图本打算就此退休去享受他的财富，但他很快就被拉回了海盗的队伍。他的许多手下把自己的分成都挥霍在酒精和女人上，没过多久，他们就回来乞求曾经的船长带领他们开

54

展一次新的航行，好让他们有机会弥补自己的损失。图想要帮助他的船员，也想让自己获得更多财富，所以他最终同意了这些人的请求。不过在起航之前，他想要先申请一张私掠许可证，作为他前往印度洋航行的掩护。为此，他到纽约拜见了本杰明·弗莱彻。[8]

图在之前去纽约出售他抢来的莫卧儿珠宝时见过弗莱彻。没有人知道这两个人之间都说了什么，但图显然已经意识到弗莱彻是那种会为他提供他想要的委任状的人，这就是他于1694年10月重返纽约的原因。这个繁忙的港口城市中的人口数量最近已经超过了四千。[9]走在城中用鹅卵石铺就的街道上的图打扮得很招摇，此时四十岁上下的他身材矮小，头戴一顶缠绕着银色缎带的蓝色帽子，上身穿一件蓝色天鹅绒短外套，下身穿着亚麻裤子和有华丽刺绣的长袜。图的外套上还装饰着金色蕾丝和超大颗粒的珍珠纽扣，珍珠在光线的照耀下闪烁着奇光异彩。除此之外，图还在脖子上挂了一条做工精美的阿拉伯金项链，在针织腰带的网眼中，神气地别着一把"刀柄上镶嵌着最稀有的宝石"[10]的闪闪发光的匕首。海盗会选择一身艳丽浮华的装束在当时并不是什么新鲜事，他们乐于藐视限奢法律和大多数殖民者遵循的穿着朴素的习俗，想要通过服装来彰显自己的成功。在当地的小酒馆里和街道上，图无意中透露了自己打算重返印度洋的计划。弗莱彻看出这是一个可以与自己做生意的人，于是殷勤地欢迎他进入纽约城，在收取三百英镑的费用之后，弗莱彻向托马斯·图颁发了他渴望的私掠许可证。[11]

第三章　金钱多如沙石之地

多年以后，当本国官员质疑他这种支持海盗的行为时，弗莱彻宣称自己在图于 1694 年末进入这座城市之前，既不认识他，也不了解他的背景。他还说图是"一个陌生人，像其他到访本殖民地的陌生人一样来拜访我。他告诉我说他有一艘人员齐备的单桅纵帆船，并保证会在加拿大［圣劳伦斯河（St. Lawrence）］河口打击法国人，所以我才向他颁发了相关的委任状，并做出了指示"[12]。弗莱彻补充说，图看起来"有勇气、有活力……也非常令人愉快"。这两个人有时会在下午晚些时候一起散步，还友好地讨论各种问题。弗莱彻曾努力尝试规劝图改掉他那令人厌恶的咒骂习惯和邪恶的酒瘾。为了鼓励图走上一条正直体面的道路，弗莱彻还送给他一本关于绅士风度的书，想要以此来纠正他的举止。为了进一步巩固他们之间的友谊，弗莱彻还送给图一把枪，作为回报，他也收到一份礼物，但弗莱彻说那是个"新奇的物件，但不值什么钱"。[13]

以上这些纯粹是胡说八道，根本不用当真。弗莱彻不过是在尝试遮掩自己做过的事。他心里非常明白图是什么人，想干什么事，而且他很高兴有这样一个能给自己带来收入的客户。1689～1691 年担任纽约市长的彼得·德拉诺伊（Peter Delanoy）曾指出，图受到"弗莱彻的高度关照"，所有人都看到他坐着总督的"六匹马拉的马车走在街上。总督还送给他一块金表，为的是让他还把纽约作为返航的终点。为了回报总督的善意，图也向总督赠送了珠宝"。[14]弗莱彻绝对可以确定图不会前往圣劳伦斯河与法国人作战，而是要到印度洋中搜寻莫卧儿的财富。正如一个同时代的人观察

图 27 霍华德·派尔于 **1921** 年创作的这幅题为
《他发现船长是个讨人喜欢，适合与之交朋友的人》
（**He had found the captain agreeable and
companionable**）的插画，描绘了海盗托马斯·图
（左）和纽约殖民地总督本杰明·弗莱彻会面的场景

到的那样，图"是一个公开的，而且臭名昭著的"[15]海盗。

获得了委任状的图于 11 月初返回纽波特，"亲善号"
正在那里为再次起航做准备。关于图的计划的消息已经传
开，这在很大程度上是他自己吹嘘的结果。大批男子聚集在

第三章　金钱多如沙石之地

码头上报名做船员，他们脑海中无疑充斥着对财富的美好想象。根据当时的描述，这些人都想"去红海，那里是一个金钱多如沙石之地……当时的场面非常热闹……在乡下各地做仆役的人从主人家离开，普通人家的儿子从父母家离开，很多人都是……违背了亲属的意愿跑来的"。[16]除了可能成为船员的人前来应征之外，还有一些满载着想成为海盗的船员的船只也从波士顿、宾夕法尼亚等地方赶来加入这次航行。到11月底，"亲善号"与其他随行船只一起驶向印度洋。

图在处于有利境地的时候本应抓住机会全身而退。出海的第二年，当他在红海入口处袭击一艘完全有能力自保的莫卧儿船时，图和他带领的"亲善号"遭遇了最可怕的结局。有一种说法是，图被一枚加农炮炮弹炸开腹部，连内脏都被炸飞了。当他的尸体倒在甲板上之后，他的船员们就放弃了追逐，改为驶向马达加斯加。自身状况不佳的"亲善号"即使在最好的天气条件下也只能缓慢地航行，所以船员们驾驶它沿着海岸线南下，直到发现并抢夺了一艘新船为止。这些原本属于"亲善号"的船员之后继续从事海盗活动，但再也没有返回纽约。就这样，弗莱彻在图身上下的赌注永远不可能再有任何回报了。[17]

弗莱彻没能通过图的活动获得利益的损失都因另外一些活动的成功得以弥补。弗莱彻向少数几个人签发过私掠许可证，并将为此收取的费用装进自己的腰包，当有海盗满载而归的时候，他还会设法谋求其他报酬。最典型的索要钱财的方式是向希望进入纽约的海盗收取人头费，正如他曾经向科茨和他的手下收取的每人一百英镑一样[18]，只有交钱的人才能获得由弗莱彻提供的被时人普遍称为"保护"[19]的特殊待遇。一个海盗说，这笔钱是必须交的，"以防遇到麻烦"[20]。有一种说法称，弗莱彻在任职期间向数百名海盗提供过"保护"。[21]

尽管有这些表明他与海盗勾结的证据存在，但弗莱彻一口咬定自己是清白的。当许多他曾授予私掠委任状的人都直接干起海盗勾当的事实摆在面前时，弗莱彻无法令人信服地坚称："如果他们变成海盗，那只能算我的不幸，而不是我的罪行；我还没有听说过有这么给人定罪的。"[22]据估计，在他就任总督近六年的时间里，弗莱彻在总督薪俸之外敛财的数目达到了惊人的三万英镑。[23]虽然他也有从军事官员和商人那里收取回扣及挪用政府资金等恶名，但这笔钱财中的大部分还是来自他与海盗活动之间的联系。

58　　当然，弗莱彻绝不是唯一从海盗活动中获利的纽约人。皇家海关稽查员奇德利·布鲁克（Chidley Brooke）也会收受海盗的贿赂，以此作为对他们睁一只眼闭一只眼的报酬。各地的治安官也都做过同样的事，[24]包括斯蒂芬·德兰西（Stephen Delancey）和通常被称为"丹吉尔"的威廉·史密斯（William "Tangier" Smith）这样的巨头在内的显赫的纽约商人，都会为海盗航行投入巨资，而且这样的投资只会让他们变得更加富有。[25]根据历史学家加里·B. 纳什（Gary B. Nash）的说法，这种商业活动是一种"美洲早期版本的白领犯罪"[26]。然而，有一名纽约商人采用了一种不同的商业

第三章　金钱多如沙石之地

模式。弗雷德里克·菲利普斯（Frederick Philipse）没有为海盗的航行投资，他决定与海盗做交易。

　　弗雷德里克·菲利普斯[27]出生于荷兰，十七世纪五十年代来到美洲。他选择的落脚地是新阿姆斯特丹（New Amsterdam），这个人口密集的城市是荷兰在美洲的殖民地的首府，位于曼哈顿岛的最南端。菲利普斯是一名木匠，他受雇于外号"老橛子腿"的总督彼得·史蒂文森（Peter Stuyvesant），在整个城市中修建了许多建筑物，那堵让华尔街（Wall Street）得名的十二英尺高的墙[①][28]就是由他修建，以阻止外来者进入的。菲利普斯是一个野心勃勃，也很精明的人。他很快就发展起贸易活动的副业。1662 年，他与航运巨头彼得·鲁道夫·德弗里斯（Pieter Rudolphus de Vries）的遗孀玛格丽特·哈登布鲁克·德弗里斯（Margaret Hardenbroeck de Vries）结婚，这使得他的前景大大地光明起来。得益于玛格丽特获得的大笔遗产和商业头脑，菲利普斯设计了一些宏大的计划，但这些计划都在 1664 年 8 月遭到严重威胁。当时，四艘英国军舰驶入哈得孙河河口，没开一枪一炮就占领了原本属于荷兰的殖民地，这个繁华的港口城市从此更名为纽约。

　　富有进取心的菲利普斯并没有因为政治风向的改变而退缩，反而将这次本可能是灾难的际遇转变成一个机会。与其

---

　　①　华尔街的名字直译是"墙街"（Wall Street），而所谓的墙其实是用削尖的圆木搭建的木栅栏。——译者注

图28 此幅画描绘了新阿姆斯特丹的烟草商人，大约创作于十七世纪中期，差不多正是弗雷德里克·菲利普斯开启自己商人生涯的时候。请注意画面背景中辛苦工作的奴隶们

他许多荷兰籍定居者一样，菲利普斯也接受了英国提供的宽厚的投降条款，向英国王室宣誓效忠，从而成为忠诚的英国子民。为了进一步巩固公民身份的转变，他还把自己名字的拼法英文化了（原始拼法为 Fredryck Flypsen）。随后几十年里，他的"航运帝国"急剧扩张，生产贝壳串珠和建立面粉磨坊的投资也发展顺利，这使得他成为殖民地最富有的人之一。菲利普斯堡庄园（Philipsburg Manor）位于城市以北的哈得孙河岸边，庄园占地九万英亩，是菲利普斯社会地位和巨大财富的终极象征。

菲利普斯最初是通过奴隶贸易涉足海盗活动的。十七世纪晚期的纽约是殖民地奴隶贸易的中心[29]，这里生活着七百个奴隶，超过了北美洲大陆上其他任何城市中的黑人奴隶数目。菲利普斯从十七世纪八十年代就开始参与这项令人憎恶的交易，但到了十七世纪九十年代，他进行奴隶贸易的规模突飞猛进。这一切都是因为他收到一封来自圣玛丽岛（St. Marie）居民亚当·鲍德里奇的信。这个也被称为努西布拉哈岛（Nosy Boraha）的小岛就位于马达加斯加东北海岸线之外。

虽然我们对鲍德里奇的早年生活知之甚少，但有传闻说他为了躲避谋杀指控于 1685 年逃离牙买加，之后没多久就成为海盗。[30]无论他的过去是什么样子，反正当鲍德里奇于 1691 年 1 月乘坐"财富号"（*Fortune*）抵达圣玛丽岛时，他决定下船上岸，从此在岛上定居。这并非一个轻率的决定，而是一个经过深思熟虑的举动。鲍德里奇的计划是成为一名倒卖奴隶的中间人。

马达加斯加对于雄心勃勃的奴隶贩子来说是一个特别有前途的定居地，原因有二。首先，也是最重要的，这里是一个能允许他们进行这项活动的地方。英格兰的皇家非洲公司（Royal African Company）在与西非进行的大规模奴隶贸易中享有垄断权，但这种垄断并没有延伸到印度洋。尽管英国人的东印度公司（East India Company）垄断了在印度洋和东印度其他地区进行贸易的机会，但它对于奴隶贸易几乎没有任何兴趣。这意味着没有什么人会阻止英国商人从马达加斯加购买奴隶，然后把他们送到美洲殖民地去贩卖。其次，

60

从马达加斯加购买奴隶的价格很有吸引力。从西非购买一名奴隶的成本，比从马达加斯加购买高出六到八倍，这意味着贩奴者在欧洲国家的殖民地上出售马达加斯加奴隶可以获得更高的利润。[31]

当鲍德里奇来到圣玛丽岛时，英国的贩奴者已经在马达加斯加从事这项骇人的生意近二十年了。[32]鲍德里奇希望成为他们的贸易伙伴之一。为了讨好当地人，鲍德里奇参加了他们看似永无休止的与敌对部落的战争。这样做不仅巩固了他与当地人的关系，还为他提供了获得奴隶的途径，那些被俘虏的部落敌人就是他倒卖的对象。除了利用部落间的战争之外，鲍德里奇也计划通过与地区内的部落进行交换来获得奴隶。他作为军事领袖的成功经历吸引了其他马达加斯加人来到圣玛丽岛追随他，他在那里建造了一个朴素的堡垒，[33]很快被其他人尊称为"鲍德里奇国王"[34]。

我们不知道鲍德里奇是怎么得知菲利普斯的奴隶贸易活动的，但在 1691 年 9 月，他根据这些信息向这位纽约商人提出了一项商业建议，内容是以每名奴隶三十先令的价格向他出售两百名奴隶。但这还不是他们之间交易的全部内容。随着越来越多的海盗开始使用圣玛丽岛作为他们在印度洋上的行动基地，鲍德里奇能够轻松地获得理想的东印度商品。他告诉菲利普斯，如果他想要从海盗手中购买任何东西，自己很乐意扮演中间人的角色，为他购买货物；反之，如果菲利普斯希望向海盗出售任何商品，鲍德里奇也同样可以代劳。

菲利普斯觉得这项事业前景光明，于是很快派出"查

第三章　金钱多如沙石之地

尔斯号"（*Charles*）驶向圣玛丽岛，该船于1693年8月抵达。在随后的交易集市上，鲍德里奇展示了菲利普斯的商品，包括粗布衬衫、马裤、长袜、鞋子、成桶的马德拉葡萄酒（Madeira wine）、成箱的朗姆酒、磨刀石、锯、鲸鱼油、铁锅、火药、蔬菜种子、锄头，甚至还有两本《圣经》。这几乎就像把某个纽约集市整个搬到马达加斯加。海盗中有许多人最初就是从美洲殖民地起航的，他们对于这么丰富的可选商品感到满意，并且十分乐意为此付钱。这些商品的加价幅度是惊人的。在纽约购买一加仑朗姆酒只要两先令，在圣玛丽岛的价格则变成五十先令；一大桶葡萄酒（一百二十六加仑）在纽约的售价是十九英镑，在圣玛丽则要花三百英镑，但酒依然被海盗们买光了。[35]

然而，鲍德里奇没能遵照约定给菲利普斯送去两百名奴隶，实际上他只送去三十四名，其中还包括十五个三岁以下的孩子，除此之外还有一千一百个西班牙银元、十五头牛和五十七块精铁锭。菲利普斯为投资只换回微不足道的收益而沮丧。他说奴隶是他"最主要的利润来源"[36]，一个健康的成年奴隶在殖民地最高能够卖到三十英镑。菲利普斯遗憾地意识到，如果鲍德里奇提供了约定的全部奴隶，那么他的收入底线本可以增加大约四千英镑。

下定决心要弥补损失的菲利普斯于是又派出另一艘船，并敦促鲍德里奇兑现他的诺言。后者显然照做了，因为在随后的几年里，菲利普斯一直在与圣玛丽岛进行这种远距离交易，也一直在依靠鲍德里奇做他主要的奴隶贸易中间人和商品推销员。在此过程中，菲利普斯逐渐成为纽约最大的奴隶进口商。奴隶和货币的流转，以及在纽约和英格兰卖出的大量东印度商品都令菲利普斯感到满意。还有一个额外的利润核心也被证明特别有利可图。在每人缴纳一百个西班牙银元的船费，外加伙食费另付的情况下，菲利普斯的船只很乐意把许多想家的海盗送回美洲。[37]尽管菲利普斯在纽约与马达加斯加之间的贸易中成为当之无愧的龙头老大，但他的成功催生了一些效仿者，他在纽约的不少同行也都通过资助这种与圣玛丽岛之间的往返贸易、贩奴和航运活动而变得更加富有。[38]

有了弗莱彻和菲利普斯这样的领衔人物，纽约与海盗之间的关系变得格外紧密，用历史学家罗伯特·C.里奇（Robert C. Ritchie）的话说，纽约就是"臭名昭著的海盗避风港和为印度洋海盗提供补给的中心"，尽管它"并不像罗亚尔港在其鼎盛时期那样肆无忌惮，但它的名声已经与后者差不多了"。[39]在印度洋中为寻找受害者而游弋多年之后，海盗都渴望挥霍他们辛苦赚来的不义之财。在纽约市海滨的酒馆和妓院里，以及蜿蜒的街道和小巷中，海盗们纵酒狂欢、及时行乐，他们的行为让那些循规蹈矩的纽约市民瞠目结舌。

尽管在十七世纪九十年代的大部分时间里，纽约都可以被认为是海盗活动在美洲的中心，但这里绝对不是唯一支持和欢迎海盗的殖民地。主要包括罗得岛、马萨诸塞、宾夕法尼亚和南卡罗来纳在内的其他许多地方，对于加入所谓的"海盗环游"的海盗也非常友善。"海盗环游"指的是前往印度洋后再返回，其间通常在马达加斯加停留一次或多次的航行。参与此类活动的海盗通常被称为"红海人"[40]，因为他们进行海盗活动的对象主要是往返于那片壮丽水域中满载财富的莫卧儿船只。

据估计，整个十七世纪九十年代，有近四十艘船往返于美洲和印度洋之间，或至少是以美洲为出发地或返回地，[41]而且几乎所有这些船的船长"都持有一张总督签署的（私掠）委任状，内容是委托他们去抗击'国王的敌人'"[42]。但实际上，几乎没有一艘船追击过法国人；相反，大多数船都投入了海盗活动。

这项"工作"的吸引力几乎是不可抗拒的。一个同时期的观察者指出："红海和马达加斯加的巨大财富对海员的诱惑太大了，以至于几乎没有什么能阻止他们成为海盗。"[43]毕竟，这是一个正规水手每月平均只能赚一两英镑的年代，[44]但如果一个海盗幸运的话，他可以挣到这个数目的一百甚至一千倍。

几乎没有哪个海盗会为攻击穆斯林船只及抢夺他们的财富感到不安。正如罗得岛海事法院的职员纳撒尼尔·科丁顿（Nathaniel Coddington）在 1699 年观察到的那样，航行到印度洋的人们都认为穆斯林是"异教徒，所以杀死他们并不是罪恶"[45]。类似的，一名大约也是这个时候在伦敦因为劫掠莫卧儿船只而接受审判的海盗就宣称，"他只知道掠夺属于基督徒敌人的船只和货物是完全合法的"[46]，他显然就是这样看待穆斯林的。这种对莫卧儿帝国人民的普遍蔑视当然也是大多数美洲殖民者持有的态度，因为他们几乎全都是基督徒，并且在很大程度上对其他任何文化和宗教都充满不

63

屑，而不是仅仅针对穆斯林。

从南到北分布在大西洋沿海地带的许多殖民者、政府官员和商人都欣然接受了红海人，其中的原因与之前几十年中他们欣然接受在加勒比地区活动的海盗的原因一样。海盗们不仅给殖民地注入了资金，还能够规避《航海法案》，将东印度商品方便地供应给有迫切需求的商人和他们的顾客，而且是以远低于从英格兰合法购买相同商品所需的价格，更不用说有些商品是殖民者有钱也无法合法买到的。诸如有光泽的丝绸和精致的瓷器这样的东印度商品，尽管价格高昂，但在伦敦还是很有市场的，[47]所以最好的那些商品很快就会被抢购一空，只剩下一些不太理想的才会出口到美洲。海盗正好消除了这个瓶颈限制，让所有类型的东印度商品都能以低廉的价格流入殖民地。海盗的货币和货物特别受到欢迎还是因为威廉王之战给贸易造成了束缚，导致殖民地经济非常不景气。

欢迎海盗是殖民者、政府官员和商人们出于自身利益考虑而做出的举动，至于法律以及议会和王室的愿望则都被抛到一边。这最后一点是非常重要的，它说明早在这个时候，也就是美国独立战争爆发很久之前，许多美洲定居者就已经体会到某种自成一体，甚至可以说是独立于宗主国的感觉，所以他们并不总是觉得自己应当受其规定的束缚。正如马萨诸塞大议会①在 1678 年宣称的那样："英格兰法律的约束力

---

① 大议会（General Court 或 General Assembly）是北美殖民地时期集立法、行政和司法于一体的最高权力机构，由总督、参事会和民选议会组成。——编者注

不能超出它周围的四海，达不到美洲。因为陛下在这里的子民在议会中没有代表，所以我们也不认为自己的贸易应当受英格兰法律的限制。"[48]这种态度让殖民者更容易接受海盗存在于他们身边。

另一个事实也是让殖民者能够欣然接受海盗的原因：很多从殖民地起航的海盗本来就是本地群体中受殖民者认可和爱戴的成员。他们也是殖民者的儿子、父亲和兄弟，他们选择以穿过半个地球去抢劫"异教徒"的方式来改善自己和家人的生活。这些海盗中的大多数人都计划着只要积累了足够多的财富，能够以有钱人的身份回归他们的群体就不再继续从事这个行当了。而且，作为在本地拥有紧密人际关系的富人，他们知道自己一定会受到热情的欢迎。更何况，他们的老乡里不但没有谁会认为他们违反了法律，反而还会把他们看作群体中的杰出成员，能够帮助自己的邻居在新大陆的艰难环境中生存下去，甚至是兴旺起来。实际上，许多殖民者根本没有把红海人定义为海盗，而是将他们归入私掠者的行列，这种语义上的区别没有事实作为支撑，但足以让殖民者觉得这些人的行为具有"合法的"正当性。[49]

如历史学家汉纳指出的那样，还有一个让人们欢迎海盗融入殖民地社会结构，而不是将他们拒之门外或遣送到王室面前接受审判的原因是，殖民地官员要"保护自己的秘密"。如果海盗因自己的罪行遭到起诉，殖民者很可能也会被强迫提供关于自己与被告之间的紧密联系的证词。鉴于海盗与殖民地社会的错综复杂的交集，殖民者自然而然地拥有一种避免"提供自己曾经庇护海盗或购买他们的商品"[50]——甚至是与他们有过任何关系的证词的需要。因此，通过庇护海盗并防止他们因自己的罪行而受到审判，殖民者实际上避免了承认自己犯过的罪。

有了这样一个让人动心的环境，殖民地自然成为吸引海盗的磁铁。1693 年，牙买加副总督威廉·比斯顿爵士（Sir William Beeston）注意到"一些'打着这个岛屿旗号'的私掠者和海盗会驶入红海，在那里犯下人们闻所未闻的劫掠、谋杀和残暴行为。如今这些船只满载着巨额财富返回北美洲的各个殖民地，并在那里悄然享受着他们的不义之财"[51]。还有一次，比斯顿爵士抱怨说，海盗们把掠夺来的财富带回美洲殖民地之后，"不仅被免于追究法律责任，还能开始为下一次航行做准备。各种各样的无耻之徒都被吸引来加入他们的队伍"[52]。

虽然大多数殖民地官员很乐意接待红海人，并从他们的海盗行为中获利，但也有一些人持不同看法。弗朗西斯·尼科尔森（Francis Nicholson）曾经是一名陆军中尉，在66 1694～1698 年担任马里兰殖民地总督。一位英国官员充满敬意地称他是"真正热衷于打击海盗活动和非法贸易的人……对那些哪怕只是有支持海盗嫌疑的人也非常严厉"[53]。尽管尼科尔森尽了最大的努力，海盗仍然蜂拥奔向这片殖民地。他在 1695 年时指出，从红海驶向马里兰的海盗"每人能带来一千至一千五百英镑"，他们用获得类似大笔财富的承诺诱使水手们抛弃自己的商船，跟随他们一起返回印度洋。尼科尔森说："我担心因为船员的逃跑，这个殖民地里只能剩下一两艘船。尽管我已经采取了一切可能的手段把人拦住，但这个殖民地是完全开放的，所以阻止他们离开几乎是不可能的。我毫不怀疑，至少已经有一百名男子加入了从弗吉尼亚或马里兰出发前往那里的船队，因为他们现在正在建造十二或十四艘单桅纵帆船、双桅帆船或其他船只，为的就是继续进行他们的（海盗）活动。"[54]

红海人在影响殖民地的同时，也给圣玛丽岛带来重大的变化。就像托尔图加岛和牙买加曾经是巴克尼尔海盗的基地，美洲殖民地是其他许多海盗的基地一样，圣玛丽岛成了红海人在印度洋中开展活动时的基地。他们利用马达加斯加丰富的淡水和充足的牛、家禽、柑橘类水果和大米等资源，将这里作为检修船只、卸载货物、分配战利品及为接下来的航行补充储备的地方。当然，对于那些打算在岛上多待一段时间的人来说，这里实际上成了他们家乡之外的另一个家。

"鲍德里奇国王"当然是岛上最著名的欧洲人定居者，但他并不是独一无二的。据一名 1697 年初来到这里的游客说，圣玛丽岛上约有一千五百名海盗，他们都住在"宽阔的海港"[55]附近，海港里停泊着十七艘船，其中一些船只上配备了多达四十门炮。其他一些人的描述则给这个说法的可信度打上了问号。海盗群体的规模是否真有那么大很难说，不过至少在某些时候是相当可观的，因为（以英国人为主的）海盗总是来来去去，所以人数的波动会很大。[56]鲍德里奇被指控为"无秩序的欧洲人和当地暴民的领头人"[57]，他建造了一个小堡垒——可能不过是在港湾入口附近堆砌的土垒，或竖起的低矮屏障，然后并列摆上大约二十门指向港湾

67

入口的加农炮，以防任何不受欢迎的访客到来。海盗们都住在不起眼的小棚屋里，或者干脆在他们的船上过夜。[58]

虽然圣玛丽岛与美洲之间的航行需要四到六个月，但海盗依然能够与留在家中的朋友和亲人保持稳定的通信，贩奴船或海盗船都可以往来送信。人们会在信中分享所有类型的消息，包括家庭成员的过世、妻子对入不敷出的担忧，以及对长期在外的海盗什么时候可以回家的估计等。有一位女士在写给丈夫的信中说自己渴望他早日归来，还在书信的结尾写下一段甜蜜的真情告白："我没有别的要说了，只有我对你的真爱，以及对你的陪伴的日日渴盼，这就是真心爱你的妻子持久的愿望。"[59]海盗绝不是什么厌世的独行侠，或者无法控制愤怒情绪的心理疾病患者，他们之中的大多数人都与自己出身的群体联系紧密，并且期待着某一天能够返回该群体，享受自己的战利品。他们将海盗视为一种职业，而非生活方式。

亲身体验圣玛丽岛日常生活的观察记录很稀少，但可以确定，这种生活包含了大量饮酒、吹牛和与马达加斯加妇女发生性行为。赌博也是最受欢迎的消遣之一，有人赢钱，也有人输钱。某个来自纽约的幸运海盗曾经掷一把骰子就赢了一千三百个西班牙银元。[60]这里还会发生很多斗殴事件。在一场群架中，十四名海盗认为最近一次航行抢来的战利品数量太少，难以令人满意，于是他们决定分成两组对决，一组七人，打赢的一方可以带走全部财物。据一个在这场大对决几周后来到圣玛丽岛的新英格兰人说："争斗一方的七个人都被杀死了，另一方也有五人丧生，所以活下来的两个人占有了全部战利品。"[61]

　　圣玛丽岛这个海盗殖民地历史上最血腥的一幕发生在
1697 年夏天。当年 6 月，鲍德里奇购买了"斯威夫特号"
（*Swift*）双桅帆船的部分所有权，并乘坐该船从圣玛丽岛出
发，开启了一趟旨在将其贸易帝国扩展到马达加斯加群岛其
他地方的航程。一个多星期后，圣玛丽岛上的原住民起义，
杀死了大约三十名当时还在岛上的海盗。鲍德里奇和他的手
下在返回圣玛丽岛的途中从一艘过路的帆船听说了大屠杀
的消息，他们当然会担忧自己的生命安全，所以明智地选
择了驶向纽约。已经很富有的鲍德里奇留在那里过上了闲
适的生活。

　　鲍德里奇后来坚称爆发起义的原因是海盗肆意虐待原住
民，但其他更有说服力的证词却直接将他列为罪魁祸首。他
们宣称起义的原因是鲍德里奇将一些原住民卖作奴隶，这打
破了只把俘虏或买来的马达加斯加人卖作奴隶的底线。一个
名叫爱德华·韦尔奇（Edward Welch）的新英格兰人接替了
原本由鲍德里奇扮演的中间人角色。韦尔奇很多年前就来到
马达加斯加，那时他还是个男孩。与此同时，圣玛丽岛上的
原住民早已平静下来，这个海盗的殖民地又恢复如常了。[62]

　　到十七世纪末，英国的官员们已经非常了解美洲殖民地
和印度洋中海盗活动显著增多的情况。来自殖民地总督们越
来越多的信件都着重提及了这个问题。负责英格兰与莫卧儿
帝国之间贸易的东印度公司在孟买设有基地，来自那里雇员
的正式汇报中也谈到了海盗。然而，关于不断增长的海盗威

68

胁最严厉的报告既非来自殖民地总督，也不是来自东印度公司的雇员，而是由一位名叫爱德华·伦道夫[63]的美洲海关测绘长官撰写的。

伦道夫是一名六十多岁的官僚，从十七世纪七十年代起在美洲担任过多个行政职务。他为人傲慢无礼，还患有消化不良的慢性病，对于殖民者和这里的政府都有诸多非难。作为王室和中央集权的坚定支持者，他将殖民地视作违抗父母意愿、拒绝接受指挥或遵守规则的任性的青少年。伦道夫看尽了殖民者及他们任命的官员为了自身利益而公然藐视英国法律的作为。在他眼中，最十恶不赦的违法行为莫过于无视《航海法案》、参与走私和海盗活动之类的非法贸易。

尽管伦道夫的观点带有先天的偏狭，但他确实是一位敏锐的观察者，他对这些殖民地不法行为的描绘惊人的准确，对于海盗活动的刻画尤其严苛，因为它不仅是规避《航海法案》的违法行为，更是可以判处死刑的重罪。1696 年 5 月，伦道夫向英格兰的政府官员提交了一份报告，概要地论述了这个问题的严重程度。他宣称海盗活动在整个殖民地十分普遍，各位总督"认可所有国家的海盗为所有船只的掌控者和所有人"，这反而"给这个非法的行当提供了巨大的鼓励"。伦道夫列举的"海盗休整和停泊的主要庇护地"包括南卡罗来纳、北卡罗来纳、罗得岛、马萨诸塞和宾夕法尼亚。[64]他断言这些地方的"总督接待了一些与库拉索岛及其他地方进行非法贸易的海盗"[65]。奇怪的是，尽管伦道夫完全清楚纽约也是海盗的主要支持者和避风港，但他却没有将纽约列入他的名单。

第三章　金钱多如沙石之地

伦道夫的报告，再加上从美洲和印度洋传来的消息，令远在英格兰的政府官员们感到惊愕。于是他们发布了各种公告和法案，要求殖民地总督打击海盗活动。不过因为缺乏有效的执法，这样的号召都成为印在纸上的空话。所以殖民地整体上并没有发生什么变化。然而，时代的潮流即将转向，导致这一结果的部分原因恰恰是亨利·艾弗里（Henry Avery）这名最神秘、最成功的海盗之一的所作所为。

第四章
痛击

图 29　埃弗里的"奇想号"（*Fancy*）与一艘莫卧儿帝国帆船交战（1837 年的雕版印刷品）

70　　"查理二世号"（*Charles Ⅱ*）的船员们全都陷入了狂怒状态。这艘船是英国投资者资助的，是由前往西印度群岛的四艘船组成的船队中的一艘。船队此行的目的包括袭击

第四章　痛击

法国前哨站，从西班牙沉船中打捞财物，以及与西班牙定居点进行交易。1693 年 8 月，船队从英格兰的格雷夫森德（Gravesend）起航，驶向西班牙的拉科鲁尼亚（La Coruña），领取由西班牙政府签发的允许他们继续航行的文件。遭遇各种延迟的船队于 1694 年初才抵达那里，然后就开始了为期数月的等待所需文件的日子。令这样的处境越来越难以忍受的是船员们除了一小笔预付款外没有获得过任何报酬的事实。他们恳求投资者支付薪水，好让他们能够养活自己和他们留在陆地上的家人，但没有得到任何回应。1694 年 5 月，也就是离开格雷夫森德近十个月后，船员们终于忍无可忍，群情激愤，于是找到大副亨利·艾弗里①，并要求他领导一场哗变。

　　艾弗里年约四十岁，在加入"查理二世号"的航行之前曾在皇家海军战舰上做过船员、高级船员和大副，经受过战斗的洗礼，已经变得无比坚毅。同时期的人在描述艾弗里时说他中等身高、比较胖、很勇敢，还有"一副令人愉快的好脾气"，但如果有人和他作对，那他"就会变成最冷酷无情的人"。¹事实证明，艾弗里是接受这个提议的最佳人选。他很快就同意了，没过多久，船上的大部分船员都表示支持这个计划，并决定于 5 月 7 日晚上行动。

　　"查理二世号"的船长查尔斯·吉布森（Charles Gibson）因为发高烧，一直在自己的舱房中躺着。与此同时，他的船员们已经划着小船驶向离他们不远的"詹姆斯

71

---

① 亨利·艾弗里是他最为人所知的名字，不过也有其他同时期的人认为他的名字是亨利·埃夫里（Henry Every）、朗·本（Long Ben）、约翰·艾弗里（John Avery）或布里奇曼船长（Captain Bridgeman）。

号"（*James*），后者也是船队中的四艘船之一，"查理二世号"的船员是到"詹姆斯号"上接那些要求加入哗变者队伍的水手的。在接这些船员的过程中，有人发出了警报，这迫使艾弗里不得不立即行动。他和他的追随者们迅速制服了"查理二世号"上剩余的船员，然后驾船起航。尽管遭到"詹姆斯号"和附近的西班牙堡垒的炮火袭击，但"查理二世号"最终毫发无损地驶出港口，向南方去了。[2]

第二天早上，吉布森一醒来就惊讶地发现艾弗里和其他船员都挤在他的床边。意识到船正在行驶中的吉布森要求知道发生了什么。艾弗里的开场白是："我是一个福星高照的人，所以必须试试自己的运气。"[3]他向吉布森解释了他们要到印度洋上做海盗的计划，并表示如果吉布森加入他们的队伍，他还可以继续做船长。对这样的背叛感到震惊的吉布森拒绝了，于是他和其他大约十五个拒绝改行的船员一起被仁慈地转移到一条属于"查理二世号"的小驳船上，这样他们就可以自行返回最近的陆地。

艾弗里无疑会觉得继续使用"查理二世号"这个名字有些厚颜无耻，所以他迅速将船重新命名为"奇想号"（*Fancy*）。他和他的船员在接下来的八个月里沿着非洲海岸向南航行，一路劫掠，从其他船只上抢来白兰地、布料、船锚、金粉和其他物品。绕过好望角之后，"奇想号"在马达加斯加进行修缮和维护，补充了物资和人手。然后艾弗里又向西北方向航行了几百英里，来到一个名叫约翰娜[Johanna，今天的昂儒昂（Anjouan），属于科摩罗群岛（Comoro archipelago）的一部分]的小岛。这群海盗就在这里积蓄力量，为在曼德海峡附近突袭莫卧儿船只做准备。[4]

第四章　痛击

　　"奇想号"于 1695 年 2 月底离开约翰娜岛之前，艾弗里起草了一份"致所有英国指挥官"的公告之类的文件，他要让这些人知道，"奇想号"是一个令人生畏的对手，船上配备了四十六门炮和一百五十名船员，但英国指挥官们完全不用惧怕它。艾弗里告诉他们说，只要他领导这艘船一天，"奇想号"就不会攻击任何英国船只。他还指示英国船长们说，获得他宽容的方法是，在他们不能确定接近船只的身份时，他们要先升起自己的旗帜，而且要把旗帜升到挨着主桅的后桅顶端。艾弗里还承诺，看到对方升旗之后自己也会这样做，然后就不会去骚扰亮明身份的英国船只。然而，像所有海盗一样，艾弗里也意识到他对船员的控制并不是绝对的。他发现"我的船员们充满渴望，勇敢顽强，而且意志坚定，如果他们不遵从我的意志，我也无能为力"。在这封公告的结尾处，艾弗里亲切地称自己"至今仍是英国人的朋友"。[5] 艾弗里希望通过仅袭击莫卧儿船只而绝不碰英国船只的做法，来避免激怒东印度公司。[6] 结果证明这是一个重大的失算。

　　1695 年春末，艾弗里的公告刚转达到东印度公司在孟买的办事处，公司的官员们就开始担心了。在十七世纪的大部分时间里，该公司与莫卧儿帝国一直进行着利润极其丰厚的交易，这样的活动还让该公司转变成一股强大的经济和政治力量。毋庸置疑，海盗会威胁这种贸易关系。过去的那些海盗袭击事件已经激怒了莫卧儿帝国的官员们，而且由于英国船是主要的袭击实施者，所以尽管东印度公司并没有参与其中，莫卧儿帝国还是将愤怒的主要矛头指向该公司。在某些情况下，莫卧儿帝国的省级官员会通过实施贸易禁令，以及将公司官员软禁在其

图30　画中显著位置的人是亨利·艾弗里，
背景中与莫卧儿帝国帆船交战的是"奇想号"

工厂（办公场所）内的方式，对东印度公司进行报复。如今，得知艾弗里已经前往红海的东印度公司担心最坏的情况就要发生了。如果他袭击了莫卧儿船只，莫卧儿的宫廷中必将掀起"无法估量的喧嚣"，到时候遭殃的一定是东印度公司。[7]

夏季过了一半的时候，"奇想号"已经抵达曼德海峡中一个名叫巴里姆（Perim）的荒凉小岛附近，不过"奇想号"并非唯一来这里的船。它在航行过程中就遇到一大批来自美洲

74

第四章　痛击

殖民地的"私掠船"，这些船追求的自然也是同一目标。汇聚在此的船只包括从（当时属于宾夕法尼亚殖民地一部分的）特拉华的刘易斯（Lewes）装备出发的万特船长（Captain Want）的"海豚号"（*Dolphin*）、来自纽约的托马斯·图率领的"亲善号"、从波士顿出发的托马斯·韦克（Thomas Wake）指挥的"苏珊娜号"（*Susannah*），还有两艘同样来自罗得岛的船，即由约瑟夫·法罗（Joseph Faro）任船长的"朴次茅斯冒险号"（*Portsmouth Adventure*）和由威廉·缪斯（William Muse）任船长的"珍珠号"（*Pearl*）。所有船都同意接受艾弗里的领导，一起等待从莫查出发并驶向印度的莫卧儿船只——当它们经过巴里姆时，海盗们就会发起突然袭击。

等了一个多星期的海盗们却等来一个惊人的意外。一艘途经这里的双桅帆船上的人告诉海盗说，有一支由二十五艘船组成的船队前一天晚上刚从距离海盗停船处仅两英里的地方驶过。海盗们没有浪费时间，立即开始追击。他们设定了前往苏拉特（Surat）的航线，因为那里正是船队的目的地。"海豚号"是一艘很糟糕的船，所以很快就被烧毁了，船上的船员转移到"奇想号"上面。"珍珠号"被拴在"奇想号"后面拖着走，"朴次茅斯冒险号"则一直紧跟在"奇想号"附近，只有"亲善号"无法追上其他船的速度，没过多久就被落下很远，直至从人们的视线中消失。"亲善号"就是在这之后遇上了那艘积极自卫，最终造成图船长丧命的莫卧儿船的。

9月初，在航行近两千英里之后，海盗们终于看到了"法思·马哈麦迪号"（*Fath Mahmamadi*），这是一艘重三百吨却只装备了六门炮的大船，船的所有者是苏拉特最富有的商人阿卜杜勒·加法尔（Abdul Ghafar）。与船队中的其他船只一样，"法思·马哈麦迪号"上也载有数百名从麦加朝圣归来的信徒。在悬挂着英国国旗的"奇想号"带领下，海盗们击败了他们猎捕的目标。"法思·马哈麦迪号"只是徒劳地开了三炮就被制服了。海盗们在船上屠杀了一些人，也折磨了一些人，最终抢走价值五万到六万英镑的金银财宝。

图 31　海盗船船长亨利·艾弗里和他的手下将莫卧儿帝国帆船上的财物运到"奇想号"上（1837 年的雕版印刷品）

把"法思·马哈麦迪号"拖在船后的海盗们继续追击。几天后，他们在距离苏拉特大约一百英里的地方抓到了真正的大鱼。"超富号"（*Gang-i-Sawai*，在英文中拼写为 *Gunsway*）可不是什么普通的莫卧儿船，而是归莫卧儿帝国君主奥朗则布（Aurangzeb，1658～1707 年在位）拥有的船。它是船队

75　中最大的一艘，船上载有近千名朝圣者，还有八十门炮和四

第四章 痛击

百支步枪，及许多负责保卫它的士兵。

几艘海盗船与"超富号"的战斗持续了两个小时，交战双方都伤亡惨重。虽然"超富号"无论在人手还是武器上都拥有压倒性的优势，但这些士兵根本不是海盗的对手。在一枚很有准头的加农炮炮弹击碎"超富号"的主桅，再加上"超富号"的一门加农炮爆炸，炸死四人并造成其他一些人受伤后，这些穆斯林卫兵就投降了。有一个说法称，当海盗们一股脑拥上"超富号"时，船长穆罕默德·易卜拉欣（Muhammad Ibrahim）还跑到甲板下面，让自己从麦加带回来的一群小妾也拿起武器，可惜船长敦促她们奋起反击的最后努力只是徒劳而已。

海盗在船上搜刮了好几天，他们对乘客施以酷刑，逼迫他们交代财物的藏匿处。不去寻找战利品的时候，海盗们就卑鄙地尽情满足兽欲，强奸了许多女性。一些被盯上的受害者因为无法忍受让家人和朋友看着自己被垂涎和玷污的奇耻大辱，选择用匕首自杀或者跳进大海。遭受这种野蛮对待的朝圣者之一是一位宫廷高官的妻子，而且她还是与君主有亲属关系的长辈。

"超富号"是一艘非常壮观的大船，至少能值几十万英镑。当两艘莫卧儿船只上的所有财富终于被海盗们瓜分完毕时，每人的收获达到一千英镑，而船长和大副们的收获则分别是这个数目的两倍和一点五倍。分赃一结束，海盗们就迅速地分道扬镳了。"珍珠号"驶向埃塞俄比亚，"苏珊娜号"去了圣玛丽岛，"朴次茅斯冒险号"去了哪儿无人知晓。显然，这些船还希望继续俘获更多的战利品。然而艾弗里过够了身为海盗的日子，他期待着金盆洗手。最终，他驶向巴哈马的新普罗维登斯（New Providence）。航行途中他还镇压了一场哗变，并将反抗他的船员抛在了沿途各地。

1696年4月抵达新普罗维登斯后，艾弗里给巴哈马总督尼古拉斯·特罗特（Nicholas Trott）写了一封短信，请求对方允许"奇想号"驶入港口，并在停泊期间向他和他的船员提供保护。为了让对方乐于达成这笔交易，海盗们承诺将"奇想号"和船上的所有配套设施都赠送给总督，同时按照每个海盗二十个西班牙银元和两个金币的标准缴纳保护费，至于艾弗里本人则愿意按此标准缴纳双倍的数额。特罗特与纽约总督弗莱彻是一丘之貉，他对这样的安排感到非常满意，所以热情地接待了他的贵宾们。之后，船上的人很快就各奔东西，包括艾弗里在内的大约一半海盗返回英格兰或爱尔兰，其余的则去了南卡罗来纳或北卡罗来纳。[8]

当艾弗里袭击船只的消息传到孟买的东印度公司官员耳中时，他们立即向伦敦的公司总部发送了一份措辞激烈的报告。该报告不祥地预言道："所有这些事都会让（莫卧儿）王宫笼罩在乌云之中，我们只希望这片乌云不要带来狂猛的风暴。"[9]希望归希望，一场巨大的风暴随即降临了。"法思·马哈麦迪号"和"超富号"一抵达苏拉特，关于劫掠和暴行的消息就传开了，群众涌上街头，要求血债血偿。他们包围了东印度公司的工厂，如果不是当地士兵及时赶到，拦下暴乱的人群，他们可能就会冲进工厂，把躲在工厂围墙内的数十名英国人全部杀死。然而，士兵来到这里并非为了解救这些英国人免于遭受私刑处罚，而是为了囚禁他们。公司的官员们都被带上镣铐，工厂的窗户都被用板子封死了。一名被士兵护送回到这个工厂大院的英国人在街上遭到暴乱者的殴打，三天后伤重不治。

　　不仅是这些被囚禁在苏拉特的官员的死活，还有东印度公司在印度所有业务的最终命运都将取决于奥朗则布。当得知发生的一切之后，奥朗则布毫不令人意外地陷入狂怒。海盗袭击普通莫卧儿商人的船只就已经是罪大恶极了，更不用说这次他们竟然袭击了一艘属于君主的船和一艘属于一位非常重要的商人的船，而且两艘船上还都载有去进行伊斯兰教最神圣仪式之一的信徒。所以这不仅仅是一场商业灾难，还78是一场政治灾难，是直击伊斯兰核心的亵渎神明的攻击。

图32　莫卧儿帝国君主奥朗则布

奥朗则布的第一个打算是向东印度公司发动战争，并将其驱逐出印度，但冷静下来后，理智最终占据了上风。在长达九个月的时间里，工厂仍然被当作囚禁英国人的监狱，双方之间的贸易也都停止了，公司与皇帝的代表则在私下里协商解决僵局的办法。最终，巨额的贿赂，以及公司提出的为前往红海和自红海返回的朝圣者船队提供武装护送服务的承诺获得了令人满意的效果。1696 年 6 月时，苏拉特工厂的大门重新开放，此后不久，贸易活动也恢复如常。[10]

艾弗里的血腥行为迫使东印度公司不得不正视一个他们想都不敢想的结果——他们可能因此被永远排除在利润丰厚的与印度的贸易之外。意识到向奥朗则布展示公司正在尽一切力量打击海盗活动的重要性，公司请求英格兰的枢密院对艾弗里及其手下采取行动。鉴于英国政府从公司带来的收入中获益匪浅，也特别希望保护其在印度的利益，枢密院于 1696 年 7 月 17 日发布了一份公告，将艾弗里和他的船员定性为海盗，并命令殖民地官员以及所有海军官兵全力抓捕，以将他们绳之以法。为了提高抓住这些人的可能性，枢密院采取了让海盗窝里斗的策略，承诺将赦免任何帮助捕获这名船长或同船船员的艾弗里的手下。当枢密院成员不愿为捕获海盗提供奖励时，东印度公司主动为逮捕艾弗里开出五百英镑的赏金，为逮捕他的任何手下也开出五十英镑的奖赏。[11]这是一次史无前例的举动，它实际上相当于发布了一份国际通缉令，历史学家小道格拉斯·R.伯吉斯（Douglas R. Burgess Jr.）称这次行动是"有记录以来第一次全球性的搜捕"[12]。可惜的是，行动的结果令人失望得不值一提。

　　离开巴哈马之后，艾弗里去了位于爱尔兰北部海岸的多尼戈尔（Donegal），从此消失在人们的视线中。在随后的几年中，围绕着他及其冒险的传说把他塑造成一个在许多人看来充满传奇色彩，甚至是颇具英雄气概的形象。[13]人们还创作了关于他的小册子、书籍、民谣，以及一部名为《成功的海盗》（*The Successful Pyrate*）的讽刺剧。该剧在伦敦德鲁里巷的皇家剧院（Teatre Royal, Drury Lane）上演期间还获得了不错的票房。有一个更荒谬且纯粹是编造的说法是，艾弗里在晚年时成为马达加斯加岛上一个富可敌国的海盗群体的领袖，还娶了奥朗则布的一个孙女做妻子，据说这个妻子就是从"超富号"上绑架来的。[14]

　　至于艾弗里的那些船员，只有相对很少的几个人被逮捕，而且其中大多数人都没有受到审判。其中最有意思的一次成功抓捕还要感谢一个爱管闲事的女仆。当时，一名海盗在距离伦敦约三十英里的一家寄宿公寓入住，他刚一住下，女仆就翻弄了他携带的随身物品，并在检查他的外套时发现了缝在衬里的价值约一千英镑的金币。女仆没有起任何贪念，而是诚实地通知了地方官员，后者没收了这些财物，并立即将海盗关进监狱。[15]

　　1696年10月19日，六名据称是海盗的人在伦敦西部的老贝利（Old Bailey）接受审判。老贝利本来是一条街的街名，后来成为人们对坐落在这条街上的宏伟砖砌建筑——司法厅和中央刑事法院（Justice Hall and the Central Criminal Court）的代称。御用大律师亨利·牛顿博士（Dr. Henry

Newton）通过向陪审团列举案件涉及的重大利益的方式向被告发起指控。他说："因为海盗猖獗，全世界的商贸往来只好停止，而我们的国家原本当之无愧地在这些贸易中占据了巨大的份额，收获了巨大的利益。"牛顿还说，放任海盗逍遥法外可能导致英国与印度开战，届时"英国将彻底失去与印度进行贸易的机会，这个王国也会陷入贫困之中"。[16]换句话说，对海盗做出仁慈判决的后果可能是引发巨大的经济灾难。然而，尽管控方提供了强有力的证据，以及一些艾弗里的手下为换取宽大处理而提交的对控方有利的、能够证明被告有罪的证词，陪审团最终还是认定六人全部无罪。

英国政府和东印度公司的官员都被这个结果惊呆了。他们本来确信海盗会被判有罪，接着被执行绞刑。实际上，他们还打算用一幅海盗被绳索绞死的景象向奥朗则布证明，英格兰对于严厉打击海盗活动这件事是认真的，从而帮助修复东印度公司与莫卧儿帝国之间已经受损的关系。然而，陪审团令人震惊的决定反而让长期以来被广泛接受的英格兰是"一个海盗国家"[17]的认知获得新的生命力。从这个角度来说，艾弗里只是可以追溯到德雷克及其海盗同伴们在公海上实施抢劫的辉煌岁月的一长串英国人名单中的一个而已。陪审团为什么会做出这种判决的原因尚不清楚，因为没有关于他们讨论内容的记录留存下来。不过有些人认为陪审团可能觉得针对被西方人普遍视作"异教徒"的穆斯林实施的犯罪行为根本不是犯罪，哪怕这种海盗行为确实会对英国经济构成严重威胁。

无论原因是什么，政府很快就决定必须让这样的判决无效，但怎么做才能实现这个目的呢？高等海事法院的首席大法官，也是英格兰最伟大的法学家之一查尔斯·赫奇斯爵士（Sir Charles Hedges）被请来解决这个问题。他的建议是再次对六人提起诉讼——这次起诉的罪名不是海盗罪，而是因为他们在"查理二世号"上参与哗变。[18]

第二次审判于 10 月 31 日开始，赫奇斯作为首席公诉人，像牛顿博士在第一次审判中一样严厉地陈述了控方观点。赫奇斯说，"因为外国人会将我们的法院的裁定视为整个国家的理智和判断力的表现"，所以陪审团在处理违法者的问题上必须采取坚决和果断的立场。如果他们不这样做，"其他野蛮国家会责备我们是庇护、收容海盗的巢穴；我们的朋友会质疑，为什么作为商人甚至是全人类的敌人的海盗，能够在这个历史悠久的贸易国家找到避难所"。[19]

似乎承受了整个英国政府和东印度公司重压的陪审团这一次判定六名被告罪名成立。该案的主审法官也终于松了一口气，他感谢陪审团的服务，说他们"为恢复国家和城市的荣誉做出了很多贡献"[20]。六名海盗于 1696 年 11 月 25 日在伦敦塔下游约一英里，沿泰晤士河边的沃平（Wapping）的行刑码头（Execution Dock）上被执行绞刑。自十五世纪初以来，这里的一座简易绞刑架就一直是将大量因海事犯罪而判处死刑的罪犯送上西天的工具。被执行绞刑的男子之一在即将套上绞索之前，"表达了对过去邪恶生活的清醒认识，尤其是"他对印度人"犯下的那些最令人发指的野蛮罪行，比如毫无人性的劫掠和毫不仁慈的对待"。尽管他认为印度人不过是"异教徒或不信教者"，但他仍然宣称"已

81

115

经认清了自己的罪行，他因自己的不人道行为而被处以死刑是公正的"。[21]

然而，这些颇费周折才得来的有罪判决却没有在缓和与奥朗则布的关系方面发挥多大作用。毕竟，只有六名海盗被绳之以法，而且罪魁祸首艾弗里仍然逍遥法外。更何况，无论审判还是定罪都没有给海面上的情况带来任何改变。在艾弗里之后，或者可以说在一定程度上正是受到其成功的鼓舞，其他英国海盗继续在印度洋逞威，不仅袭击大量莫卧儿帝国的船只，也劫掠一些欧洲国家的船只。[22]1697 年初，从东印度公司孟买工厂发出的一封信中的内容着重强调了这种日益增强的威胁："海盗活动的收获太诱人了，如果不采取措施打击这些恶徒的话，不久的将来他们会壮大成什么样子？上帝清楚……他们将会在哪里抢夺、防御和聚集。"[23]尽管如此，这两场审判还是产生了一个重大影响。它们进一步暴露了美洲殖民地与海盗之间的紧密联系，这让英国政府开始重新关注这一充满争议的问题。

爱德华·伦道夫是在审判开始六个月之前提交他那份报告的，其中详细说明了殖民地普遍支持海盗的情况，而审判过程中出现的证词更增加了伦道夫那些令人惊愕的主张的可信度。贸易委员会（Board of Trade）对这些证明存在海盗活动的情报非常重视。这个 1696 年 5 月成立的机构取代了之前的贸易和殖民地委员会（Lords of Trade and Plantations）[24]，旧机构在监督殖民地管理、监督对英国法律的遵守情况，以及就打击海盗活动向本国政府提供建议方面做得较差。相比之

82

下，贸易委员会是一个更专业的团体，对于殖民地的情况有更深刻的了解，它从一开始就把打击海盗活动作为本机构的头等大事。[25]

在艾弗里的手下被绞死几个月之后，贸易委员会向各殖民地发出了一连串信件，恳求他们改进自己处理海盗问题的方式。1697 年 1 月寄给马萨诸塞殖民地总督威廉·斯托顿（William Stoughton）的信就提醒他，国王威廉三世（King William Ⅲ，1689～1702 年在位）已经下令，要求总督们"尽最大努力打击海盗活动"，信中还提到，"在对艾弗里的船员的审判中，作为海盗装备船只和受到款待的地方，新英格兰曾被过于频繁地提及"。[26]罗得岛、南卡罗来纳、宾夕法尼亚及新泽西也都因为类似的款待海盗行为而被警告，还被强烈建议要打击海盗活动。不过，想要促成殖民地的转变并不容易，费城一位名叫罗伯特·斯尼德（Robert Snead）的县级法官的困境就清楚地证明了这一点。

斯尼德最初在 1697 年 4 月了解到命令殖民地总督抓捕艾弗里及其手下的公告。作为国王的忠实子民和一位尽职尽责的地方法官，斯尼德决定采取行动。在得知艾弗里的一些手下此时正在费城之后，斯尼德直接来到威廉·马卡姆总督（Governor William Markham）家中，提醒他有义务逮捕这些流氓。斯尼德曾经在牙买加做木匠，他来到宾夕法尼亚已经两年了，对当地的政治状况很熟悉。[27]他知道马卡姆可能不愿意理会他的要求。众所周知，马卡姆是一个没有什么生财门道但又非常贪婪的人，他一直都很欢迎海盗带着他们的钱财来到这个殖民地。还有传闻说，艾弗里的手下给"他和他的家人送了一份大礼"[28]，更能证明这种不正当关系的证据是，马卡姆的女儿刚刚嫁给一个名叫詹姆斯·布朗（James Brown）的人，后者曾经是艾弗里的船员之一。[29]

83　　当斯尼德提到政府的公告时，总督冷淡地宣称自己从未见过这份公告，这显然是在说谎；当斯尼德提出要为他宣读公告时，总督拒绝了。斯尼德又问道，难道总督不知道那些海盗正肆无忌惮地走在费城的街道上，"举着酒杯"[30]公然吹嘘他们的劫掠行为吗？马卡姆再次表示自己毫不知情，还说"当有人带着钱来到这里时，他可没有义务询问人家的钱是怎么来的"[31]。斯尼德说自己可以证明艾弗里的手下就在费城，而马卡姆不对他们进行逮捕的做法将成为一个对他不利的污点。但总督依然不为所动。对这种顽固态度感到极为厌烦的斯尼德靠近马卡姆，说自己"完全清楚他（总督）和海盗之间存在某种约定，除非是瞎子，否则谁都看得出来"。这种傲慢的态度惹怒了马卡姆，不过他还是承认自己知道艾弗里的一些手下的下落，并补充说"海盗们对他很有礼貌"，而他们带来的钱"能给这个地区带来好处"[32]。无计可施的斯尼德只好怒气冲冲地离开了。

　　事实证明，这场充满争论的会面并不是在私下里进行的。马卡姆的妻子和女儿一直在隔壁房间里听着。斯尼德一离开，她们就把刚刚发生的一切告诉了艾弗里的一个手下，这个人叫罗伯特·克林顿（Robert Clinton）。克林顿又立即与艾弗里的另外两名手下——埃德蒙·拉萨尔（Edmund

第四章 痛击

Lassall）和彼得·克劳森（Peter Claussen）分享了这一信息。第二天，海盗们在街上与斯尼德搭讪，还说他是王室的"告密者"。这让斯尼德再次来到总督家中，他向马卡姆讲述了自己受到的骚扰，还说他相信是总督的家人给海盗送的信。马卡姆越发大胆的妻子和女儿当时都在这个房间里，她们承认自己就是送信的人，还说斯尼德"被指责为告密者一点儿都不冤"。[33]愤怒的斯尼德说马卡姆让他别无选择，他会亲自逮捕那些海盗。

斯尼德请求爱德华·希彭（Edward Shippen）和安东尼·莫里斯（Anthony Maurice）两位法官协助他，他们都同意了。但斯尼德并不知道莫里斯的一个亲戚嫁给了克劳森。在与马卡姆商议后，莫里斯改变了立场，告诉斯尼德自己不会帮他了。不过当斯尼德威胁说，如果莫里斯不改变主意，自己就要向国王汇报时，本想拒绝的法官只好服从了。

最终，克林顿、拉萨尔和克劳森都被逮捕，并被带到三名法官面前，法官们一致认定这些人曾经是"奇想号"的船员。斯尼德想把他们全都关起来，但另外两位法官允许他们被保释，所以海盗们又自由地走出了法院。几个星期后，斯尼德听说海盗们计划逃跑，于是再次逮捕了他们。这回他找来的是一个让人意想不到的证人。马卡姆的女婿，曾经也是海盗的詹姆斯·布朗出卖了这些曾经和自己同船的船员，承认他们确实曾在艾弗里的船上，并分享了掠夺来的战利品。可惜我们找不到布朗的妻子，也就是总督的女儿就他的坦白做何反应，不过不难想象她对这个"告密者"丈夫肯定是很不满意的。法官们命令首席检察官签发逮捕令，但海盗们只在狱中待了几天，就再次被保释出狱了。

在完成使命的过程中再次受挫的斯尼德十分顽强，仍然不肯就此放弃。他亲自签发了逮捕令，但这只会让马卡姆更愤怒。总督说斯尼德无权在未告知自己的情况下签发逮捕令，还说斯尼德是"流氓"，而且总督还威胁说如果他"胆敢"再次发出逮捕令，就把他"送交"（上级法院受审）。[34]斯尼德说自己不应该为完成本职工作而遭受这种恶劣对待。他的藐视进一步激怒了总督，后者于是命令治安官们无视斯尼德的逮捕令，并没收了他的武器，这样他在面对那些反复威胁要加害于他的海盗时就失去了防卫能力。

尽管面对着各种妨碍司法的情况，斯尼德依然坚持不懈，并设法将这三名海盗重新关进监狱。不过，他已经想到，无论监狱设施还是狱卒的人品都不值得信任。所以他主动提供了一名额外的守卫协助看守，但治安官坚称没有这个必要。就在当天晚上，克林顿和拉萨尔逃脱了，据说他们是移开墙上的一块木板，钻过隐藏在那后面的一个十四英寸乘十英寸的洞逃走的。第二天，一个探访监狱的水手对这一说法表示怀疑。这个人认识克林顿，他说"（克林顿）是一个大胖子"[35]，他断定那个大块头的家伙是根本无法从这么小的洞爬出去的。显而易见的结论是，海盗们是在治安官的默许下，从监狱大门走出去的。

马卡姆勉强地提出悬赏五英镑抓捕逃犯，之后一个妇女宣称自己看到全副武装的海盗们躲在镇中心附近的一片灌木丛里。然而，与海盗串通一气的治安官只说她肯定是弄错了就把她打发走。当有人向马卡姆汇报这位目击者描述的情况时，他也同样没有采取任何行动。对此斯尼德尖刻地评论道："所有人都能看到阿拉伯黄金是如何影响某些人的良心的。"[36]

几天后，克劳森也被释放了。没过多久，拉萨尔和克林顿也不再躲躲藏藏，而是随意地走在费城的街道上。当时的费城与其说是座城市，倒不如说是个村庄更恰当。那里大约有四百幢房子和两千五百名白人定居者，还有几百名奴隶。[37]斯尼德请求马卡姆签发对海盗的逮捕令，但不出所料地遭到拒绝。精疲力竭、灰心丧气的斯尼德最终还是放弃了。

贸易委员会发出的敦促总督们"打击海盗活动"的信件只是消灭这一祸根的努力的开始。从十七世纪九十年代晚期到十八世纪初期的整段时间里，英国政府和殖民地官员还采取了一系列旨在消灭美洲海盗活动及其支持体系的措施。1697 年 9 月 20 日签署的《里斯威克条约》（Treaty of Ryswick）标志着大同盟战争的结束。由此获得解放的大量人力物力都被用来协助打击海盗的行动了。可以预见这样的资源将是人们急需的，因为在战争结束后，私掠许可证都会被宣布无效。参考以往的历史经验，许多失业的私掠者很快就会改行做海盗。

早在 1629 年，约翰·史密斯就雄辩地论述了海盗活动在战争结束时会出现激增的深层动力。他观察了 1604 年英国国王詹姆斯一世登上王位后发生的事情：詹姆斯一世通过签订《伦敦条约》（Treaty of London）终结了英西战争

（Anglo-Spanish War）。这是他登基后最早采取的一批措施之一。几乎在同一时间，国王宣布私掠活动为非法行为。史密斯指出："富有的（私掠者）可以带着自己的财富金盆洗手，但那些还穷得一无所有的私掠者将会变成海盗。有的人是因为受到他们为其获得财富的人的轻视；有的人是因为自己没有得到应得的报酬；也有的人过惯了奢侈的生活，所以不愿陷入贫困；还有的人只是渴望闯出一些名声；剩下的人可能是出于复仇、贪欲或其他同样邪恶的初衷。"[38]能够发财的途径似乎很有限，所以这些心怀不满的前私掠者就成了海盗。

消灭美洲海盗活动的行动是在多个方面同时展开的，其中最重要一项就是解雇纵容海盗和与海盗交易的商人的总督们。为此，那些喜欢海盗的官员都被替换了：纽约殖民地总督威廉·弗莱彻就被第一代贝尔蒙特伯爵（first Earl of Bellomont）理查德·库特（Richard Coote）取代，后者不仅被任命为纽约殖民地总督，也被任命为马萨诸塞和新罕布什尔殖民地的总督。虽然贝尔蒙特伯爵在1697年就获得了任命，但他直到1698年4月才抵达纽约。当时六十二岁的伯爵身材高大、体型偏胖，还患有痛风。他被国王选中担任这些职务，在很大程度上是因为他坚决致力于打击海盗活动，以及他无可置疑的正直人品和出了名的工作勤恳。[39]贝尔蒙特伯爵是一个囊中羞涩的贵族，他非常渴望变得富有，还经常抱怨自己的薪俸不够支付他的开支；不过没有证据表明他和他的许多总督同僚一样堕落到通过鼓励海盗行贿来增加自己收入的地步。[40]

第四章　痛击

图33　第一代贝尔蒙特伯爵理查德·库特

贝尔蒙特伯爵没有浪费任何时间就发起了攻击。上任仅一个多月后，他就在殖民地参事会中痛批了纽约作为一个支持海盗活动，并从中获利之地的不光彩名声。当贝尔蒙特伯爵提到弗莱彻和其他殖民地官员曾经为了换取金钱而保护海盗这一事实时，海关稽查员奇德利·布鲁克相当直率地回应说，此类行为"以前并没有被视为多么重大的问题，邻近的所有殖民地政府也都是这么做的"。这种不负责任地认可非法行为的态度让贝尔蒙特伯爵火冒三丈。他咆哮道："你可能认为这只是一个小过失，但国王和他的大臣们认为这是一项重罪！"布鲁克软弱地回答说他没有"原谅这些行为，只是想说明一下过去的情况而已"。[41]为了让殖民地的每个人都意识到如今的情况已经不同了，贝尔蒙特伯爵要求发布一份公告，号召逮捕所有的海盗。殖民地参事会因为畏惧新总督的火暴脾气和坚定决心，很快就同意了他的提议。

第二天，贝尔蒙特伯爵又出席了殖民地大议会，并表现出同样的好斗精神。他宣称海盗活动是一种"令所有文明国家所不齿的可憎行为"，还承诺要将其彻底清除，因为它"不仅损害了国王陛下和英国这个国家的荣誉，还给英格兰，尤其是东印度公司的贸易带来了损害"。[42]

贝尔蒙特伯爵说到做到。他迅速解雇了不少和弗莱彻一样倾向于支持海盗的官员，其中就包括布鲁克和威廉·尼科尔。尼科尔曾帮助"雅各布号"上的船员不受打扰地进入纽约市，贝尔蒙特伯爵称他为"保护海盗的头号中间人"[43]。贝尔蒙特伯爵还替换了许多忠于弗莱彻的殖民地参事会成员，以及各地的地方治安官，他称这些人为"人民中的败类"[44]。

贝尔蒙特伯爵接下来要对付的就是弗莱彻了，他对自己的前任与海盗之间的紧密关系抱有的仇恨简直接近于疯狂的程度。贝尔蒙特伯爵给贸易委员会写了很多信，不厌其烦地讲述了弗莱彻大量违规行为，列举了他支持海盗的几乎全部案例和其他形式的腐败行为，包括挪用军队资金和非法授予土地使用权等。贸易委员会使用贝尔蒙特伯爵提供的材料在伦敦举行了听证会，以确定是否应当就弗莱彻的行为对其提起诉讼。结果是，尽管弗莱彻在"给予海盗极大的鼓励"[45]，以及未能将他们绳之以法的问题上难辞其咎，但最终关于他的案子还是不了了之了。这主要是因为弗莱彻与一些身居高位的人关系匪浅，不过弗莱彻在政府中的职业生涯还是戛然而止，他的声誉也因此遭到了破坏。[46]

多年来一直因为支持海盗而备受诟病的马卡姆总督也被解雇了。宾夕法尼亚殖民地的创建人和所有者威廉·佩恩（William Penn）最初拒绝相信关于马卡姆渎职行为报告中提到的细节。当爱德华·伦道夫在 1697 年初向上议院汇报马卡姆是"海盗的支持者"[47]时，威廉·佩恩还觉得受到了冒犯，说这种说法"令人恶心且并不属实"[48]。但经过持续的审查，尤其是在贸易委员会查出更多这种"支持"的例子之后，威廉·佩恩不得不离开其在英格兰的舒适环境，亲自前往边远蛮荒的宾夕法尼亚殖民地去纠正错误，他担心如果自己不这样做，国王可能会撤回签发给他的特许状。

1699 年 12 月抵达费城的威廉·佩恩很快发现，他的殖民地确实坚定地站在海盗一边。宾夕法尼亚、西泽西和马里兰的海军中将罗伯特·夸里（Robert Quarry）告诉威廉·佩恩，海盗"在口袋里装着满满的金币走在大街上，他们还是政府首脑永远的伙伴"[49]。威廉·佩恩亲眼见识了这样的指责没有半点儿夸张。夸里还抱怨说，自己想要抓捕海盗时遇到了很大的困难，宾夕法尼亚政府没有给他提供过"哪怕一星半点儿的协助"，因为宾夕法尼亚殖民地的人民和他们的政府代表都在忙着款待海盗，庇护他们免受法律制裁。用夸里的话说，他派出去逮捕海盗的每一个人都会遭受"侮辱和虐待，还会被称作殖民地的敌人，因为他们骚扰和妨碍了那些正直的人带着自己的财富来到这里，并在殖民者

图 34　威廉·佩恩的肖像

中间安顿下来，而他们口中所谓正直的人指的正是海盗"。[50]

　　为这样的状况感到惊恐的威廉·佩恩立即发布了一份公
90　告，他命令所有殖民地官员"尽最大努力追查、逮捕和看
管每一个"[51]有参与海盗活动嫌疑的人。他还敦促殖民地大
议会通过了一项《打击海盗和海上劫掠者的法案》（An Act
Against Pirates and Sea-Robbers）[52]，该法案旨在让他发布的
公告能够获得切实的执行。威廉·佩恩还在贸易委员会的坚
持下解雇了马卡姆，改由他本人亲自担任总督一职。

第四章 痛击

尽管威廉·佩恩毫不迟疑地承认自己心爱的殖民地在过去一直拥戴海盗的事实，但他还是将海盗的出现归咎于外部原因，声称如果"没有牙买加这个（海盗）学校"，让海盗在前往印度洋之前就掌握了从事这种卑鄙营生的技能；如果宾夕法尼亚周围的一些殖民地没有因为迫切地想要挣海盗的钱而给他们提供各种补给，海盗们原本是不可能来到宾夕法尼亚的，那样的话这里就"永远不会出现这样一个……污点了"。[53]实际上，要不是宾夕法尼亚人民欢迎、帮助和怂恿海盗，这里确实本可以永远没有污点。

当威廉·佩恩在他的殖民地约束与海盗勾结的行为之时，其他地方在打击海盗活动上也迈出新的步伐。1697年，杰里迈亚·巴斯（Jeremiah Basse）被任命为东泽西和西泽西殖民地总督，他会憎恨海盗是完全有道理的，因为他乘船航行到波多黎各海岸附近时曾被海盗俘虏。根据巴斯的说法，俘虏他们的人在最终释放他们之前，对待他和其他俘虏"极为恶劣，殴打我们，只给我们极少的食物，到了晚上还把我们关起来，让我们睡在水桶里"[54]。

作为总督，巴斯与宗主国政府之间保持着稳定的通信，他一直不忘提醒宗主国小心海盗活动，尤其要注意一些殖民地在推动海盗活动方面发挥的作用。他在给贸易委员会的信中写道："你们必须意识到，悬挂着英格兰旗帜在世界各地进行的越来越猖狂的海盗活动给这个国家带来了多少耻辱和伤害……我们在美洲大陆和群岛地区的殖民地在造成这种增长上发挥了不小的作用。"[55]在与其他泽西地方官员一道积极抓捕整个殖民地的海盗的同时，巴斯还敦促国王采取行动，"镇压这些海上的强盗，确保我们与东印度贸易活动的安全"[56]。

91 贝尔蒙特伯爵和巴斯获得任命，以及马卡姆被撤职都有利于打击海盗活动。海盗和那些支持他们的人都受到了警告：当局正在严加防范，等待抓捕现行犯的机会。而且政府随后也确实取得了一些成功。例如，巴斯通过努力，设法抓住并关押了几名海盗，而贝尔蒙特伯爵在就任仅三个月之后即向贸易委员会报告说，纽约社会群体中的领袖人物们在他身边制造各种"喧嚣"，因为他的努力"毁掉了"纽约，有效地阻止了海盗和价值十万英镑的财富及货物①进入该殖民地。[57]在随后的几年里，贝尔蒙特伯爵也抓捕了一些海盗，后来还把他们送回英格兰接受审判。

  不过，这些成功的范围都很有限。无论殖民地的总督们多么有积极性和攻击性，他们都不得不面临来自众多利益相关者的联合反对。由于贝尔蒙特伯爵的改革和公告激怒了一些多年来因海盗活动而获利颇多的殖民地官员、商人和市民，所以这些人会想尽一切办法，激烈地抵制伯爵的每个行动。当总督派遣海关稽查人员前去查封海盗的货物时，该区域的商人们不止一次地伏击了海关人员，为的就是保护自己的投资。这迫使贝尔蒙特伯爵不得不增派额外的人手，前去确保走私货物的安全，甚至有一次是去解救两名被囚禁在一个房

---

① 这个数额大约相当于当时英格兰与美洲和非洲平均年交易额的百分之十。参见 John J. McCusker and Russell R. Menard, *The Economy of British America*, *1607 – 1789* (Chapel Hill: University of North Carolina Press, 1991), 40。

间里、面临谋杀威胁的稽查员。还有一次，海关办公室的一位"首席搜查员"[58]因为担心自己的生命安全，宁可辞职也不愿执行贝尔蒙特伯爵没收一船来自东印度的可疑货物的命令。

为了避免让贝尔蒙特伯爵的手下扣押自己的货物，本地区内的商人开始指示他们自己的、从马达加斯加返回的船只绕过纽约港，改到海岸线上的其他地方卸货，这样可以方便地将货物走私到城市中而不被发现。就算贝尔蒙特伯爵给在本地区内探望妻子的海盗们设下陷阱，他的抓捕活动也经常会以失败告终，据他观察，这是因为"他们在这个城镇里被很多人当作好朋友，没人愿意送他们去接受法律的制裁"[59]。鉴于这些阻碍和花招，贝尔蒙特称纽约为"海盗的巢穴"[60]，还坚称"来自红海的非法贸易和海盗的战利品就是……（这里的人）最渴望的东西"[61]。

打击殖民地海盗活动的另一个举措与军事力量相关。临近十七世纪九十年代末，在美洲海岸线附近的海盗越来越多，海盗袭击活动也越来越猖獗。虽然有几艘英国海军舰船沿着美洲海岸线往来巡逻，但殖民地的总督们仍然要求英国政府提供更强大的保护。[62]这些要求提得很是时候。英国海军在刚刚结束的战争期间规模有所壮大，并且正在朝着最终让英国成为海上霸主的庞大军队发展。到九十年代即将过去时，海事法院在贸易委员会的督促下，最终同意向新英格兰、纽约和弗吉尼亚殖民地派遣更多舰船。正如弗吉尼亚的情况显示的那样，一艘人员齐备、指挥得力、装备精良的海军军舰能够发挥的作用是相当大的。[63]

黑色的旗，蓝色的海

1699 年 7 月，装备二十六门炮、有一百三十名船员的海盗船"天命舰"（*Providence Galley*①）[64]靠近切萨皮克湾（Chesapeake Bay）入口。船长英国人约翰·詹姆斯（John James）是一个中等身高、体格健壮的男人，肩膀很宽，脸上有天花留下的疤痕。[65]他的脖子上挂着一条金链子，链子上坠了一根金牙签。[66]当年早些时候，詹姆斯在"天命舰"上领导了一场哗变，然后将被推翻的荷兰人船长和十五名船员一起放逐到巴哈马贝里群岛（Berry Islands）中的某个小岛上。被放逐者们只获得了三支手枪和一瓶火药。[67]自哗变之后，"天命舰"俘虏了无数船只，获得了巨大成功，据说他们劫掠的金银累计达三百万英镑——这个数字令人震惊，但几乎完全不值得采信。此时的"天命舰"亟待维修，船上的物资储备也已经不足，所以詹姆斯驾船驶向弗吉尼亚，打算到那里抢夺一些物资、船帆和索具。

7 月 23 日，"天命舰"在弗吉尼亚海角［查尔斯角（Cape Charles）和亨利角（Cape Henry）］之外不远处轻易地控制了一条体积相对较小的商船"希望号"（*Hope*）。海盗们抢光了"希望号"上的有用物资，但他们收获的真正宝贵的东西却是船上携带的有关"埃塞克斯战利品号"（*Essex Prize*）的信息。该船是一艘皇家海军军舰，其任务就是保卫这片水域及进出切萨皮克湾的商船的安全。"希望号"上有要送回伦敦的"埃塞克斯战利品号"数月来的记录。詹姆斯细读之后立刻弄清了这个潜在敌人的实力，于是

---

① "galley"是一种比较浅的平底大船，带帆和两排桨。

第四章　痛击

在当时当地就做出决定：他能够，也一定会在与"埃塞克斯战利品号"的对决中获胜。

两天后，"埃塞克斯战利品号"在亨利角附近抛锚停船时，船长约翰·奥尔德雷德（John Aldred）发现远处有一艘身份不明的船正在追击"马里兰商人号"（*Maryland Merchant*）商船。[68]奥尔德雷德下令追击，当"埃塞克斯战利品号"进入射程内之后，这艘神秘的船在主桅上升起一面英国国旗和一面血腥战旗，这种旗子的含义是表明自己不会对敌人手下留情。当奥尔德雷德还在调整更好的作战角度时，他的对手已经展开了猛烈的舷炮轰击，即用船身一侧的所有大炮同时朝敌人开火，于是，奥尔德雷德也以同样的方式回击詹姆斯。虽然奥尔德雷德仍然不知道攻击者的身份，但他毫不怀疑对方就是一艘海盗船。詹姆斯则确切地知道自己正在朝谁开火，并且狂热地渴望将"埃塞克斯战利品号"迅速占为己有。

奥尔德雷德很快意识到，只有十六门炮和大约五十名水手的"埃塞克斯战利品号"在开阔的水域中不可能战胜这艘比自己大的船。所以他决定，最好的策略是引诱对手远离"马里兰商人号"并进入浅滩水域，希望对方搁浅或在船底上撞个破洞，同时这也能为那艘商船争取逃离的时间。奥尔德雷德试图引诱詹姆斯上钩，但海盗太聪明了，根本不会掉进这个陷阱。相反，他们把注意力转回"马里兰商人号"并朝它发射了一枚警示性的炮弹，以此警告它不要再试图逃离。在俘虏了"马里兰商人号"的船长和船员后，詹姆斯又开始追击"埃塞克斯战利品号"，直到发现对方船长无意

94

与自己交战后，他才返回到"马里兰商人号"上。

奥尔德雷德飞速靠岸，然后派遣一名信使，去给当时的弗吉尼亚总督弗朗西斯·尼科尔森送信，告诉他关于这次交战的情况。海岸沿线有海盗的消息激怒了尼科尔森，这不仅是因为海盗对商业造成了破坏，还因为尼科尔森本人极度痛恨海盗。尼科尔森几年前就曾写道："我一直憎恶这种挥霍无度的人，以及他们的野蛮行径。他们绝对是全人类的耻辱，尤其是高尚、英勇和慷慨的英国人的耻辱。"[69]但是，因为没有强大到能够击败詹姆斯及其手下的军舰，尼科尔森什么也做不成。两天后，他听说"天命舰"又俘获了"罗阿诺克商人号"（*Roanoke Merchant*），不仅将其掠夺一空，还强迫一些船员加入海盗队伍，这让总督更加怒不可遏。[70]他已经做好了接到更多坏消息的准备，然而坏消息并没有接踵而至。在拿下"罗阿诺克商人号"之后，詹姆斯的手下已经投票决定离开这片水域，去寻找更好的狩猎场。于是他们就离开了。

"天命舰"的袭击让这片地区陷入恐慌。总督和他的参事会如今有证据证明，体积相对较小的"埃塞克斯战利品号"无法保护殖民地及其商船不受装备精良的海盗船的侵扰。到1699年的夏末秋初，随着海盗在美洲海岸沿线掠夺了数十艘船只的消息传出，[71]人们对于还会有更多袭击事件发生的恐惧越发强烈。尼科尔森意识到他们只能寄希望于强大海军的保护，所以他写信给海军部，恳求他们派遣一艘更大的军舰前来支援。1700年4月20日，这艘舰船抵达得正是时候。

第四章 痛击

皇家海军军舰"肖汉姆号"(HMS *Shoreham*)是一艘投入使用仅六年的军舰,船上装备三十二门炮,配备了一百二十八名船员。[72]船长威廉·帕森杰(William Passenger)是一名能干的指挥官,他接到的命令很明确:"肖汉姆号"就是来取代"埃塞克斯战利品号"的,帕森杰要在切萨皮克湾内和弗吉尼亚海角周围巡逻,以保卫殖民地不受海盗的侵扰。一旦发现海盗船,他应当"扣押、击沉、焚烧或以其他方式摧毁"[73]目标。抵达这片区域一个多星期后,帕森杰就开始遵照这些命令行事了。

4月28日下午晚些时候,帕森杰和尼科尔森正在威廉·威尔逊上校(Colonel William Wilson)位于奇科坦〔Kecoughtan,今天的汉普顿(Hampton)〕的家中聊天,奥尔德雷德突然带着一个惊人的消息冲进来,一艘商船在亨利角附近堪堪逃过一艘海盗船的袭击。虽然尼科尔森竭力劝说帕森杰等到早上再出发,但船长还是直奔"肖汉姆号"并指挥军舰起航。鉴于当时风力不足,以及领航员不愿在黑暗中冒险穿越浅滩水域,行动的进程被放缓了。有消息称海盗船停泊在林黑文湾(Lynnhaven Bay),但帕森杰不得不在距离那里约九英里的地方抛锚停船。

事实证明,军舰被迫延迟行动给尼科尔森创造了条件。帕森杰指挥"肖汉姆号"起航之后不久,尼科尔森就把民兵都集合到海岸边。但是,作为一个行动派,他也想要亲身加入打击海盗的战斗。所以,当"肖汉姆号"在离海岸不远处抛锚停船之后,尼科尔森借此机会登上这条船。第二天一早,"肖汉姆号"就朝林黑文湾驶去。没过多久,他们发现了海盗船"和平号"（*La Paix*）。

从这条船在过去数月中的作为来看，没有比"和平号"更不贴切的名字了。1699 年末，装备二十门炮的"和平号"在法国人刘易斯·吉塔尔（Lewis Guittar）的带领下从托尔图加岛起航，随后取得了一系列令人羡慕的成功。该船先后俘获了七个目标，并说服其中的几条船成为自己的随行船。海盗要求被俘虏的海员加入自己的行列，拒绝的人会被囚禁起来。吉塔尔的一名手下试图利用海员心中的贪婪，引诱他们与自己同流合污。这个海盗轻蔑地说："你们跟着商船航行，每个月才挣二十五先令，而在海盗船上，如果有这个本事，你也许能挣七八百英镑。"[74]"和平号"最近的一个战利品是于 4 月 28 日晚间在林黑文湾俘获的"尼科尔森号"（*Nicholson*）。这条装载了七百猪头桶烟草的船本来是要前往伦敦的，结果被吉塔尔愉快地归入自己不断增长的海盗船队中。

在控制"尼科尔森号"之后不久，吉塔尔犯了一个后来被证明具有决定性的错误。几天前，一名不知道"肖汉姆号"到来的俘虏告诉他，"埃塞克斯战利品号"已经起航返回伦敦，此时的海岸沿线是无人保卫的。然而，当吉塔尔审问"尼科尔森号"的船员时，该船上的一个木匠坚称此时海岸边有一艘军舰，但连木匠的一些同船船员都认为他说的不对，所以吉塔尔指责木匠说谎。作为惩罚，海盗将这个可怜人的拇指夹在毛瑟枪的燧石发火装置中，并拧紧螺丝，直到尖头刺破他的皮肉；之后，海盗们还用长剑平坦的侧面抽打他。当天晚上，船上的另一名俘虏告诉吉塔尔，说他看到远处有一艘"大船"，但这个自大的法国人对他的话不予

第四章 痛击

理会，还说"这里没有军舰，如果那是一条商船，我很快就会把它拿下"。[75]因为坚信附近没有能够威胁自己的海军力量，吉塔尔放任自己的船员们喝到酩酊大醉。

在4月29日黎明前后，"肖汉姆号"已经航行到距离"和平号"不足半英里的地方。吉塔尔几乎无法相信眼前的景象，他终于意识到自己面对的是艘最精良的皇家海军舰船。随着船员们从烂醉中被唤醒，海盗船队内乱作一团。五十名因犯被赶到船舱里，"和平号"也开始做战斗准备。相比之下，帕森杰则很享受开战在即的时刻，他吹嘘说："这只是一个小家伙，我们马上就能打败他。"[76]

战斗一直持续到下午，两艘船都通过舷炮齐发的方式攻击对方，如果敌人进入射程范围内，船上的人还会用毛瑟枪和手枪射击，但最终"和平号"还是败下阵来。它的船帆被撕破，桅杆也断了，船体"几乎被炸成碎片"[77]，这艘连方向舵都碎了的海盗船最终搁浅。到三点的时候，吉塔尔检查了本方的受损情况，然后举起白旗请求停战。

但是，没有彻底死心的吉塔尔还留了一手，那就是用五十名俘虏作为讨价还价的筹码。他命令手下用火药铺成一条通往存储火药的舱房的导火索，然后让一名俘虏游到"肖汉姆号"上传达自己的最后通牒："告诉他们的指挥官，如果他不能仁慈地对待我和我的手下，并赦免我们的罪过，我就炸了这条船，让所有人陪我们一起死。"[78]为了加强这个口信的力度，"和平号"上的船员们还齐声高喊"烤人肉、烤人肉"[79]，以此表示如果要求被拒绝，他们不惜杀死船上所有人做陪葬。在战斗中表现英勇的尼科尔森同意仁慈地对待海盗，

97

表示会将他们送到英国，听凭国王陛下处置。海盗们于是投降，并被关押了起来。最终，共有二十六名海盗在战斗中丧生，大概有十三个人受伤，其中八人后来伤重不治。"肖汉姆号"的船员中也有四人阵亡，还有很多人受伤。

吉塔尔有三名手下在战斗时并不在"和平号"上，因此他们不适用投降条件（其中两人因为醉得太厉害，在整场战斗过程中，他们一直在某艘被"和平号"俘获的船上睡觉）。尼科尔森把这三个人送上法庭，他们被判定犯有海盗罪，并被执行了绞刑。吉塔尔和其他手下按照投降条款的规定被送回英格兰，然而国王并不想仁慈地对待他们。经过审判，吉塔尔和超过五十名船员最终都被判有罪，并被执行了死刑。

英国王室在通过撤换腐败的官员和向殖民地派遣军舰打击海盗行为的同时，还着力于通过采用新法来实现变革。一项可追溯到十六世纪的法律规定，海盗要被押送回英国接受审判。即便殖民地想要遵从王室的要求，其成本也是很高的，这成了一个让该法很难被有效执行的强大阻碍。结果就是，到十七世纪九十年代晚期，大量被指控犯有海盗罪的嫌疑人虽然被关在殖民地的监狱里，却没有受到审判。为了解决这个问题，贸易委员会在 1700 年 1 月敦促国王给殖民地总督下达命令，要求他们将证人连同证明被告犯罪的证据都送到伦敦，好让他们接受公诉。国王批准了，于是数十名男子被送回英格兰。他们最终被判定犯有海盗罪，并被执行绞刑。[80]

98　　　然而，早在国王下令将这些海盗送回英格兰之前，人们就已经开始努力创造一个不再需要这种跨大西洋押送海盗的

第四章 痛击

解决方法。十七世纪九十年代中后期，一些殖民地在王室的敦促下通过了审判海盗的法律，不过这些法律极不完善，甚至总是被故意设计成不具有可执行性，这让它们在很大程度上成为发挥不出任何效果的摆设。最终，"鉴于新英格兰和其他殖民地不受管教"[81]，议会于 1700 年 4 月通过了《更有效地禁止海盗活动的法案》（Act for the More Effectual Suppression of Piracy）。该法案规定，海盗可以在殖民地的次级海事法院受审，审判法官由特派的巡回法院法官（special commissioners of Oyer and Terminer）[①] 担任。然而，这种审判与其他审判之间存在一个关键性的区别。以前在殖民地进行审判的相对不多的海盗案件中，由对海盗充满同情、与他们出身境况类似的陪审员组成的陪审团，总会拒绝认定被告罪名成立。鉴于此，新法案规定审理此类案件时取消陪审团，改由特派法官们对每个案件做出判决，而这些法官都是从殖民地高级官员、军官及受人尊敬的商人和种植园主中选出来的。立法者认定这些人会比陪审团更严格地遵守法律规定，并且不受地方情绪的影响。与在英格兰一样，在这里被定罪的海盗也将面临死刑的惩罚。

除此之外，该法案还大大扩展了对海盗活动的定义。在船上发动哗变的人，以及面对海盗没有保卫好自己船只的人，如今也将被视为海盗；以任何方式帮助、教唆、向海盗提供支持或鼓励，包括接收或藏匿海盗货物的人，都将作为海盗罪从犯接受审判。如果罪名成立，这些人也会被判处死

---

① "Oyer and Terminer" 的意思是"听取和决定"。

刑（然而从犯不在殖民地接受审判，而是必须送回英格兰）。为了让水手们在抵抗海盗时更有动力，所有在与海盗的战斗中受伤的水手都有资格获得经济上的补偿，在战斗中死亡水手的继承人同样可以主张这种补偿。揭露他人实施海盗活动阴谋的人也可以获得奖励。[82]

与此同时，议会再接再厉，又通过了一项新法案：《惩罚在本国殖民地犯罪的殖民地总督的法案》（An Act to Punish Governors of Plantations in this Kingdom, for Crimes By Them Committed in the Plantations）。根据这项法案的规定，总督要遵循与其他人一样的法律标准，而且庇护或为海盗提供资助也都成为将会接受审判的犯罪行为。此外，根据英格兰检察总长的说法，新法还规定了任何被认定犯有支持海盗活动罪的总督将同时失去殖民地的特许状。[83]

国王做出的将海盗集中送回英格兰接受审判的命令，以及这两部面面俱到的反海盗法规都进一步证明，在殖民地打击海盗活动已经成为王室此时的第一要务。[84]

英国政府针对威廉·基德船长[85]的背运航行做出的反应，进一步推动了打击海盗活动的斗争。威廉·基德船长可以说是世界上最著名的海盗，然而他根本算不上真正的海盗。基德的故事中充满了曲折的情节和意外的反转，涉及的人物成百上千。已经有很多专门论述他冒险经历的书籍存在，今后无疑还会有更多。但是，就本书的故事而言，我们只需要了解关于他的故事的梗概，足以理解他在印度洋的活动如何影响了美洲海盗活动的走向即可。

图 35　威廉·基德船长 1691 年在纽约市的住所。这栋建筑如今已不存在，不过它当时的位置大约在今天的珀尔街和汉诺瓦街（Pearl and Hanover Streets）上

基德 1654 年出生在苏格兰的邓迪（Dundee），是一个水手之子。他是一个体格强壮、口才出众、脾气暴躁的人，经常表现得很傲慢。他曾在加勒比地区做过巴克尼尔海盗，后来成为私掠者。1691 年，他来到纽约市，因帮助镇压了一场政治叛乱而深得新上任的总督的厚爱。之后他的上流社会成员身份还因为他与萨拉·布拉德利·考克斯·奥尔特（Sarah Bradley Cox Oort）的婚姻而更加巩固。奥尔特是一位刚刚丧夫不久的寡妇，她给新任丈夫带来了相当可观的财产。尽管如此，心系海洋的基德很快就厌倦了他的贵族生活。1695 年，出于对冒险和受人尊敬的职位的渴望，四十一岁的基德起航前往伦敦，去接受一个皇家海军军官的职位。

虽然没能获得他想要的那个海军职位，但基德却被授予一种更不同寻常的指挥权。罗伯特·利文斯顿（Robert Livingston）是基德在纽约的一位朋友，凭借他的关系，基德被引荐给贝尔蒙特伯爵，后者此时已经在暗中谋求纽约总督一职。虽然尚不清楚是谁提出了这个建议——可能是基德，可能是利文斯顿，可能是贝尔蒙特伯爵，也可能是三者共同的想法——总之一个巧妙的计划就此产生了。鉴于海盗正在印度洋中肆虐，为什么不干脆给基德一艘船，让他去追捕这些恶棍？这样的远征行动对英国将是特别及时和有帮助的，因为此时的英国海军正忙于威廉王之战，无暇派遣任何船只前去追击这些目标。如果基德获得成功，他不仅能够带回足以让赞助他进行这项事业的投资者更富裕的财宝，还能帮助减少海盗的祸患。这对于所有参与者都有益无害。

贝尔蒙特伯爵牵头召集了一群投资者，其中包括他本人、利文斯顿、基德和一些高级别的政府官员，甚至还有威廉三世国王本人，他是一个拥有百分之十股份的匿名合伙人。基德最终获得了两份私掠许可证。第一份许可批准他扣押海盗船，但与以往不同的是，包括船只及船上任何货物或财富在内的收益将不被返还给原来的所有者，而是由基德、他的船员和投资者们共同分享。此外，通常保留给海事法院的一定比例的分成被取消了。第二份许可批准基德攻击法国船只——毕竟，大同盟战争仍在如火如荼地进行中，法国人在英国人眼中与海盗一样惹人厌恶。像所有接受委托的私掠活动一样，私掠者要按照"无捕获，无报酬"的方式运营，这意味着如果基德和他的手下无法俘获战利品，他们就得不到任何收益——这种方式既可能带来巨大的成功，也可能以凄惨的失败告终。

如果没有船可指挥，获得私掠许可是没有任何意义的，所以基德和他的投资者选择了全新的"冒险舰"（*Adventure Galley*），这艘平底大船可载重二百八十七吨，装备三十六门炮，是一艘多功能船，有帆有桨，能够在任何条件下航行和灵巧地移动。1696 年 4 月下旬，"冒险舰"只带了部分船员从英格兰起航，目标是到纽约市招募更多船员来满足航行的需要。

身为一个已经在本市备受尊重的男人，如今又有令人印象深刻的皇家委任状在手，基德自然受到了其他纽约人的热情接待，尤其是他生命中的两个萨拉——他的妻子和女儿的欢迎。"冒险舰"上的弦炮齐发，宣告召集船员的声明已经张贴出来，然而并没有人报名。基德发现，问题出在收益分成上。船员得到的承诺是分享战利品的四分之一，另外四分之三则归属于基德和其他投资者。对于有可能成为船员的那些人来说，这个比例是他们无法接受的。通常情况下，私掠船上的船员能够获得全部战利品的百分之六十。意识到自己正面临一个严重问题的基德在没有征询投资者意见的情况下，贴出一个新的招聘公告，这一次他向船员们承诺了遵照惯例的百分之六十分成。随着新条款的传开，人们都争先恐后地报名——毕竟，还有什么是比受政府支持的、可能获得高额收益的掠夺活动更幸运的机会呢？贝尔蒙特伯爵后来称纽约就是一个名副其实的"海盗的巢穴"，而基德的许多新船员过去都是海盗也一点不令人意外。[86]

航行所需的一百五十四名船员全部登船之后，基德已经做好了驶向印度洋的准备。在观察了基德的准备工作并了解了他的任务后，弗莱彻总督意识到他的行动很可能马上就会遇到问题。弗莱彻评论说："最近有一位基德船长来到这里，他拥有盖着英国国玺的打击海盗活动的委任状……他此时启程了……这里的人普遍认为，他们此行是要获取财物，而且不会在乎手段公平与否（*per fas aut nefas*），如果他实现不了委任状中规定的任务，也就是没有报酬可分给船员的时候，他将很难控制这样一群人。"[87]

"冒险舰"于 1696 年 9 月从纽约出发，1697 年 1 月下旬抵达马达加斯加的图莱亚尔（Tuléar）。2 月底，该船向北前往科摩罗群岛进行维修和补充更多的物资。约有五十名船员因感染热带疾病而丧生。基德虽设法招募新的船员以填补空缺，但依然无法减轻船上弥漫的忧郁和焦躁情绪。产生这种情绪的部分原因是那些船员的丧生，然而更主要的还是航行已经持续了大约八个月，他们依然没有俘获一个目标的事实，这意味着船员们还没有挣到一分钱。

4 月底，基德决定向北前往曼德海峡，去那里劫掠一艘到麦加进行一年一次朝圣后返回的、满载着财富的莫卧儿帝国的船，希望借此稳住局势。此时的基德不但没有抓捕海盗，反而准备成为海盗。他对自己的手下说："来吧，小伙子们，我会从那支船队中赚到足够多的钱。"[88]

8 月中旬，十七艘莫卧儿船只在三艘欧洲护卫舰的护送下从曼德海峡驶过。这些护卫舰中包括一艘东印度公司派出的"权杖号"（*Sceptre*），该船装配了三十六门炮，由爱德华·巴洛（Edward Barlow）担任船长。"冒险舰"跟在船队

第四章　痛击

的后面，当它接近一艘落在后面的莫卧儿船时，"权杖号"向这个闯入者开了几炮，因为他们准确地认定这艘船是海盗船。当时的风力很小，这让基德获得了一点儿优势，因为他的船上有桨，不依靠风力也可以推进。基德催促自己的手下向一艘更大型的莫卧儿船划去，希望在护卫舰能够做出回击之前将其拿下。"冒险舰"进入射程范围内之后，莫卧儿船朝它开了一炮作为警告，基德的手下则连开数炮作为回应，其中一些炮弹甚至正中目标。但巴洛船长决心要保护这艘受自己照管的船，于是他命令船员把能划行的小船都放下水，由小船通过绳索把"权杖号"拖到交战现场去。"权杖号"靠近后就发射加农炮，迫使基德放弃了追逐。

被挫败的基德召集船员们一起投票决定下一步的行动，结果是他们前往印度。8 月底，"冒险舰"在马拉巴海岸（Malabar Coast）附近朝一条悬挂英国国旗的小船开炮示警，并将对方拦截下来。归属一位印度商人的"玛丽号"在托马斯·帕克（Thomas Parker）船长的带领下，本来要驶向孟买。当基德在"冒险舰"的舱房里与帕克交谈时，他的一些手下已经心怀不轨地划着小船登上"玛丽号"。为了说服"玛丽号"的船员交代贵重物品的藏匿位置，基德的手下抓住他们中的一些人，将他们的双手绑在背后，再把绳子系在他们的手腕上，然后拉着绳子将他们吊在甲板上方。当在空中晃来晃去的人们痛苦地扭动时，基德的手下还会用长剑的平坦侧面抽打他们的身体，直到他们说出自己知道的一切。在找到少量的钱、一些导航仪器、枪支及包括大包的胡椒和咖啡在内的各种货物之后，基德的手下带着掠夺来的战利品回到"冒险舰"上。

104　　在释放"玛丽号"离开之前，基德命令他的手下归还了部分但不是全部从该船上抢来的物品。他还强迫帕克船长登上"冒险舰"，成为他们的领航员。另外一名能够流利使用多种语言的葡萄牙人也被强行带上船，成为他们的翻译。此时，基德和他的手下抢劫了一艘悬挂着英国国旗的船，并带着该船的船长和一名船员潜逃了，这意味着他们已经越过了底线，成为真正的海盗。[89]

大约一个星期后，基德驶入印度西海岸的加尔瓦尔港（port of Karwar），东印度公司在这里有一家小工厂。基德的目标只是获得木材和水，结果这次停留期间还发生了更多的大事。九名基德的船员弃船逃跑了，其中两人直接走进工厂，并告诉东印度公司在这里的代理人，说他们离开基德是因为"他正在计划进行恶劣的海盗活动"[90]，而他们并不想参与其中。弃船逃离的人还告诉公司的代理人，说基德已经俘获了一艘英国船（"玛丽号"），并将帕克船长和一名翻译强行带上船。更让人警惕的是，弃船者说基德计划袭击莫卧儿船只。

代理人派出两名使者到基德那里收集更多的信息，并试图让他释放帕克和那名翻译，但基德坚决"否认有任何这样的人在船上"（事实上，他把他们藏在甲板下面的"一个狭小空间里"）[91]。使者返回后，他们对基德及其不守规矩的船员的描述让公司代理人确信，基德已经变成海盗了，于是代理人把自己的结论汇报给他们在孟买的上司。这些代理人指出，基德持有的不同寻常的委任状，以及这个"精力充沛的人"展现出的强大力量，最初让船员们对他充满"尊重和敬畏"，但他"因为一点儿小事而与他的手下大吵大闹"，以及威胁要朝任何敢于违背他意愿的人开枪的嗜好，导致他的手下"惧怕他"，还变得"非常渴望逃离他"。[92]然而，当他们撰写报告时，基德已经驾船离开了，他希望能够通过俘获一个价值高昂的战利品来平息船员心中日益增长的不满。[93]

　　在接下来的几个月里，基德搜寻潜在受害者的行动依然没有带来任何收获，他的船员们也继续因缺乏成果而难以抑制心中的怒火。其实在洗劫"玛丽号"之后不久，他们就遇到了另一艘东印度公司的船，但基德不允许他们去追击那条船，这件事让"冒险舰"上的炮手威廉·穆尔（William Moore）尤其不满。有一天，脾气暴躁、体格强壮的基德走过来指责炮手竟敢质疑他关于不攻击东印度公司商船的决定。正在打磨一把凿子的穆尔说自己没有做过这样的事，基德听了就骂穆尔是"恶劣的无耻之徒"。对此穆尔回应道："如果我是恶劣的无耻之徒，那也是你害我变成这样的；你让我陷入了毁灭，甚至是更糟糕的境地。"怒不可遏的基德咆哮道："我让你陷入毁灭了吗，你这个恶棍？"他来回走了几步，然后抓起一个用铁条箍紧的木桶朝穆尔头上砸去，敲裂了后者的颅骨。在受伤的炮手被送到甲板下面接受外科医生的治疗时，基德还在他后面大喊："你是个恶棍！"[94]第二天早上穆尔就死了。几个月后，当与外科医生谈论到穆尔的死亡时，基德没有表现出对这一后果的任何担忧，

105

反而吹嘘说："我在英格兰的好朋友们会帮我摆平这件事。"[95]

三个星期后，基德的一名手下发现远处有一艘帆船驶入他们的视线，海盗们立刻开始追击。大约九个小时后，"冒险舰"终于追上那艘船，并朝目标开炮示警，迫使对方停船。"冒险舰"当时悬挂的是法国国旗，这是水手用来迫使潜在敌人显形的惯用手段。基德希望通过这种方式让这艘船的船长坦白自己的真实身份。事实证明，这艘由迈克尔·迪克尔斯（Michael Dickers）担任船长的"鲁帕雷尔号"（Ruparell）是一艘荷兰船。当迪克尔斯登上"冒险舰"并进入船长的舱房时，基德的一名法国船员接待了他，还要求看看迪克尔斯的文件。与大多数在危险水域航行的商船一样，迪克尔斯也会在船上保留各种通行证，以应对不同的突发事件。考虑到"冒险舰"是一艘"法国船"，迪克尔斯就拿出他的法国通行证，以为这样就能够对自己起到保护作用。文件刚一交到海盗手中，基德就走上前来，兴高采烈地大喊："天啊，我可抓住你了！你是英格兰可以俘虏的战利品。"[96]

106 　"鲁帕雷尔号"被海盗重新命名为"十一月号"（November），基德把船上装载的、相对微不足道的食品和布料送到附近的印度港口中出售，换来少量现金。他把这些钱分发给已经疲惫不堪，且仍然满腹牢骚的船员们。在接下来的两个月里，把"十一月号"拖在后面的"冒险舰"又袭击了两艘小型商船，但几乎没有收获多少财物。

1698 年 1 月 30 日这天，基德再次使用悬挂法国国旗的诡计诱捕了"奎达商人号"（Quedah Merchant）。这艘重四百吨的船里装满了布料、鸦片、糖、铁和硝石，价值在二十万到四十万卢比之间，大约相当于两万五千英镑到五万英镑。"奎达商人号"的船长，英国人约翰·赖特（John Wright）一交出他的法国通行证，基德就宣称这艘船是战利品。当基德登上他新俘获的大船时，"奎达商人号"的货物管理员，也就是代表货物所有者监督运输的人提出，如果基德放过这条船，他可以获得两万卢比的补偿。但基德根据全体船员投票的结果拒绝了这一提议，声称货物的价值要远远高于这个数目。基德留下了"奎达商人号"这艘船，但在附近的印度港口出售了部分货物，纯收入大约八千英镑。他与手下分享了这些收入，同时把大量货物留在船舱里，准备将来再出售。

在接下来的几个月里，"冒险舰"又俘获了三条小船，抢光了船上的货物。鉴于"冒险舰"本身的状况已经很糟糕，亟待修理和维护，所以基德和他的手下驾驶着"冒险舰"、"奎达商人号"和"十一月号"，在 1698 年 4 月至 5 月，航行了几个星期才抵达马达加斯加的圣玛丽岛。基德在那里遇到一位老伙伴，这个名叫罗伯特·卡利福德（Robert Culliford）的人曾经和他一起在加勒比地区做私掠者，如今成了停泊在港口中的"决心号"（Resolution）的船长。卡利福德和他的船员都是众所周知的海盗，他们在印度洋进行海盗活动已经有一段时间。这让卡利福德对基德充满了警惕，因为他知道基德持有追捕海盗的委任状。卡利福德担心基德会把他和他的手下抓起来，但基德让卡利福德放宽心，并对他说自己"和他们一样坏"[97]，还说要是自己会给他带来任何伤害，"就让我的灵魂在地狱之火中煎熬"[98]。然后他们就一起喝了朗姆酒调的潘趣酒，以庆祝这次重逢。

107　　　　基德在圣玛丽岛停留了好几个月，在此期间，他给船员们分配了战利品，并决定抛弃漏水严重且腐朽破旧的"冒险舰"，把"奎达商人号"改造为他的旗舰，并给它重新取名为"冒险战利品号"（Adventure Prize）。基德手下的船员中有大约一百人转投卡利福德，6 月时就跟随后者一起开始了新的海盗航行，他们无疑都抱着收获更多财富的希望。

接近 1698 年底时，基德身边只剩下二十名船员和几个奴隶，他决定驾船前往加勒比地区。1699 年 4 月初，他在安圭拉岛（Anguilla）上遭遇了一次巨大的意外。大约五个月前，威廉三世国王的内阁大臣詹姆斯·弗农（James Vernon）已经发布公告，认定基德和他的手下是海盗，并要求人们不惜一切代价将他们捉拿归案。[99]

这一戏剧性行动的动力来自东印度公司，他们这么做是完全有理由的。该公司本就因为亨利·艾弗里事件，以及"法思·马哈麦迪号"和"超富号"遭劫掠而处境艰难，基德的出现再度搅乱了印度洋中的平静。"奎达商人号"绝对不是法国船，而是莫卧儿帝国君主奥朗则布宫廷中的一位成员租来的，而且其他一些高级宫廷官员也投资了这次航行。[100]当一艘持有英国国王本人签发的委任状的英国船又掠夺了莫卧儿船的消息传来时，奥朗则布的愤怒再次降临到东印度公司头上。于是，艾弗里事件中发生过的情景再次重演，公司官员被软禁在他们的工厂里，直到公司支付了赔偿金，并进一步承诺为莫卧儿船只提供保护为止。紧接着，公司要求英国政府迅速而坚决地针对基德采取行动，最终使得政府号召所有人逮捕基德和他的手下。为了强调基德所陷困境的严重性，国王还宣布，1699 年 4 月 30 日之前自愿归案的所有在印度洋进行海盗活动的海盗都将获得赦免。实施这种一揽子赦免是希望被赦免的海盗不再重操旧业，但有两个海盗不在赦免的范围之内，那就是艾弗里和基德。

绞索正在收紧，基德成了一名通缉犯，他担心加勒比地区已经没有能让他容身的地方，尤其是当圣托马斯（St. Thomas）的荷兰总督拒绝给他提供保护时，这种担忧变得更强烈了。基德认为自己仅剩的退路就是返回纽约，寄希望于他的支持者——如今已经成为纽约殖民地总督的贝尔蒙特伯爵能救他一命。不过，他首先需要一艘新船，因为"冒险战利品号"漏水很严重。

巧合的是，离开圣托马斯之后，基德遇到一位名叫亨利·博尔顿（Henry Bolton）的当地商人，后者不仅把一艘"圣安东尼奥号"（*Saint Antonio*）单桅纵帆船卖给他，还帮基德找到一些愿意购买他积攒的货物的客户。在进行这些交易的同时，"冒险战利品号"被用绳子系泊在伊斯帕尼奥拉岛东端某条河流的河口岸边的树上。基德和那些想要继续航行的人将自己的财宝和物品都转移到"圣安东尼奥号"上，然后驾船北上。因为"冒险战利品号"上还储存着大量货物，所以基德委托博尔顿照管这艘船，并承诺会在三个月内回来取这艘船和船上的货物。

到了 6 月，"圣安东尼奥号"停泊在长岛的奥伊斯特贝（Oyster Bay）。在接下来的几个星期里，基德的船就在长岛海峡（Long Island Sound）和纳拉甘西特湾（Narragansett

108

Bay）之间往来航行。与此同时，他派遣信使代表他去与此时正在波士顿的贝尔蒙特伯爵协商。基德方面向贝尔蒙特伯爵描述的事件经过显然是自我美化且有选择性的。基德宣称他从来没有做过违反委任状内容的事，只承认自己俘虏了两艘船，也就是持有法国通行证的那两艘，而且这都是他的手下违背他的意愿进行的。他还说当自己试图将这些船归还给合法的所有者时，他的手下将他关在舱房里，甚至威胁要杀死他。基德坚称他的手下在圣玛丽岛发动了哗变，集体离开他转投卡利福德。他说自己身上有一万英镑，另有价值三万英镑的货物放在"冒险战利品号"上，该船已被安置在西印度群岛一个安全的港口中。这个相对微不足道的数额让贝尔蒙特伯爵很是震惊，因为在基德抵达之前就已经流传开的谣言让人们兴奋不已，声称他将带回价值高达四十万英镑的财富。[101] 为了证明自己的说辞，基德将他扣下的两份法国通行证提交给贝尔蒙特伯爵，恳请总督赦免他，并承诺如果总

109 督这样做了，他会把"圣安东尼奥号"及船上的财富都带到波士顿，还会到加勒比地区取回停泊在那里的"冒险战利品号"。

贝尔蒙特伯爵给基德写信说，如果他说的都是真的，那么自己毫不怀疑他能够获得王室的赦免，还会在装备船只前去取回"冒险战利品号"时得到帮助。这足以让基德放心了，所以他在 6 月底驶向波士顿。但在开始这段航行之前，他和他的一些手下把自己的大部分财富都留在了位于长岛顶端外的加德纳斯岛（Gardiners Island）上，包括金条、整包的银子，还有成捆的棉布和丝绸。他们要求岛屿的主人约

翰·加德纳（John Gardiner）保证这些财物的安全，直到他们返回。还有其他一些贵重物品被交给基德的一些朋友保管，他在海岸边游弋时就与这些人联系过了。[102]

图36　1679年前后的纽约长岛地图，箭头指示的位置就是加德纳斯岛

到了波士顿，基德多次与贝尔蒙特伯爵及殖民地参事会成员见面，向他们讲述自己的经历，并为自己的行为辩护。当被要求写下对自己航行的记叙时，基德重复了他之前通过信使向贝尔蒙特伯爵描述过的大致内容，但加入了更多曲折的新细节。基德没有继续声称俘获两艘持有法国通行证的船只是在违背他意愿的情况下进行的，反而简单地将这两艘船定义为合法的战利品。他还为在圣玛丽岛上的经历添加了更丰富的情节，坚称自己曾敦促手下抓捕卡利福德和他的海盗船员，但他的手下拒绝了，还说"他们宁愿向他（基德）开两枪，也不愿向另一个人（卡利福德）开一枪"[103]。基德还强调，在所谓的船员哗变之后，他们从"冒险战利品号"上拿走了许多枪支和物资，还一再威胁要杀死他。因为非常担心自己有性命之忧，基德每晚都躲在自己的舱房里，用一

110

捆捆厚重的白棉布堵住门，还在整个舱房内的各处放置了大约四十支装好子弹、随时可以使用的手枪。如果有人试图破门而入，他已经做好了射击的准备。基德还宣称卡利福德的手下去过爱德华·韦尔奇的家。他的房子距离海岸有四英里远，基德曾经为了安全起见而把一个带锁的大箱子放在那里。但海盗们打开箱子，从中取走了"十盎司的黄金，四十磅白银，（和）三百七十个西班牙银元"[104]，以及基德在航行期间记录的日志。可想而知，基德的故事里肯定不会提到他追击离开红海的莫卧儿船队，或他在航行途中俘获或攻击其他船只的情况。

贝尔蒙特伯爵显然是不相信这些故事的，后来他宣称自己"很快就从他给我讲述的充满谎言和矛盾的故事中，找到足够的理由来怀疑他其实罪不可恕"[105]。不过就算他真的相信基德，总督依然别无选择，只能逮捕他。毕竟，王室已经将基德认定为海盗，并下令将他捉拿归案。无视王室的命令对于贝尔蒙特伯爵来说无异于政治自杀，更何况作为基德航行活动的投资者之一，他的处境本来就很艰难。这种联系甚至已经威胁到贝尔蒙特伯爵担任总督多年来为自己树立的坚决打击海盗的声望。他无疑会认为，逮捕基德有助于减少这种威胁。最后，还有钱的问题需要考虑。作为基德的投资者之一，贝尔蒙特伯爵可以对基德声称带回来的四万英镑享有一定比例的份额。如果基德没有犯海盗罪，或是被赦免，那么贝尔蒙特伯爵按照这一比例获得的份额是很少的，在清偿债务之后，最终落到他口袋里的也许只有区区一千英镑。但如果基德被当作海盗逮捕，那么作为殖民地的海军中将，

第四章　痛击

贝尔蒙特伯爵将有资格获得所缴获财物的三分之一。这一计算结果无疑影响了他的决定。于是在 7 月 6 日这天，基德被逮捕并被投入监狱。[106]

基德被捕的消息让国王非常兴奋，他还派了一艘船到波士顿，明白地表示是来把这名臭名昭著的海盗押回英国的。不过，直到 1700 年 4 月，基德和他的一些手下，以及另外几十名据称是海盗的囚犯才一起抵达伦敦。同样被运回大西洋彼岸的还有贝尔蒙特伯爵能够找到的所有基德的财富，包括他留在加德纳斯岛上的那些。这些物品的总价值约为一万四千英镑。至于被认为还留在加勒比地区的"冒险战利品号"上的财富，贝尔蒙特伯爵虽然派了一艘船前去寻找，但什么也没有找到。"冒险战利品号"已经被烧毁，无论船上储存了多少财物，自那之后全都消失不见了。尽管贝尔蒙特伯爵心中充满了最热切的渴望，但他终究没能从基德的任何财富中受益，因为总督在 1701 年 3 月 5 日就去世了。

早在基德还没有抵达伦敦之前，他的案子就已经成为政府中辉格党和托利党之间争论的焦点。贝尔蒙特伯爵是辉格党人，基德的其他位高权重的支持者也都来自辉格党。当他们启动这个计划时，辉格党的地位正在上升。但到了基德遭逮捕并被押送回英格兰的时候，辉格党的势力已被削弱，于是托利党兴高采烈地把所谓的基德转向海盗活动这一事件当作痛击他们政治对手的手段，希望把基德犯下的罪行变成绕在辉格党人脖子上的绞索。这种敌意引发了一些激烈的口头争吵，以及一场充满争议的投票活动，但投票结果决定不谴责辉格党。最终，辉格党幸免于难，虽然难辞其咎，但也只是略微地认错而已。尽管如此，辉格党也明白必须进行一场最终的清算。他们希望通过让基德接受审判并被定罪来平息这场争议。[107]正如坚定的辉格党内阁大臣詹姆斯·弗农几年前所写的："议会已经养成了认定别人有错的习惯，必须把某个约拿扔下海，否则风暴就无法平息……无足轻重的小人物正是最适合用来实现这个目的的。"[108]按照历史学家里奇的说法，基德就是这样一个"非常无足轻重的小人物"[109]。

在英国审理基德案件的司法程序进行得很缓慢，他又等了一年多才终于被送上法庭。在候审期间，他主要被关在新门监狱（Newgate Prison），这是一个特别恐怖的地方，一位十八世纪早期的观察者称之为"苦难的居所……暴力的无底洞，是一个挤满了说话的人，却没有一个听众的巴别塔"[110]。在这个只能满足人最基本需求的人间地狱里，基德几乎一直被单独囚禁着，他的健康状况迅速恶化了。

1701 年 5 月 8 日和 9 日，基德在海事法院就谋杀炮手穆尔，以及多次进行海盗活动，包括俘虏"奎达商人号"和"鲁帕雷尔号"接受审判。针对谋杀的指控，基德声称他的手下当时正处于发动哗变的边缘，而且他是在受到哗变头目穆尔的挑衅后才狠击了对方。基德说："这不是蓄意的，我只是一时情绪激动，我非常抱歉。"[111]因为他是以一种毫无预谋的方式杀死穆尔的，所以基德辩称自己最多只能算犯了过失杀人罪，而不是谋杀罪。

在针对海盗活动进行的审判中，关于俘获"奎达商人号"和"鲁帕雷尔号"的行为，基德辩解说，这两艘船都有法国通行证，因此自己俘获它们是合法的。尽管如此，在发现这两艘船与莫卧儿帝国有关系后，他依然试图将船交还给其原本的所有者，但他的船员投票否决了他的提议。[112]然而，基德想要证明这两艘船是合法战利品的努力受到严重的影响，因为由贝尔蒙特伯爵送往伦敦的那些法国通行证神秘地消失了。基德曾多次要求拿回这些通行证，以便为自己的辩护做准备，结果却被告知通行证找不到了。直到二十世纪初，人们才在贸易委员会的记录中重新发现这些通行证，但它们为什么会被隐藏这么久，以及它们怎么会放在那里还都是未解之谜。有些人声称这些通行证可能是一个辉格党政客故意隐藏起来的，以确保基德能够被定罪。这当然是一种可能，但即使基德拥有这些证据，案件的结果也不太可能有所改变。基德也就其他海盗活动接受了审判，在这些案件中，他曾经的一些船员成为控方证人，他们提供的证词都有力地暗示了被告有罪。[113]

最后，基德被判犯有谋杀罪和海盗罪，并被判处绞刑，另外六名男子也被判犯有海盗罪。① 在听完最终的裁决后，基德向法院做了陈述。他说："法官大人，对我的量刑太重了。我是这些人里最无辜的一个，只有我才是被作伪证之人陷害的。"[114]

5月12日，想要为推迟与死神的约会，或者是为争取获得特赦做最后努力的基德向下院托利党议长罗伯特·哈利

113

————————

① 他们当中有五人后来被国王赦免了。

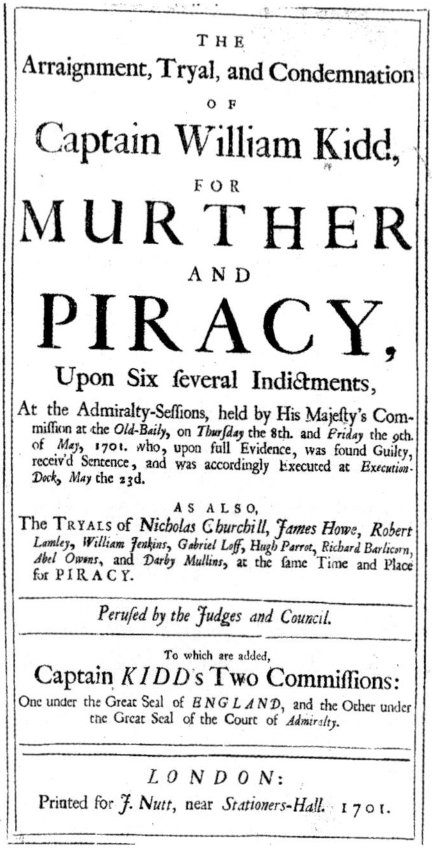

THE
Arraignment, Tryal, and Condemnation
OF
Captain William Kidd,
FOR
MURTHER
AND
PIRACY,
Upon Six ſeveral Indictments,
At the Admiralty-Seſſions, held by His Majeſty's Commiſſion at the *Old-Baily*, on *Thurſday* the 8th. and *Friday* the 9th. of *May*, 1701. who, upon full Evidence, was found Guilty, receiv'd Sentence, and was accordingly Executed at *Execution-Dock*, *May* the 23d.
AS ALSO,
The TRYALS of *Nicholas Churchill*, *James Howe*, *Robert Lamley*, *William Jenkins*, *Gabriel Loff*, *Hugh Parrot*, *Richard Barlicorn*, *Abel Owens*, and *Darby Mullins*, at the ſame Time and Place for PIRACY.

Peruſed by the Judges and Council.

To which are added,
Captain *KIDD*'s Two Commiſſions:
One under the Great Seal of *ENGLAND*, and the Other under the Great Seal of the Court of *Admiralty*.

LONDON:
Printed for *J. Nutt*, near *Stationers-Hall*. 1701.

图 37　名为《对威廉·基德船长的审判》（The Trial of Captain William Kidd）的小册子的封面。对基德船长的故事着迷的公众热切地阅读了里面的内容

（Robert Harley）提交请愿，希望对方能接受自己的交换条件。他声称在“冒险战利品号”上有价值十万英镑的财富和货物，这艘船还停泊在伊斯帕尼奥拉，只要去把船取回来即可——他显然还不知道这艘船已被烧毁，无论船上有过什

第四章 痛击

么财富，如今都早已消失不见。基德还说他希望王室能够从这笔巨额财富中"受益"。这个数目比他之前对贝尔蒙特伯爵提到的三万英镑的数目增长了不少。政府需要做的就是装备一艘船，让他以"囚犯"的身份登船，负责带路。如果他不能拿回财物，他就再也不会要求"任何优待，甚至可以（根据对他的判决）被就地执行死刑"。[115]

基德的赌注被无视了。5月23日，他被一辆马拉的大车从监狱带到行刑码头。在这段三英里长的路程中，围观的群众挤满了各条街道，还排成长队一路跟随，只为看一眼基德。绞刑架设置在高水位线和低水位线之间，这是绞死海盗的传统地点，因为它凸显了这些犯罪行为属于海事法院的管辖范围。

从当天早些时候开始，基德就一直在喝朗姆酒，到下午被送至绞刑架时，他已经醉了。在人生最后的演讲中，他对除了自己以外的所有人都大加指责：给出对他不利证词的前船员们都是骗子，他们所谓的证词大部分仅仅是道听途说；这次航行的支持者和发起者们背叛了他，就是他们"造成了他的身败名裂"；[116]还有炮手穆尔的死并不是他有意造成的。在发泄完怒火之后，基德的情绪变得忧郁，他"表达了（一种）深刻的悲伤，因为他还没有机会向妻子和孩子告别……想到妻子在接到关于他可耻的死亡的悲伤消息时该有多难过，这比他自己的凄惨境遇更令他哀痛"。[117]

晚上六点，脖子上套着绞索的基德被执行了绞刑，然而，本该吊在空中的基德却摔到地上。因为绳子断了。根据新门监狱的牧师保罗·洛兰（Paul Lorraine）的说法，这次意想不到的延迟和摔痛的感觉让基德恢复了理智，当刽子手给他重新套上绞索时，基德在最后一刻转变了态度，"公开宣称他全心全意地忏悔，并将带着基督徒对整个世界的爱和宽容死去"[118]。

115　　这次的绳子足够结实。基德虚软的身体在绳子上吊了很长时间，足够潮水三次冲刷他，这是一种象征性的洗礼，意为带走他的罪恶。之后，尸体被带到下游二十五英里外的蒂尔伯里角（Tilbury Point），那里距离泰晤士河的入海口很近。为了延长尸体可展示的时间，人们在其表面涂满焦油，并将之放在一个铁笼子里。笼子被吊在一个示众架①上。之后很多年里，这个令人毛骨悚然的幽灵一边慢慢地腐烂瓦解，一边向所有经过这里的水手发出无声的警告。[119]

116　　虽然基德肯定犯了海盗罪②，但人们难免会为他感到难

---

① "gibbet"，它是一根木杆或一个像绞刑架一样的构造，用来将被执行死刑的人的尸体吊高，供他人观看。

② 在很多例子里，决定一个人是不是海盗是一种看待事物的角度和对事物的判断的创造性活动。就好像《罗生门》（Rashomon）的故事一样，不同的人对同一件事的理解可能完全不同。就海盗罪来说，这个问题更加明显，因为这里的"事实"总是充满争议，不同的证人和观察者对某件事是否发生过，或应当怎样理解总有不同的看法。基德一案就是这样的情况。一些历史学家认为，基德根本不是海盗，如果他确实进行了一些海盗活动，那也是他的手下强迫他做的。事实上，他有过好几次禁止手下实施更多海盗活动的举动。笔者不认同这种分析，而是像其他一些历史学家一样，相信本书描述的情况是更贴近事实的版本。但即便基德是无辜的，即便对他的审判是对正义的嘲弄，笔者依然不会改变本书的记叙走向，因为这是由基德一案的发展过程决定的，也是由当时事件的参与者，特别是英国政府如何看待基德的行为决定的。从认为基德不是海盗，他没有得到法院的公正对待，案件是依赖带有偏见的、片面的证词审理的角度对基德一案做出的精彩分析，参见 Richard Zacks, *The Pirate Hunter: The True Story of Captain Kidd*（New York: Hyperion, 2002）。

图 38　用铁箍圈住、吊在蒂尔伯里角的威廉·基德船长（1837 年的雕版印刷品）

过，并且认为如果事情没有发展成这样，他原本不用遭受这么严厉的处罚。如果他拿到法国通行证，他可能就会成功地辩解自己俘获"奎达商人号"和"鲁帕雷尔号"的行为是合法的。这两个情节正是他被认定犯下的最严重的海盗行为，而其他海盗活动只是被视为一些相对较轻的违法行为。

至于谋杀指控，如果法院接受他的论点，即他是因为一时冲动而杀死穆尔的，那么他犯的仅仅是过失杀人罪，对他的量刑也会随之减轻。如果他没有陷入如此激烈的政治斗争，没有招来奥朗则布、强大的东印度公司和英国政府的敌意，他可能就不会成为这个故事中的"约拿"了。

基德在印度洋的掠夺活动和他受到的审判在英格兰和美洲殖民地被广泛报道，成了人们讨论的热点话题，这足以让他成为家喻户晓的大恶人。不过，让基德成为海盗历史上最神秘的角色之一的原因，其实是关于他埋藏的大量财宝的传闻。有些人宣称基德掠夺的财富价值高达四十万英镑，尽管这种说法不准确，但还是有很多人认为他肯定把大部分财宝隐藏在某个偏僻的地方，毕竟追回的部分与这个数额相比只是冰山一角。这样的信念助长了很多人的幻想，早在基德于沃平被执行绞刑之前，就有很多人开始做起寻找宝藏的美梦，这种幻想一直持续到今天，正是这一点使基德成为一个传奇。

117　　基德事件在多个方面影响了美洲海盗活动的发展进程。基德对"奎达商人号"和"鲁帕雷尔号"的袭击威胁到东印度公司的安身立命之本，他成了该公司在印度次大陆上不安稳地位的有力象征。该公司利用基德这个强有力的象征到英国政府中进行游说，试图说服政府采取措施遏制印度洋中的海盗活动，以保住公司的立足之地。[120]但促使公司进行这种努力的原因并不是基德一个人，艾弗里事件以及其他红海人实施的所有袭击都增强了公司打击海盗的愿望。

东印度公司的主要担忧之一是马达加斯加在支持海盗方

图 39　加德纳家族中流传着威廉·基德船长把他的部分财宝埋在加德纳斯岛上的说法，但没有证据证明他真的这么做了。同一时期的文件暗示约翰·加德纳只是负责保存这些财物，他认为基德早晚会来把它们取走。不管怎么说，这个传说一直流传下来，受其影响，霍华德·派尔在1921 年创作了这幅基德船长在岛上监督埋藏财宝的插图

面的关键作用，那里也是海盗展开突袭的出发地。公司意识到那些经常光顾马达加斯加，特别是圣玛丽岛的海盗主要是受到美洲殖民地的奴隶贩子的支持。如果这种贸易可以被遏 118

制或消除，那么海盗就会遭受打击，他们的数量很可能就会下降。为此，东印度公司在通过《1698 年东印度法案》（East India Act of 1698）这件事上发挥了重要作用。这项法案恢复了该公司最近失去的在好望角以东所有地区进行贸易的垄断权。而且与十七世纪九十年代初期，公司和英国政府对马达加斯加的奴隶贸易毫不在意的情况不同，此时这个问题成为他们极度关注的焦点。在很短的时间内，从马达加斯加到殖民地的奴隶运输通道就被关闭了，海盗与外界最宝贵的联系之一也随之被切断。[121] 如果美洲商人产生过任何要侵犯这种垄断权利的愿望，一系列商业失败则让他们打消了这样的想法。[122] 1698 年 7 月，有四艘船从纽约前往马达加斯加，最终只有一艘船返回，另外三艘船中的两艘被海盗俘虏，还有一艘被东印度公司的武装船扣押。这些重大损失让纽约商人迫切地想要寻找其他不那么危险的交易机会。就这样，到 1700 年末，贝尔蒙特伯爵注意到，"来自马达加斯加的"非法贸易"眼下似乎已经停止了"。[123]

东印度公司优先要解决的另一个问题是，让政府派遣一支海军中队到印度洋中保护东印度公司和莫卧儿帝国的船只免受海盗袭击。公司第一次要求政府派遣军事力量是在艾弗里袭击事件之后，但当时政府没有任何回应。基德的掠夺活动终于说服政府采取行动，1699 年春，一个中队终于被派遣到这里，他们接到的命令是赦免那些投降的海盗，同时攻击那些顽固抵抗的海盗。[124]

到当年底，东印度公司的董事们表达了谨慎的乐观，声称"我们有充分的理由相信，在东印度的海盗活动如今已经结束了"[125]。然而事实证明，董事们还是高兴得太早了。十八世纪的前几十年里，印度洋中的海盗活动还会一直持续，直到马达加斯加的海盗数量逐渐减少到可以忽略不计为止。[126]不过，尽管印度洋中的海盗活动还会持续很多年，但到1700年，美洲对这些活动的贡献已经完全不复存在了。[127]

最后，基德的活动还在说服议会通过《更有效地禁止海盗活动的法案》方面发挥了作用，因为他的所作所为进一步证明了在美洲殖民地打击海盗的迫切必要性。基德的许多手下都是在纽约招募的，其中很多人最终又返回殖民地，他们在那里总是会受到本地人的欢迎和保护。[128]

王室和议会对美洲海盗活动的多方面打击与英格兰经济的转变同时出现并受其推动。进入十八世纪的最初几年里，英格兰正在成为一个重要的世界强国，它拥有的广泛殖民地为其不断增长的经济提供了动力。随着海盗日益成为威胁英格兰发展和支配地位的因素，再加上强大的商人阶层在整个过程中的持续敦促，政府于是加大了打击海盗的力度，采取了更多消灭海盗的措施来保护本国的地位。鉴于美洲殖民地是众多海盗活动的源头，这里自然会成为英国矫正行动的主要打击目标。[129]

政府打击海盗活动的单方面措施都不会产生什么决定性的影响，但所有措施结合在一起却取得了重大的成功。贸易委员会表现出的反对海盗活动的咄咄逼人的姿态，任命积极打击海盗的人为总督，出现在美洲海岸沿线和印度洋中的越来越多的英国海军力量，打击海盗活动的新法案获得通过，

119

对海盗的赦免，将大批海盗送往伦敦接受审判，以及消除马达加斯加的奴隶贸易等手段，都促成了十八世纪初期美洲海盗活动的减少。[130]

但这种减少的趋势在1700年6月时还不明显。当时，弗吉尼亚殖民地的一位政府官员向贸易委员会报告说："传遍美洲的消息是，海盗不仅活跃在海岸沿线，还遍布整个西印度群岛地区，他们造成的损失比战争带来的还要糟糕十倍。"[131]与此同时，南卡罗来纳殖民地总督约瑟夫·布莱克（Joseph Blake）说："如今的海洋中充满了（海盗），在这片区域里，任何船想避开他们是不可能的。"[132]然而到了当年年底，情况发生了变化。在1700年末，贝尔蒙特伯爵发现海盗活动"正在减少"[133]。被贸易委员会派遣到殖民地，指导这里的人如何根据新法律对海盗进行审判的乔治·拉金（George Larkin），在1701年10月告诉委员会说："最近我没听说海岸附近有任何海盗。"[134]

虽然自上而下贯彻执行的政府政策确实减少了海盗活动，但底层民众的态度可不那么容易改变。许多官员、商人和殖民者实际上已习惯了分享海盗活动的果实，他们长期以来一直欢迎海盗作为受人尊敬的成员加入他们的群体，所以他们还没有准备好接受中央政府对这群人持有的那种轻蔑。结果就是，海盗在美洲仍然可以找到很多安全的庇护港湾，有钱的海盗尤其如此。据一位观察者说，在1700年，六名海盗在南卡罗来纳殖民地被绞死，"这是因为他们很穷"；与此同时，同样是在该殖民地范围内的另外五名海盗，却可以在公共场合自由出入，"不会受到哪怕是一丁点儿骚扰"，这是因为他们很富有，每个人都拥有大量的金币、银币，以及许多珍贵的珠宝。[135]拉金讲过一个类似的故事。在看到两名基德曾经的船员自由自在地生活在宾夕法尼亚殖民地之后，他于 1701 年 12 月给贸易委员会写信说："当地虔诚的基督徒们以一种非常奇怪的方式欢迎和讨好这些家伙，他们身上没有钱，可他们有的都是阿拉伯黄金。"拉金发现，在许多殖民地中，"海盗被视为诚实的好人"的证据是，"兼任政务助理和下级法院书记员的新罕布什尔殖民地参事会主席正打算将自己的女儿嫁给这样一个海盗"。[136]

　　在拉金做出这些评论的同一时间，自 1697 年签订终结了九年战争的《里斯威克条约》之后，英国一直维持的广泛和平的状态即将被打破。1702 年，英格兰将陷入另一场战争，就像之前的那场战争一样，这场战争也将极大地影响美洲海盗的发展轨迹。

第五章

战争带来的缓解

图 40　一幅 1705 年前后的荷兰油画，题目是《1702 年 10 月23 日维哥湾海战，西班牙王位继承战争中的一幕》（Naval Battle of Vigo Bay, 23 October 1702. Episode from the War of the Spanish Succession）。在这场战斗中，英荷舰队摧毁或俘获了超过三十艘法国和西班牙舰船

　　西班牙王位继承战争在殖民地被称为安妮女王之战（Queen Anne's War），加入这场战争的交战国很多，不过双

第五章　战争带来的缓解

方最主要的代表是英格兰（1707 年与苏格兰合并后成为大不列颠王国）、荷兰共和国和神圣罗马帝国，它们的对手是法国和西班牙。从 1702 年到 1713 年战争结束的这段时间里，美洲的海盗活动不再是什么重要的问题。[1]早些年里，殖民地和宗主国之间的官方通信中曾经满是关于海盗的令人担忧的故事，可是突然间，这些内容几乎完全消失了。出现这种结果的主要原因就是这场战争，以及战争为本来可能去做海盗的人们提供了让他们凭借自己的航海技能获得合法且报酬优厚的雇用机会。很多曾经是或打算成为海盗的人都被吸收到皇家海军的队伍中。1701 年的海军人数仅有两万左右，到战争结束时，这个数目上升到接近五万，[2]而且普通水手的平均工资几乎是他们在和平时期所挣工资的两倍。[3]除了加入海军之外，人们也可以在一千六百多艘获得委任状的私掠船上找到工作，[4]这为这些人提供了通过几次成功的捕获即可收获巨大财富的诱人的可能性。

战争期间虽然也有过少数关于海盗从殖民地起航，或是在美洲海岸沿线实施劫掠的零散报道，[5]但值得注意且有详细文献记载的海盗活动案例仅有一起，源于马萨诸塞殖民地中一个小小的渔业村镇马布尔黑德。

1703 年 8 月 1 日，星期三下午，商人约翰·科尔曼（John Colman）和威廉·克拉克（William Clarke）收到一封内容不祥的短笺。"查尔斯号"（*Charles*）双桅帆船上的二把手约翰·奎尔奇上尉（Lieutenant John Quelch）[6]刚刚经历了从马布尔黑德到波士顿二十英里的艰难航行，就是为了将

"查尔斯号"指挥官丹尼尔·普洛曼（Daniel Plowman）的这份公函送到收信人手中。普洛曼在信中说自己的身体状况"越来越糟"，他认为自己已经不能继续航行。他恳请身为"查尔斯号"所有者的科尔曼和克拉克第二天一早就赶到马布尔黑德来，这样"我们就可以尽快采取一些措施，以避免能够避免的损失"。[7]科尔曼和克拉克很想知道，情况是怎么变得如此糟糕的？

几个月前，当这次航行计划刚刚启动时，它看起来是一项不错的投资。科尔曼和克拉克把战争看作绝佳的商业机会，他们都想发战争财，所以联合了其他三位成功的波士顿商人，将各自的资金汇集起来，装备了这艘"查尔斯号"私掠船。为此，他们请求马萨诸塞殖民地和新罕布什尔殖民地总督约瑟夫·达德利（Joseph Dudley）签发了一份私掠许可证，许可普洛曼在阿卡迪亚（Acadia）和纽芬兰附近攻击敌国舰船。

达德利于 1703 年 7 月 13 日签发了许可证。这样普洛曼就获得了随意"打击、俘虏、处死、镇压和摧毁任何法国或西班牙的海盗、私掠者，及其他臣民和附庸臣民"[8]的权利。就算普洛曼成功实现了这些任务，他控制的船只、金钱或货物也不能直接分配给他的船员和资助者，而是要在海事法院判定俘获的敌国舰船和船上的物品都是合法的战利品之后才可以。此外，普洛曼还必须在航海日志中详细记录他的所有行动，这将作为法院决定他是否遵守了委任状内容的重要依据。

我们对"查尔斯号"的情况并不了解，只知道它是一

第五章　战争带来的缓解

艘新建造的八十吨双桅帆船。达德利称它"完全适合服役"[9]。船身长度可能是七十英尺到八十英尺，船上大概有十门加农炮，还有各种各样小一些的武器。

手握委任状的普洛曼驾驶"查尔斯号"从波士顿航行到马布尔黑德，开始在那里筹备航行所需的物资，并招募航行所需的四十五名船员。可是没过多久，普洛曼就病倒了。他迅速恶化的健康状况就是促使他在 8 月 1 日这一天，派遣奎尔奇带着那封令人担心的短笺返回波士顿的原因。收到信的科尔曼和克拉克第二天就和奎尔奇一起乘船前往马布尔黑德。

马布尔黑德当时是在美洲处于领先地位的渔业村镇之一，这里有许多不敬神、不信神、思想独立、有酗酒恶习，以及其他一些小毛病的人。这里的一千二百名居民中的大多数人，都是靠在马萨诸塞海岸沿线或纽芬兰大浅滩（Grand Banks）中捕捞鳕鱼，来维持一种简朴的生活。他们辛勤劳作的证据是在靠近水边的地方搭建的许多被称为"鱼片架"的木制平台。清理了内脏、去掉鱼骨、用盐腌制，鱼肉分别向左右两侧翻开，压制成一个八字形扁片的鳕鱼正是在这里接受太阳的炙烤，直到变得像石头一样硬。经过这种处理的鳕鱼即可装船运到大西洋彼岸，在欧洲各地的市场上销售了。[10]

因为"查尔斯号"体积太大，无法被拖到该镇的任何一个码头上，所以它就停在距离岸边不远的地方，人员和物资都是用小船来回运送到大船上或海岸边的。科尔曼和克拉克抵达马布尔黑德后就给普洛曼送信，说他们迫切渴望和他

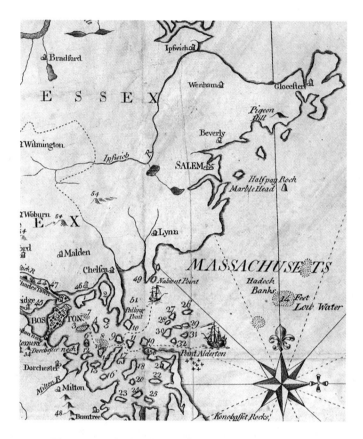

图41　1775年地图中的细节，显示出马布尔黑德位于西南方向的波士顿和东北方向的格洛斯特之间。马布尔黑德犬牙交错的曲折海岸线就在塞勒姆以南

见面，但生病的船长派了一名船员去回复他们，说自己"非常虚弱"，不能和他们见面。船长敦促科尔曼和克拉克，立即让"查尔斯号"返回波士顿，在那里把船上的所有东西都卸到岸上，"以防止各种形式的盗用和侵占……越快将你们的东西运上岸越好"。他还请求科尔曼和克拉克不要雇

第五章 战争带来的缓解

用新的船长带领船员起航，因为他不祥地警告说"这些人不会听命于新船长的"，他说的这些人正是船上的船员们。虽然取消这次航行会给商人造成损失，但普洛曼认为取消是比继续航行更好的选择。他确信这趟航行"不超过三个月"就会"把所有钱赔光"。[11]

可惜我们没有找到科尔曼和克拉克是如何回复普洛曼这种令人郁闷、费解的信息的，我们也不知道他们对前来转交这封短笺的船员说了什么，或者他们是否向普洛曼发出过进一步的指示。人们肯定会好奇，为什么科尔曼和克拉克不直接登上"查尔斯号"，与普洛曼面对面地讨论他们的境况，后者虽然生病了，但应该还可以说话吧？不管他们到底说了什么或做了什么，总之两位商人很快就启程返回波士顿，很可能是去与他们的合作伙伴商讨对策，与此同时，船上的大多数船员则决定发动哗变，改行去做海盗。

普洛曼已经被锁在他的舱房里，连房门都被用一个马林钉①别紧了，一名举着长剑的船员被安排在门口守卫。虽然哗变爆发时，奎尔奇并不在船上，但他回到双桅帆船上之后并没有反对，实际上，他很乐意成为这些人的指挥官。

8月4日，"查尔斯号"从马布尔黑德起航。两天后，普洛曼要么被杀死，要么是自己病死了——相关记录没有说明究竟是哪种情况。之后他的尸体被毫不客气地扔下船。

125

---

① "Marlinspike"是一种用于海上缆绳作业的工具，用金属制成，表面光滑，形状为圆锥体，逐渐变细的一端可以是圆头的，也可以是扁平的。这个工具的作用是断开拼接的绳子，解开绳结，或用它将绳子拉紧，以及在拉紧后用其作为别针将绳头固定住。——译者注

马修·派默（Mathew Pymer）和约翰·克利福德（John Clifford）两位船员不想加入这场非法的冒险，但他们提出的放他们返回岸上的请求完全被无视了。

在"查尔斯号"离开不久之后，船只所有者们就开始担心，这种担心很快变成了警惕。所有者们认为"查尔斯号"朝西印度群岛去了，于是他们在1703年8月18日给该地区的总督们发出一封公开信，说他们相信普洛曼船长已经死了，"查尔斯号"上的人发动了哗变，"这让我们担心他们的计划恐怕不再是以我们的名义进行正当的活动"[12]。所有者们还附上了达德利总督的一封信，内容也是表达同样的担忧。这两封信都向当地官员提出要求，如果"查尔斯号"驶入他们的港口，他们应当扣押该船及它可能带去的任何战利品。然而所有者们都想错了，"查尔斯号"实际上向南前往了更遥远的巴西。

那时的巴西还是葡萄牙的殖民地，"查尔斯号"把这里当作目的地的主要原因是当地的财富资源和糟糕的海岸防御状况。十七世纪末，人们在巴西东南部的米纳斯吉拉斯（Minas Gerais）发现了大面积的冲积金矿床，由此引发了巨大的淘金热潮。关于这些发现的消息也传到了美洲殖民地，"查尔斯号"上的人们相信自己在这里不会遇到任何抵抗，他们希望通过掠夺在港口之间往来，或返回葡萄牙的船只上装载的贵金属来填满自己的腰包。

"查尔斯号"是11月初来到巴西海岸边的，1703年11月15日至1704年2月17日，奎尔奇和他的手下共掠夺了

第五章　战争带来的缓解

九艘葡萄牙船只，其中既有小渔船，也有两百吨的大船。抢来的货物包括糖、大米、朗姆酒、陶瓷餐具、鱼、盐、布料、钱币、加农炮、火药和一袋重达一百一十二磅的金粉，所有东西加在一起的价值估计可以达到一万英镑。

在这次航行中，"查尔斯号"曾在多个巴西港口停船补充物资，奎尔奇告诉当地人，说他们是在捉拿法国和西班牙的船只，但这当然不是他们的真实意图。"查尔斯号"上的人完全清楚自己掠夺的是葡萄牙船只。他们不仅从巴西招募了一名能说葡萄牙语和英语的翻译，而且也看到了被掠夺的船上有葡萄牙国旗、葡萄牙语文件和葡萄牙的钱币。

俘获这些船的过程相当平淡，只有少数几个例外。"查尔斯号"追逐那艘它俘获的最大的船时足足用了两天时间，对方在升起白旗并允许海盗登船之前曾三次发射加农炮进行反击。海盗登船后双方发生了争吵，结果是该船船长巴斯蒂安（Bastian）被"查尔斯号"上的一名船员开枪打死。巴斯蒂安的黑人奴隶也作为一种货物被从这条船上抢走。在俘虏另一艘小一些的船时，一名来自日德兰（Jutland，今天的丹麦）的白人决定转投"查尔斯号"的阵营。但是，当他要求奎尔奇分给他和别人一样份额的战利品时，不愿分享的全体船员投票决定，只给他一把枪、一点火药和子弹，然后把他赶下船。

因为这些在巴西海岸沿线实施的劫掠行为，"查尔斯号"上的船员已经正式变成海盗。在"查尔斯号"离开马布尔黑德近三个月之前，葡萄牙和英格兰通过签署条约，结成了对抗法国和西班牙的战争盟友。鉴于此，"查尔斯号" 127

对葡萄牙船只的袭击实际上成了对英国盟友的袭击，考虑到欧洲列强之间的脆弱关系，以及各国君主可能采取的惩罚性措施，"查尔斯号"的所作所为面临的风险就更大了。

在 2 月中旬进行最后一次劫掠之后，"查尔斯号"就返航了。奎尔奇很清楚他们身处的困境，以及他们的行为的非法性。这就是为什么他决定要掩盖他们行踪的原因。当"查尔斯号"行至百慕大附近时，奎尔奇把船员都召集到主甲板上，说到了新英格兰以后，如果有人问他们是在哪里获得的财富，尤其是那些黄金，他们就要回答说自己"（在加勒比地区）遇到一些印度人，那些人从沉船中获得了巨额财富"[13]，于是他们就从那些印度人手里抢来这些财富。奎尔奇还撕掉了"查尔斯号"日志中的六页内容，因为那几页记录了他在巴西海岸沿线那段时间的活动。最后，他命令将船上的所有葡萄牙语文件都扔下船。

"查尔斯号"返航的第一个公告是相当无害和乐观的。1704 年 5 月中旬的《波士顿新闻通讯》（*Boston News-Letter*）刊文宣布："奎尔奇船长带领着原本由普洛曼船长带领的双桅帆船抵达马布尔黑德，据说该船是从新西班牙返回的，完成了一次出色的航行。"[14]奎尔奇刚一上岸就立刻赶往波士顿，面见科尔曼和克拉克，还给他们带去装满钱币和金粉的袋子，以及一个梦幻般的故事。这些钱币和金粉是船只所有者应得的收益分成，奎尔奇给他们讲的故事也与事先跟船员们串通好的一样。显然他希望用金钱买通船只的所有者，如果他们满足于自己的投资回报，也许就不会问太多问题了。科尔曼

第五章 战争带来的缓解

和克拉克接受了这些财物，但他们对这个故事充满了怀疑。奎尔奇离开之后不久，事情的真相开始一点点地浮出水面。

船只所有者们当然都倾向于不相信奎尔奇说的任何事情，因为他九个月前离开马布尔黑德时就没有通知他们，后来也没有遵循原本的私掠计划驶向北方，而是去了南方。进一步削弱船只所有者信任的原因还有，奎尔奇承认剩余战利品的绝大部分都被分给了船员，而且他们也已各奔东西了。这与私掠船应当遵循的常规程序背道而驰。一般情况下，私掠船应当将俘获的战利品（船只）及从船上掠夺的所有东西先交给海事法院，再由法院来决定如何适当地处置这些抢来的财物。

科尔曼和克拉克一开始调查奎尔奇讲述的不可思议的故事，他们本来可能对他抱有的任何信任也都立即化为乌有了。这在很大程度上是因为奎尔奇和他的船员们在掩盖自己的行踪和作为方面愚蠢得可笑。尽管奎尔奇告诫他的船员要处理掉所有葡萄牙语文件，但当科尔曼和克拉克搜查"查尔斯号"时，他们还是在船上发现了不少这样的文件。除此之外，他们还发现了至少一面葡萄牙国旗，以及一袋带有葡萄牙语说明的糖，里面写着它应该被送到一位在里斯本的商人手中。奎尔奇给科尔曼和克拉克的大部分钱币也是葡萄牙的。这两个商人还发现，奎尔奇之前去波士顿期间曾经找过一个名叫约翰·诺伊斯（John Noyes）的银匠，帮助他把大量钱币熔成金锭、银锭。还有什么比这更好地让海盗隐藏自己钱财的方式吗？

此时的科尔曼和克拉克已经相当确定奎尔奇等人进行了海盗活动，他们担心如果自己不揭露真相就会被视为共犯，所以两人于 5 月 23 日拜访了马萨诸塞湾殖民地政务助理艾萨克·阿丁顿（Isaac Addington），并提交了一份经过宣誓的声明，其中一段内容如下："我们对现任指挥官及其手下所作所为的观察，以及我们在前述帆船上找到的证据都让我们怀疑，他们劫掠并摧毁了一些女王陛下的朋友和盟友的船只，这与女王陛下的宣战书及授予他们的私掠许可证中的指示背道而驰。"[15]

达德利总督当时在新罕布什尔殖民地，但副总督托马斯·波维（Thomas Povey）在他缺席的情况下立即采取行动，当天就逮捕了奎尔奇和他的六名船员。第二天，波维在《波士顿新闻通讯》上发布了一份公告，其中列出了其他三十四名船员的名字，波维说这些船员被怀疑是海盗，并号召人们想尽一切办法将他们捉拿归案。[16]

5 月 26 日，波维收到一份来自罗得岛的报告，称有五名奎尔奇的船员在四天前购买了一艘小船，目的是驾船前往长岛。波维要求罗得岛总督塞缪尔·克兰斯顿（Samuel Cranston）逮捕这些人。克兰斯顿签发了逮捕令，但只抓到其中一人。之后这名船员被"一个警察交到下一个警察手里"[17]，最终押送回波士顿。与此同时，其他一些船员也在马萨诸塞殖民地落网。

5 月 29 日，达德利总督从新罕布什尔返回后亲自发布了一份公告，除了重申波维提过的大部分内容外，他还补充说一些嫌疑人的交代已经说明，海盗们针对葡萄牙国民实施了劫掠和谋杀。达德利还发出警告：所有庇护或以任何方式帮助被通缉人员，或隐匿任何财物的人都将被视为从犯，将受到法律的严重惩罚。[18]

第五章　战争带来的缓解

6月7日，达德利派出一个三人委员会组成调查法庭，到马布尔黑德追查其他船员和他们带走的财物的下落。[19]委员会中声名最显赫的委员是当时五十二岁、毕业于哈佛大学塞缪尔·休厄尔（Samuel Sewall），他是高等法院的代理首席大法官，也是殖民地中最富有的人之一。休厄尔曾经是1692～1693年进行的塞勒姆女巫审判的法官之一。那场审判的结果是三十多人被认定犯有巫术罪，其中十九人后来被执行了绞刑。[20]除他们之外，还有一个名叫贾尔斯·科里（Giles Corey）的人也因为人们对巫术的疯狂惧怕而丧命。在他的妻子玛莎（Martha）被认定犯有巫术罪并被判处绞刑后，贾尔斯拒绝回答法官提出的关于他是否与巫术有关的问题。他选择用保持沉默来维护自己最后意愿的尊严，以死证明自己的清白，他担心如果自己提出抗辩，却被判定有罪，那么他要证明的东西就失去意义了。为了迫使他提出认罪还是不认罪的主张，法官们根据在被告拒绝发言的情况下可以适用的法律规定，下令对贾尔斯实施"重压刑"。用刑方式是让贾尔斯躺在田地中的一个浅坑里，在他的胸部放一扇木门板，然后往门板上摞石头。沉重的压力会慢慢地夺去他的生命，但贾尔斯依然没有说一句话。经过近两天的痛苦折磨，贾尔斯·科里终于咽下了最后一口气。[①][21]

随着时间的推移，休厄尔在女巫审判中发挥的核心作用

---

① 很多故事版本宣称，当执法官员恳求贾尔斯·科里说话，并提出自己认罪或不认罪的主张时，他说了"再重点儿"几个字。不过没有证据证明他在受刑过程中真的说过这句话或任何话。几乎可以确定，"再重点儿"的说法是一个没有事实依据的故事或传说。

130

图 42　塞缪尔·休厄尔法官，1728 年前后

成了他灵魂的巨大负担，他后来为自己将无辜的人送上绞刑架而道歉，并愿意为此承担"责备和耻辱"[22]。这样的举动绝对算得上勇气可嘉。他做出的另一个非常光荣且具有历史意义的举动是在 1700 年创作了《出售约瑟夫：一本回忆录》（*The Selling of Joseph, A Memorial*），这是"第一本谴责非洲人被奴役的状态和北美奴隶贸易的小册子"[23]。

　　前往马布尔黑德的途中，休厄尔和其他委员停在塞勒姆过夜。他们在那里听到一些关于奎尔奇的几个船员正在安角（Cape Ann）的传闻，据说这几个船员打算登上著名的私掠者托马斯·拉里莫船长（Captain Thomas Larrimore）的"拉里莫舰"（*Larrimore Galley*），这样就可以逃之夭夭了。委员们根据这一信息采取了行动，在午夜前后就签发了前去捉拿这几个人的逮捕令。[24]

6月8日一早，委员们冒着大雨赶完了前往马布尔黑德的最后几英里路。他们在约翰·布朗船长（Captain John Brown）家的壁炉边布置了一个调查法庭，并在那里听取了当地人的证词。第二天早上六点，委员们就被来自安角的送信人吵醒了。这位气喘吁吁的信使是来告诉他们，前一天晚上九点至十一点之间，有人"看到一幢人迹罕至的房子里有全副武装的海盗"[25]。

这条消息让整片地区里都响起了拿起武器的警报。委员们签发了指示整片地区的民兵都前往格洛斯特（Gloucester）的安角镇捉拿海盗的命令。为此，休厄尔法官的弟弟斯蒂芬·休厄尔少校（Major Stephen Sewall）乘坐打鱼用的"审判号"（*Trial*）敞舱艇①，从塞勒姆起航，陪同他一起出发的还有一条小型舰载艇和大约二十个民兵。另一队民兵则陪同达德利总督的儿子，同时也是殖民地总检察长的保罗·达德利（Paul Dudley），从马布尔黑德起航。

与此同时，休厄尔法官和另外一名委员返回塞勒姆，他们在那里接受了曾经在"拉里莫舰"上担任医生的弗朗西斯·加曼（Francis Gahtman）的宣誓证词。加曼说他竭力劝告拉里莫不要窝藏奎尔奇的船员，告诉他这样做违反了总督的公告要求，会让他像被他包庇的人一样"犯下海盗罪"。

---

① "shallop"，一种用来在浅水中航行的木质小船。

但拉里莫根本不在乎。据加曼说，拉里莫让他"少管闲事，滚一边儿去"。[26]当加曼尝试找人帮忙把奎尔奇的船员送交官府时，拉里莫的一个手下连续殴打了他"五下"[27]，然后把这名外科医生拖到船上，让他待在原地。不过加曼设法逃上岸，并前往塞勒姆通知了政府官员。

132   在获得宣誓证词之后，休厄尔在埃塞克斯县治安官和当地民兵的陪同下，从塞勒姆赶往十七英里之外的格洛斯特。途中因为有贝弗利（Beverly）和曼彻斯特［现更名为海边的曼彻斯特（Manchester-by-the-Sea）］的民兵加入，所以他们的队伍人数越来越多。当这支庞大的队伍接近格洛斯特时，一名信使送来令人不安的消息："拉里莫舰"当天早上已经起航，而且船上的很多水手都当过海盗。

感到沮丧的休厄尔法官和同行的人继续向格洛斯特前进，等他的弟弟也到达之后，他们都集中到戴维斯船长（Captain Davis）家中吃饭，并考虑下一步的行动。最终，他们决定派船追赶"拉里莫舰"，但这个计划中存在的一个重大问题是，没有人愿意领导这场显然充满危险的航行。没有领导人，自然就没有人愿意追随。最终，休厄尔少校提出他愿意带领"审判号"出海，很快就有四十二名男子加入了他的队伍。[28]

6月9日日落后不久，"审判号"上的船员朝岸上的委员们"洪亮地欢呼了三声"[29]，随即拖着一条舰载艇从格洛斯特港起航了。当地人提供的信息暗示"拉里莫舰"朝向北大约二十五英里之外的浅滩岛（Isle of Shoal）驶去了，所以"审判号"也朝着那里出发。

休厄尔法官在格洛斯特过了一夜，第二天早上去探望自

第五章 战争带来的缓解

己的弟妹，住在塞勒姆的休厄尔少校的妻子玛格丽特（Margaret），然后才返回波士顿。玛格丽特为丈夫的这次行动感到非常不安。据法官说，"被追击的那伙人是多么邪恶和绝望，还有他们的大炮和其他武器的威力多么巨大，这些对她来说都很恐怖"，她得出的结论是，"不付出血的代价是抓不到"这些卑鄙的海盗的。[30]

就在休厄尔法官去探望弟妹几个小时之前，休厄尔少校已经开始在浅滩岛外布置陷阱。在还没有看到远处的"拉里莫舰"之前，他就命令所有船员平躺在主甲板上，同时把毛瑟枪和长剑放在手边。这样，"拉里莫舰"上的人只能看到四个在"审判号"上工作的渔民。休厄尔的计划是让自己的船在"拉里莫舰"完全没有意识到发生了什么之前靠近它。

不过，休厄尔奇袭的愿望并没能实现。在"审判号"接近时，拉里莫就意识到麻烦将至。他立即命令手下做好行动准备，于是他们掀开了盖在"拉里莫舰"船炮点火孔上的铅质防护板，并拔出炮口中的炮栓①。

见此情景，休厄尔命令自己的船员都站起来，做好射击准备，同时他大声召唤拉里莫到"审判号"上来。私掠者拒绝了，于是休厄尔只带领几名手下登上自己的舰载艇，勇敢地划向"拉里莫舰"，去和对方谈判。我们不知道随后发生了什么，反正休厄尔肯定足够令人信服，因为"（休厄尔的手下）没有挥一拳或开一枪"[31]，拉里莫和他的手下，以及那几

---

① 一种放在加农炮或迫击炮炮口中的木质塞子，可以防尘防潮。

个涉嫌犯有海盗罪的人就都放弃了抵抗。另外，休厄尔还从奎尔奇的手下那里缴获了四十五盎司的金粉。第二天，休厄尔带着"拉里莫舰"返回塞勒姆，七名奎尔奇的船员，还有拉里莫和他的副手都被关进了监狱。

在返回塞勒姆的途中，休厄尔派出一支格洛斯特民兵小队去通知当地民众，还有两名海盗嫌疑人就在附近，需要捉拿归案。当地居民于是都提高了警惕。根据《波士顿新闻通讯》的报道，"（这两名男子）人生地不熟，又得不到任何帮助……最终"于 6 月 12 日"自首了"，[32]他们都被关进塞勒姆的监狱。五天后，休厄尔少校"带着一名强壮的警卫来到监狱"[33]，将全部九名涉嫌犯有海盗罪的嫌疑人押送到波士顿的监狱。为表达感激之情，马萨诸塞殖民地的官员奖励了休厄尔等人一百三十二英镑，以表彰他们的英勇行为。

最终，只有大约一半的"查尔斯号"船员被捉拿归案，其余的则带着他们分得的战利品消失不见了。在休厄尔将囚犯带回来之后不久，对奎尔奇及其同伴的审判就开始了。

134   6 月 13 日，达德利总督召集高等海事法院的十九名成员集中到波士顿别墅（Boston's Town House），这栋建筑既被用作波士顿的市政厅，又是殖民地政府的所在地。这是一个历史性的时刻，因为这场审判是自《更有效地禁止海盗活动的法案》生效后，在殖民地进行的第一场此类审判。在提审过程中，马修·派默、约翰·克利福德和詹姆斯·帕罗特（James Parrot）这三名"查尔斯号"上的船员就"海盗活动、抢劫和谋杀"[34]的指控认罪，从而"获得了女王的怜悯"[35]，这样他们就可以作为陛下的证人出庭作证。接下来，奎尔奇和他的二十名船员也被指控犯有同样的罪行，但他们都提出了无罪抗辩。

图43　根据推测画出的波士顿第一别墅的样子，该建筑从 1657 年开始被用作当地政府的办公场所，直到 1711 年毁于火灾。奎尔奇及其同伙就是在这里接受审判的

　　审判从 6 月 19 日持续到 21 日。达德利总检察长（达德利总督的儿子）领导了起诉工作，同样杰出的法学家詹姆斯·孟席斯（James Menzies）则为被告辩护。"查尔斯号"航行过程中出现的能够证明他们有罪的信息都在法庭上被详细展示出来，奎尔奇和其他十八个人被认定罪名成立，并被判处绞刑。同时被起诉的另外两名被告，分别是作为侍从的一个年轻男孩和普洛曼的一名秘书，他们因为在航行的大部

135

分时间里都病得很重，因而被认定没有犯罪。拉里莫和他的
副手不属于这场审判的对象，他们后来被送回英国，作为海
盗罪的从犯受审，但他们的结局已经无人知晓。

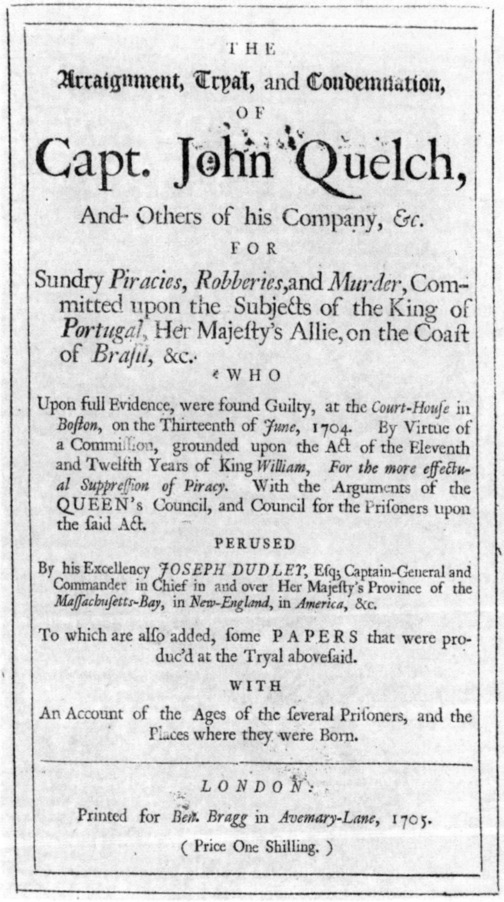

THE

Arraignment, Tryal, and Condemnation,

OF

Capt. John Quelch,

And Others of his Company, &c.

FOR

Sundry *Piracies, Robberies,* and *Murder,* Committed upon the Subjects of the King of *Portugal,* Her Majefty's Allie, on the Coaft of *Brafil,* &c.

WHO

Upon full Evidence, were found Guilty, at the *Court-Houfe* in *Bofton,* on the Thirteenth of *June,* 1704. By Virtue of a Commiffion, grounded upon the Act of the Eleventh and Twelfth Years of King *William, For the more effectual Suppreffion of Piracy.* With the Arguments of the QUEEN's Council, and Council for the Prifoners upon the faid Act.

PERUSED

By his Excellency *JOSEPH DUDLEY,* Efq; Captain-General and Commander in Chief in and over Her Majefty's Province of the *Maffachufetts-Bay,* in *New-England,* in *America,* &c.

To which are alfo added, fome PAPERS that were produc'd at the Tryal abovefaid.

WITH

An Account of the Ages of the feveral Prifoners, and the Places where they were Born.

LONDON:

Printed for *Ben. Bragg* in *Avemary-Lane,* 1705.

(Price One Shilling.)

**图44　1705年在伦敦出版的《约翰·奎尔奇船
长及其同伙到庭答复控罪、接受审判和定罪》（The
Arraignment, Tryal, and Condemnation of Capt.
John Quelch, And Others of His Company）的封面**

第五章　战争带来的缓解

在审判期间，孟席斯指出了案件中存在的一些潜在问题，包括派默、克利福德和帕罗特不应该被允许作证，因为他们实际上还没有正式获得女王的赦免，所以应被认定为共犯，根本不适宜做证人。孟席斯还认为，当只有一个人实施了谋杀行为时，认定所有被告都犯有谋杀罪是不合法的〔实施谋杀行为的人的身份并未百分之百地确定，因为船员之间存在不同的意见，但证据显示双桅帆船上的箍桶匠克里斯托弗·斯丘达莫尔（Christopher Scudamore）犯罪嫌疑最大〕。尽管审判中可能存在违规行为，甚至连海事法院的一些法官似乎也承认这个问题，[36]但奎尔奇和其他人实际上犯下海盗罪这一点是毋庸置疑的。[37]

处决的日期定在 6 月 30 日。在那之前，被判处死刑的囚犯们都被关在波士顿潮湿阴暗的监狱中，忍受着煎熬，不过他们绝对没有被完全遗忘，因为科顿·马瑟及其他牧师每天都会去打断他们单调的时光。牧师们遵从自己的虔诚信仰，受自己神圣职责的驱使，必须去和这些被关押的人一起祈祷，并用充满宗教热情的宣告劝诱或说服他们忏悔自己的罪恶，从而获准进入神的国。

马瑟是一个学识渊博，有点浮夸的人。[38]他追求声望，几乎不会错过任何利用戏剧性丑闻事件来争取关注的机会。而且他真诚地相信神学家乔治·布尔（George Bull）说的那些话："牧师的舌头是这个职业最主要的工具和手段。"[39]因此，马瑟不仅给被定罪的海盗们讲述忏悔的信息，还和新英格兰地区规模最大、由一千五百人组成的会众分享了同样的

图45　十九世纪中期用雕版印制的科顿·
马瑟的肖像，该雕版是根据彼得·佩勒姆
（Peter Pelham）于1728年创作的油画制作的

内容。在审判结束后的那个星期天，马瑟做过一次充满了在
地狱中遭受烈火和硫黄炙烤的内容的布道——这种布道后来
被称为行刑布道，即利用那些被判处绞刑的人的故事，劝说
活着的人要纠正自己邪恶行为的布道。马瑟恳求他的会众：
"愿我们仁慈的上帝最终会认可这些体现他的复仇的做法
（处决海盗），这样就不会有更多的人在看到或听到这些事
情之后，还要采取不义的方式获取财富了。让所有人听到并
敬畏，再不做这样的邪恶之事！"⁴⁰马瑟还抨击了私掠者的行
为，在此过程中，他解释了奎尔奇和他的船员走向邪恶的原

因。马瑟认为"私掠行为很容易堕落为海盗活动",这在很大程度上是因为私掠是"本着反基督精神的心境进行的,并且被证明是将人引入无尽的放荡、罪恶和混乱的入口"。[41]为了确保自己的信息能够被传达给最广泛的会众,马瑟还把这次布道的内容公开发表了。出版物不仅可以卖钱,还让他的话语获得了一种不朽的特质。马瑟干巴巴地评论说:"讲给人听的布道就像落下来的雨水,瞬间就消失了;但印在纸上的布道则像雪一样,能够在地面上多留一些时间。"[42]按照这种说法,马瑟带来的算得上一场名副其实的暴风雪了,他一生中共发表了三百八十八份文章,其中许多都是由布道词转录而成的。[43]

达德利总督最终决定只处决七名罪犯,剩下那些被总督称为"无知的小年轻"[44]的人将被送到女王那里请求宽大处理,后来他们都被赦免了。达德利没有说明他对部分罪犯从轻发落的理由,不过似乎可以肯定,他这样做是出于某种政治原因,目的是缓和一部分人的怒火。这些人认为奎尔奇和他的船员实际上是私掠者,所以根本不应该被起诉,或者说,即使他们犯下海盗罪,政府也应该睁一只眼闭一只眼,因为他们把大笔的财富带回当时正深陷在又一场货币危机中的殖民地。[45]正如达德利在写给贸易委员会的信中指出的那样,有许多"粗俗之人认为,判处任何把金子带回殖民地的人死刑是令人震惊的事,(他们)当时就针对(海盗们)的诉讼发表了(无礼)的评价……还协助窝藏那些坏人"[46]。

从达德利口中的"粗俗之人"的态度可以看出,对很多人来说,在权衡殖民地的需求与王室的指令和法律时,殖

138

民地的需求才是至关重要的。这件事也和本书中提到的其他许多故事一样，证明在一些殖民者心中，直接关系到在美洲的日常生活的现实，远比在大洋彼岸领导着一个不允许殖民地决定自己未来的政府的君主这个抽象概念更重要。甚至可以说，殖民者对海盗行为的支持是一个显著的美洲群体逐渐形成的标志。这个群体正在发现自己的声音，并围绕着经济因素逐渐联合在一起。

6月30日星期五，七名被判处绞刑的男子从监狱出发，双手被绑在背后走了四分之三英里，来到波士顿港边缘的斯卡利特码头（Scarlet's Wharf）。陪同他们的有马瑟和另一名牧师本杰明·科尔曼（Benjamin Colman），此外还有四十名带着武器的火枪手、一些镇上的警察和一位军警指挥官。考虑到审判引发的愤怒，达德利认为安排这样一支令人畏惧的护卫力量是有必要的。走在队伍最前头的海事法院典礼官骄傲地高举一杆两英尺长的银制权杖，权杖的形状像一把船桨，它是法院和英国海军威严的最高象征。街道两旁挤满了围观者，他们还会追在押送队伍后面嘲笑和欢呼，给本来应该严肃阴郁的仪式带来马戏团表演般的氛围。

到了码头上，将被执行死刑的犯人和多名官员一起乘船前往设置在哈得孙角（Hudson's Point）的绞刑架，那里靠近查尔斯河（Charles River）汇入港湾的河口处，位于布劳顿山［Broughton's Hill，今天的科普斯山，也是科普斯山墓地（Copps Hill Burying Ground）的所在地］的山脚下。休139 厄尔法官"惊讶地"[47]发现河上漂着多达一百五十条坐满乘客的小船和独木舟，还有更多人站在山上。

第五章　战争带来的缓解

新英格兰是从 1623 年开始执行公开处决的，这种场面总能引发公众的强烈兴趣。人们视其为一个机会，可以让群体中的成员聚集到一起，让不论远近的亲朋好友来到同一个地方，共同见证一个大场面，同时联络感情、了解彼此近况。[48]行刑总能吸引大量观众，但在这个炎热的六月天，前来围观的观众人数完全有理由突破纪录。1704 年 4 月 24 日，也就是距离"查尔斯号"返回马布尔黑德还有不到一个月时，波士顿的邮政局局长约翰·坎贝尔（John Campbell）开始发行《波士顿新闻通讯》，这是"美洲第一份连续出版的报纸"[49]①。当时的《波士顿新闻通讯》只有一页纸，两面印字，一周发行一次。《波士顿新闻通讯》在传播消息上比口口相传更迅速有效，它还创造出一种比之前存在的范围更广的群体意识。不过，报纸要想获得成功，就得刊登出人们想读的内容，还有什么能比涉及海盗的故事更吸引人？从宣布"查尔斯号"返航到执行死刑当天，《波士顿新闻通讯》报道了整个事件的全过程，包括总督的公告、对奎尔奇手下的抓捕以及审判的结果等应有尽有，形成了一个充满戏剧性的传奇故事，引发了公众的兴趣和期待。尽管大多数围观者都是波士顿人，但从外地来的人也不少，其中就有休厄尔的亲戚穆迪（Moody），他是从缅因的约克赶来的。

---

① 美洲殖民地的第一份报纸，也是唯一一份在《波士顿新闻通讯》之前发行的报纸名叫《国内外公共事件》（*Publick Occurences, Both Foreign and Domestick*），该报纸也是在波士顿出版的，但只出了一期，出版时间是 1690 年 9 月 25 日。

黑色的旗，蓝色的海

　　载着囚犯的船队到达行刑地点时已经退潮。空气中弥漫着刺鼻的气味，这是由被委婉地称为深夜土壤的人类污秽物产生的——人们每天都把垃圾倒在海港边缘，渔夫在码头附近卸下打捞成果的时候，也会把死鱼丢在这里任其腐烂。七名男子被扶着爬上梯子，站在绞刑架的狭窄木制平台上，绞索一头系在高处的横梁上，另一头垂在他们身边。在爬上平台的前一刻，奎尔奇告诉科尔曼牧师说："我不怕死；我也不怕绞刑架，但我害怕接下来的事情。我害怕伟大的上帝和即将到来的审判。"[50] 但爬上平台后的奎尔奇却显得很轻松，他还摘下帽子向观众鞠躬致敬。

　　当围观者都按要求安静下来之后，马瑟在一条距离岸边不远的小船上站起来，稳住身形，接着开始布道，这是他挽救海盗灵魂的最后机会。"我们（牧师）经常对你们说，是的，我们已经说了你们要哭泣，是你们的罪过造成了你们的毁灭……我们已经向你们展示了如何将自己交到那双拯救和治愈的手中"，以及如何表达悔改。"我们做不了更多了，只能把你们交到他仁慈的手中！"马瑟也向那些围观的人传达了信息，因为行刑布道不仅是针对被执行死刑的人做的，更重要的是要教化在马瑟眼中同样是罪人的公众。"伟大的上帝，"他吟诵道，"请允许所有围观者能够从他们眼前这可怕的景象中领会正义！"马瑟还特别提醒"航海部落的成员"，希望行刑能把他们"从那些严重威胁他们，甚至会毁灭他们的诱惑中拯救出来"！[51]

　　马瑟布道的话音刚落，总督就戏剧性地在最后一刻宣布，免除一名犯人的死刑。这个名叫弗朗西斯·金

（Francis King）的海盗此时心中充满了感恩和忏悔，他从绞刑架上下来，然后被送回监狱。达德利这样做的理由无疑与他将许多被定罪的海盗送回女王那里等待宽大处理的算计一样，[52]而且弗朗西斯·金后来也确实和其他人一样被女王陛下赦免了。

图 46　约翰·邦纳（John Bonner）绘制的 1722 年地图《新英格兰的波士顿镇》（The Town of Boston in New England）。对海盗执行绞刑的哈得孙角位于地图最右边，"Ferry to Charles-Town"几个单词的右侧

剩下的六名男子都获得了向人群发表一次讲话的机会。有几个人感到懊悔，并请求原谅，其中一个人甚至大声呼喊："主啊，我该怎样做才能得到救赎？"另一个人则恨恨地评论道："为了一点儿金子就要这么多人送命，这真让人

141　难以接受。"奎尔奇质疑正义是否已经得到伸张，他说："先生们，我想知道我为什么会被送上绞刑架，给我定罪的依据都是间接性的。"当犯人之一警告围观者要"避免与坏人为伍"时，奎尔奇喊道："他们还应该当心如何把钱带到新英格兰，因为他们可能会为此而被绞死。"[53]

　　所有人都讲完话之后，绞索随即被套在他们的脖子上。休厄尔在日记中写道："当犯人被吊起来之后，很多妇女开始尖叫。她们发出的声音太大了，以至于我的妻子［汉娜（Hannah）］坐在我家果园的入口处都听到了，她对此感到十分惊讶。"[54]这样看来，当时的喊叫声一定非常大，因为休厄尔家的房子距离行刑地点足有一英里远。

　　没有人记录过绳索拉紧后发生在犯人们身上的事情。他们的下坠距离肯定不够长，下坠速度也肯定不够快，所以绞索不可能一下扭断他们的脖子，从而快速夺去他们的性命。相反，和大多数被执行绞刑的人一样，他们很可能死于窒
142　息，绳子收紧而阻塞了气道和颈动脉的血液流动，导致大脑和身体缺氧。在这种情况下，被行刑的人在较短的一段时间内仍有意识，他们会痉挛性地踢腿，这种特别的动作有很多别称，比如"元帅的舞蹈"[55]"随风起舞"[56]"跳泰伯恩舞"[57]等。泰伯恩（Tyburn）是一个位于伦敦郊外的村庄。几个世纪以来，那里一直是本地罪犯接受处决的地方。这种吊在半空旋转的情景对于被行刑人的朋友或亲属来说太痛苦了，他们会冲上前去"拉住垂死之人的腿，并捶打他的胸膛，好让他尽快死去"[58]。如果没有人帮助他们加速结束这个过程，被吊着的人可能需要忍受好几分钟的折磨才能得到解脱。[59]

第五章　战争带来的缓解

行刑结束后，一位来自塞勒姆的已崭露头角的诗人为纪念这次事件创作了一首小诗。

> 你们这些违背上帝法则的海盗曾经猖狂，
> 失去所有是你们应得的下场。
> 海盗的年纪有老有少，
> 但都被绞死在波士顿的平地上。[60]

马萨诸塞殖民地的官员对这场审判及其结果都非常满意，特别是因为这让他们有机会消除王室对殖民地打击海盗活动的决心抱有的一些挥之不去的怀疑。马萨诸塞殖民地参事会给安妮女王写信说："承蒙俯允，我们想要谦卑地表达我们对奎尔奇船长和他的同伴最近犯下的海盗罪和抢劫罪的合理的不满与憎恶，我们希望迅速依法处置这些卑鄙罪犯的行动已经证明，政府不会对这样的邪恶行为给予任何认可或偏袒。"[61]

至于涉案的财物，总督从被捕的海盗那里没收了不少，一些公民也自愿交出了他们从海盗那里非法收受的钱财，"查尔斯号"的所有者们也被迫放弃了他们的分成。但财物中还是有很大一部分没有追回。相当数量的财物被那些逃脱法律制裁的船员带走了，即便是那些被绳之以法的海盗，也已经在被捉拿归案之前挥霍了部分钱财。

追缴到的财物中有大约七百五十英镑被用来支付囚禁犯人、审理案件和执行绞刑等事宜的费用，以及奖励那些像休厄尔少校一样追击"拉里莫舰"的船员。达德利总督将剩

143

下的大约七百八十八盎司黄金送到伦敦，交给著名的数学家、物理学家和天文学家艾萨克·牛顿爵士。他当时是皇家铸币厂的主管，这是他在漫长而杰出的科学生涯后热切渴望获得的一个职位。牛顿对这些黄金进行分析，发现其中掺杂了大量的铁，但总价值仍然达到令人惊叹的三千一百六十四英镑，这笔钱的大部分最终被用于偿还战争债务了。[62]

对奎尔奇及其手下的审判标志着打击海盗活动中的一个重要变化。有最新的《更有效地禁止海盗活动的法案》作为法律武器，加上受到王室重申将海盗绳之以法的决心的鼓舞，马萨诸塞殖民地在对抗海盗的战争中不遗余力。然而，赢得这场战争还有很长的路要走。1713 年 4 月 11 日签署的《乌得勒支条约》（Treaty of Utrecht）终结了漫长而血腥的西班牙王位继承战争。几年后，海盗们又卷土重来，给美洲沿海地区带来了恐慌，迫使殖民地和王室从多方面进行反击。带动这一波劫掠事件激增热潮的海盗与他们的前辈红海人不一样，无论是他们选择的袭击目标，还是他们给殖民地带来的影响都和以往截然不同。

插入章节，一份海盗完全手册

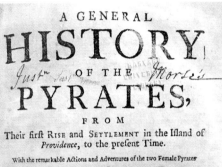

图 47 　1724 年版约翰逊的《海盗通史》第二版的书名页（同年早些时候出版的第一版的完整书名是《最臭名昭著的海盗们抢掠和谋杀的通史》）。这本书比其他任何作品都更有效地打造了海盗受欢迎的形象

145　　　所有人都知道这件事在所难免。早在西班牙王位继承战争结束很久之前，英国的政府官员、商人和民众就担心，随着和平的到来，海盗活动也会爆发，而且主要是由私掠者实施的。私掠活动能够增强英格兰的战斗力量，但它也提高了战争结束时海盗活动增多的可能性。人们已经预计到，许多突然失业的私掠者会转变为海盗，因为他们不愿放弃相对自由的生活和获得巨大财富的可能性。之前许多次战乱时都发生过这样令人不安的转变，这似乎已经成为一种永恒不变的法则。正如牙买加邮政局副局长威廉·比格纳尔（William Bignall）在 1708 年 1 月指出的那样："所有人都认为，这个被诅咒的行业会培养出许多海盗，以至于当和平来临时，海盗给我们造成的危险会比战争时期的敌人带来的更多。"[1]

　　随着 1708 年《战利品法案》（Prize Act）的通过，人们的这种恐惧变得更强烈了，因为该法案旨在通过调整进行私掠活动的经济收益来刺激更多人加入私掠者的队伍。在战争初期，王室要从私掠者掠夺的所有战利品中分走百分之十的收益。《战利品法案》取消了归王室所有的分成，改为将所有收益都分配给高级船员、普通船员，以及组织私掠航行的投资者。这一做法让私掠活动变得更具吸引力。作为额外的奖励，如果私掠船俘获的是敌方军舰，那么每个登上敌舰的船员还可以获得五英镑的赏金。

　　《战利品法案》产生的刺激效果极为显著，私掠者的数量果然变多了，但人们对于未来的担忧也与日俱增。[2]1709 年，英国皇家海军测绘长官埃德蒙·达默（Edmund Dummer）就给人们敲响了警钟。他通知贸易委员会，说自己收到了加勒比地区官员和商人"针对"《战利品法案》的"强烈投诉"。那些人认为该法案"破坏了与西班牙统治的西印度群岛的所有贸易"，因为无论商船上还是军舰上的船员都受到更大利益的诱惑，跑去加入私掠者的队伍。让发出这些抱怨的人感到更不祥的是，到了和平时代，这个法案只会"给世界留下大批四处侵扰的海盗"。[3]

其他的担忧集中在如何安置因进入和平时代而被裁减的海军人员上。战争期间，英国皇家海军扩大为一支五万人的强大战斗力量，但在《乌得勒支条约》签署后的两年内，海军人数就减少了三万六千多[4]，那些找不到替代工作、整天无所事事的水手转做海盗的可能性也随之增加了。

对失业的私掠者和被裁员的海军士兵的担忧是完全有根据的。战争结束后，确实有许多人改行做了海盗，但这不是一夕之间的事。在最初的几年中，海盗活动只是略微增多，因为战争一结束，商业活动就迅速繁荣起来，加勒比地区尤其如此。兴旺的商业为失去工作的水手创造了很多就业机会，很多人都被吸收到不断扩大的商船队中。

然而，这种和平与繁荣的状态很快就发生了变化。尽管已经签署了和平条约，西班牙的海岸卫队（*Guarda Costa*）和私掠者依然会对很多在牙买加附近航行的英国商船发起激烈的进攻，他们经常借着商船运载了违禁品的虚假理由对其进行骚扰和扣押。许多英国水手因此失业，还有不少人被短暂地关押进西班牙监狱，并在那里遭受了残忍的虐待。针对这一问题，英国王室不能或不愿介入，结果就是，愤怒、穷困、前景黯淡，且得不到救助的水手越来越多。在罗亚尔港的码头上游荡的失业水手不计其数，一个买方市场就此形成。就算他们真的能在商船上找到一份工作，那些招聘人手的商船肯支付的薪酬水平也非常低，甚至不到海军水手在战争期间获得的薪水的一半。这让聚集在海滨的人们怒火更炽，也让这些地方成为培养潜在海盗的温床。[5]

小规模哗变的爆发是和平条约签署几年后海盗开始猖獗的另一个原因。英国著名散文家、传记作家和文学评论家塞缪尔·约翰逊（Samuel Johnson）评论说："能够承受被关进监狱的人绝对不会去做水手，因为登上一条船就像进入一座监狱一样，还多了一个被淹死的可能……（而且）关在监狱里的人可以有更多的空间、更好的食物，以及通常是更好的同伴。"[6]约翰逊并不是在说笑，实际上，有大量证据证明，即便是在最好的情况下，即遇到一个严厉但公正船长的情况下，水手的生活也可能十分悲惨，更不用说遇到一个靠威胁、恐吓和随意体罚为领导手段的暴虐船长的情况了，在这样的船上做水手真的就像生活在地狱中一样。处于这种境况时，许多水手通常不会一直忍受，而是选择反抗。据估计，"在1710～1729年这二十年里，商船上至少发生过三十一次哗变"[7]，哗变船员中约有一半成了海盗。正如十八世纪早期一份批判海盗活动的小册子断言的那样，水手沦落到发动哗变和改做海盗的主要原因之一，是"他们的指挥官给他们安排的工作太繁重，给他们准备的食物又太糟糕"[8]。本书开头讲到的海盗威廉·弗莱曾宣称，这种腐蚀性的相处机制是导致他带领手下发动哗变的原因。他指出船长对他们的"野蛮役使"是最直接的诱因。这就是为什么科顿·马瑟会在弗莱被执行死刑前的布道中，专门针对船主发出提醒，敦促他们在对待自己的船员时"不要太像魔鬼"，以免"将船员置于不得不采取绝望举动的诱惑之下"。[9]正如一名海盗船船长在十八世纪初期对一群同行们说的那样，"他们去做海盗的原因就是为了报复卑鄙的商人和冷酷的船长们"。[10]

一场毁灭性的灾难也助长了海盗活动复苏的势头。在战争的最后几年，传统的西班牙运宝船队已经无法保证每年都能完成穿越大西洋的航行，于是，大量金钱和货物被滞留在西班牙统治的美洲港口的仓库里，这导致本就濒临破产边缘的西班牙爆发了经济危机。再加上战争结束后的进一步延误，直到1715年5月，一支人们期盼已久的，由十一艘船组成的船队才在总指挥官唐胡安·埃斯特万·德乌维利亚（Captain-General Don Juan Esteban de Ubilla）的带领下，从哈瓦那（Havana）驶向加的斯（Cádiz）。这些船上载有来自东方的珠宝、钱币、金锭、银锭和其他异域货物，估计总价值高达七百万西班牙银元。跟随船队一起航行的还有一艘法国船"狮鹫号"（Le Grifon），它的任务是为哈瓦那总督运送货物。

148

7月30日一早，当船队沿着佛罗里达的东海岸，航行到距离今天的维罗海滩（Vero Beach）不远的地方时，太阳被滚滚的乌云遮住了，海面上狂风大作，船只在越来越高的海浪上像软木塞一样被抛来荡去。据一名在暴风雨后幸存的水手说，飓风不断加剧，"它的威力太大了，被刮到空中的海水像箭一样飞过来，足以让被击中的人受伤。就连经验非常丰富的水手也说，他们也从未遭遇过这样的情况"。[11]到第二天早上，整支船队都被摧毁了，猛冲向锯齿状的礁石或搁浅在岸边的船只都撞坏了船身，只有已经驶入深海的"狮鹫号"幸免于难。超过一千名船员，相当于船队所有人中的一半都丧命于这场灾难，幸存下来的人也都受了伤，只能拼命地游向岸边，再费力地爬到海滩上。船队船只的残骸被吹到很远的地方，散落在长达三十英里的海面和沙滩范围内。

关于这场灾难的消息迅速扩散，在大西洋上越传越远。有大量金银珠宝铺满海底的情景浮现在成千上万人的想象中，于是水手们纷纷冲向佛罗里达海岸，希望能够有所收获。1715 年 10 月，弗吉尼亚殖民地副总督亚历山大·斯波茨伍德（Alexander Spotswood）兴奋地写信给国王，提醒他存在这样一个机会，并敦促他鼓励臣民抓住这一机会，通过"尝试寻回巨额的财富"[12]获益。这种狂热情绪在牙买加尤其强烈，一艘英国海军护卫舰的舰长曾抱怨说，自己的许多水手都"发疯一般地想去打捞财物"，每天最多会有五名水手逃跑，水手们都觉得，"尽管西班牙人并没有离开，但他们依然有权在残骸中搜寻财物"。[13]水手逃跑的情况如此严重，以至于舰长担心自己很快就会陷入没有足够人手驾船返航的窘境。西班牙人已经组织了大规模的打捞活动，但一些闯入者依然成功地从海底收获了一些财富，或者干脆从西班牙的打捞人员那里硬抢。无论打捞活动成功与否，许多原本是来寻宝的人之后都决定改做海盗，继续寻找抢劫的机会。[14]

另一个并不是那么明显地导致战后海盗活动增加的原因是对洋苏木砍伐工人的联合攻击。过去几十年里，一些英国人，再加上一小拨法国人及荷兰人，一直在坎佩切湾和洪都拉

149

斯湾（Bay of Honduras）边沿的尤卡坦半岛（Yucatán Peninsula）上砍伐洋苏木（*Haematoxylum campechianum*）。这种表面带棘刺的豆科树木在沿海森林中生长得很茂盛，它的芯材是深红色的，可以用来生产一种能够把纺织品染成深黑色或紫色的染料。欧洲贵族对这些色彩浓郁的染料需求量非常大，以至于在十八世纪初期，一吨洋苏木的价格可以高达一百英镑。

被称为湾民（Baymen）的伐木者本来都是海员，他们之中有不少人曾经是普通海盗或巴克尼尔海盗。湾民在西班牙人眼中一直是令人烦恼的存在，因为西班牙人认为这整个地区都是属于他们的。西班牙海岸卫队会安排定期突袭，希望能够驱散闯入者，但收效甚微。不过，当大量湾民跑到佛罗里达海岸附近打捞失事运宝船队上的财富时，愤怒的西班牙人发动了全面报复，有效地将伐木者们赶出了他们在丛林中的藏身之地。许多从此失去谋生手段的湾民只好改行做海盗：他们当中有些人是重操旧业，有些则是首次加入这个队伍。[15]根据同时期人的估计，成为海盗的人的数量占被剥夺生计的湾民总数的比例高达惊人的百分之九十。[16]

海盗的增长还是邀请与胁迫的综合结果。海盗通常会要求被俘船只上的船员加入海盗的队伍，尤其是在海盗需要额外的人手来控制和维护海盗船，或是为了组建更具威胁性、更有战斗力的队伍时。箍桶匠和医生是最需要的人员，他们因为具有独特的技能而被称为"艺术家"。精通航海科学和技巧的人也同样受欢迎。在这些潜在的被招募者中，有很多人都是因为在之前的船上遭受过差劲的对待，同时怀抱着获得巨大财富的梦想，所以才自愿登上海盗船的。而让那些并不想成为海盗，或对于成为海盗的前景感到恐惧的人，让他们加入只能靠胁迫，最常用的手段是威胁对拒绝的人实施严厉的惩罚。海盗当然更喜欢自愿成为海盗，而不是被迫加入的新人，因为前者更忠诚，也更不容易制造麻烦。出于同样的原因，许多海盗不会强迫已婚男子加入，担心他们与家人之间的强烈情感牵绊会增加这些人不守规矩或试图逃跑的可能。

一个特别可怕的强迫他人成为海盗的例子发生在 1725年。海盗船船长菲利普·莱恩（Philip Lyne）想让来自波士顿的"奇想号"（Fancy）上的箍桶匠埃比尼泽·莫厄尔（Ebenezer Mower）加入自己的队伍，成为"海上仙子号"（Sea Nymph）的一员。莫厄尔拒绝邀请之后，莱恩的一名手下用斧柄猛击莫厄尔的头部。当满脸是血、头晕目眩的箍桶匠仍然不愿妥协时，这个海盗又将莫厄尔的头压低，对准斧子刃，然后举起斧头，并"发誓说，如果他不立即在海盗合约上签字，就要被砍头"。不过海盗并没有真的这么做，而是将仍不愿入伙，但强烈乞求对方放过自己的莫厄尔拖到船长的舱房里。船长又提出额外的要挟筹码，但具体是什么无人知晓（尽管很难想象还有什么是比威胁砍掉脑袋更可怕的）。没过多一会儿，莫厄尔就走出舱房，并哀叹"他被毁了，因为他被迫签署了他们的合约"。[17]

在许多情况下，被强迫加入的船员会要求自己以前的同船船员在本地报纸上刊登广告，声明他们不是自愿成为海盗的。如果将来自己被以海盗罪提起控告，他们希望这样的明确表态有利于他们做无罪辩护。[18]来自罗得岛纽波特的水手约翰·道（John Daw）在1721年1月就是这样做的。他本来是一艘停靠在加勒比海中圣卢西亚岛（St. Lucia）附近的双桅帆船上的高级船员。当海盗俘获了他所在的船，并要求他签署他们的海盗合约时，约翰·道拒绝了。于是海盗用剑多次划破他的头皮，还把他绑在索具上，用装上子弹的手枪抵着他的头，同时"用鞭子把他打得几乎没了命"[19]。当被询问此时是否准备好签名时，约翰·道再次拒绝了，不过在遭受又一轮的虐待后，他终于屈服了。海盗用了三天时间把双桅帆船上的东西都抢光，然后把船放走了。当这艘船于当年夏末返回纽波特时，船长和两名船员依据约翰·道的叮嘱，在《波士顿新闻通讯》上刊登了一则广告，并在其中详述了他遭受的非人折磨的细节。

无论一个人在成为海盗之前是做什么的，除了被强迫的人之外，所有海盗无论之前是做什么的，在要走上这条"职业"道路时，都必须有意识地做出这个决定。对于那些选择投身海盗活动的人来说，他们体会到的做海盗的好处足够有说服力的了。据说一名海盗曾表示："找一份踏实的工作，连饭都吃不饱，报酬很少，还要辛苦劳动；做（海盗）的话，可以收获富裕和满足、快乐和轻松、自由和权力。权衡这样两个选项，谁会不选择后者？你需要面对的所有风险不过是做了海盗后不得不东躲西藏，最坏的情况也就是（被绞死在绞刑架上时）留下一副难看的样子。没错，我宁愿过一段快乐而短暂的人生，这就是我的座右铭。"[20]考虑到海盗生活现实中的那些艰辛，这个人的观点似乎有些过于乐

151

观了，但毫无疑问，做海盗实际拥有的和想象出来的好处是非常诱人的。

普通的海盗船上大约有八十名船员，[21] 所以比起在船员数量少于此的商船上工作的水手来说，海盗的工作量少得多，放松的时间也多得多。能够经常而且尽兴地喝到酒，更是大大增加了在船上生活的乐趣。对于某些人来说，光是这两个特征就足够让他们成为一名海盗［人们通常会用"我记账去了"（go on the account）[22] 这个隐晦的说法来表示这个意思］。① 1722 年因海盗罪而受审的约瑟夫·曼斯菲尔德（Joseph Mansfield）就曾宣称，"对酒精和懒散生活的热爱比黄金……更能"驱使他加入海盗的行列。[23]

不过，所有好处中最诱人的，也是对绝大多数进入海盗行业的人吸引力最大的，还要数获得财富的可能性。摩根和艾弗里获得的成功，以及其他一些海盗获得丰厚收入的例子，更不用说以弗朗西斯·德雷克爵士为代表的老英国海盗找到大量财富的传奇，都是水手们耳熟能详的。这些故事激发了人们的想象力，也推动了那些选择海盗生活的人的行为。但就像一个满怀希望进入赌场的赌徒一样，他们的幻想很可能会被困难重重的现实打碎。许多带着巨大期望开始海盗生涯的人很快就会发现，富裕而闲适的生活根本是不可企及的。

---

① 这个说法的来源可能是指做海盗的人迟早要为自己的行为付出代价（account for），一旦他们被抓获并被认定有罪，就要受到法律的制裁。——译者注。

第六章 插入章节，一份海盗完全手册

鉴于所有这些原因，在 1713 年战争结束后的几年里，大西洋中的海盗数量激增，而且这个相对较高的数量在进入十八世纪后又保持了十几至二十几年，然后才开始迅速减少。到 1726 年，也就是传统上认为标志着海盗黄金时代结束的那个时间点上，海盗几乎已经消失殆尽。根据历史学家马库斯·雷迪克（Marcus Rediker）的说法："在 1716 ~ 1718 年，有一千五百至两千名海盗航行在海上；1719 ~ 1722 年是一千八百至两千四百名；1723 年是一千名；1724 年迅速降至五百名；到 1725 年和 1726 年，海盗的数量已经减少到二百名以下。"[24] 雷迪克估计在这个时间范围内，总共有大约四千名活跃的海盗。通过进行这样一种可耻的行当，他们在美洲海盗史上最具戏剧性、冲突最尖锐、最充满致命危险的时代中留下了自己的印记。

这些海盗产生的影响是巨大的。一位十八世纪早期的编年史作家宣称，在 1716 ~ 1726 年，英国商人因为被海盗"掠夺而遭受的损失"，比他们在西班牙王位继承战争期间遭受法国和西班牙掠夺的损失"还要大"。[25] 数据似乎也是支持这一说法的。历史学家拉尔夫·戴维斯（Ralph Davis）认为，战争期间损失的英国商船总数约为两千艘，"甚至可能远远高出这个数目"[26]。想要确定在同一时间段内被海盗俘虏的船只数量可能更困难一些，但雷迪克给出了一些合理的估计结果。根据他查阅的历史记录，加上对没有数据记录部分的合理猜测，他声称被海盗俘获并掠夺的商船数量超过两千四百艘[27]。当然，戴维斯和雷迪克的数据并不具有直接的可比性，因为英国在战争期间损失的船是船真的被毁了；

205

而被海盗俘获的船大多只是其上的财物被洗劫一空，然后就被释放了。尽管如此，鉴于海盗在掠夺完财物后，也确实焚烧、弄沉或强占过一些船只，再加上船上的财物被掠夺也是一种有形的损失，所以说海盗对商船造成的损害比敌方军舰造成的更大是恰当的，或者至少是合理的。[28]就算如另一份

153 资料提出的，战争期间英国商船的损毁数目高达七千艘[29]，那么被海盗俘获、掠夺和摧毁的船只数量也依然算得上足够惊人。

遗憾的是，我们对在 1716～1726 年进行海盗活动的那些人的早期经历知之甚少。这一点儿也不奇怪，因为在那个时代，只有富人、贵族和名人的生活会被记录下来，但有关他们的书面记录也可能简短得令人沮丧。至于小商、小贩、工匠，更不用说穷人们，则仅有能够暗示他们来自何方的模糊传言。鉴于绝大多数海盗都出身于这样的下层社会，[30]所以，他们在因所犯下的罪行而突然进入人们视野之前的生活，在很大程度上是一片未知领域。

尽管如此，这些人还是有一些标记可循的。大多数海盗曾经是水手，加入海盗队伍之前在私掠船、商船或海军舰船上工作过。考虑到海上生活的严酷性，以及操作任何类型船只都需要的广泛的专业技能，海盗船上的船员主要由水手组成这一点是合情合理的，因为旱鸭子们肯定适应不了这样的环境，他们根本就不知道后上桅帆和前三角帆的区别，也不会分辨挂锚梁和缆索孔。至于海盗们的国籍，超过一半的海盗来自英国或美洲殖民地，来自各个加勒比地区的也不少，

还有少量的来自其他欧洲和非洲国家。[31]

　　我们对这些人的早期生活知之甚少，然而一旦他们成为海盗，关于他们的内容就变得多了起来——他们的冒险经历会在历史上留下令人难忘的印记，即便这些记录并不像人们希望的那样丰富，因为当时的海盗几乎没有留下任何透露自己的身份，反映自己的海盗生活，解释自己的行为动机或描述和他们一起进行犯罪活动的同伙的书面记录。然而，他人撰写的关于海盗的内容就很多了。我们知道的都是从以下材料中获得的：那些被海盗俘虏过的人提供的叙述、审判记录、美洲和英国政府官员之间的通信，诸如报刊文章、对狱中人的采访以及一些小册子和书籍之类的其他同时期的资料。就最后一种资料而论，没有比查尔斯·约翰逊船长（Captain Charles Johnson）创作的大部头著作《最臭名昭著的海盗们抢掠和谋杀的通史》（*A General History of the Robberies and Murders of the Most Notorious Pyrates*，以下简称《海盗通史》）更重要的了。《海盗通史》于1724年首次出版，随后的几年里又被不断地充实其内容。该著作主要关注那些在十八世纪第二个十年末期至第三个十年中期活跃在海上的海盗们，不过也涵盖了可以追溯到十七世纪末的托马斯·图和亨利·艾弗里的故事。

154

　　人们在很长一段时间里一直认为著名的《鲁滨孙漂流记》（*Robinson Crusoe*）的作者丹尼尔·笛福（Daniel Defoe）就是《海盗通史》的真正作者，而查尔斯·约翰逊只是一个笔名。[32]但后来的学者们肯定地指出，这个神秘的约翰逊就是真正的作者。遗憾的是，除了这个名字以外，关于他的信息很少。不过从他对航海术语的精通程度，以及对海盗习俗和活动的了解之深来看，他很可能本身就从事航海事业，或是对这些主题进行过广泛研究。然而，不可否认的是，有些内容完全是约翰逊虚构的，是文学上的修饰。另外，有很多他声称是引用海盗原话的引语都是他自己写的，特别是那些辞藻华丽，或充满不足以令人信服的政治动机的闲谈，因为这些内容看起来似乎更像社论文章，而不是相对没什么文化的海盗会说的话。而且，在某些例子中，他就是某些故事的唯一消息来源，这也引起人们对这些内容的真实性的质疑。尽管如此，他写的大部分历史还是得到了同时期文献的佐证，他显然就是利用那些文件来构建他关于当时最著名的海盗们的迷你传记的。几个世纪以来，约翰逊的作品一直是海盗历史学家们普遍依赖，但审慎使用的资料。他是一个不可或缺的消息来源。[33]正如历史学家戴维·科丁利（David Cordingly）评价的那样："可以说，（海盗活动的）黄金时代这个说法就是约翰逊创造的，他用对（十七世纪末至 1726 年）在海上活跃的西方海盗的生活的鲜活描述诠释了这个概念。"[34]

通过评估这一时期（1716~1726 年）有关海盗已知信息源的原始资料，我们清楚地发现，对这些"来自各国的强盗"[35]的任何分析都受到数据的限制。换句话说，虽然人们估计海盗的数量达到数千人，但其中大部分都相当于历史中的幽灵，因为我们实际上对这些人一无所知。虽然这并不意味着我们无法描述他们的特征，但人们必须理解，这样的描述是有局限性的。同样有必要指出的是，尽管存在这些局限，但一般来说，我们对在该时间段内活跃的海盗的了解，已经远远多于我们对在他们之前活跃的海盗的了解。实际上，激发了后来大部分关于海盗活动的文学创作的正是我们了解更多的这个海盗群体，今天存在的关于海盗的流行形象也与他们关系最紧密。

那么，在考虑了以上所有注意事项的前提下，关于1716~1726年在大西洋上巡游的海盗的哪些概括描述是肯定正确的呢？大多数已知的海盗都是二十多岁[36]，这与当时在商船上工作或在皇家海军中服役的水手年龄相似。几乎所有海盗都是男性。唯一已知的例外是安妮·邦尼（Anne Bonny）和玛丽·里德（Mary Read），[37]她们是绰号"白棉布"（Calico）的杰克·拉克姆（Jack Rackham）的海盗团伙成员。关于这两名女性的文献很少，几乎不可能给人们提供什么信息。从可用的只言片语中可以看出，她们通常女扮男装，特别是在战斗期间，不过在性取向方面她们都比较传统，邦尼是拉克姆的情人，里德在船上也有一个追求者。一个被拉克姆劫掠过的受害者描述了这两名女性在作战时的形象。她们"穿着男式夹克、长裤，头上绑着手绢；每人手里拿着一把砍刀和一把手枪；而且（她们）满嘴脏话"。这位目击者看出她们是女人的唯一原因是"她们的胸部很明显"。[38]

拉克姆和他的船员在1720年时进行了一次短暂且不怎么成功的劫掠航行，当年晚些时候就被捉拿归案并送上法庭。他们在牙买加接受的审判令人难忘，这不仅是因为随之而来的多场绞刑（包括拉克姆的），还因为邦尼和里德使用的在海盗中独一无二的诉讼策略。在诉讼过程中，两名妇女

图48　1724年版约翰逊的《海盗通史》第二版中的安妮·邦尼（左）和玛丽·里德（右）

156　都被认为积极参与了海盗的袭击行动，她们在战斗时还总是比男性同伙更享受、更坚决。法院认定她们犯下海盗罪，并判处她们绞刑。然而，该判决刚一宣布，两名妇女立即"以怀孕为理由"[39]向法庭提出抗辩。在确认情况属实之后，法院许可两人暂缓被执行死刑。

　　拉克姆被送上绞刑架的那天，邦尼明确表示她对自己以前的情人极度失望。按照约翰逊的讲述，"她为他的结局感到遗憾，但如果他能像个男人一样战斗，他就不会像狗一样被绞死了"[40]。具体到这两个女人的命运，里德没过多久就因为某种不明疾病而死在监狱中；邦尼则从历史记录中彻底消失了，没有人了解她的结局如何。无论这个案例多么不同寻常，它都超出了本书的讨论范围，因为拉克姆的海盗活动仅发生在加勒比海上，对美洲殖民地几乎没有影响。根据已有的信息来看，在美洲殖民地海岸沿线活动，或从这里出发的黄金时代的海盗船上没有女性海盗存在。

　　图 49　1725 年荷兰语版约翰逊的《海盗通史》的书名页。其中袒胸露乳、挥舞长剑的形象无疑是对安妮·邦尼或玛丽·里德的粗略刻画，因为这本书中也讲到她们的故事。这个人物脚下有包括财宝、船只残骸、锁链、称量金银的天平，以及商贸之神墨丘力（Mercury）等图案。在她身后，还画着一面海盗旗和一些吊在绞刑架上的海盗

尽管如此，不完整的记录还是为人们推测海盗在船上的社交生活提供了空间，这种推测通常是从对该时期更广泛的了解中得出的。例如，鉴于海盗船是一个全男性的环境，以及这些男人长时间共处于狭小的生活区域内，所以有些人声称同性恋行为在海盗中很普遍。[41]假设男性海盗之间会发生性关系确实是合理的。毕竟，尽管"鸡奸"在皇家海军中是一种可判处绞刑的罪行，但这样的案例在海军舰船上并不罕见，而且人们知道的还只是那些被抓到现行和报道出来的情况。当然，在更广泛的社会环境中，同性恋也不稀奇，但正如历史学家汉斯·特利（Hans Turley）辩驳的那样："海盗鸡奸的证据非常稀少，几乎不存在。"[42]实际上，相关记录尽管有限，却指出了海盗都是受睾丸激素控制的沉迷于女色的人，他们一上岸就会毫无节制地享受妓女的服务。这并不意味着海盗没有与男人发生过性关系，只能说没有明确的证据证明他们这样做了——这是一个历史文献中记录了什么的问题，而不是历史现实是什么的问题。[43]历史学家科丁利曾总结道："海盗中活跃的同性恋者所占的比例很可能与皇家海军中的比例相似，这也可以反映出同性恋者在整个人口中的比例。"[44]

想要确定海盗船上的种族构成也会受限于历史记录的随意性，但可以说我们对于这个问题的了解要比对于海盗性生活的了解更多。绝大多数，甚至可能是全部海盗船上都有相当数量的黑人船员。但想要确定他们的确切角色，以及白人海盗对他们的看法就非常困难了。这在很大程度上是因为，当海盗船被捕获时，即便船上有黑人船员，他们通常也不会像白人一样被当作海盗审判。政府官员和更广泛的公众会把黑人船员视为财产，然后把他们当作奴隶卖掉，所以在审判记录或当地媒体的报道中，很少有或根本没有关于他们的活动的记录留存下来。

图 50　黑人海盗的侧脸图，出自查尔斯·埃尔姆斯（Charles Ellms）的《海盗之书：对最著名海上强盗的生活、冒险和处决的真实描述》[*The Pirates Own Book, or Authentic Narratives of the Lives, Exploits, and Executions of the Most Celebrated Sea Robbers*（Boston：S. N. Dickinson，1837）]

然而，从现有的证据来看，海盗船上的许多黑人似乎都　159
是劫掠来的非洲奴隶，他们到了海盗船上仍然做奴隶，要么承担为他们的新海盗主人做饭之类的低级别劳动，要么被当作与牲口一样的人类货物卖掉。黑人会受到这样的待遇并不令人意外，这表明白人海盗在很大程度上与更广泛的社会中的人们怀有相同的偏见，他们对种族差别和划分的看法也是相似的。正如历史学家杰弗里·博尔斯特（Jeffrey Bolster）评论的那样："对于许多白人海盗来说，大部分黑人是被使唤的仆役，是苦力，是发泄欲望的对象（海盗会与女性奴隶发生性关系），还可以方便地被卖掉换钱。"[45]

然而，这只是故事的一部分。有证据表明，许多可能曾经是奴隶，或逃跑的奴隶，或已经成为自由人的黑人海盗后来也成了海盗船上的重要成员，可以与其他白人海盗弟兄一起战斗并分享战利品。一项针对1715～1726年活跃的海盗团伙进行的分析"显示，黑人船员可能占船员总人数的百分之二十五至百分之三十"[46]，但他们在船上的具体职务为何，以及白人船员是怎样对待他们的，在很大程度上都已经无法知晓。接受黑人作为船员的白人海盗是能够比同时期的其他人更加开明和公平地看待他们的同伴，还是仅仅把黑人当作现成且有能力的团队力量增强者，这个答案现在还无法确定。[47]历史学家肯尼思·金科（Kenneth Kinkor）认为，无论是出于以上哪种原因，"海盗船的甲板似乎是十八世纪白人男子的世界中，最能够让黑人获得权力的地方"[48]——当然不是所有海盗船都会这样，也不是所有黑人都能这样。

我们对海盗的样貌了解很少也并不奇怪，因为这些细节通常不会写在海盗或其受害者留下的历史记录中。尽管如此，根据已知的信息判断，似乎可以肯定，普通海盗的穿衣风格与当时其他水手的大同小异。根据历史学家詹姆斯·

L. 纳尔逊（James L. Nelson）的说法："这意味着松松垮垮的'宽松外裤'或及膝马裤，用帆布或粗棉布制成的标准工装衬衫，腰上系一条腰带，可以用来挂刀，脖子上或头上围一条大围巾，衬衫外面是背心或蓝色短外套，脚上穿着羊毛长筒袜，头上戴着羊毛编制的蒙茅斯帽（Monmouth cap）① 或三角帽（把帽檐朝三个方向翻起来，形成一个有三个尖儿的三角形）。"[49]战斗时，海盗的全套装备中还会加上手枪和长剑，这些东西要么挂在腰带上，要么系在斜搭肩膀的悬带上。至于鞋子，如果是在温暖的气候中，海盗经常赤脚，如果穿皮鞋，一般都选择简便易穿的样式，而不是系带的，因为鞋带容易被东西钩住，会带来不必要的维护成本和风险因素。为了对抗自然环境，特别是避免海水的侵蚀，海盗们经常会在外衣上涂抹焦油。但无论海盗穿什么，随着时间的推移，他们的衣服和鞋子都会变得越来越破，因为就像水手一样，海盗通常也只有一两身衣服，他们穿得很费，穿的时间很长，也很少清洗，就算洗也是用海水，因为淡水是特别稀缺的资源。

　　当然，不符合海盗制服特征的例外也是有的。只要条件允许，所有海盗，无论船员还是船长，都可以化身为穿着特别时髦的人。如果被掠夺船只碰巧运送的是上流社会的乘客，或是装载着供那个阶层享用的货物，海盗就会急不可待地尽情挑选精美的服装和珠宝穿戴到自己身上，无论是从货

----

① 　十五至十八世纪流行的用羊毛编制的圆帽，因出自威尔士的蒙茅斯镇而得名。——译者注。

舱里抢，还是从受害者身上直接扒下来。就像穿着华丽服饰、戴着金项链在纽约街头大摇大摆走过的托马斯·图船长一样，这一时期的海盗很乐意通过穿着打扮来体现自己获得的成功，这同时也是一种蔑视他们已经从中脱离的、以阶层划分等级的社会规范的手段。

至于海盗的身材和长相，他们中的大部分人看起来肯定与当时的其他水手非常相似。如果是白人海盗，长时间暴露在阳光下会让他们的皮肤变成深褐色；如果是有色人种，他们的肤色也会变得更深。无论海盗本来的肤色是白色、棕色还是黑色，风、阳光和海水都会让他们的皮肤变得像皮革一样，有一种历尽沧桑的感觉。海盗留胡子的情况很常见，头发则有长有短。如果海盗的头发比较长，他们往往会把头发扎在脑后。海盗的体型通常偏瘦，但强壮有力，原因是船上食物的数量有限，工作量却很大。像其他水手一样，海盗也面临许多危险，而且可能会受很多伤，这就是为什么有些人装着木腿、戴着眼罩，或有其他类型的残疾（不过使用木腿其实是非常罕见的，因为即便是对于有两条好腿的人来说，在船上行动都不是那么容易）。这还是一个几乎没有口腔卫生概念的时代，所以与西方社会中的大多数人一样，海盗也可能有不整齐、变色的牙齿，或经常牙有缺失——还有些人镶了金牙。还有一个毋庸置疑的问题是，除了他们的外表之外，海盗们（身上）肯定也很难闻，这是他们与同时期的人们共有的另一个特征。[50]

海盗的职业生涯相对不会很长，其中大部分时间都是在海上渡过的，所以他们对主流社会中延续了几个世纪的严格法律规范不屑一顾。在 1716～1726 年航行于大西洋中的海盗像十七世纪时的普通海盗和巴克尼尔海盗一样，也采取一系列民主程序来指导自己的行为。最重要的是，所有船员组成了一个叫船员大会的团体[51]。团体中的人们按照少数服从多数的原则选出船长，也以同样的方式决定他们何时去何地搜寻目标，攻击哪些船只，以及如何解决海盗合约（见下文）中没有涵盖的其他棘手问题。

虽然船长是追击和战斗期间不可置疑的领导者，但他的权力并非无条件的。船长的任务是让船员们满意，如果船员们认为他不合格，就会通过投票把他赶下台。船长和船长各不相同，但他们之中大多数都具有某些特征，包括受到船员尊重，在战斗中表现英勇，还得熟练掌握航海技巧。虽然船长通常住在船上最宽敞舒适的船长舱房内，那里是船上最宽敞舒适的房间，但他也和其他人吃一样的食物，如果船员中有人想要进入他的舱房，辱骂他或者在他的桌子上吃饭，那么他们完全有权这样做，因为他们并不觉得自己比这个被他们选出来当领袖的人低一等。[52]

162

舵手是船上的二把手，担任这个职务的人也是由船员们选举出来的。他既是船员的"受托人"，又是判定各种是非的"民事法官"。[53]第一个登上被俘船只的人不是船长，而是舵手。他要决定船上的财富和物品中，有多少可以抢走，如果有必要的话，有多少需要留下不动。舵手还负责管理战利品的储存和分配，确定食物和酒的公平配给，并解决海盗之间的轻微纠纷。舵手受到船员们的尊重和服从，所以如果在位的船长被杀或被投票赶下台的话，舵手通常会晋升为船长。除了船长和舵手之外，其他职位也有靠投票决定人选的例子存在，比如炮手、箍桶匠和水手长等。[54]

海盗同意遵守的合约条款也被称为海盗准则，这是一份指导他们行为、规定财物分配方案和受伤情况下补偿方法的合约，一位历史学家称这最后一项内容为海盗的"社会保障体系"[55]。为了表示对准则的忠诚，海盗们要在文件上签名。本书后面会着重讲到臭名昭著的海盗爱德华·洛的故事。他制定的合约条款内容如下：

1. 船长享有两份完整权益，舵手享有一份半，医生、高级船员、炮手、木匠和水手长各享有一又四分之一份。（其余船员每人一份）。

2. 无论在被俘获的船上，还是在私掠船（海盗称自己为私掠者）上，被认定违规使用武力或武器的，将受到船长和大多数船员认为合适的惩罚。

3. 被认定在交战时逃避退缩的，将受到船长和大多数船员认为合适的惩罚。

4. 在被俘船只上发现任何价值一个西班牙银元以上的珠宝或金银的，应当在二十四小时内将其交给舵手，否则（发现者）将受到船长和大多数船员认为合适的惩罚。

5. 被认定赌博、玩牌，或通过欺骗、作弊手段获益价值达一里亚尔银币的，将受到船长和大多数船员认为合适的惩罚。

6. 交战期间醉酒的，将受到船长和大多数船员认为合适的惩罚。

7. 在交战中，或为集体效力期间不幸失去手臂或腿的人，应获得六百个西班牙银元，只要他愿意，就可以继续留在集体中。

8. 哀求者可以得到仁慈的对待。

9. 最先发现目标的人可以获得被俘船只上最好的手枪或小型武器。

10. 最后，禁止在货舱中开枪。[56]

所有海盗合约的内容都与此类似，但并非一字不差。主题的变化以及独特的附加内容都很常见。例如，有一份合约中就包含一项证明海盗的荣誉感和骑士精神的条款，它规定"无论我们在何时遇到一个谨慎的女人，在没有获得她同意的情况下，打扰她的人应当被立即处死"。[57]另一份海盗准则证明了船上生活的轻松一面，它规定"音乐家①在安息日"应当"休息，但在其他六天六夜里，未经特别批准的则不能"。[58]这份准则中还规定了某种宵禁制度："每晚八点要熄灯并吹灭蜡烛；如果任何船员在这个时间以后仍要喝酒，他只能到甲板上去喝。"[59]无论合约中的条款有多详细，都无法涵盖所有可能发生的意外情形。当有新情况出现时，通常会 164

---

① 海盗船上的音乐家是一种内行人才了解的神秘职务，他们要采取一切办法来维持船上人员的高昂斗志，比如在船员进行繁重工作时为他们跳舞，或在他们擦洗甲板时逗他们开心，以及在劫掠成功后组织庆祝活动等。

由舵手来决定采取什么适当的行动，比如对合约中未提及的过错做出什么样的惩罚。

海盗通过实行民主决策取得了很大成就，这在一个主流社会还完全不讲民主的时代中尤其难得。此时距离美国革命和法国大革命都还有好几十年的时间，直到那之后，美国和法国才会广泛，但仍然不算彻底地建立起民主政府。十八世纪初的欧洲各国政府还是由君主和议会掌权，根本谈不上民主。商船和海军舰船上实行的是独裁制，船长和其他军官是绝对的领导，船员没有机会就任何事投票表决，除非是"投票"发动哗变。私掠船也有一套合约，内容与海盗合约中的条款类似，例如确定财物分配的份额，以及给失去肢体或有其他身体残疾的船员提供补偿。但私掠船显然还是由船长说了算，船员不能投票让他下台，船上担任其他职务的人也都不是投票选出来的。

我们当然不会就此下结论说，因为海盗觉得自己采取了最好的管理形式，所以他们都是看重民主理想的政治理论家。实际上，他们选择这种方式进行管理是有原因的。许多海盗原本在商船上工作或在海军舰船上服役，他们选择成为海盗在很大程度上就是为了逃脱专制独裁、动辄打骂手下的船长。因此，如果成为海盗的这些人还要重建一个他们刚刚摆脱的权力结构，那才真的会令人非常惊讶。海盗们对于残酷的船长满怀怨恨，所以当登上被俘船只时，他们最先想要做的事情之一就是所谓的"伸张正义"[60]。为此，他们会询问船员船长对他们好不好。如果船员们对船长赞不绝口，那后者就不会受到任何惩罚，在船上财物被掠夺之后，无论船只会不会还给船长，至少他本身通常能够获得释放。但是，如果船长被认定为一个冷酷的领导者，他就会遭到殴打，或者在某些极端情况下还会被杀死。通过这种方式，海盗们就算为他们此前做水手时大多曾遭受的悲惨待遇报仇雪恨了。[61]

出于这样的内在原因，就难怪海盗船船长的人选由船员说了算，且海盗还会选出一个能够为他们着想的舵手了。正如一个英国海盗在 1721 年观察到的那样："他们（海盗）中的大多数人曾经遭受过高级船员的虐待，为了谨慎地避免再有这样的恶人，现在他们有权自己选择。"这个人还补充说，选举舵手是海盗希望"避免将太多权力交给一个人"的另一个标志。[62]

合约中还规定，在执行惩罚之前，或为了确保战利品分配的公平性，海盗们应当进行投票。这么做并不是为了遵守什么抽象的民主理想或政治哲学，而是因为这是一种解决问题的有效办法，能够让人们支持即将采取的行动，避免纠纷，促进船员之间的团结。换句话说，鉴于海盗船实际上是一个漂浮在海上的小社会，所以海盗们想要建立一个现实、合理且易于执行的规则体系，以确保这个社会尽可能顺利地运作起来。[63]以相对公正和公平的方式分享战利品也绝对不是这个时代的海盗独创的规矩。不仅巴克尼尔海盗曾采取类似的方式，就连很久之前的普通渔民也总是将他们捕获的成果分成大致相同的份额，只有船长和具有专业技能的船员才能够比其他人多分一些。另外，许多海盗在为了获得更多人手或具有专业技能的人员时，也会强迫他们在合约上签字，更不用说不少海盗将黑人视为奴隶，甚至将其出售，这都说明海盗的指导原则不是真正的民主理念。

除了他们的意志和决心之外，海盗最重要的资产就是他们的船。船的来路各不相同。通过哗变化身为海盗的人会使用暴力接管他们所在的船。其他海盗则是从小船起步，通过俘获目标，一步步换成更大、更有威慑力的船。接下来的案例讲的是一个人为实现自己的海盗野心，专门建造一艘船的故事。

无论海盗的船是怎么来的，他们仍然会时刻希望找到更好的船。这个"更好"的定义是由一些粗略的规格要求限制的。首先，船必须特别适合在海上航行，因为无论天气好坏，海盗都要在整个大西洋中漫游，自然就会遭遇人们能够想象到的任何状况，可能是平静无波的海面，也可能是飓风掀起的大浪。其次，船的速度要快，且灵活性高，也就是既方便攻击，也方便逃跑。因为如果海盗无法俘获目标，就得在面临危险时迅速撤离，否则他们的职业生涯恐怕会非常短暂。最后，船必须相对较大，能够携带相当数量的枪弹和加农炮，因为海盗是通过恫吓或武力来压制商船的；无论选择这两种中的哪一种，海盗船都必须足够大，足够有威慑力，或有能力施加足够强大的压力，迫使其受害者投降。虽然海盗最渴望的莫过于拥有一艘体型宏伟、火力巨大的旗舰，但这种渴望也是有限度的，因为他们不想为了获得外观气势而牺牲船的适航性和机动性。[64]

海盗船的种类包括单桅纵帆船、斯库纳纵帆船、鸟嘴船及双桅帆船等，在极少数情况下也可以是护卫舰。[65]但最常见

图 51　1742 年前后的双桅帆船

图 52　威廉·伯吉斯（William Burgis）于 1729 年制作的金属雕版印刷品的十九世纪晚期复制品。画中描绘的是波士顿灯塔前的一艘英国武装单桅纵帆船。这艘配备了八门炮的船与当时海盗使用的单桅纵帆船很相似

的种类是配备十到二十门炮的单桅纵帆船，这样的船能够舒适地容纳七十五名船员。单桅纵帆船是"十七世纪和十八世纪主要的小型负重船"[66]。这种船吃水浅、线条流畅、速度极快、易于操作，既可以在深海中航行，也能够在海岸沿线的狭窄水道中航行。所有这些特征使它们成了海盗的最爱。

海盗船上最重要的装备是加农炮，它可以发射三磅、六磅、九磅、十二磅或更重的铁质炮弹，这样的炮弹足以破坏船体、打断桅杆，并杀死任何出现在其杀伤范围内的倒霉水手。加农炮还可以发射装满铁弹丸的霰弹筒，这种铁弹丸被称为山鹑弹或天鹅弹。这种炮弹会在射出炮口末端后爆炸，从而形成致命的金属弹雨。铁条弹是另一种破坏力极强的炮弹，它是一根两端加粗的铁条，形状类似于今天的哑铃。铁条弹发射出去后会沿着自身的轴心旋转，从而撕碎它击中的任何索具或船帆。

操作一门加农炮需要多名男子，这也是为什么海盗船上需要那么多船员的主要原因之一。重达数千磅的加农炮被放置在一个可以推着走的木制小车上，想要用它发射炮弹可是一项需要专业技巧和高度配合的工作，其流程堪比跳一曲芭蕾舞那么复杂：先是擦洗炮膛和炮口，去除灰尘和火星；然后依次放入火药、一沓纸或干草，还有炮弹；接下来将这些东西全部猛推到炮筒底部，并装好底火，再把加农炮推进炮孔中，最后点燃导火索。当然，发射大炮是一回事，击中目标则是另一回事。除非是在完全平静的海面上，否则炮手必须根据船在海浪的波谷和波峰位置的情况计算好发射时机，

图 53　约翰·塞勒（John Seller）创作的《海上大炮》（*The Sea-Gunner*）的卷首插图。这本 1691 年在伦敦出版，由 H. 克拉克（H. Clark）印制的书是一本关于如何在海上使用加农炮的指导手册

这样炮弹才有可能射中目标。

　　至于额外的火力补充，海盗们依靠的是手枪、毛瑟枪和安装在船头或船尾的小炮，这种炮被称为追逐炮。海盗们还会使用一种球形铁制手榴弹，这种手榴弹里装满了火药，被一个木塞塞住，塞子里面系着一根布条做导火索。在近身肉搏时，海盗最青睐的兵器是一种短刀。[67] 它的长度通常不超过二十至三十英寸，不仅便于携带，还能够让使用者在人员密集、空间有限的甲板上挥舞得开。短刀的刀身通常略带弧度，刀刃较厚，无论是砍是刺，都能给敌人造成伤害，用来割断索具和船帆时也很适合。

　　海盗追捕猎物的方式比较容易预测。鉴于海洋如此广袤，他们一般会经常航行到传统航道和贸易航线附近，或是在繁忙的港口周围徘徊，以此来增加遇到潜在俘获目标的机会。约翰逊曾简洁有力地概括道："猎物在哪里，害虫就在哪里。"[68]搜索"猎物"的行动通常还受季节性因素的限制，大多数海盗的行程是由天气决定的。每到冬季，当寒冷的气温和狂风暴雨让北部水域不适宜航行时，海盗们就会向南航行到加勒比海，或向东航行至赤道附近的非洲大陆海岸沿线。到春季气温回升之后，海盗们通常会驶向北方，寻找他们的狩猎目标。

　　为了防止潜在的受害者逃脱，以及充分利用攻其不备的优势，海盗们通常会采用欺骗手段。这在公海上很常见，且非常有效。高高挂起的国旗或旗帜通常是确认一艘船是敌是友的依据。不过不仅是海盗，连商船和军舰通常也会携带一系列可供选择的旗帜，这样在必要时，就可以把自己假扮成其他国家的船只。因此，如果海盗看到不远处有一艘法国商船，他们就可能升起一面法国国旗，希望借此让对方的船长放松警惕，并避免对方驶离。如果一切都按计划进行得很顺利，法国船只没有发现什么不对头，就会允许海盗船靠近。一旦目标进入射程范围内，海盗就会通过朝对方发射警示性的炮弹，或派出登船小队，或升起最具象征意义的黑色海盗旗来揭示自己的真实身份。

　　还有许多海盗根本不使用让潜在受害者误认为自己很安

全的欺骗手段，而是从一开始追击就立即升起黑旗。黑旗的意义在于让对方的水手看到后从心里感到恐惧，高高飘扬在海盗船桅杆上的旗帜是向他们发送的一个明确信息，那就是要求他们立即投降，否则海盗就会发动袭击。为了规避风险，海盗总是希望对方能够主动投降。除非迫不得已，海盗会尽量避免交战，因为战斗没有任何好处，它不仅会让海盗及他们的船陷入危险之中，还会严重破坏他们试图俘获的船，并对可能有巨大价值的货物造成破坏。对于海盗来说幸运的是，他们很少遇到不得不诉诸武力的情况，因为靠海盗旗传达的恐吓总是非常有效。

这个时代中的海盗并非都使用黑旗，不过大部分是这样。每个海盗的旗帜都是独一无二的，但几乎所有旗帜中都包含着象征死亡的图像。这些图像通常是白色的，并且被设置在对比鲜明的黑色背景上，黑色本身也是代表死亡的传统颜色。最常见的图像是一具完整的骷髅骨架，或一个骷髅头骨和两根十字交叉的骨头。头骨也被称为"死亡头骨"，一直被作为墓碑上的装饰图。短刀也是会被使用的图像之一。另外还有沙漏，它的意思是时间不多了，要尽快做出决定。[69] 171

虽然当时的文献描述过一些海盗旗帜，足以让读者很好地了解它们的样子，但没有一面真正的黄金时代的海盗旗幸存下来。几乎也没有什么当时的插图可供人们参考，只有约翰逊的《海盗通史》中包含一些。人们在关于海盗的书中或三角旗上最常看到的那些海盗旗图案，其实是在黄金时代结束很久之后才被创作出来的，其中很多甚至是在二十世纪才首次出现。因此，它们顶多算是艺术家们根据有限的历史记录，对这些旗帜究竟是什么样子做出的最接近事实的猜测。我们甚至可以肯定，在某些例子中，当代人描绘的海盗旗可能与它们试图描绘的历史上的海盗旗毫无共同之处。[70]

已知的最早使用黑色海盗旗的情况出现在 1700 年，当时在佛得角群岛中的圣地亚哥岛（Santiago）附近，有一个法国海盗悬挂了一面"黑色旗帜……旗子上有一个死亡头骨和一个沙漏"[71]。到了十八世纪第二个和第三个十年，海盗开始惯例性地使用黑色旗帜，这种旗子还有一个绰号叫"快乐的罗杰"（Jolly Roger），至于为什么这么叫没人能说清楚。有人说这是从法语"美丽的红色"（*Jolie Rouge*）演变来的，而这个法语词本来指的是有些海盗和水手悬挂的，用来表示自己不会手下留情的红色旗帜。另一种可能是，"快乐的罗杰"由"老罗杰"（Old Roger）这个称呼而来，因为当时的人们通常用"老罗杰"来指代魔鬼。还有些人甚至推测，这个绰号代表了一些人在凝视这个图案时，能够从骷髅头上看到的那种带笑的，或者说"快乐"（jolly）的面容。[72]无论"快乐的罗杰"这个说法是怎么来的，都足以证明它是一张非常有效的名片，可以带来充满戏剧性的结果。

172　　当商船看到黑旗时，他们通常会降下自己的旗帜，把船停住，然后等待海盗登上他们的船。由于海盗毫不留情地袭击过几次做出反抗的商船，所以他们在被激怒时会变身冷血

杀手的名声已广泛传开。正如《波士顿新闻通讯》在 1718
年报道的那样，"抵挡（海盗）的"商船船员"遭到了最野
蛮的屠杀，海盗们没有展露出一丝仁慈。我们的水手都吓坏
了，所以在遭到海盗攻击时，他们都拒绝还击"。[73] 面对这样
一个可能有很强报复心且不惜杀人的攻击者时，大部分商船
船员都不愿冒生命危险保卫自己的船，而是宁愿主动投降，
这样的选择一点儿也不会令人意外。毕竟，他们只是受雇的
劳动力，除了领薪水之外，与船上的货物没有任何利益
关系。

接受投降后，海盗们马上就会开始掠夺和清点财物并做
出决策。首先，海盗会在舵手的带领下到被俘的船上寻找战
利品，如有必要的话，他们会通过折磨船员和乘客，逼迫其
说出藏匿财物的位置。这真的可以算是一个开奖时刻，因为
海盗事先并不知道被俘的船上有什么，甚至不确定这些收获
是否值得他们为追击它而付出的时间、弹药，甚至是血的
代价。

除了有价值的货物和财宝之外，海盗们也会寻找更为平
凡和实用，但对于他们的生存绝对有必要的物品。经过持续
数月的航行，而且是在几乎不受大西洋周边任何港口欢迎的
情况下，海盗们不得不在海上解决很多与船只和饮食相关的
补给问题。这通常意味着要抢光被俘船只上的一切，无论绳
索、船帆、工具，还是鱼干、面粉和饮用水。实际上，就
1716～1726 年海盗抢劫财物的内容而言，人们难免会为大
部分物品的平凡性质感到震惊。虽然有过一些引人注目的例

外，但在此期间，别说巨额收获，连抢到一笔可观财富的情况都是相对罕见的。

173
174
  最终，海盗必须决定如何处理他们俘获的船。如果是一艘好船，那么海盗可能会把它留下作为随行船，并安排一部分船员到这艘新获得的船上工作。通过这种方式，随着时间的推移和被俘船只的增多，海盗船船长最终指挥的就是一个小型舰队了，这是任何有雄心壮志的领导者的最终目标。如果被俘的是一艘特别好的船，海盗们可能会抛弃原本的海盗船，全体转移到这艘新船上去。当有一艘船被抛弃时，所有未加入海盗队伍的被俘船员，通常会被允许驾驶这艘弃船离开。但如果被俘的船成为海盗船，或在更常见的情况下被焚烧或凿沉，那么剩下的被俘船员往往会被送上岸或被囚禁起来，直到海盗们再俘虏一艘船之后才能放他们驾船离开。

  此时需要做出的另一个决定是，是否需要对船只进行结构改造。当海盗们想要把被俘的船作为今后的海盗船时，这个问题就尤为重要了。为确保新船能够满足战斗需要，海盗们可能会除去主甲板上的一些结构，以方便人员移动；拆掉甲板下方的船舱隔板，以创造出更多放置武器的空间；在船体两侧凿出新的炮口，以增加海盗船的火力；还要调整索具以提高船速和改善船的可控性。[74]

  1716～1726 年在大西洋和美洲殖民地活跃着的数千名海盗中，大多数是相对没什么特别之处的小人物，他们既不令人难忘，也没什么有趣之处。这些人像流星一样在历史的舞台上一闪而过，几乎没有留下任何痕迹。但是，这个时期

图 54　霍华德·派尔 1921 年创作的插图，描绘的是海盗强迫一名男子走到木板上送死。黄金时代的海盗其实没有这么做过。这是一种常见的文学创作，是虚构海盗故事时为了让角色更鲜活而添加的情节。如果海盗想要杀死一个人，他们会选择更直截了当的方式，比如用枪或长剑，或干脆把人扔进海中。不过到了十九世纪，确实出现过一些海盗让自己的受害者走上木板的情况

中也有一些海盗闪耀出比别人都耀眼的光芒，他们的鲜明个性和传奇经历使他们的故事格外引人注目。

第七章
财富和风暴

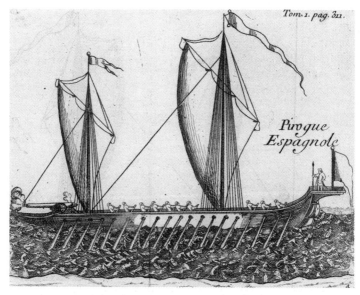

图 55　1744 年前后的西班牙大独木舟。塞缪尔·贝拉米和保尔斯格拉夫·威廉姆斯开启他们的海盗生涯时，使用的就是这样的船

175　　1715 年初秋，塞缪尔·贝拉米和保尔斯格拉夫·威廉姆斯（Paulsgrave Williams）带领一小批船员从新英格兰出发，前往佛罗里达，希望从几个月前在佛罗里达海岸线外因

第七章　财富和风暴

飓风而被损毁的西班牙舰队残骸中打捞财宝。贝拉米和威廉姆斯是一对奇怪的组合。贝拉米的早期经历不为人知，但他的老家似乎是在英格兰西部德文郡（Devon County）的希蒂斯莱（Hittisleigh），他的家人就在那里务农。西班牙王位继承战争期间，贝拉米在商船或海军舰艇上做船员。在战争结束后的动荡岁月中，贝拉米失去了工作。据传说，他最终来到位于科德角外边沿的伊斯特姆（Eastham）。这个以渔业和农业为支柱的小镇就坐落在科德角延伸入大西洋的呈手肘型的沙洲上。贝拉米追求一个名叫玛丽（或玛丽亚）·哈利特（Mary Hallet, or Maria Hallett）的当地女孩，也得到了对方感情上的回应，但玛丽的父母是富裕的农场主，他们对这段刚刚萌芽的关系颇为不满，更不想把女儿嫁给一个卑微的水手。因遭到拒绝而愤愤不平的贝拉米于是出发去寻找他的财富，并承诺自己会满载而归，成为一个有资格迎娶玛丽为新娘的有钱人。[1]

　　虽然当时在伊斯特姆的确有一个名叫玛丽·哈利特且出身于富裕家庭的年轻女子，但没有证据能够证明贝拉米追求过她，或是贝拉米曾在科德角的任何地方定居过。不过，无论科德角人直到今天还在讲述的故事是否属实，我们至少可以确定贝拉米在战争结束后来到新英格兰，并于1715年决定启程去寻找他的财富。他找来帮助自己实现这个梦想的人就是威廉姆斯，一个无论是从身份或背景上来说，都与贝拉米毫无相似之处的人。

　　当时三十九岁的威廉姆斯是一名成功的银匠，已婚，还有两个孩子。他出身于罗得岛纽波特一个显赫的家庭。

图 56　"加勒比海盗"系列卡片之一。1888 年前后，艾伦和金特公司（Allen & Ginter Company）生产了一批这样的卡片，并将它们插到香烟包装里。这张卡片上画的就是插画师想象中的塞缪尔·贝拉米的模样和"维达号"失事的场景

祖父纳撒尼尔·威廉姆斯（Nathaniel Williams）在殖民地民兵队伍中任中尉，还是波士顿的治安官和市政官员，他在这座城市里置办了多处不动产，其中包括后来成为灯塔山（Beacon Hill）街区的一大片区域。威廉姆斯的父亲约翰·威廉姆斯（John Williams）是一位成功的商人，他在波士顿和布洛克岛上都有生意，不仅在马萨诸塞大议会中任职，还是罗得岛的总检察长。威廉姆斯的母亲安（Ann）则与马萨诸塞殖民地查尔斯镇和布洛克岛的主要创建者都是近亲。[2]

　　我们不清楚威廉姆斯和贝拉米是何时及如何搭上关系的，但到了 1715 年秋天，他们购买了一艘船，并朝着佛罗里达出发了。贝拉米是领导这趟毫无经验的冒险航行的船长。约在两年之后，他们才带着一笔巨大的财富返回新英格兰附近的水域，但在那之后发生的事情将成为美洲海盗历史中最严重的灾难之一。

　　1716 年 1 月，贝拉米和威廉姆斯到达佛罗里达的沉船地点，却在那里遭遇了海上交通堵塞。已有多艘英国船只忙着搜寻海底的金银财宝，但并没有什么收获。西班牙人和来自其他国家的闯入者早已打捞起大部分财物，那些还没有打捞起来的，肯定是非常难以找到的。贝拉米和威廉姆斯的运气也不怎么好，到 1 月下旬被西班牙军舰强行赶出该片水域时，他们几乎一无所获。[3]

　　贝拉米和威廉姆斯虽然感到气馁，但仍然渴望获得财富，于是他们决定改行做海盗，[①] 并朝洪都拉斯湾驶去。3 月时，贝拉米和威廉姆斯又招募了更多的水手，还用他们原本的船只交换了两条机动性很强、船速很快的大独木舟（periagua）。在接下来的几个星期里，他们掠夺了一些小型船只，然后在 4 月初干了一票大买卖。他们坑害的对象是另一名海盗——亨利·詹宁斯船长（Captain Henry Jennings）。

　　起初，贝拉米和威廉姆斯加入了詹宁斯的小型海盗舰队，追随后者一起在古巴西北海岸上一个受遮蔽的翁达湾（Bahia Honda）内俘获了法国商船"圣玛丽号"（St. Marie）。在这次袭击中，负责打头阵的贝拉米和威廉姆斯使

178

---

　　① 近年来很多关于贝拉米海盗事业的书籍都称他为"黑萨姆·贝拉米"（Black Sam Bellamy），这个称谓可能是因为他深黑的头发或黝黑的肤色。然而笔者在同时期的文献资料中找不到任何用"黑萨姆"称呼他的例子，也没有发现任何提及他的发色或肤色的内容。因此，笔者决定不使用"黑萨姆"来指代他，尽管这个绰号很有意思。

用了一种最不寻常的战术。他们和自己的船员全都脱光了衣服，只带着手枪、长剑和弹药匣，划着他们的大独木舟朝"圣玛丽号"接近。如果光是看到这些赤身裸体，但武器齐全又面露凶光的男人还不能让"圣玛丽号"的船长投降的话，那么从詹宁斯的船上发射的警告炮弹，以及贝拉米做出的如果法国人抵抗就得不到仁慈对待的威胁也足够发挥作用了。

在詹宁斯的酷刑折磨下，法国人说出了他们在海岸上隐藏的近三万个西班牙银元的位置。这些钱币很快被找到，并被送到"圣玛丽号"上。当海盗们正沉浸在好运带来的喜悦中时，他们了解到另一艘法国商船"玛丽安号"（*Marianne*）就在沿海岸向北仅二十英里之外的地方。希望再俘虏一个战利品的詹宁斯于是派出几艘船，结果却晚了一步。另一名驾驶"本杰明号"（*Benjamin*）单桅纵帆船的海盗船船长本杰明·霍尼戈尔德（Benjamin Hornigold），已经俘获了"玛丽安号"并驶离该区域。

被别人抢先让詹宁斯怒不可遏，于是他带领"巴尔舍巴号"（*Barsheba*）和"玛丽号"（*Mary*）去追逐霍尼戈尔德，他让船队中的其余船只留在原地等候。詹宁斯刚离开不久，贝拉米和威廉姆斯就看到了他们的机会，他们以惊人的速度向"圣玛丽号"发动突袭，并夺得了对该船的控制权。不过他们想要的不是这条船，而是船上的钱。所以他们迅速将钱币转移到自己的两条大独木舟中的一条上，之后就逃离了。[4] 当詹宁斯结束了对霍尼戈尔德的无果追逐，却听说自己遭到同伙的背叛之后，他把对贝拉米和威廉姆斯的愤怒都发

泄在被他们抛弃的另一条大独木舟上，这条船被他"砸成
了碎片"[5]。

从翁达湾逃跑后不久，贝拉米和威廉姆斯就遇到了詹宁　179
斯想要寻找的本杰明·霍尼戈尔德，后者在加勒比海盗中已
经是个传奇人物了。他在西班牙王位继承战争期间曾经是一
名英国私掠者，战争结束时，霍尼戈尔德改行做了海盗，自
那之后他就带领着一群自称"飞翔帮"（Flying Gang）[6]的海
盗，一直在热带水域中威吓过往的商船。他们的主要基地是
归英国所有的新普罗维登斯岛上的一个名叫拿骚（Nassau）
的小镇。新普罗维登斯岛是组成巴哈马群岛的七百多个岛屿
中的一个，战争期间，这里曾被法国人和西班牙人洗劫过很
多次，留在岛上的大约一百名来自英国的殖民者都过着担惊
受怕、穷困潦倒的日子。这里没有真正的政府可言，他们只
是在为了生存而苦苦挣扎。

霍尼戈尔德和他的一些海盗同伙于 1713 年来到拿骚，[7]　180
基本上完全占领了该镇，并将这里打造成一个被历史学家科
林·伍达德（Colin Woodard）称为"海盗共和国"[8]的基地。
拿骚的地理位置非常理想，它横跨在加勒比和美洲殖民地之
间的，以及美洲通往欧洲的那些主要航道上。拿骚的避风港
也是一个优势，新普罗维登斯岛和周围岛屿上的淡水、木材
和食物供应也很充足。巴哈马群岛中的众多水湾、海湾和港
口既是海盗发动袭击之前的绝佳隐蔽之处；也是他们遭遇追
逐时的藏身之所。此外，这里还有很多便于洗刷和修理船只
的地方。

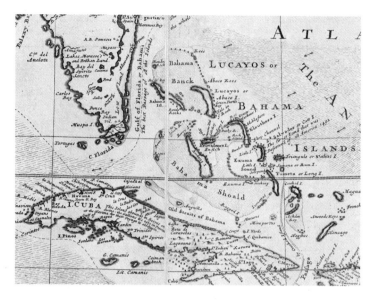

图 57　1715 年的西印度群岛地图，详细显示出古巴以北、佛罗里达顶端以东的巴哈马群岛。其中的新普罗维登斯岛面积很小，大概位于图像正中

随着海盗共和国的消息传开，其他海盗也成群结队地来到拿骚，并将这里作为自己的行动基地。有些人还吹嘘他们会让新普罗维登斯成为"第二个马达加斯加"[9]。像马达加斯加一样，新普罗维登斯也吸引了许多愿意向海盗出售物资，并从他们那里购买商品的交易者。因为海盗的货物都是从劫掠的船上抢来的，所以价格低于一般水平。[10]这些商人中有许多都来自美洲殖民地，事实证明，他们对海盗的生存和壮大至关重要。正如一位殖民地商人观察到的那样，"海盗们经常告诉我，如果没有"罗得岛、纽约、宾夕法尼亚和其他殖民地"商人根据他们的要求提供的弹药和物资，他们永远不可能变得如此强大"。[11]

第七章　财富和风暴

海盗的蜂拥而至导致一名英国官员在 1715 年时宣称，巴哈马"几乎已经沦为海盗的巢穴"[12]。这些海盗不是只袭击商船，据一个当时从新普罗维登斯逃出来的人说，海盗"在岛上引起了巨大的混乱，他们掠夺居民的财物，焚烧他们的房屋，甚至强奸他们的妻子"。因此，许多拿骚的居民都"因为害怕被杀死"而离开了这个岛屿。[13]

贝拉米和威廉姆斯热切地加入了霍尼戈尔德团伙，之后不久，霍尼戈尔德就任命贝拉米为装备了八门加农炮的"玛丽安号"的船长。大约过了一个星期，霍尼戈尔德一伙与法国海盗船"马车夫号"（Postillion）相遇。"马车夫号"的船长奥利维耶·勒瓦瑟尔（Olivier Levasseur）曾经是一名私掠者，有一个绰号叫"巨鹰"（La Buse）。霍尼戈尔德和巨鹰决定联手。在接下来的几个月里，这支海盗船队俘获了多艘船只，但其中有一些是在霍尼戈尔德没有参与的情况下俘获的，因为有一小段时间中，他忙着到拿骚出售"本杰明号"，并购买一艘名为"冒险号"（Adventure）的新船去了。1716 年夏天过去一半的时候，他们在伊斯帕尼奥拉岛海岸的沿岸重新集结，不过这次联手并没有维持多久。

尽管此时已经进入和平时期，但霍尼戈尔德还死守着战争中的信条，而且仍然忠于他的祖国，所以他发誓只攻击法国和西班牙船只，而不骚扰英国船只。虽然他至少打破过一次自己立下的规矩，但在大多数情况下，他的决心都没有动摇。但问题是，贝拉米和巨鹰并不认同霍尼戈尔德的立场，而且在霍尼戈尔德不在的时候，他们其实已经袭击过几艘英国船只。他们认为任何国籍的商船都是可以袭击的目标。因

181

此，当霍尼戈尔德在 8 月又一次拒绝袭击一艘英国船时，他手下船员中的大多数投票决定，剥夺他的船队指挥官身份，由贝拉米取而代之。为了表示他们仍然尊重自己曾经的指挥官，海盗们同意把属于霍尼戈尔德和决定继续追随他的二十六名海盗的战利品份额支付给他们，同时还把"冒险号"单桅纵帆船给他们使用。其他投票反对霍尼戈尔德指挥的"冒险号"船员则被转移到贝拉米和巨鹰的船上。感到泄气但依然自负的霍尼戈尔德驾船驶向拿骚，贝拉米和巨鹰也带领着近两百名船员出发了。

在接下来的五个月里，贝拉米和巨鹰在从古巴到背风群岛（Leeward Islands），再向南几乎到达委内瑞拉海岸的广大范围里掠夺了各种各样的船只。贝拉米对那些自愿成为海盗的人热烈欢迎，对那些不愿加入他队伍的则采取强迫手段。招募的水手中最不寻常的一个要数年仅十岁的约翰·金（John King），他本来跟随母亲一起乘坐英国单桅纵帆船"博内塔号"（*Bonetta*），从牙买加前往安提瓜（Antigua）。当贝拉米询问"博内塔号"的船员是否愿意成为海盗时，约翰·金热切地表示愿意。金的母亲恳求儿子不要去，还恳求贝拉米不要带走他，但这个任性的男孩心意已决。"博内塔号"的船长后来回忆说，那个孩子表示"不让他去，他就自杀，他甚至扬言"，如果母亲挡他的路，他不惜"连她一起伤害"。[14]就这样，约翰·金成了一名海盗。

贝拉米和巨鹰最大的成功出现在 11 月，他们在距离圣基茨岛（St. Kitts）不远的荷属萨巴岛（Saba）附近俘获了英国商船"苏丹娜号"（*Sultana*）。这艘船比"玛丽安号"

182

大得多，火力也更强，共配备了二十六门炮。所以贝拉米和海盗船员们投票决定换船，他们接管了"苏丹娜号"之后，威廉姆斯被投票选举为"玛丽安号"的新船长。接下来的几周里，海盗们又俘获了更多的船只，巨鹰和他的手下在分得属于他们的战利品之后就与贝拉米分道扬镳了。

贝拉米和威廉姆斯的海盗生涯很成功。根据一项估计，自两人合伙以来，他们至少掠夺了五十二艘船。但他们最令人震惊的收获还在后面。[15]

1717 年 4 月初，贝拉米和威廉姆斯在连接加勒比海和大西洋的向风海峡（Windward Passage）附近游弋时，发现海平线上有一艘大船。[16]他们认为它可能成为自己的战利品，于是就拉起帆，挂起英国国旗，开始追击，尽管他们非常努力，但一直没能追上目标。

这艘难以追捕的船是三百吨重的英国运奴船"维达号"（*Whydah*），它刚刚下水两年，船上装备了十八门炮，船长是劳伦斯·普林斯（Lawrence Prince）。几天前，"维达号"在运送了五百名奴隶到牙买加的罗亚尔港后从那里返航。该船的名字暗示了它参与的可怕贸易的性质。位于非洲西海岸几内亚海湾（Gulf of Guinea）边缘的维达王国（the kingdom of Whydah，有时也拼作 Quidah）是奴隶贸易非常活跃的地区，每年出口的奴隶多达两万名。[17]那里无疑是该地区最大的奴隶贸易港口，而英国的奴隶贩子则是这个王国最好的客户之一。

普林斯船长是奴隶贸易的老手，在非洲和加勒比地区之 183

间往返航行过多次，也很清楚海盗带来的威胁，所以他时刻保持着警惕。他知道跟随他的两艘船很可疑，不管他们挂着哪个国家的旗帜，普林斯依然选择逃离，而不是留下来确定自己的怀疑正确与否。

贝拉米和威廉姆斯花了三天时间，追逐了大约三百英里，才终于让"维达号"进入本方加农炮的射程范围。此时，普林斯已经毫不怀疑对方的海盗身份了，因为贝拉米和威廉姆斯用画着"死亡头骨和两根十字交叉的骨头"[18]的海盗旗取代了英国国旗。随着两艘海盗船的逼近，普林斯下令使用船尾的两门炮开火，然而炮弹落入水中，没有给对方造成任何损害。尽管做出了这种虚张声势的表态，但普林斯根本不想加入这样一场毫无胜算的对抗。"维达号"在火力上似乎比不上对方，就普林斯看到的来说，他才有五十五名船员，这个数目远不及两艘海盗船上的海盗数目。在权衡了各种可能性之后，普林斯命令手下停船并投降。

登上"维达号"的海盗们很快意识到自己交了好运。一方面，"维达号"本身是一艘比"苏丹娜号"或"玛丽安号"都更新、更好的船，船上有充足的空间放置更多武器；另一方面，船上载满了财富。普林斯船长在罗亚尔港用奴隶换来了糖、靛蓝染料和金鸡纳树的树皮①，此外还有大量金银。为了充分挖掘这艘战利品上的财富，海盗们将"维达号"驶入附近的巴哈马的长岛，把它及"苏丹娜号"和

---

① Sacred bark，直译为"耶稣会会士树的树皮"或"神圣的树皮"，其实就是金鸡纳树的树皮，可以用来制作抗疟药奎宁（quinine）。

第七章　财富和风暴

"玛丽安号"一起抛锚，停泊在一个避风的海湾里。

　　经过检查，海盗决定将"维达号"作为自己的旗舰，把"苏丹娜号"换给普林斯。在接下来的几天里，海盗们从"苏丹娜号"上转移了十门加农炮到"维达号"上，这样后者的武器数量就增加至二十八门炮，"苏丹娜号"上剩余的加农炮则储藏在"玛丽安号"的船舱中。金币的总价值被认定为在两万到三万英镑之间，分装成大约五十磅一袋，存放在"维达号"的主舱内。鉴于获得了这么多金银，其他货物几乎都失去了吸引力，所以海盗们把"大部分最好和最高档的货物"转移到普林斯的"苏丹娜号"上，直到再也装不下为止。除了财物的转移之外，也有人员的流动，但这种流动只能是单向的。普林斯的三名船员被强迫加入海盗的队伍，还有五名或七名船员自愿加入。最终，贝拉米给了普林斯价值略多于二十英镑的金银，"作为对他的补偿"。[19]

　　随着春天的迅速临近，贝拉米和威廉姆斯掉转船头向北驶去。他们计划直奔切萨皮克湾入口处的弗吉尼亚海角，花十天时间寻找掠夺目标，然后沿着海岸慢慢向北，一直航行到缅因中部的那些近海岛屿，并在那里洗刷和修理船只。威廉姆斯还想在布洛克岛停留一下，以便让他有机会探访自己的亲属，很可能也是要给他们送去一些财物。[20]

　　4月初，在距离南卡罗来纳海岸线约一百二十英里的地方，贝拉米和威廉姆斯俘获了一艘从纽波特开往查尔斯顿的商船。当海盗们从单桅纵帆船上掠夺财物时，商船船长比尔

（Captain Beer）被带到"维达号"上。[21]尽管威廉姆斯想要释放比尔和他的单桅纵帆船，贝拉米可能也支持他的意见，但海盗们最终的投票结果是把帆船凿沉。根据约翰逊的说法，在投票结束后，贝拉米是这样向比尔传达这个消息的：

> 他们不肯把单桅纵帆船还给你，对此我很遗憾，因为除非对我有利，否则我不愿意伤害任何人；该死的单桅纵帆船，我们必须凿沉它，尽管它对你有用。虽然你只是一个没什么骨气却傲慢自负的年轻人，就像所有那些甘愿遵循富人为保证自己的安全而设立的法律的人一样；因为除了这种方式以外，那些懦弱的小人根本没有勇气捍卫他们通过无赖手段获得的东西；但你们所有人都该受诅咒：诅咒他们是因为他们就是一群狡诈的流氓；诅咒你，是因为你为他们，为一群胆怯懦弱的傻子服务。这些无赖诋毁、污蔑我们，而他们的行为和我们的行为之间只有一个差别：他们在法律的掩护下劫掠穷人，这是真的，而我们则在自己的勇气的保护下劫掠富人。难道你不认为成为我们中的一员要好过跟在那些恶棍的屁股后面乞求一份工作吗？

比尔的回应是告诉贝拉米，"自己的良心不允许他打破上帝和人的法则"，但这只换来了贝拉米更多的长篇大论：

> 你是一个用心险恶的流氓！我诅咒你，我是一个自由的王子，我拥有向全世界宣战的权力，就像那些在海

上拥有一百艘帆船，在战场上拥有十万人军队的人拥有这个权力一样；这是我的良心告诉我的！但与那些痛哭流涕的傲慢小人争论这些是没有意义的，只要能讨上级的欢心，他们宁愿在甲板上被人当球踢。[22]

这是一段令人印象深刻的演说，在海盗相关的作品中被广泛引用，但几乎可以肯定的是，贝拉米根本没有这么说过。第一，没有同时期的关于这些内容的记录存在（约翰逊是在该事件发生数年后才记述了这些内容）。当被掠夺一空的比尔返回港口时，没有证据表明他将贝拉米的话记录下来，或分享给本地媒体。第二，这段话的措辞似乎过于华丽，充满了政治哲学的意味，不太像一个相对没受过什么教育，曾经是普通水手、后来成为海盗船船长的人说出来的。第三，贝拉米的第二段怒斥听起来与公元前四世纪时，据说发生在马其顿王国国王亚历山大大帝（Alexander the Great, the king of Macedonia）和被他俘虏的海盗之间的一段谈话的内容可疑地相似。当国王怒斥海盗怎么敢以武力夺取控制海洋的权力时，海盗回答说："你凭什么占领所有的地方；就因为我是靠一艘小船实现这个目标的，我就要被称为强盗，而你是带领着一支庞大的舰队做这件事，你就可以被称为国王。"[23]正如约翰逊书中包含的不少事件一样，贝拉米的演说似乎也是编造的。[24]

约翰逊写出这段话的原因可能与另一个事实有关：一名曾经在加勒比被贝拉米俘虏的水手后来宣称，这些海盗"假装自己是罗宾汉一样的人"[25]。约翰逊笔下的贝拉米似乎

186

认为自己和手下体现了类似的反叛精神，是在通过掠夺他们的财富来打击那些有钱有势的人。然而，贝拉米的手下说他们"假装自己是罗宾汉一样的人"这一事实，似乎意味着他们是开玩笑或嘲讽地说出这种话的。此外，这种主张与罗宾汉存在相似性的说法在海盗历史中是独一无二的，没有其他海盗提出过类似的主张。但是，即使贝拉米的船员，或其他任何海盗船船长的船员确实把自己视为罗宾汉一样的角色，那么他们的自私目标就是抢走富人或其他任何人的钱，然后把这些钱送给他们最关心的穷人——他们自己！海盗没有一个更广泛或完全无私的政治规划，他们受这种生活方式的吸引完全是为了获取财富，而不是推动社会变革。

在弄沉比尔的单桅纵帆船之后，贝拉米和威廉姆斯驶向弗吉尼亚。几天后，一场浓雾笼罩在大海上，两艘船都看不到对方在哪里。[26] 当雾气散尽时，贝拉米和威廉姆斯都发现自己的船只能独自在海上航行了。不过与其为这个困境而捶胸顿足或被自己的情绪影响，不如继续做海盗该做的，同时寄希望于两艘船最终会在缅因海岸外重逢，甚至可能在抵达那里之前就重逢。

在接下来的几周里，威廉姆斯只俘虏了两条价值不大的小船。在寻找目标的间隙，他去了一趟布洛克岛，把比尔船长带到岛上并释放了他。威廉姆斯探望了家人，又筹备了食物和其他物资，还带回三名船员，但他们是自愿加入还是被绑架到船上的就不清楚了。[27]

贝拉米的境遇也没好多少。在刚刚失散之后的几天里，他在弗吉尼亚海岸附近连续捕获了三艘小型商船。其中一艘

第七章　财富和风暴

被凿沉，另一艘被释放，第三艘被贝拉米保留下来。这艘名为"安舰"（*Ann Galley*）的鸟嘴船成为贝拉米的随行船，也为帮助洗刷和修理"维达号"提供了人手。贝拉米安排了十八个他信任的船员登上"安舰"，使该船上的船员总数达到二十八人，其中包括"安舰"上那些加入海盗队伍中的原始船员。之前在"维达号"上担任舵手的理查德·诺兰（Richard Noland）被选举为"安舰"的新船长。[28]

威廉姆斯和贝拉米俘获五艘船的消息让本地区的商人们陷入了恐慌。4月15日，一位弗吉尼亚商人通知贸易委员会，说"我们的海岸附近如今充满了海盗，上帝知道他们将会对贸易造成什么样的破坏"，因为担心被俘获，"船只都改为当天出海当天返回了"。从切萨皮克湾来的航运活动几乎陷入停滞状态。有商人恳求政府派遣更多的海军舰船加强保卫，并表示如果军舰不来，他"担心人们不久就会听到更多关于这些海盗造成的致命伤害的消息。这里的贸易理应得到王室更多的关注，而不是被抛弃在这种毫无保护的状态下"。[29]

在写完这封信后不久，这位焦虑的商人和他的同行们就获得了缓口气的机会，因为两支海盗队伍都离开了这一区域。贝拉米设定了驶向缅因的航线，4月26日清晨，他的小船队来到楠塔基特岛浅滩和乔治滩（George's Bank）之间，即科德角伸出的岬角以东的地方。与此同时，威廉姆斯则来到长岛顶端附近，与贝拉米相距约一百五十英里。[30]虽然他们都还不知道，但这一天将让他们的好运彻底变为悲剧。

4月26日上午九点左右，爱尔兰商船"玛丽安妮号"

（*Mary Anne*）的一名船员发现远处有两艘船正在向自己靠近。[31]这艘由安德鲁·克伦普斯利（Andrew Crumpsley）担任船长的商船，几天前从楠塔基特岛起航前往纽约。原本悬挂着英国国旗的"维达号"很快就来到"玛丽安妮号"旁边，贝拉米下令升起海盗旗，同时放下小船，派遣七名海盗划船过去，登上"玛丽安妮号"。这支七人组成的威慑小队中有五人"携带了毛瑟枪、手枪和短刀"[32]，其领头人是托马斯·贝克（Thomas Baker），他举着剑大步走到克伦普斯利面前，命令这名船长带着该船的所有相关文件和五名船员一起划小船到"维达号"上去。全部七名海盗和剩余的三名"玛丽安妮号"船员则留在"玛丽安妮号"上。

贝拉米仔细阅读了这艘船的货物清单，很高兴地看到船上装载着七千加仑的马德拉葡萄酒。[33]这是一种广泛流行的祭酒，出口自非洲西北海岸外一个长满绿色植物的小岛，该岛名为马德拉，归属于葡萄牙。贝拉米于是立即派出四名船员前去取一些回来，但他们遇到了障碍。"玛丽安妮号"的锚索被盘成一圈一圈的，压在通往储存葡萄酒酒桶的货舱舱口。海盗们没有尝试移动沉重的锚索，而是从主舱房里拿了五瓶"绿葡萄酒"[34]和一些衣服，就返回"维达号"了。

在"维达号"的带领下，贝拉米下令"玛丽安妮号"跟随他的船朝着西北稍偏北向航行。跟在最后面的是"安舰"。当时的能见度一直在恶化，到了下午四点，因为雾太大，贝拉米决定将船调至迎风方向，等它自动停住，以便让自己有时间考虑下一步该做什么。当"安舰"靠近"维达

华德·派尔于 1921 年创作的插画，题为《巴克尼尔海盗的装束很奇特》
（he Buccaneer Was a Picturesque Fellow）

上图：一枚面值两埃斯库多（约一个达布隆）的钱币的正反面，该钱币是 1556 年至 1598 年在西班牙塞维利亚铸造的，在 2010 年的拍卖会上拍出 1770 美元。

下图：1664 年的新阿姆斯特丹，注意画面中间部分标记的横穿整个曼哈顿岛顶端的墙（防御工事）。

右图：罗伯特·路易斯·史蒂文森的《金银岛》中收录的骷髅岛的藏宝图。岛屿偏左下的地方有一些文字，写的是"这里有大量财宝"，同时还画了一个红色的"X"标记出财宝埋藏的位置。

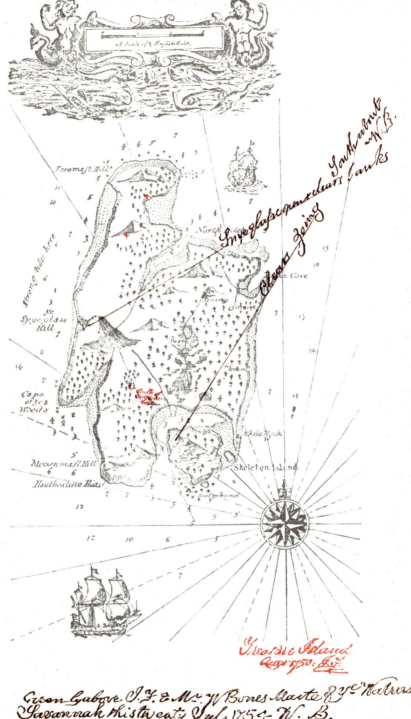

A Scale of 3 English Miles

Spye glass peure bears South about WB

Clean going

Foremast Hill

Strong Tide here

North Inlet

*ke Cove

*ye Spye glass Hill

Cape of ye Woods

Bulk of *augusto here

Whits Kick

Mizenmast Hill

Skeleton Island

Haulbowline Head

Foul ground

Treasure Island
Augt 1750. GvR

Given above by J.F. & Mr W Bones Maste of ye Walrus
Savannah this twenty July 1754 W.B.

Facsimile of Chart; latitude and
longitude struck out by J. Hawkins

十八世纪初期的威廉·基德的肖像，这幅画的作者是詹姆斯·桑希尔爵士（Sir James Thornhill）。

这幅画描绘了威廉·基德船长正迎接一位登上停靠在纽约港的探险船的女士,该画是让·莱昂·热罗姆·费里斯(Jean Leon Gerome Ferris)于 1920 年创作的油画的印刷版。

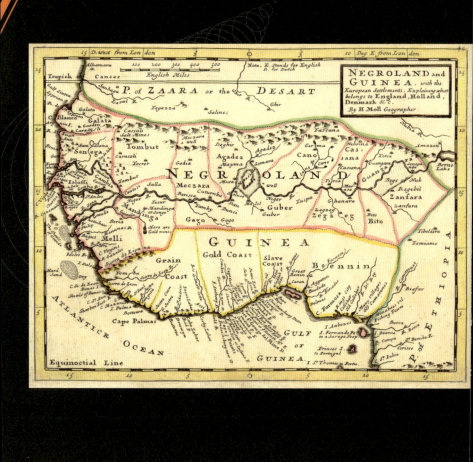

NEGROLAND and
GUINEA. with the
European Settlements, Explaining what
belongs to England, Holland,
Denmark &c.
By H. Moll Geographer

15 D. West from Lon don   5   0   5   10 Deg. E. from Lon don   40

Note, E. stands for English
D. for Dutch

100   200   300   400   500
English Miles

Tropick   Cancer

P. of ZAARA or the DESERT

NEGROLAND

GUINEA
Gold Coast   Slave Coast   Bennin

Grain
Coast

Cape Palmas

ATLANTICK OCEAN

Equinoctial Line

GULF
OF
GUINEA.

P. of ETHIOPIA

霍华德·派尔于 1921 年创作的插画，题为《接下来，真正的战斗开始了》（Then the Real Fight Began）。

A Plan of the *Town & Harbour* of **CHARLES-TOWN**

A S H L E Y — R I V E R

Explaination

A Granvills Bastion
B Craven Bastion
C Carteret Bastion
D Colliton Bastion
E Ashley Bastion
F Blake Bastion
G The Half-Moon
H the Draw Bridge & Lines
I Johnsons covered Half-Moon
K Watergate Bridge & Half-Moon
L the Pallisadoe
M the Creek on both sides
N Hog Island Roads
O Another Bridge or Katz landing
P the Minister House
Q the English Church
R the French Church
S the Presbyterian Meeting House
T the Anabaptist Meeting House
V the Quaker Meeting House
W the Court of Guard
1 Fosgion & Garrets Hous
2 Lamdock
3 M. Drifogne
4 Chevaliere
5 George Logan
6 Broglet
7 Starling
8 Elliott
9 M. Boyn
10 Nat.Law

Johnsons Fort

C O O P E R — R I V E R

Hog Island Point

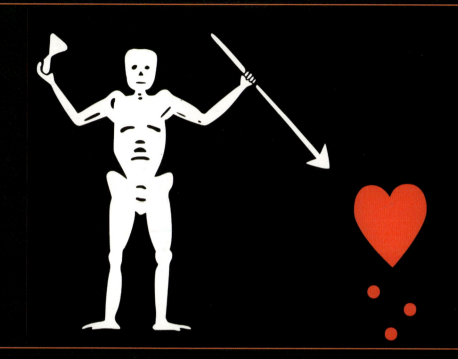

左上图：
一幅 1711 年北卡罗来纳殖民地地图，从中可以看出"查尔斯镇的城镇和港口规划"。

左下图：
威廉·贺加斯（William Hogarth）于 1729 年前后创作的油画，画中右侧的人物是伍兹·罗杰斯，中间是他的儿女，最左侧是一名女仆。

上图，爱德华·洛使用了与"黑胡子"所用的同样的海盗旗：骷髅一手举着一个沙漏，另一只手拿着一支长矛，长矛刺向一颗心脏，导致心脏还滴着血。

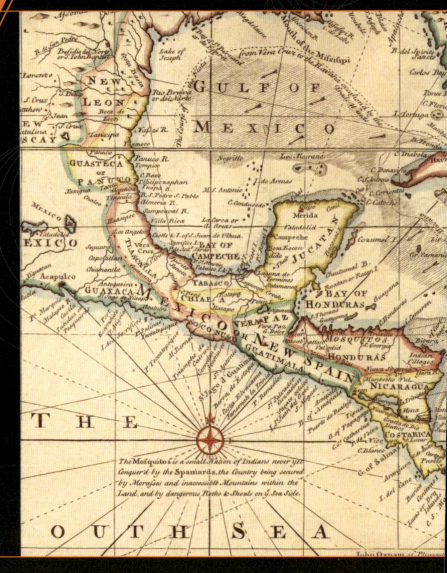

这幅 1720 年地图显示了加勒比地区及南美洲和北美洲连接处的海岸情况。

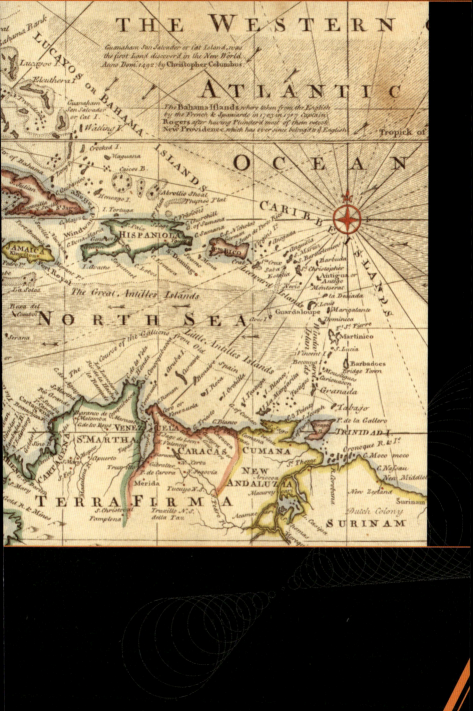

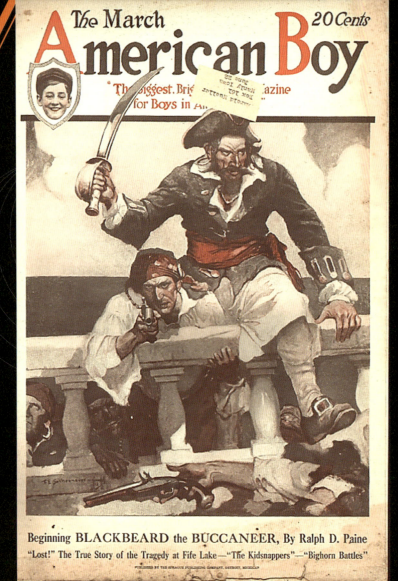

上图：
1922 年 3 月《美国男孩》(*American Boy*) 杂志使用了弗兰克·斯库诺弗（Frank Schoonover）的绘画作品作为封面，画中描绘的是黑胡子正带领手下冲锋。

右图：
鉴于获得使用约翰尼·德普（Johnny Depp）扮演的杰克·斯帕罗（Jack Sparrow）船长的图片授权许可太困难，这里使用的是加利福尼亚州好莱坞一名装扮成德普 / 斯帕罗的男子的图片——虽然不是德普本人的照片，不过此人模仿得非常像。

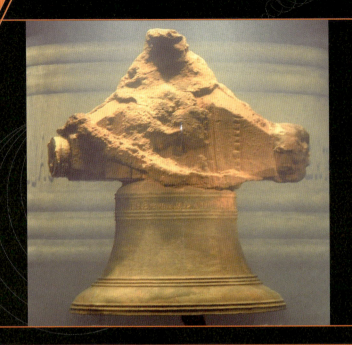

上图：

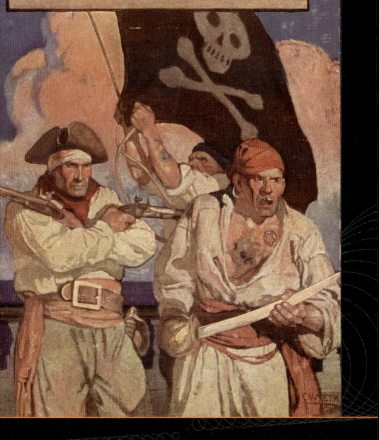

1911年版罗伯特·路易斯·史蒂文森的《金银岛》的封面，该插图的作者是纳撒尼尔·C. 韦思（Nathaniel C. Wyeth）。

上图：

该图展示的是 1926 年上映、由道格拉斯·范朋克（Douglas Fairbanks）主演的无声电影。道格拉斯是默片时代最著名的男演员之一，通常被称为"好莱坞之王"。他的儿子小道格拉斯·范朋克（Douglas Fairbanks Jr.）也是一位非常著名的演员。

下图：

为了纪念本书创作的完成，笔者的女儿莉莉（Lily）创作了这一小幅油画，画中的海盗船正在搜寻它的下一个袭击目标。

第七章 财富和风暴

号"的船尾时，诺兰告诉贝拉米，说他们几个小时前刚刚看到过陆地。这个消息让贝拉米非常担忧，因为他对这片水域并不了解，再加上雾这么浓，撞上海岸的可能性大大增加了。贝拉米考虑强迫克伦普斯利船长为他们导航，但后者对于当地的情况也不甚了解。不到半个小时之后，一个也许可以解决贝拉米两难处境的办法从雾气中显现出来。[35]

当贝拉米看到单桅纵帆船"费希尔号"（*Fisher*）[36]出现在海角以东约七英里处时，他叫住了这艘船，并询问它从哪里来。"费希尔号"的船长罗伯特·英戈尔斯（Robert Ingols）回答说，他们从弗吉尼亚出发，想要送一批烟草和皮革到波士顿去。贝拉米想要找的不是掠夺目标，而是能够帮助他的人，所以他的下一个问题是英戈尔斯是否熟悉这片海岸。当英戈尔斯给出肯定的回答之后，贝拉米就命令他放下小船，带着他的高级船员一起到"维达号"上来。[37]英戈尔斯的新工作是引导海盗船驶过海角，很可能还要引领它一直驶到缅因的海岸边。为确保"费希尔号"一直跟随他们，贝拉米派四名带着武器的海盗登上那艘船。

随着日光的消失，黑暗笼罩了海面，贝拉米在"维达号"的船尾挂上一盏灯，同时命令其他船只也照做，这样有助于他们在越来越阴暗的环境中不至于失散。贝拉米还向"玛丽安妮号"上的船员们大喊"跟紧点儿"，可海盗约翰·布朗（John Brown）"发誓自己已经尽全力追赶了"。[38]

如果贝拉米在"玛丽安妮号"上，他就会知道为什么这条船走不快了。一方面，它漏水严重，所以船员们不得不一直用泵抽水，以至于一些海盗负气地"咒骂"这条船，

189

说"希望自己从未遇到它"。[39] 另一个同样严重的障碍是酒精导致的。当天早些时候，贝拉米的手下西蒙·范乌尔斯特（Simon Van Vorst）警告"玛丽安妮号"的厨师亚历山大·麦克柯纳奇（Alexander Mackconachy）说，如果后者不能从船上"找来酒"，自己"就要扭断"他的脖子。[40] 鉴于这种致命的威胁，麦克柯纳奇和另外几个人一起将沉重的锚索从下层船舱的舱口挪开，然后从船舱里搬出几桶葡萄酒。从那时起，海盗们一直在尽情地喝酒，到夜幕降临时，他们都已经醉得不轻。这个问题之所以格外严重是因为，醉醺醺的海盗是在和比他们清醒的俘虏轮流掌舵。

海盗的不在状态并没有阻止他们抱怨俘虏的航行技术糟糕，麦克柯纳奇再次成为受指责的目标，托马斯·贝克威胁要"射穿他的头，因为他把船转向了迎风面"。为了强调自己的观点，贝克还说"开枪打死他就像打死一条狗一样容易，他就永远也没有机会上岸讲述自己的故事了"。[41] 在酒精的作用下，海盗们更大胆地吹起牛皮。贝克就撒了一个谎，他告诉一名俘虏"国王许可他们去寻求自己的财富，他们也发誓要这样做"[42] 另一名海盗补充说，他们会把这项许可"扩展到世界的尽头"[43]。

然而，在抵达"世界的尽头"之前，海盗们需要先设法通过科德角伸入海中的岬角，可这项工作似乎越来越危险了。从天色刚一黑开始，风力和海浪就开始增强，到晚上十点，海上掀起了真正的风暴，阵风强度甚至逼近飓风。闪电不时划过天际，雨水密集得像一张平着拍下来的水幕，海浪也翻滚得如山峰一样高。当时掌舵的人是"玛丽安妮号"

第七章　财富和风暴

上的高级船员托马斯·菲茨杰拉德（Thomas Fitzgerald），他已经看不到其他船只上挂的灯发出的灯光。到了十一点左右，他听到正前方传来破碎的可怕声音，并意识到从东面刮来的强风正在把"玛丽安妮号"推向岸边。船员们急忙收起船帆，并调整船头方向，试图缓缓驶离海岸，但在他们能够这样做之前，"玛丽安妮号"已经一头撞上奥尔良的波切特岛（Pochet Island），这里就位于伊斯特姆以南不远的地方。[44]

撞击事故让船上的人东倒西歪，但船体本身完好无损。为了减轻船体受到的压力，贝克拿起一把斧头砍断了前桅和后桅。菲茨杰拉德后来回忆说，一些海盗"大喊看在上帝的分上，让我们下到船舱里一起等死吧"。[45]在海浪对船体的持续猛烈攻击中，菲茨杰拉德听从了海盗的要求，就着一根蜡烛发出的颤抖的烛光，他给所有人读了一小时《公祈祷书》中的内容，给这些确信厄运将至的人们提供了某种安慰。

与此同时，已经向北航行更远的"安舰"和"费希尔号"也看不到"维达号"和"玛丽安妮号"了，但它们还能够看到对方。[46]听到远处传来的撞击声后，诺兰船长命令"安舰"和"费希尔号"抛锚停船。铁锚深深地扎进沙子里，尽管海浪汹涌，但两条船都保持住自己的位置。不过，"维达号"就没有这么幸运了。

当其他三艘船上的人都在想方设法避免沉船的时候，贝拉米和他的手下也在相当于今天的韦尔弗利特（Wellfleet）

海岸线外进行同样的战斗，当时那里还属于伊斯特姆的一部分。① 贝拉米已经下令抛下半吨重的船锚，但依然无法抵挡过于强大的风暴。"维达号"拖着船锚撞上了距离海岸还有大约一千英尺的沙洲，这里大概位于"玛丽安妮号"撞击地点以北十英里外。巨大的冲击导致船上的海盗都飞了出去，船上的加农炮和货物也像炮弹一样在甲板上横冲直撞，碾压或撞伤了任何挡在它们面前的人。这次撞击及后来持续拍打船身的海浪让"维达号"粉身碎骨，船上的物品和船身碎片散落的范围绵延四英里以上。当船的框架结构彻底破裂时，那些在最初的碰撞中没有掉下船，也没有被拍击在甲板上的巨浪卷走的船员，最终依然难逃掉进冰冷刺骨的大西洋的厄运。②[47]

无法确定在发生撞击那一刻"维达号"上有多少人，报道的数字从一百三十到一百六十三人不等。[48]然而，无论这个数目是多少，最终幸免于难并能够游到岸边的人只有两个——约翰·朱利安（John Julian）和托马斯·戴维斯（Thomas Davis），而这个海盗故事最主要的"作者"——贝拉米本人，则在狂风暴雨下的汹涌海水中遭遇了一个不体面的结局。

---

① 韦尔弗利特一直属于伊斯特姆边缘的一部分，经过长达四十年的请愿，这里于 1763 年获得了单独成镇的身份。

② 有些人利用"维达号"是在伊斯特姆海岸线外撞毁的这个事实来证明，贝拉米实际上正要前往伊斯特姆去探望他一生的挚爱玛丽·哈利特。然而，没有证据表明贝拉米有这样的打算，甚至如前面已经讨论过的那样，也没有证据证明贝拉米和哈利特彼此认识。相反，所有已知的证据，包括后来接受官方审问的威廉姆斯的一些船员留下的线索都暗示，贝拉米和威廉姆斯的目的地都是缅因，而非科德角。不过，关于贝拉米和哈利特之间的罗曼史的猜测确实可以编一个好故事。

第七章　财富和风暴

朱利安[49]要么是来自科德角的印第安人，要么是来自中美洲的莫斯基托印第安人（Moskito Indian）。戴维斯则是一个未婚的二十二岁的威尔士人，他曾经是"圣米迦勒号"（*St. Michael*）上的木匠，那艘船是贝拉米和巨鹰在 1716 年 12 月俘获的商船之一。戴维斯一直不愿意和海盗一起走，当贝拉米强迫他登上"维达号"时，戴维斯让贝拉米保证会在俘虏到下一艘船后立即释放他。然而当这个时刻到来时，贝拉米却忘记了自己的承诺，反而让船员们投票决定戴维斯的命运。结果船员们全都反对放走木匠，他们不仅诅咒他，还说与其让他离开，不如"开枪打死他，或者把他绑在桅杆上，用鞭子抽死"。[50]

游到岸边还只是戴维斯和朱利安需要经历的磨难的开始。他们必须顶着狂风暴雨费力登上的可不是一片平缓的沙滩，而是一面部分地方有近八十英尺高的陡峭沙崖。海边的碎浪依然会拍到他们身上，他们的体温下降得很快，体力也在迅速消耗，而且每次他们想要抓紧或踩实沙子堆积而成的崖壁表面时，沙子就会大片地坍塌陷落。不过两人最终还是设法爬了上去。4 月 27 日凌晨，他们终于爬到崖顶，这几乎用尽了他们所有的力气。两人就此各奔东西，朱利安在第二天及随后一段时间的行踪无人知晓，戴维斯则开始朝内陆走，到凌晨五点时，他在距离悬崖边缘约两英里的地方，敲响了当地农民塞缪尔·哈丁（Samuel Harding）的家门。[51]

起初，哈丁因为这么早被一个陌生人吵醒而感到厌烦，但当戴维斯告诉他自己是谁，以及是如何到达这里之后，哈丁兴奋得几乎要晕厥了。科德角上的居民都把沉船视为大好机会。从有船在海上航行开始，世界各地的沿海居民群体没有不借沉船为自己牟利的。他们会打捞任何有价值的东西——才不管失事船只的所有者或政府对这些东西可以主张什么权利。对于这些所谓的牟利者来说，他们能够从海滩上或海水中打捞到的东西就像是神赐的吗哪①。在美国俚语中，这些借沉船牟利的人通常被称为"诅咒月亮的人"[52]，据说他们会祈祷黑暗和多云的夜晚，因为这种天气里更容易发生沉船事故。他们还被认定会诅咒明亮的月光，因为它会帮助水手看清航线。在十八世纪晚期，来自英国锡利群岛（Isles of Scilly）的约翰·特劳特贝克牧师（Reverend John Troutbeck）成为所有打捞沉船者梦想的代言人，因为他曾这样恳求神的帮助："主啊，我们向您祈祷，不是祈祷沉船发生，而是祈祷如果有任何沉船注定要发生，请您将它引导到锡利群岛，好让这里的贫苦居民受益。"[53]同样的哲学也激励着哈丁和他的科德角同乡们，唯一的区别是他们把这句话中的锡利群岛换成了科德角。

　　哈丁很清楚，撞沉的不是什么普通船只，而是一艘海盗船，这意味着人们有可能打捞到非常有价值的东西。所以哈丁没有让这个筋疲力尽的木匠在壁炉旁休息，而是给了戴维斯一条保暖的毯子，让他爬上准备好的马车，带着自己返回

---

① 吗哪（manna），有"这是什么"的意思，在《出埃及记》中，以色列人看见这东西，不知道是什么，就彼此询问："这是什么？"摩西对他们说："这就是上主给你们的食物。"（16：15）以色列人把这食物叫吗哪。它像芫荽子，白色的，吃起来像搀蜜制成的饼。（16：31）——译者注

第七章 财富和风暴

沉船地点。消息传开前，哈丁就在沉船地点和家之间往返了两趟。到早上十点，已经有十来个人在海滩上搜寻了。到这一天结束之前，搜寻者的数量又大大增多了。那时的人们不仅仅在海滩上搜寻，还到就在海岸边不远处的"维达号"残骸上翻了个遍。沉船打捞者们也会搜寻人类遗体。随着时间的推进，越来越多的尸体被冲上岸，打捞者们会对尸体进行检查，这种令人毛骨悚然的活动的目的是寻找值钱的东西，包括珠宝、钱币和银锁扣。正如一位观察者指出的那样，伊斯特姆和其他附近城镇中前来参与打捞沉船活动的良民们当天"收获了大量财富"[54]。

与此同时，"玛丽安妮号"基本上经受住了狂风暴雨的袭击。第二天黎明时分，十位幸存者跳出船舱，登上波切特岛，在那里吃着蜜饯，喝着从船舱里取来的葡萄酒，度过了几个小时。贝拉米的手下们匆匆编造了一个隐瞒身份的说辞，他们让三名"玛丽安妮号"的船员称布朗为船长，还说他们和其他海盗一样是他的船员。

十点左右，两个本地人，约翰·科尔（John Cole）和威廉·史密斯（William Smith）发现了"玛丽安妮号"和聚集在船只附近的人，于是他们划着独木舟到岛上查看。这两个人显然并没有怀疑什么，因为他们将十名船员摆渡到大陆上，还带他们去了科尔家。科尔为他们提供了茶点。他注意到这些男人"看起来非常气馁和沮丧"[55]，他们迫切想知道前往罗得岛的最快方式（很可能是希望在那里找到贝拉米的犯罪同伙威廉姆斯，也可能是为了向他的亲朋寻求庇护）。突然间，麦克柯纳奇大胆地抛弃了海盗编好的说辞，并向主人揭发坐在他火炉周围的七名男子是海盗，而自己和另外两人则是在前一天刚被他们俘虏的。身份暴露的海盗们从房子里冲出来，并强行带走了他们的俘虏。

海盗一离开，科尔就把这些情况报告给治安法官兼大议会成员约瑟夫·多恩（Joseph Doane），后者随即组织了一支小型武装队去追捕那些人。海盗们离开后直奔附近的伊斯特姆酒馆，可能是为了从那里购买马匹作为逃跑工具，多恩就是在这里抓到他们的。在他的审问下，海盗们坦白了罪行。于是多恩将海盗和"玛丽安妮号"的船员们带到巴恩斯特布尔监狱（Barnstable jail）。不久之后，多恩把戴维斯和朱利安也关了进去。又过了几天，所有囚犯都骑着马被转移到波士顿的监狱中，他们将戴着沉重的镣铐在那里等待命运的审判。[56]

在这些海盗被押送到巴恩斯特布尔监狱的同时，"安舰"和"费希尔号"已经驶离了。这两艘船靠船锚固定抵挡住了暴风雨的打击，尽管船上的人还不知道其他船只遭遇了什么，但风向刚变为将船只向远离海岸的方向吹去后，这两艘船便收起船锚，向东驶离了科德角。行驶大约十英里之后，诺兰船长命令"费希尔号"上的人带着任何有价值的东西转移到"安舰"上来。"费希尔号"的桅杆被砍断并扔下船，舱口也保持着打开的状态，这样这艘弃船很快就会从依然波涛汹涌的海面上沉没。"安舰"继续向北驶向缅因海岸。诺兰仍然希望能与贝拉米和威廉姆斯在那里重聚。[57]

第七章　财富和风暴

多恩直到 4 月 28 日星期天早上才来到"维达号"的失事现场。海滩上的活动非常热闹。就像秃鹫飞落到尸体上一样，最远来自二十英里外的两百多名科德角人蜂拥到沉船地点，将他们从水中、从海滩上，以及从分散在附近的一百零二具尸体上发现的所有有价值的东西都捡走了。多恩警告这些贪婪的打捞者，说打捞上来的任何物品都属于国王所有，他还命令打捞者把他们找到的东西都还回来。然而结果毫不令人意外，还回来的都是些没有价值的东西。[58]

事故发生后没几天，马萨诸塞殖民地总督塞缪尔·舒特（Samuel Shute）收到了汇报，于是命令西普里安·索萨克船长（Captain Cyprian Southack）前往失事地点，并尽可能寻回一些有价值的物品。索萨克是一位居住在波士顿的著名制图师和私掠者。他于 5 月 3 日抵达事故现场，却遭遇了联合阻挠。在得知当地居民都做了什么之后，他以总督的名义要求他们交还打捞的东西，还威胁说为了找到他们可能藏匿的东西，有必要的话他会搜查他们的住所和营业场所。[59] 但"这些人非常固执"，索萨克后来回忆说，他们不会"放弃任何从沉船上打捞到的东西"。[60] 即便是在几天之后看到了总督发布的公告，要求所有居民将从沉船上找到的任何"钱币、金锭、银锭、财宝、货物和商品"[61] 都交回来，拒不交出者将受到惩罚时，从不轻易流露内心情感的科德角人依然坚持自己的立场。他们显然已经决定，他们从沙子中找到，从浅滩里拖出来，从被冲上岸的尸体上扒下来的所有财富都应该用来造福他们和他们的后代，而不是送到殖民地或王室的金库中。

　　索萨克亲自组织的打捞工作更有成效一些。他不仅在沙滩上搜寻，还派人划着捕鲸小艇到沉船周围的水域中搜寻，但这种尝试受到持续的恶劣天气的阻碍。最终，索萨克只找回了不多的东西，包括被切断的缆绳、船帆、两门加农炮、两个船锚和一些家具。接下来的几个月内，这些物品在波士顿的两次公开拍卖会上拍出了二百六十五英镑的净利，这些钱被汇到索萨克的账户上，以补偿他在科德角进行打捞的花费。[62]

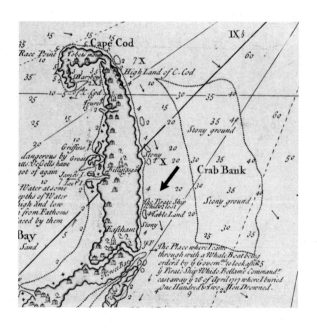

图 58　西普里安·索萨克绘制的 1734 年前后马萨诸塞殖民地地图的细节。索萨克在粗箭头（地图原件中没有）指向的地方写下"海盗船'维达号'消失"几个字。在这句话下面偏右的地方，索萨克写了更多文字，以向读者说明他埋葬了 102 名因沉船而淹死的遇难者遗体

第七章　财富和风暴

　　据他们的一名船员说，威廉姆斯和贝拉米在离开加勒比地区之前就已经说好，大家最终都到缅因的伊丽莎白角（Cape Elizabeth）海岸外的里士满岛（Richmond Island）会合。但由于一些我们不知道的原因，在离开科德角后，"安舰"驶向了距离里士满岛近五十英里外的蒙希根岛（Monhegan Island）。海盗们在那里等了一个多星期也没有等来"维达号"，但在等待的同时，"安舰"还派出一条大艇在该区域中进行了一些成功的海盗袭击活动。5月9日，沮丧的安舰船员放弃了等待，起航返回加勒比地区。[63]

　　在长岛尖端附近熬过暴风雨之后，威廉姆斯驾驶"玛丽安号"向北朝缅因方向驶去，沿途还俘获了四艘小型商船，其中一艘船被他保留下来，为的是在洗刷和修理"玛丽安号"时使用。5月18日，威廉姆斯抵达里士满岛，[64]但只在那里停留了一两天，就朝东北方向三十英里外的达马里斯科岛（Damariscove Island）驶去，并在那里和船员一起把他们的船清洗干净。[65]威廉姆斯仍然想知道"维达号"及其随行船只出了什么事，因此于5月23日从达马里斯科岛起航南下。两天后，他在普罗温斯敦（Provincetown）附近拦下来自马萨诸塞塞勒姆的斯库纳纵帆船"燕子号"（Swallow），这艘船的船长给他带来了可怕的消息。他告诉威廉姆斯说"维达号"已经失事，幸存下来的贝拉米的船员都被关押在波士顿的监狱里。无论人员上还是经济上的损失，对于威廉姆斯和他的手下们来说一定都是难以承受的。他们的许多朋友和伙伴不是命丧大海就是被关进监狱，他们从加勒比地区的数十艘船上抢来的巨大财富也不复存在了。威廉姆斯和他的手下无疑会感到非常沮丧，他们诅咒自己的坏运气，然后像"安舰"上的人一样返回了加勒比地区。[66]

"维达号"失事之后，舒特总督体会到一种混合着狂喜、愤怒和担忧的复杂情绪。让他狂喜的是海盗船在海岸边沉没了，幸存者也都被顺利地关进监狱，在那里等待审判。在某个时刻，他甚至感谢上帝"守护我们的海岸，亲手解决了这么多邪恶的海盗，他们原本都是计划来抢劫和糟蹋我们的财物的"[67]。让他愤怒的是打捞者和其他科德角居民的行为——他们选择囤积他们找到的财物，而不是把这些东西上交。让他担忧的则是那些离开的海盗接下来会做什么。

贝拉米的手下被送到波士顿的监狱里没几天，舒特的担忧就变成了现实：当"玛丽安号"在马撒葡萄园岛海岸外掠夺了两艘商船，并强迫一名男子加入他们的队伍的消息传来时，舒特正在新罕布什尔处理一些总督分内的工作。在他缺席的情况下，副总督威廉·达默（William Dummer）立即采取了行动。他命令英国皇家海军"罗斯号"（HMS Rose）护卫舰和一艘有九十名船员的殖民地单桅纵帆船去追踪"玛丽安号"和"安舰"，因为人们担心后一艘海盗船可能也会继续狩猎。与此同时，达默宣布实施为期一周的禁运，不让任何船只离开殖民地港口，借此减少海盗捕获更多战利品的机会。

整个地区都进入警戒状态。罗得岛总督塞缪尔·克兰斯顿同样为"玛丽安号"最近实施的袭击感到震惊。他下令派出"两艘装备精良、人员齐整的单桅纵帆船"[68]去"追捕海盗"[69]。他还给其他总督写了一封短信，说自己最热切的

第七章　财富和风暴

希望是上帝保佑舒特的努力，让他"突袭成功，并抓到那些靠猎捕目标为生的没人性的恶棍，那样我们的航行活动才能变得更加安全和有保障"[70]。

追击的努力最终都失败了，当皇家海军军舰"罗斯号"于5月下旬停止继续搜寻时，"安舰"和"玛丽安号"都已经离开了新英格兰水域。在沿着海岸线南下的航程中，威廉姆斯和"玛丽安号"还让更靠南的那些殖民地陷入恐慌，因为他在新泽西、特拉华、弗吉尼亚、北卡罗来纳和南卡罗来纳的海岸线外抢劫了多艘船只。被追逐的船只中有一艘曾尝试逃脱，但失败了，在这艘船被俘获后，威廉姆斯因为船长的大胆而对他进行了"野蛮的殴打"[71]。威廉姆斯及其手下从他们不幸的受害者那里抢走的物品包括衣物、船帆、索具、面粉、葡萄酒、加农炮和三百五十盎司的银子。这些银子本来被埋在船上的压舱物中，以确保其安全，但当威廉姆斯威胁他们，如果不把所有财物都交出来就把船烧掉后，船长最终不情愿地把银子挖了出来。

顽强抵抗的船长并不是威廉姆斯在沿海岸线南下时遇到的唯一问题。在新泽西的桑迪胡克（Sandy Hook）附近，"玛丽安号"上那些被强迫加入的船员试图发动哗变，但威廉姆斯和他的忠实支持者们狠狠地镇压了他们。在混战中，有五六个哗变者受伤，他们的伤势本来都不致命，但其中三人最终被威廉姆斯吊死在桁端①上。最终，在美洲海岸线外

---

① 帆桁（yard）是桅杆上横向的原木，用以支撑船帆；桁端（yardarm）是帆桁靠外的顶端。

施加了数周的恐怖威胁后，"玛丽安号"继续向南驶去。[72]

从此以后，威廉姆斯基本上从历史记录中消失了。最后一次有人见到他是在 1720 年的非洲海岸外，当时他是一艘由巨鹰担任船长的双桅帆船上的舵手。巨鹰就是那个在 1716 年时曾与贝拉米和威廉姆斯一起航行过的海盗。威廉姆斯对于这种降职处理似乎并不满意，因为巨鹰的囚犯们都知道，威廉姆斯喜欢别人称呼他为"船长"[73]，这种奉承是能够让他展示出友善一面的最佳方式，如果他心中还有哪怕一丁点儿友善可展现的话。

贝拉米的手下们在监狱里苦苦等到 1717 年 10 月才开始接受审判。但在此过程中，他们并没有完全被遗忘。在他们被监禁时光的末期，科顿·马瑟多次前来探访他们，并不遗余力地劝说他们悔改。马瑟还复述了一个在整个殖民地里一直传播的故事。他声称，在"维达号"失事后，海盗们"令人发指地杀死了所有俘虏……以免他们作为证人指证自己。在船沉没不久之前，连岸上的人都能听到那些悲伤的呼号；在被冲上岸的尸体上还发现了血腥的伤口：这两点就是证实这个说法的关键"[74]。这听起来是个精彩的故事，但它完全是编造的。海盗们当时都忙着保住自己的性命（结果并不成功），哪有时间谋杀任何人？不算被强迫加入海盗队伍的人，当时在"维达号"上的"俘虏"仅有克伦普斯利船长和他的五名船员；没有证据表明他们，或其他任何被冲上岸的尸体是被谋杀的。至于所谓的"悲伤的呼号"，或是从这艘在劫难逃的船上传出的任何喊叫声，都被强风的呼啸和大浪的拍击声盖过去了，那才是岸上人唯一能够听到的声音。

　　虽然共有九名海盗被捕，但只有八人被送上波士顿海事法院的审判席，因为身为印第安人的朱利安显然是被当作奴隶卖掉了。[75]针对这些人共进行了两场审判。第一场是在10月18日开始的，受审的是"玛丽安妮号"上幸存的七名海盗。第二场是在10月28日开始的，受审的是除朱利安之外，"维达号"上的唯一幸存者托马斯·戴维斯。在这两场审判开始时，代表王室的律师詹姆斯·史密斯（James Smith）描述了海盗作为"人类的敌人"带来的可怕灾难，他们通过卑鄙的行为让自己陷入了低劣和特别不光彩的处境。史密斯用庄重的语调说道："他不能要求君主的保护，不能享受作为任何国家公民的权利，也不能享受法律的益处；他既被剥夺了共通的人性，也没有自然的天性，对于他来说，信仰、承诺或誓言都不需要遵守，他也不需要被与野蛮凶恶的禽兽区别对待，所有人都依法有权消灭这样的禽兽。"[76]

　　在第一次审判中，针对七名男子的指控仅涉及俘虏和劫掠"玛丽安妮号"，而没有提到先前进行的任何海盗行为。所有人都做了无罪辩护，宣称自己是受贝拉米强迫才加入他的海盗队伍的。史密斯试图驳斥这种理由，他认为这些人并没有受到强迫，即使他们曾经被强迫，那也"永远不能成为原谅他们罪行的借口，因为有必要这么做并不是让他们直接违反神圣和道德法律的正当理由，也不能授予任何人犯罪的自由"[77]史密斯断言他们有罪，因为他们显然实施了海盗行为，而且当他们有机会驾驶"玛丽安妮号"逃离，从而放弃海盗活动的时候，他们依然盲目地跟随着贝拉米，直

200

到遭遇厄运。

法庭认定七人中的六人罪名成立，并被判处绞刑。最后一个名叫托马斯·索斯（Thomas South）的被告被判无罪。法院根据多名证人的证词，认定索斯确实是被迫的，而且没有参与过海盗行为。相反，他登上"玛丽安妮号"时没有携带任何武器，对其他船员也是"礼貌和友善的"[78]，他还向他们中的一个人透露过自己一有机会就要逃离海盗船的计划。

在第二场审判中，戴维斯被指控是贝拉米团伙中的一员，因此参与了夺取"维达号"，及在弗吉尼亚海角附近强占另一艘船的活动。索斯的证词，以及戴维斯的一些前同船船员的证词，让法院相信戴维斯是被迫的，并且没有积极参与海盗的劫掠活动，所以他最终被判无罪。听到这一消息的戴维斯双膝跪地，大大地感谢法官的仁慈。法官们则告诫他以后要避免陷入这样的麻烦。

11 月 15 日星期五，六名被判绞刑的男子从监狱走到位于哈得孙角的处决地点。马瑟陪伴他们走完了这段他所谓的"漫长而悲伤的路程"，最终抵达"死亡之树"。他说自己在那里"与他们一起，也与众多围观者一起，尽可能有针对性地做出了对他们有益的祈祷"[79]马瑟后来出版了一本记录了他与海盗们谈话内容的小册子。在他的讲述中，这些谈话里充满了海盗诚心认罪和渴望获得救赎的情节。在描述了海盗被执行绞刑的严肃场景后，马瑟在小册子的结尾处做出一个大胆惊人的声明——"看吧，读者们，这就是海盗的终结！"[80]他真的是大错特错了。

第八章

绅士海盗和黑胡子

图 59　1726 年版约翰逊的《海盗通史》中描绘的黑胡子

从 1717 年 4 月底"维达号"撞船沉没到同年 11 月贝拉米的手下被处决的这段时间里，海盗问题一直困扰着美洲殖民地。除了威廉姆斯实施的掠夺之外，巨鹰也发动了几次造成重大损失的攻击，[1]其中一次是在北卡罗来纳海岸线外俘获一艘新罕布什尔商船。巨鹰的手下残忍地殴打商船船长，还用刀剑砍伤了他，然后威胁说在放他走之前先要剥了他的皮，并把他放在火上烧。一连串的攻击事件促使费城最成功的商人之一，也是后来成为该市市长的詹姆斯·洛根（James Logan）在年底前给一位朋友写信抱怨说："如今蜂拥到美洲的海盗令我们不堪其扰，他们每俘获一艘船，海盗的数量就会更多。"[2]在所有这些海盗中，有两个人成为历史上最臭名昭著，但也最令人着迷的海盗。让他们出名的不是他们在 1717 年的海盗活动，而是他们在随后一年中的大胆捕获，还有这两人交织在一起，并最终走向暴力终结的充满戏剧性的海盗生涯。这两个人就是"绅士海盗"斯特德·邦尼特和通常被称作"黑胡子"的爱德华·萨奇（Edward Thatch）。

邦尼特 1688 年出生于巴巴多斯一个兴旺的蔗糖种植园主家庭，他在人生初期就享尽了富人能够拥有的一切特权。[3]邦尼特身边从来不缺少仆人和奴隶的服侍，他接受的是一种自由宽容的教育，学会了要享受生活中更美好的事物；父母去世后，种植园一直由他人代为监管，但邦尼特非常熟悉经营工作，到 1708 年，他已经完全准备好接管这项家族产业。又过了一年，二十一岁的邦尼特迎娶另一个种植园主的女儿玛丽·奥勒姆比（Mary Allamby）为妻，他们在巴巴多斯的首府，也是其主要港口的所在地布里奇敦（Bridgetown）定居。到1717年，这对夫妇已经生了四个孩子，但其中一个在不满一岁时夭折。邦尼特还有一个"少校"[4]的头衔——这显示了他在该岛上的地位，他在这里"受到普遍的尊重和敬仰"，并被看作一位"声誉良好的绅士"。[5]

图60　1695年前后的巴巴多斯布里奇敦的景象

　　在此时，甚至更早，邦尼特的朋友和同事们就开始注意到他患有"某种精神紊乱，其程度已经严重到"[6]无法被忽视，而且他的举止也变得不符合他的社会地位。一些人推测，邦尼特在行为上的突然改变是由于抑郁，甚至是精神失常导致的，其他人则将问题的根源归结于他在婚姻生活中遏制的一些"不快"[7]。

　　不是在1716年末，就是在1717年初，邦尼特委托制造了一艘重达六十吨、装备十门炮的单桅纵帆船，并给这艘海盗船取名为"复仇号"（*Revenge*）。[8]我们不知道邦尼特为什么会决定抛弃他的种植园和家人，改行做一名海盗。

他当然不能把这个意图告诉他的造船工人、种植园主朋友们，或任何地方官员。多年来，海盗依靠袭击从巴巴多斯出发或返回巴巴多斯的船只获利匪浅，但这给这个岛带来了重大损失。岛上正直的公民们肯定不会对一个打算成为海盗的自己人表现出友好——如果他们知道他的计划，肯定还会制止他。所以，邦尼特可能是声称他要做一名私掠者，而且很快会从牙买加总督，或其他某个英国在加勒比地区中的前哨站的管理者那里获得打击海盗的许可。这很可能也是他给妻子玛丽讲的说辞，如果那时他们之间还说话的话。

在为自己的冒险活动招募船员时，邦尼特很可能是在布里奇敦的酒吧和码头接近目标的，他可能还悄悄地告诉他们，加入他的队伍意味着成为海盗而不是私掠者。他将向船员支付薪水，而不是按照在海盗和私掠者中间通行的惯例那样，让他们参与战利品分成，这样的做法至少可以说是不同寻常的，无疑也使一些打算加入他队伍的人目瞪口呆。尽管有这种经济上的奇特安排和邦尼特不具备任何航海经验的事实，但他肯定非常有说服力，因为1717年春天起航的"复仇号"上招满了一百二十六名船员。[9]

除了人们能够想到的那些基本物资，包括食物、水、朗姆酒、炮弹、火药、索具和船帆之外，"复仇号"上还带了一些至少对于海盗船而言极不寻常的物品。邦尼特并不想完全割断自己与被他置之脑后的生活之间的联系，所以他的船长舱房里摆满了从他的私人藏书室里拿来的书。不过，这就是他想要保留的唯一联系了。为了隐瞒自己的身份，也是避免玷污家族姓氏，邦尼特要求他的船员在航行期间称他为爱德华兹船长（Captain Edwards）。

图 61　1725 年版约翰逊的《海盗通史》中描绘的斯特德·邦尼特

作为一名海上新手，邦尼特不得不完全依靠他的船员们来驾驶这艘船，他的命令是前往弗吉尼亚海角。尽管邦尼特是一个没有经验的海盗头领，但"复仇号"在从春末到夏初的这段时间里取得了相当大的成功。他们的游弋范围是在海角附近，向北最远抵达过长岛东端。"复仇号"在这里共掠夺了五艘商船，并烧毁了其中一艘。到 8 月末，邦尼特和他的手下来到南卡罗来纳查尔斯顿[10]的海岸线外（这里当时还被称为查尔斯镇，以纪念英格兰国王查理二世——1783 年改名为查尔斯顿）。

查尔斯顿是南卡罗来纳殖民地的首府，也是该区域里最大的城市，人口数一直维持在三千左右，这些人中的大部分都居住在半岛尖端的一片面积六十二英亩、地势较高且相对干燥的区域内，因为这个位于阿什利河（Ashley River）与库珀河（Cooper River）交汇处的半岛上的其他地方都是沼泽和湿地。在城中宽阔笔直的土路上总是可以看到形形色色的人物，有富裕的种植园主，也有农民、商人、小贩、水手、印第安人、妓女、契约仆人，以及数量越来越多的奴隶。正如一位给这个城镇撰写编年史的作家说的那样："这是一个属于不同国家、不同种族的群体的大杂烩，是会聚了各种语言和声音的巴别塔。"[11]

查尔斯顿是美洲殖民地上唯一一座设有防御工事的城镇，它的周围环绕着保护其免受袭击的、用泥土和砖块建成的围墙。[12]南卡罗来纳盛产水稻及从长叶松中提取的松脂制品（焦油、沥青和松节油），经营这些产业的种植园几乎完全依赖于奴隶提供的劳动，所以这里进口的奴隶比其他任何殖民地都多。奴隶都会被送到查尔斯顿，在那里通过拍卖售给出价最高的人。这些被束缚之人真的可以说是像洪水一样

207

源源不断地涌入着，所以该殖民地中的黑人数量会超过白人也就不足为奇了，二者之间的比例几乎达到二比一。[13]

往返于查尔斯顿繁忙港口的海运船只不得不在险恶的查尔斯顿沙洲（Charleston Bar）中航行，这是位于城镇东南方向八英里外的一系列隐藏在水面之下的浅滩。"复仇号"就停泊在沙洲之外，等待着受害者自己驶过来。8月26日，有两艘船落入陷阱。第一艘是以托马斯·波特（Thomas Porter）为船长的双桅帆船，它本来计划驶向波士顿；第二艘是从巴巴多斯驶来的，以约瑟夫·帕尔默（Joseph Palmer）为船长的单桅纵帆船。邦尼特没有在如此接近查尔斯顿的地方抢劫两艘船上的财物，因为这可能会引起城中人的警惕。他将这些船带到北卡罗来纳海岸线上一个僻静的水湾中。在抢走帕尔默船上的朗姆酒和糖之后，邦尼特的手下开始利用他的单桅纵帆船来洗刷和修理"复仇号"，用完就把单桅纵帆船烧毁。接下来，海盗又将注意力转移到那艘双桅帆船上，抢光了它的货物、船锚、缆绳以及几乎所有的索具和船帆。帕尔默、他的船员及他本来要运送的奴隶最终都被转移到这艘双桅帆船上，而"复仇号"则驶向别处。[14]

被邦尼特丢弃在这里的双桅帆船处境糟糕。在船上几乎不剩任何船帆和索具的情况下，波特只能很缓慢地沿着海岸向南航行，很快他就"不得不让"包括奴隶在内的船上的大多数人，"划着他的小艇上岸去，否则他们都会因为物资缺乏而被饿死"。[15]这艘双桅帆船最终于9月中旬抵达查尔斯顿，此时邦尼特和他的手下已经回到拿骚。当帕尔默向当地政府报告自己遭遇"复仇号"的经历时，他还提供了一条有趣的信息。虽然"复仇号"的船员都称他们的船长为爱德华兹先生，但帕尔默知道这不是他的真名：来自巴巴多斯的他认出了邦尼特少校，并且把这个犯罪的海盗的真实身份告诉了当局。[16]

在前往巴哈马的路上，"复仇号"遇到一艘西班牙军舰。一个谨慎的海盗，特别是一个驾驶着仅装备了十门炮的单桅纵帆船的海盗是不敢与如此强大的敌人纠缠的，而是应该以最快的速度避开对方。但邦尼特不是这样的海盗，因为在美洲海岸外的成功而勇气大增的他选择袭击军舰，不过很快他就后悔做出这个愚蠢的决定了。西班牙军舰发射了一连串炮火，打死或打伤了三四十名邦尼特的船员，连他本人也受了重伤。令人惊讶的是，"复仇号"本身虽然受损严重，但没有彻底丧失航行能力。剩下的船员还能够驾驶它离开，这才避免了全员覆没的结局。不久之后，"复仇号"抵达拿骚，邦尼特就是在这时第一次见到了爱德华·萨奇。[17]

人们为萨奇，也就是传奇的黑胡子花费的笔墨可能比黄金时代的其他任何海盗都多，但我们对他的了解其实很少，关于他的大部分内容不过是人们的想象或一些有根据的猜测。尽管与他同时代的人在拼写他的姓氏时最常用的是"*Thatch*"（萨奇）[18]，但诸如 *Teach*、*Tach*、*Tack*、*Thatche* 和 *Thache*[19] 的拼法也是存在的。关于他出生地的争论也很激烈，候选地点包括英格兰的布里斯托尔（Bristol）、牙买加、北卡罗来纳、弗吉尼亚和费城，其中前两个地点获得的支持最多。鉴于他的出生地存在不确定性，他的出生年份自然也就

图62　1736年版约翰逊的《海盗通史》中描绘的黑胡子。他那编成小辫儿的发尾缠着点燃的火柴，正在冒烟

说不准。虽然人们经常宣称他曾在西班牙王位继承战争期间做过私掠者，但并没有明显的证据能证明这一点。[20]

在关于黑胡子的个人信息中，另一个有争议的部分是他的样貌。唯一提到他是什么样子的一手资料的内容简洁得令人沮丧。1717 年末被黑胡子俘虏的一艘船上的一名船员描述道，他"又高又瘦，留着很长的黑色胡子"[21]。一年之后，一名与黑胡子交战的海军军官评论说，他用"黑胡子这个名字是因为他把胡须留得很长，还用黑色缎带把它扎起来"[22]。

在塑造黑胡子的神话方面，没有人比约翰逊更充满热情。他采纳了亲历者们提供的那些简短的描述，然后将它拓展成海盗史上最著名的篇章之一。约翰逊说萨奇"使用黑胡子这个绰号，是因为覆盖了他整张脸的浓密黑色软发，让他看起来就像一颗可怕的流星，比很长时间以来才出现过的任何彗星都更让美洲感到恐惧"。约翰逊还说，黑胡子留的胡须"长得过分，也宽得过分，向上甚至长到了眼睛下面。他习惯于用缎带把胡须编成小辫子，就像我们梳理拉米伊假发（ramillies wigs）① 的方式一样，然后在齐耳的高度向两边拨开"。在战斗中，他"会在肩膀上斜挎一根像子弹带一样的悬带，上面挂着三对插在枪套里的手枪；他还会在帽子下面插上划着的火柴，火柴会从脸的两边露出来。他的眼神天生凶狠而狂野，所有这一切让他成为一个比人们能够想象出的、来自地狱的凶神恶煞的恶魔更可怕的人物"[23]。

约翰逊是在黑胡子去世几年后才创作了这些内容，他当然有可能真的从与黑胡子有过接触的水手那里得知了这些细

① 拉米伊假发是一种在脑后垂一个可编可不编的发辫的假发样式。辫子根部和末梢都系着缎带或蝴蝶结，是一种比较花哨的发辫。

节。但人们有理由相信他在描绘这个充满戏剧性的形象时加入了文学创作的成分。关于"点燃的火柴"的内容尤其如此，因为在黑胡子还活着的时候，没有一个同时期的描述提及这样的事。可以设想一下，如果他的帽子下面会射出火焰的话，被黑胡子俘虏或与黑胡子交战的水手肯定不会注意不到这一点；更何况这似乎是一种特别危险的参战方式，即便对一个意图让自己的受害者感到畏惧的海盗来说也是不合情理的。

此外，小说似乎夸大了传说中黑胡子的野蛮行为的真相。他经常被描绘成一个无情的，甚至是嗜杀成性的角色，总会让他的敌人惧怕不已。[24]然而，除了将夺走他性命的那场战斗，以及另一次他的手下狠狠地鞭打了一位拒绝透露贵重物品隐藏地点的商船船长这两个案例外，[25]没有证据表明黑胡子曾经为了得到自己想要的东西而伤害他人。正如历史学家阿恩·比亚卢赫斯基（Arne Bialuschewski）观察到的那样："实际上，黑胡子的令人畏惧、冷血无情的恶棍形象是被当时的媒体创造出来的。"[26]在现实中，黑胡子获得成功的方法和世界各地的海盗们都偏爱的一样，即凭借压倒性的武力进行恐吓和威胁。

几乎可以肯定的是，黑胡子确实留着黑色胡须，他在自己相对不长的海盗生涯中一直是一位强大的领导者，能够激发手下的信心。1717年夏末，当"复仇号"驶入拿骚时，黑胡子开始这段著名的职业生涯还不满一年。

邦尼特和他的船员在进入拿骚的港口时就知道，这里是

211　大西洋，甚至是全世界最难以攻克的海盗据点。他们也确实被眼前海盗大军的人数震慑住了。守卫港口的船上装备了三十二门炮，许多其他海盗船也都停泊在附近，其中包括霍尼戈尔德的十炮单桅纵帆船和黑胡子的六炮单桅纵帆船。远处的海岸上，成百上千的海盗都在忙着自己的事，有的在休闲放松，有的在喝酒，有的在分配战利品，还有的在计划下一次冒险。[27]

　　听了"复仇号"上的人讲述他们的成功的故事，以及他们与西班牙军舰交战的濒死经历后，拿骚海盗无疑觉得这既令人钦佩又惹人发笑。"复仇号"那位没有经验的船长拥有的上流社会地位和绅士血统肯定激起了人们强烈的好奇心，他在交火过程中受到的重创可能也为他博得了一些同情。

　　黑胡子就是在作为飞翔帮的成员时掌握了做海盗的技能，他似乎也是霍尼戈尔德的门徒之一。黑胡子将"复仇号"视为一个机会，这艘船比黑胡子自己的单桅纵帆船更好，火力更强大，虽然西班牙军舰给这艘船造成了一些损毁，但那都是可以修复的。所以，黑胡子大概是在霍尼戈尔德的帮助下说服了重伤未愈的邦尼特，让他相信自己卸任并由黑胡子取代他担任"复仇号"的船长，是对所有人最好的选择。邦尼特可以继续留在船上，并住在船长的舱房里养伤，但他将不再是自己这艘船的主人。[28]

　　"复仇号"被修复如初后，又重新装载物资，还增添了两门炮，如今船上总共有十二门炮。新加入的黑胡子的船员和邦尼特之前船员中的幸存者加在一起，让"复仇号"拥有一支一百五十人的强大队伍，单桅纵帆船上甚至都有些拥挤了。为寻找狩猎目标，黑胡子于 9 月底驶向美洲海岸沿线。在接下来的一个月里，他和他的手下从未在一个地方停留超过四十八小时。他们在从北卡罗来纳到纽约之间的水域内至少掠夺了十艘船，凿沉了其中一艘，砍掉另外几艘的桅杆，还留下一艘装备了六门炮的单桅纵帆船作为黑胡子的随行船。海盗们发现了一些他们喜欢的货物，特别是朗姆酒，至于他们不想要的东西，则大多被肆无忌惮地扔进海里，可能是为了消遣，也可能是出于纯粹的恶意。一名携带了超过一千磅重货物的乘客恳求海盗哪怕给他留下够做一套衣服的布料也好，但海盗无视他的恳求，将属于他的一切都投入了海中。[29]

212

当黑胡子的受害者把自己的遭遇告诉岸上的人时，他们中有些人特别提到了邦尼特这个不寻常的存在。正如一份报纸指出的那样，"邦尼特少校就在这艘单桅纵帆船上，但（他）没有指挥权；他穿着早上穿的袍子在船上闲逛，然后回去看自己的书，他在船上有一间很好的藏书室"[30]。这份报道还补充说，邦尼特身上的伤依然很严重。

在这场掠夺的狂欢中，黑胡子对新英格兰人表现出一种特别的仇恨。无论是在拿骚听说的，还是从某艘被他俘获的船上了解到的，反正黑胡子得知了贝拉米的命运，还有他的船员们正在波士顿等待审判的事。黑胡子在还是霍尼戈尔德的飞翔帮成员时就认识贝拉米，[31]和许多海盗一样，他也对其他加入海盗这一行的人抱有一种同志间的忠诚。为了表达对自己的海盗同行遭到囚禁的愤怒，以及希望通过在波士顿人心中引起足够的恐惧，从而让他们好好掂量该如何对待这

277

些囚徒，黑胡子威胁他遇到的所有新英格兰人说，如果贝拉米的船员们受了什么苦，他会"让新英格兰人尝到同样的滋味"[32]。

几周后，"复仇号"及其随行船回到加勒比地区。11月28日这一天，当他们在马提尼克岛（Martinique）以东约一百英里外的水域中徘徊时，一艘异常宏伟的大船驶入他们的视线。法国护卫舰"和谐号"（*La Concorde*）[33]是一艘重达二百五十吨，装备了十六门炮（最多可装备四十门炮）的运奴船。该船于10月初从非洲的维达王国起航，下层船舱里挤满了奴隶，大约有五百一十六名。正常情况下，"和谐号"面对黑胡子指挥的那种大小和火力的两艘海盗船的袭击时有很高的胜算。它不仅装备精良，而且它于3月从法国南特（Nantes）起航时，船上本来有七十五名船员，其中许多人都曾参加运送奴隶的航行，因此完全有能力应对任何海盗造成的威胁。然而此时，这艘船绝对未处于正常情况下。

"和谐号"从法国航行到维达王国的途中多次遭遇了严重的暴风雨，连船头的装饰人像都被毁了，还有一名船员被海浪卷进水里淹死了。然而在横跨大西洋的过程中，他们又经历了更加严重的苦难。据"和谐号"船长皮埃尔·多萨（Pierre Dosset）说，船员中有十六人丧生，另有三十六人因"坏血病和痢疾"[34]而倒下。鉴于只剩很少的人手可用，多萨就算想反击也无能为力。所以，当黑胡子把海盗旗挂在桅杆上向他们逼近时，法国船长立即投降了。

第八章　绅士海盗和黑胡子

　　黑胡子把"和谐号"带到附近的贝基亚岛（Bequia），然后开始在那里重整队伍。"和谐号"成了黑胡子的新旗舰，被重命名为"安妮女王复仇号"（*Queen Anne's Revenge*）。为了使它变得更加强大，黑胡子把他在离开美洲海岸前一个月里俘获的一条小型单桅纵帆船上的六门加农炮也搬到新船上。[35]大多数海盗跟随黑胡子一起登上了"安妮女王复仇号"，剩下的一些跟随着邦尼特，后者此时已经完全康复，并重新获得了"复仇号"的领导权。

　　黑胡子通过迫使"和谐号"上的十名船员跟随他而扩 214
充了自己的队伍。这十人中只有一人是普通水手，其余九人都是因为具有专业技能而被选中的战略性补充——分别是三个医生，两个木匠，一个填塞船缝的人，一个厨师，一个导航员和一个军械工。另有四人自愿加入，其中一个名叫路易·阿罗（Louis Arot）的十五岁男孩通过告密立即证明了自己的价值。原本在船上做侍从的阿罗告诉黑胡子说，多萨和其他高级船员们藏匿了一些用袋子装着的金粉。这促使海盗威胁他们马上交出袋子，否则就"割断（船员的）喉咙"[36]，结果这些袋子很快被交到了海盗手里。

　　"和谐号"运送的奴隶中有六十一名被转移到"安妮女王复仇号"上，其中许多人后来都被释放了，原因是黑胡子的一艘随行船在格林纳达（Grenada）意外搁浅，不得不通过减轻船上的重量才能重新浮起来。这些奴隶中的一部分人后来被归还给多萨，因为他们的皮肤上已烙下了独特的标记，用以显示他们是"和谐号"上的"财物"，这也反映了奴隶贩子们用来防止奴隶逃跑的办法通常是非常残酷的。[37]

多萨及剩下的船员和人类货物都被留在贝基亚岛上，但并不算被放逐荒岛。黑胡子给他们留下了那艘已被他搬走了所有火炮的小型单桅纵帆船，还有几吨豆子以防止他们饿死。多萨分两次将所有的人和物运送到一百多英里外的马提尼克岛。无疑是出于对他们最近经历的苦难的致敬，也是带着一丝病态的幽默，法国人给这艘单桅纵帆船取名为"糟糕的相遇号"（*Mauvaise Rencontre*）。[38]

黑胡子和邦尼特一起在小安的列斯群岛（Lesser Antilles）航行了几个月，俘获了许多船只，并大大增加了"安妮女王复仇号"的火力，船炮的数量达到四十门的上限，船员人数也扩大到惊人的三百名。快到 1718 年 3 月底时，这两名海盗船船长不知出于什么原因分道扬镳了，很可能是黑胡子已经厌倦了那个不像他那么有经验的同伴。[39]不久之后，邦尼特于 3 月 28 日傍晚远远看到洪都拉斯湾的罗阿坦岛（Roatán）附近有一艘商船。尽管与那艘四百吨重、配备二十六门炮的大船相比，"复仇号"相形见绌，但邦尼特又显露出他在试图攻击西班牙军舰时显露过的同样的鲁莽，他决定要俘获这艘船。

"新教徒恺撒号"（*Protestant Caesar*）来自波士顿，船长威廉·怀尔（Captain William Wyer）看到了向他驶来的"复仇号"。[40]怀尔确信这是一艘海盗船，于是做好了战斗的准备。大约九点的时候，"复仇号"驶到"新教徒恺撒号"的船尾位置，并朝它开了几炮。怀尔的船员们用"新教徒恺撒号"船尾的追逐炮和一排小型武器做出反击。接着邦

第八章　绅士海盗和黑胡子

尼特就用喇叭向"新教徒恺撒号"上的人喊话，声明自己是海盗，还说如果他们再开炮的话，自己就不会对他们手下留情了。

怀尔根本不惧怕这艘微不足道的小海盗船，所以他直接用炮火代替了回答。"复仇号"和"新教徒恺撒号"近距离交战了三个小时，两条船以及两条船上的船员都遭受了重创。到午夜时分，"复仇号"放弃攻击并驶离了，"新教徒恺撒号"则继续前往洪都拉斯海岸装载一批洋苏木。

几天后，"复仇号"航行到距离今天的伯利兹（Belize City）海岸约二十五英里的特内夫群岛（Turneffe Atoll）。邦尼特和他的手下惊讶地发现"安妮女王复仇号"就停泊在这里的一个环礁湖中，同样停在这里的还有另外一艘被黑胡子当作随行船的小型单桅纵帆船。对于邦尼特而言，这次重聚并不是一件好事。他的手下因为他缺乏技巧和领导能力而怒火中烧，已经两次让船员们陷入了严重的危险境地，所以他们再也不想与这个男人有任何关系。在邦尼特的船员们同意的情况下，黑胡子接管了"复仇号"，并派了一个姓理查兹（Richards）的手下去做船长。根据约翰逊的说法，为了让邦尼特不对自己的结局感到太过伤心，黑胡子"告诉他说，因为他不习惯于"管理一艘海盗船所需的"劳神和操心"，所以放弃这件事"对他来说是更好的选择"，他可以在"安妮女王复仇号"上"过轻松愉快的日子，而不用承担在海上航行必须承担的义务"。[41]无论邦尼特是被黑胡子婉转地降了职，还是被他的手下干脆地抛弃了，最终的结果都一样——邦尼特如今只是一名参加海盗巡游的乘客，毫无疑问还是一名非常沮丧的乘客。

海盗还停泊在这里时，戴维·赫里奥特（David Herriot）作为船长的商船"冒险号"（*Adventure*）也航行到这个环礁湖中。把"安妮女王复仇号"当成"新教徒恺撒号"的赫里奥特驶近之后才意识到自己犯了错误。他觉得这些奇怪的船是西班牙人的，于是突然转向，试图逃脱。当"冒险号"转向时，海盗开始向它开炮。与此同时，"复仇号"来不及收起船锚，于是干脆将锚索扔下船，升起黑色旗帜即开始追赶这艘逃跑的船。与"冒险号"并排后，理查兹船长命令赫里奥特放下小艇，划过来登上"复仇号"。赫里奥特照办了。理查兹同时也派出五个人到"冒险号"上去，把船抛锚停泊在附近。黑胡子非常喜欢"冒险号"，所以他决定将这艘船及船上的船员都纳入他不断扩大的海盗船队。赫里奥特被转移到"安妮女王复仇号"上，黑胡子的舵手伊斯雷尔·汉兹（Israel Hands）被任命为"冒险号"的新船长。[42]

特内夫群岛此后继续为海盗提供着丰富的猎物，在很短的时间内，他们又掠夺了几艘不幸驶入环礁湖的单桅纵帆船，包括由托马斯·牛顿（Thomas Newton）担任船长的"应许之地号"（*Land of Promise*），这艘船被海盗当作第三艘随行船。4月6日，黑胡子和他的船队抱着一个非常具体的目标从特内夫群岛起航了。邦尼特的手下给他讲述了"复仇号"与"新教徒恺撒号"的尴尬遭遇，于是黑胡子决定要给怀尔船长上一课。黑胡子把自己的计划告诉了牛顿，说他要把"新教徒恺撒号"付之一炬，以便让"他（怀尔）无法在新英格兰向人吹嘘自己打败了海盗"。[43]

第八章　绅士海盗和黑胡子

4月8日早晨，黑胡子在洪都拉斯海岸外发现了他的目标。怀尔船长的船上已经装有五十吨洋苏木，并计划在当天继续装载更多，可他却在此时看到一个令人不寒而栗的景象：挂着迎风飞舞的黑色海盗旗的"安妮女王复仇号"和"复仇号"正在向"新教徒恺撒号"逼近。这两艘船的侧翼还有另外三艘高挂红色旗帜的单桅纵帆船。怀尔把他的高级船员和普通船员都叫到主甲板上，询问"他们是否会和他一起保卫这艘船"。对此，怀尔的手下回答说，如果这些船是西班牙人的，"他们将陪他一起战斗到生命的最后一刻，但如果这些船是海盗船，那么他们不会抵抗".[44]虽然船上的旗帜已经清楚地说明来者就是海盗，但怀尔还是决定再确认一下，于是他让二副划着小艇，前去弄清楚对方是什么人。当得知对手就是臭名昭著的黑胡子，以及一艘在几周前刚刚被"新教徒恺撒号"羞辱过的单桅纵帆船的消息传来时，怀尔的船员们陷入了恐慌，因为担心继续留在船上会"被单桅纵帆船的船员杀死"[45]，所以他们立即逃到岸上。怀尔当然不是傻瓜，他也和其他人一起逃跑了。

黑胡子的船队在"新教徒恺撒号"附近停泊了三天，抢光了船上的贵重物品。最后在4月11日，黑胡子抱着宽容的想法给怀尔送信说，如果后者登上"安妮女王复仇号"，一定不会受到任何伤害。怀尔到达后，黑胡子说自己很"高兴"怀尔和他的船员弃船上岸了，因为如果他们没有这样做的话，"复仇号"上的船员"会对还击的人……造成伤害".[46]尽管如此，黑胡子还是告诉怀尔，自己不会把船还给他，因为"新教徒恺撒号""属于波士顿"[47]，而波士顿处决了贝拉米的六个船员。黑胡子说，为了给海盗同伴们报仇，他必须把船烧掉。第二天，"新教徒恺撒号"被黑胡子的手下付之一炬。然后，怀尔和他的船员，还有牛顿船长和他的船员被安排到"应许之地号"上，他们都获得了释放。[48]

接下来的一个多月里，黑胡子和他的三艘随行船慢慢向北行驶，途经开曼群岛（Cayman Islands）、古巴，以及1715年夏天西班牙运宝船队的失事地点。沿途他们至少俘获了二十艘船，增添了更多船员，还留下了在哈瓦那附近俘获的一艘装备了八门炮的西班牙单桅纵帆船。[49]到1718年5月22日，黑胡子行驶到查尔斯顿海岸外，他准备在这里展开他迄今为止最大胆的冒险——封锁整个城镇。[50]

218 　　黑胡子此时领导着将近四百名船员和四艘船，分别是"安妮女王复仇号""冒险号""复仇号"，以及那艘西班牙单桅纵帆船。他让这些船在查尔斯顿沙洲外不远处分布成一个弧形，在很短的时间内就俘虏了一条领航小艇和另外五艘船——其中两艘是离开查尔斯顿前往伦敦的，两艘是方向正好相反的，还有一艘是沿海岸航行的单桅纵帆船。随着附近潜伏着强大的海盗船队的消息传遍城中甚至更远的地区，人们开始恐慌，停泊在港口中的船只也都不敢离开了。

黑胡子命令手下将这大约八十名俘虏带到"安妮女王复仇号"上，他在那里检查了他们的文件，并对他们进行审问，以弄清这些人拥有哪些有价值的东西，然后全部抢走。这次的收获并不特别令人印象深刻，只包括价值约一千

第八章　绅士海盗和黑胡子

五百英镑的黄金和西班牙银元，以及各种物资和杂七杂八的货物。在抢光俘虏的财物之后，黑胡子匆匆地将他们送回各自的船上，以至于"这些不幸的人感到极大的恐惧，他们真心认为自己即将走向毁灭；更加证实他们这个想法"[51]的事实是所有俘虏，无论年纪老幼，无论身份高低，都被关在下层船舱中，而且没有一个海盗留下来。

蜷缩在黑暗中的俘虏们担心他们乘坐的船只随时会被焚毁或凿沉，但海盗并没有让他们长时间沉溺于对可能的死亡方式的猜想中，突然之间，这些人又被带回光明之中，重新登上"安妮女王复仇号"。当他们战战兢兢地聚集在主甲板上时，黑胡子召集他的手下开会，好决定下一步动作。船上有这么多俘虏，海盗可以利用他们作为讨价还价的筹码，让城镇以金银的形式支付一大笔赎金。有一名俘虏是一个尤其有价值的人质——塞缪尔·雷格（Samuel Wragg）是南卡罗来纳殖民地参事会的成员，他本来是准备带着四岁的儿子乘船前往伦敦的。然而最终的结果是，海盗们将目光瞄准了一种更实用的宝物。从还在加勒比地区，或开始沿着美洲海岸航行的时候起，不少海盗就已经生病了，他们患上的可能是梅毒或某些热带疾病，都迫切需要治疗，因此，黑胡子的随船医生们列出了一份所需药品的清单，海盗们都同意装满的药品箱就是他们要求的唯一赎金。

黑胡子把他的计划告知所有俘虏，并对他们说，自己会派几名手下到查尔斯顿去向总督递交最后通牒——要么交出药箱；要么我们杀死俘虏，送去几颗人头，再点燃他们的船。据一个查尔斯顿人说，如果这些都不够，海盗们还

219

285

"威胁要渡过沙洲……把停泊在城镇前面的所有船只都点燃，让我们看着它们全被毁掉"[52]。但是，如果他们的要求得到满足，海盗就会释放俘虏。

雷格先生对此提出了异议。他认为，如果安排一名俘虏陪同海盗信使一起前去送信，成功的几率将大大增加，因为这个代表可以"真正体现俘虏们身处什么样的危险之中，并促使"官员们"很快妥协"。[53]黑胡子于是又召集他的手下，大家都同意雷格的建议。当黑胡子询问应当选谁和海盗同行时，雷格自告奋勇，不过黑胡子觉得他作为人质的价值太大了，不能放他走，所以选择了一位马克斯先生（Mr. Marks）代替他前往。

马克斯、"复仇号"的理查兹船长，以及另外几名海盗划着一条小艇前去完成这个任务，他们给定的时限是二十四小时。抵达查尔斯顿后，马克斯带着海盗的要求拜见了罗伯特·约翰逊总督（Governor Robert Johnson）。约翰逊召集殖民地参事会开会，他们立即决定提供对方要求的药箱。其实他们并没有其他可行的选择。持续多年的与印第安人进行的各种残酷战争才刚刚结束，损失惨重的殖民地陷入了糟糕的状态，官员们担心，如果海盗将自己的威胁转变为行动，真的向城镇发起进攻，城镇未必能组织起令人满意的防御。交出药品似乎是最安全、最容易的安抚海盗的方法，能够让他们释放俘虏，然后离开。

220　　就在城中人准备药品的同时，黑胡子的手下则在查尔斯顿闹出不小的动静。男男女女都惊恐地看着海盗在所有人的面前"走来走去"[54]，并在心中将他们和"劫匪及杀人犯"[55]

归为一类。当药箱在规定时间内交到黑胡子手中后，他履行
了自己的诺言。被俘船只和船上人员都获得了释放，不过俘
虏们回去时几乎是赤身裸体的，因为海盗把他们的衣服和贵
重物品都抢光了。[56]

仍然渴望复仇的黑胡子在释放俘虏之前向他们透露了一
条不祥的信息，让他们知道自己计划"向北航行，去向新
英格兰人和他们的船只实施报复"。一天后，在这一周的大
部分时间里一直让查尔斯顿居民战战兢兢，不敢出海的黑胡
子及他的多艘随行船都驶离了。随着有关这场大胆袭击及其
复仇计划的消息从查尔斯顿传播到各处，黑胡子作为海盗的
声望一飞冲天，他终于配得上约翰逊后来对他的描述了——
美洲此时真的为黑胡子"感到恐惧"，比对"很长时间以
来"出现过的任何彗星的恐惧"更甚"。[57]

虽然药品箱并不是没有价值的交换物——它在当时的价
值大约可以达到三四百英镑，但很多人还是会问，海盗为什
么不同时要求更多别的东西？甚至为什么不更进一步，干脆
攻入查尔斯顿，随意抢掠他们能找到的任何战利品？那么多
俘虏是相当大的筹码，足以让海盗要求更多赎金，但他们还
是选择不利用这一点。至于对城镇发动全面攻击，黑胡子和
他的手下有充足的理由认定，这是一个非常危险的提议。虽
然海盗拥有强大的火力和数百名男子组成的邪恶大军，虽然
谨慎的殖民地官员对自己击退入侵者的能力有所怀疑，但查
尔斯顿绝不是完全没有防御能力的。排布在城镇防御工事上
的一百门加农炮足以给任何来自水上的攻击构成严重阻碍；
另外，正如我们在下文中即将看到的那样，港湾中的一些小

型武装舰船也可以形成有效的战斗力量。即便海盗能够设法
相对安然无恙地登陆——这个几率非常低——他们也不得不
面对当地民兵，以及数千名担惊受怕且怒火中烧的居民的抵
抗。如果海盗曾经考虑过此类攻击，他们几乎肯定会得出这
样的结论：损失大量人手及失去部分或所有船只的潜在风险
之高，盖过了可能获得的回报的吸引力。就算黑胡子和他的
手下真的设法控制并掠夺了这座城市，那么对于殖民地中最
重要的港口之一发动的如此严重的攻击也会招致英国海军的
愤怒，从而造成展开大规模抓捕行动的结果，那正是黑胡子
不惜一切代价想要避免的。[58]

没有攻城的黑胡子带领船队沿海岸线向北卡罗来纳航行
了六天，他们最终的目的地是托普塞尔湾（Topsail Inlet）
［今天的博福特湾（Beaufort Inlet）］，那是一条位于卢考特
角（Cape Lookout）以西约十英里、穿过外滩群岛（Outer
Banks）的狭窄水道。在离开查尔斯顿之后，海盗们掠夺了
"公主号"（*Princess*）双桅帆船，这是一艘载有八十六名非
洲奴隶的运奴船。黑胡子选出其中的十四人登上自己的海盗
船，还随意地与公主号的船长打趣说，"他是按面包师的一
打计算的"[①][59][②]——这句话表明黑胡子把这些人当作奴隶，

---

① 鉴于面包师的一打是十三个而不是十四个，所以黑胡子似乎只是随口
一说。

② 面包师的一打指的是十三而不是十二，最常见的解释是，因为中世纪英
格兰法律规定缺斤短两的面包师会受到严厉处罚，所以他们在卖一打面
包时通常会加送一个（甚至两个）。——译者注

而不是潜在的船员。[60] 几天后，理查兹船长和"复仇号"消失在其他海盗船的视线中。在独自航行的这段时间里，理查兹俘获了一艘从波士顿出发的商船，抢光了船上的财物，然后把船放走了。当他追上"安妮女王复仇号"，并对黑胡子说了这件事之后，黑胡子不但没有称赞他的下属，反而严厉地批评理查兹在有机会的时候没有烧掉这艘新英格兰的船。[61]

6月3日，海盗们朝托普塞尔湾驶去。三艘体型较小的船毫无困难地顺着水道进入峡湾，但"安妮女王复仇号"撞上了隐藏在水面下的沙洲，船身剧烈晃动着停了下来。黑胡子下令让"冒险号"来帮助他们脱困，结果后者也在距离黑胡子的船大约炮弹射程那么远的地方搁浅。两艘船都被撞坏了，船体都出现了破损，还有海水涌入。这两艘废弃船只上的所有人员和财物都被转移到"复仇号"和西班牙单桅纵帆船上。[62]

据"安妮女王复仇号"上一名船员说："人们普遍认为，萨奇是故意将他的船搁浅，好借机打散几艘船组成的队伍，并保住自己和其他对他最有用的人拥有的财物和影响力。"[63] 有些人认为，连"冒险号"的搁浅也是这个阴谋的一部分。但其他人则猜测，搁浅很可能是无意的。北卡罗来纳外滩群岛附近的海域，包括其中无数水湾和海湾组成的迷宫素有大西洋坟场的称号。这里变幻莫测的沙洲和多暴风雨的海面状况导致过无数起沉船事件——最著名的例子是在1862年12月31日的一场暴风雨中，美国海军装甲舰"监视号"（USS *Monitor*）在哈特勒斯角（Cape Hatteras）东南约十六英里处沉没。即便是今天，那些拥有高级导航设备和

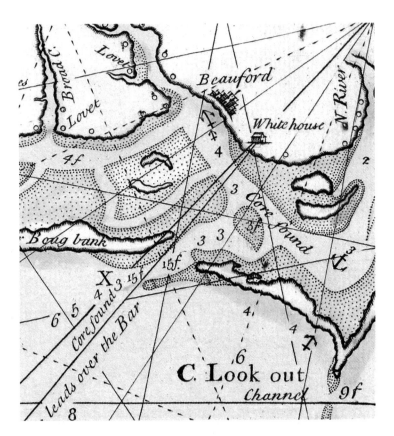

图 63　1738 年的北卡罗来纳殖民地地图的细节，显示了托普塞尔湾（也称博福特湾）。图中清楚地显示出几个世纪以来给水手们带来巨大麻烦的浅水区和众多沙洲

现代海图的船在试图穿过博福特湾时偶尔也会搁浅。没有证据表明黑胡子或他的任何手下熟悉这片地区的水下地形，所以认为撞船是意外绝对是合理的。正是这两艘他最好的，和可能是第二好的船帮助他成为海上最强大海盗，黑胡子为什么要故意毁掉它们呢？但不管他是有意还是无意，黑胡子确实利用这种情况欺骗了他的海盗同伴们。

第八章　绅士海盗和黑胡子

刚失去两艘船之后，黑胡子就恢复了邦尼特的"复仇号"船长职务，后者立刻带领少数几个人，驾驶一条小船前往了巴斯，那里距离帕姆利科河（Pamlico River）的支流巴斯河（Bath Creek）大约一百英里。巴斯成立于 1705 年，是这片殖民地的首府[64]，尽管名头很响，但这里其实只是一个非常小的城镇。1708 年，巴斯只有十二幢房子和五六十个人。十年后，当邦尼特于 1718 年 6 月抵达这里时，巴斯显然已经扩大了，但也没有扩大很多。这里有一间体面的图书馆，里面收藏了近两百本书，还有一片不大的公共空地、一座法院和一栋总督别墅，查尔斯·伊登总督（Governor Charles Eden）就在那里面管理殖民地的事务。

厌倦了这种生活方式，希望恢复自己名誉的邦尼特打算放弃海盗事业，他的目标是诱使伊登根据乔治一世国王于 1717 年 9 月 5 日颁布的《恩赦法案》（Act of Grace）[65]赦免自己。最初发布的法案允许在 1718 年 9 月 5 日之前投降的海盗就其在 1718 年 1 月 5 日之前犯下的海盗罪获得豁免。人们普遍认为，殖民地总督有自由裁量权，可以将 1 月的截止日期延长至更晚的时间，以涵盖海盗后来犯下的罪。实际上，没过几个月，国王就正式将截止日期延长至 1718 年 8 月 18 日。邦尼特无疑认为伊登会唯命是从，将他的邪恶犯罪记录全部清除。[66]

黑胡子也打算从伊登总督那里获得赦免，但他没有和邦尼特一起前往，而是一直等到他离开后才去。在他最信赖的那些船员的帮助下，黑胡子后来将所有财富和绝大部分补给都转移到那艘西班牙单桅纵帆船上，并将这艘船命名为

224

"冒险号"。眼看着黑胡子做出这些举动的戴维·赫里奥特提出异议。他就是几个月前在特内夫群岛被黑胡子强占的也叫"冒险号"的那艘船的船长。此时赫里奥特要求黑胡子给他一条小船，好让他和其他几个人逃到北卡罗来纳或弗吉尼亚的某个地方去。然而，黑胡子和他的同谋者不但没有给赫里奥特船，还用枪对着他和其他十六名男子，把他们抛弃在一个距离大陆三英里以外的无人居住的岛屿上，且没有给他们留下任何食物或水。在那之后，黑胡子就带着四十个白人和六十个黑人驾驶"冒险号"朝巴斯驶去。很多海盗都被他丢弃不管了，其中还包括他曾经的老船员。

难以确定黑胡子是给被他抛弃的那些人分配了一些赃物，还是把所有的钱财都带走了。尽管人们可以想象，如果不付钱给他们，黑胡子可能很难摆脱这两百多名海盗。无论是否得到了好处，反正这些海盗最终都慢慢地穿过乡村，分散到北卡罗来纳及更远地区的城镇中去了，他们也许也会获得王室的赦免，有些人融入了当地的居民中，其他一些人则重新做起了海盗。[67]

黑胡子和邦尼特再也没有见过对方，他们后来的生活也是沿着完全不同的道路发展的，但他们各自命运的结局却不无相似之处。为了讲述他们的故事，我们现在暂时将黑胡子和他的手下放在一边，先着重说说邦尼特怎样了。

伊登总督于 1718 年 6 月初赦免了邦尼特，这名曾经的海盗告诉总督，说他计划前往圣托马斯，向那里的丹麦总督申请针对西班牙人的私掠委托。接着邦尼特就返回了托普塞

第八章 绅士海盗和黑胡子

尔湾，登上"复仇号"去开启他的新生活。但得知黑胡子的背信弃义后，邦尼特怒火中烧。仍然渴望出海的他从黑胡子抛弃的船员中召集了一群人，还救出了那些被放逐到荒岛上的人。他们已经在没有食物和水的情况下于岛上待了一天两夜。当"复仇号"出现时，可以理解他们会有多么欣喜若狂，而且很容易就被说服加入邦尼特的队伍，这样他就有三十一名船员了。为了让自己作为海盗的过往和将成为私掠者的未来之间更加泾渭分明，邦尼特把"复仇号"重新命名为"皇家詹姆斯号"（*Royal James*），还让他的船员从此以后称呼他为托马斯·理查兹船长（Captain Thomas Richards）。

在离开这片地区之前，一条售卖苹果酒和苹果的小船①驶到"皇家詹姆斯号"旁边，小贩告诉邦尼特说，自己听闻黑胡子就在北卡罗来纳的奥克拉科克岛（Ocracoke Island）附近。怒气未消的邦尼特立即起航，前去追赶他昔日的犯罪伙伴，但搜寻了四天也没能找到。鉴于船上的补给已经快要用尽，又没有其他关于黑胡子踪迹的线索，邦尼特只好不甘心地驶向弗吉尼亚海岸，在那里为前往圣托马斯的航行储备物资。

"皇家詹姆斯号"在亨利角附近掠夺了一条船，抢光了船上的十桶猪肉和大约四百磅面包。邦尼特不想破坏自己获得的赦免，担心再被贴上海盗的标签，所以他试图给自己抢劫物资的行为套上一层合法的伪装。邦尼特于是给了船长十桶

①　"bumboat"，一种向停泊在港口内或海岸外的船售卖物资的小船。

225

293

米和一根旧锚索，想以此来对外宣称他们之间发生的不过是一场简单、公平的物物交换。虽然因为没有受到身体上的伤害而松了一口气，但船长依然为这次不情愿的交易感到愤怒。

邦尼特和他的手下继续在亨利角和特拉华湾（Delaware Bay）之间劫掠船只，并试图继续通过给那些被他们洗劫一空的船只一些有价值的东西的方法，来勉强维持他们不是海盗的假象。但到了 7 月中，邦尼特和他的手下都厌倦了这种荒唐可笑又显而易见的伪装，于是他们干脆露出了本来面目，接受了自己毋庸置疑的海盗身份。从此时开始，他们不再"交易"货物，而是直接抢走，顺带还会接受一些主动加入他们的冒险之人。[68]

226　　7 月 29 日，"皇家詹姆斯号"在特拉华湾入口，距离亨洛彭角（Cape Henlopen）不远的地方俘获了由托马斯·里德（Thomas Read）担任船长的单桅纵帆船"财富号"（*Fortune*），并决定将它留下作为随行船。直到此时为止，邦尼特的人一直避免使用暴力，但在登上"财富号"之后，邦尼特的舵手罗伯特·塔克（Robert Tucker）"还是沦落到了用弯刀打人和砍人的地步"[69]。

两天后的晚上九点左右，"皇家詹姆斯号"在霍尔基尔[Whorekill，今天特拉华州的刘易斯（Lewes）] 海岸外趁着夜色强占了从安提瓜来的单桅纵帆船"弗朗西斯号"（*Francis*）。邦尼特的船员带着弯刀登上单桅纵帆船，彼得·曼纳林船长（Captain Peter Manwaring）恳求他们"展露仁慈，因为如你们看到的，我们根本没有能力抵抗"。海盗们承诺，只要曼纳林和他的船员是"礼貌的"，他们就会手下留情。在"弗朗西斯号"的主舱房里，海盗们贪婪地大吃新鲜的菠萝，痛饮朗姆潘趣酒，还唱起了歌。像在过节一般的海盗们还恳求"弗朗西斯号"的一名高级船员加入他们的狂欢，但后者拒绝了，说他"没有心情吃喝"。[70]

第二天早上，海盗们抢走了"弗朗西斯号"上的食物和钱财，以及很多桶朗姆酒，然后邦尼特释放了里德船长的儿子和一名女乘客。五名带着武器的海盗驾船把他们送到霍尔基尔。在放他们走之前，邦尼特让里德的儿子带话给当地居民，内容是，"如果有居民想要伤及他的船员一根头发"，邦尼特"就会处死船上的所有俘虏，还会上岸烧毁整个城镇"。[71]显然，邦尼特已经重新适应了一名海盗船船长的角色。

自从离开托普塞尔湾以后，邦尼特和他的手下共掠夺了十三艘船，获得了大量的食物和烈酒储备，如今是时候停止这一波犯罪狂欢，修理一下像筛子一样漏水的"皇家詹姆斯号"了。邦尼特分别安排了一些船员到"财富号"和"弗朗西斯号"上去，然后让他们驾驶着两艘单桅纵帆船，向南驶向约四百英里以外的北卡罗来纳的开普菲尔河（Cape Fear River）。一路上，邦尼特把抢来的钱分给船员们，结果是每人只得到区区十到十一英镑，大约相当于当时一个技巧娴熟的木匠两个月的薪水。[72]

8月12日，"皇家詹姆斯号"及其随行船抵达目的地，227都停泊在河流下游的一条小溪中。邦尼特计划在那里待到10月中旬，那时最糟糕的飓风季就过去了。他希望平静的海面能让他前往圣托马斯的航程更顺利。尽管最近他已经重新跌入犯罪的深渊，但他想要申请私掠许可证的梦想依然鲜活。

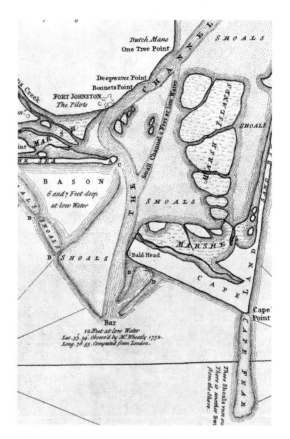

图 64　1753 年地图中的开普菲尔和开普菲尔河。注意图内标注的单词"Channel"中"C"左侧的邦尼特斯角（Bonnets Point）

　　对于邦尼特和他的船员们来说很幸运的是，就在抵达开普菲尔河的当天，他们就俘获了一条浅水敞舱小艇，造小艇的木板正好可以拿来修补"皇家詹姆斯号"。不过，好运气不会一直持续下去。短短几个星期之内，开普菲尔河上有海盗在维修和重新装备船只的消息就传开了。当他们的藏身之处被查尔斯顿人得知后，五十二岁的南卡罗来纳殖民地财政官威

228

廉・雷特上校（Colonel William Rhett）立即采取了行动。[73]

　　雷特在西班牙王位继承战争期间曾领导殖民地海军力量击退过一支威胁查尔斯顿的法国海军舰队，从而赢得了军事威望。他是一个以勇敢无畏著称，且脾气火爆的人。[74]雷特厌恶海盗，这种厌恶还因为他们最近给他挚爱的城市带来的痛苦而加深了。雷特发誓要尽一切力量避免此类事件重演。他认定必须在开普菲尔河上的海盗困扰查尔斯顿之前阻止他们，于是他告诉约翰逊总督说，自己很乐意领导一次先发制人的攻击。约翰逊对于毫不犹豫地批准这个提议当然没有异议。在黑胡子封锁查尔斯顿后不久，约翰逊就给贸易委员会写信抱怨，说这座城市的人因为海盗"而一直提心吊胆，我们的船只都遭到了劫掠，以至于贸易陷入彻底的毁灭"[75]。约翰逊最渴望的莫过于摆脱南卡罗来纳水域中这些令人讨厌的强盗，所以他迅速向雷特颁发了一份委任状，请他展开行动。尽管殖民地的财政状况由于最近与印第安人的战争而极度空虚，但总督还是同意为这次航行提供必要的资金。雷特很快就装备好了两艘单桅纵帆船，分别是约翰・马斯特斯船长（Captain John Masters）的"亨利号"（*Henry*）和费雷尔・霍尔船长（Captain Fayrer Hall）的"海上仙子号"（*Sea Nymph*），每艘船上装备八门炮，两艘船上共有一百三十名船员。

　　9月10日，雷特作为此次行动的总指挥官登上"亨利号"，两艘单桅纵帆船都驶向附近的沙利文岛（Sullivan's Island），好做最后的准备。同一天，一艘商船带着令人警惕的消息抵达查尔斯顿。船长库克先生（Mr. Cook）报告说，一艘装备了十二门炮，有九十名船员的双桅帆船正在海岸附近出没，船长名叫查尔斯·文（Charles Vane）。他已经掠夺了包括库克先生的船在内的三艘船。这艘海盗船并不是单独行动的，它还带着一艘装备了八门炮，有二十名船员的随行船。随行的单桅纵帆船船长是查尔斯·耶茨（Charles Yeats）。库克还说自己被文囚禁时偷听到，海盗们打算向南前往最近的海湾刷洗和修理船只。

229 　　文是一个冷酷无情的海盗，已经因为折磨受害者的行为而在殖民地恶名远扬。当年早些时候，他在巴哈马俘获了一艘单桅纵帆船，文的手下将这艘商船上的一名船员绑着手脚吊在船首斜桅①上抽打。为了迫使这个可怜的人说出船上藏匿钱财的地点，海盗把点燃的火柴插进他的眼睑下面，同时把上了子弹的枪插进他的嘴里。[76]鉴于文这种残忍的名声，他离查尔斯顿不远的消息会让城中居民陷入恐慌也就不奇怪了。[77]

　　这一情况改变了雷特行动的目标。他没有前往开普菲尔河，而是发誓要抓到文和耶茨。9月15日，准备工作刚一完成，"亨利号"和"海上仙子号"就从沙利文岛出发，驶过沙洲，向南而去。他们花了近一周时间，搜查了海岸线上的每个水湾和海湾，但没有任何收获。雷特还不知道文此时已经逃离这片区域，而耶茨却选择了截然不同的方向。

　　几个月来，屈居于文领导下的耶茨一直很恼火，因为文把他和他的船员们当成仆从，而不是值得尊敬的海盗同伴。结果是，耶茨和他的船员发誓要逃脱文的掌控，好去充分利

---

　　① "bowsprit"，设置在船首部位，从船首向前伸出的小桅杆。

第八章 绅士海盗和黑胡子

用国王的赦免。就在雷特起航之前的一两天，耶茨等待的机会终于来了。半夜时分，耶茨把单桅纵帆船的船锚扔下水，然后驾船驶入查尔斯顿以南约三十英里外的北埃迪斯托河（North Edisto River）河口。耶茨从那里派出一条小艇，划到城中给总督捎信。耶茨和他的手下愿意投降以换取赦免。为了提高交易达成的概率，他们愿意交出文从一艘被俘船上抢来，并安置在耶茨的单桅纵帆船上的九十多名非洲人。约翰逊总督认可了他的提议。此后不久，海盗就驶入查尔斯顿，接受了对他们的赦免，那些非洲人也被返还给他们的主人，并继续踏上前往南卡罗来纳以及其他地区种植园和农场的悲惨旅程。[78]

与此同时，没能找到文或耶茨的雷特于 9 月 20 日停止搜寻，改为恢复执行原本的突袭躲藏在开普菲尔河上的海盗的任务。"亨利号"和"海上仙子号"于 26 日傍晚抵达目的地，然后慢慢地逆流而上，很快就看到"皇家詹姆斯号"、"财富号"和"弗朗西斯号"的桅杆从远处的一个岬角后面露出来。然而，单桅纵帆船在更靠近目标之前就搁浅在一个沙洲上，到潮水涨高，重新将船托起来时，时间已经太晚了。因为天色太暗无法发动攻击，雷特的手下先安顿下来过夜，同时保持着警醒，以迎接即将到来的战斗。

然而，突袭的机会已经错失。一个放哨的海盗发现了两艘单桅纵帆船的身影，于是邦尼特派了三条独木舟前去调查，希望能在自己的俘虏名单中再加入两个新成员。然而，海盗带回的消息令人不安，他们说单桅纵帆船上都是武装人员。行动起来的海盗们整夜都在做准备，因为他们意识到第二天的战斗关乎他们的生死。

　　在黎明到来的几个小时前，邦尼特叫来曼纳林，也就是"弗朗西斯号"的船长。邦尼特用一种自夸和挑衅的口气说，如果那些单桅纵帆船是南卡罗来纳派来抓捕"皇家詹姆斯号"的，如果海盗最终能够成功逃脱，那么船长就要给约翰逊总督送去一封邦尼特刚刚写好的信，内容要点是，他将彻底摧毁所有进出南卡罗来纳殖民地的船只。[79]

　　第二天一大早，当黎明的光线照亮了交战现场，对阵双方终于都清晰地出现在彼此视野中的时候，"皇家詹姆斯号"选择顺流猛下。邦尼特希望在持续炮火的掩护下，让自己的船越过单桅纵帆船，驶入开阔的海洋，因为在那里他有信心把追击者甩掉。雷特预料到邦尼特会走这一步棋，所以命令"亨利号"和"海上仙子号"切断邦尼特的逃跑路线。炮声此起彼伏，"皇家詹姆斯号"试图从袭击者的侧面突围出去，但这只会迫使船更靠近岸边的浅滩水域。突然间，"皇家詹姆斯号"搁浅了，船身剧烈晃动着停了下来。与此同时，两艘单桅纵帆船也搁浅了。"亨利号"与海盗船的距离不超过手枪的射程，"海上仙子号"则停在远一些的地方。

231　　对于雷特和他的手下来说，这样的位置不能更糟了。靠近岸边的"皇家詹姆斯号"是朝着与两艘单桅纵帆船相反的方向倾斜的，而两艘单桅纵帆船则朝着"皇家詹姆斯号"的方向倾斜。这样导致的结果是，海盗们相当于隐蔽在露出水面的船体之后，而雷特的船员却暴露在甲板上，几乎找不到任何掩护。在潮水缓慢涨上来的这五个小时中，敌对双方都在用毛瑟枪和小型武器猛烈射击。海盗们还"嘲笑地挥着帽子"，挑衅南卡罗来纳人没有胆量登船；雷特的手下则用"一片兴高采烈的欢呼"作为回应,意思是告诉海盗,"马上就轮到他们倒霉了"。[80]

邦尼特在甲板上踱步,督促他的手下负隅顽抗,并宣称"如果有人拒绝战斗,他会一枪把抗拒者的脑袋打碎"[81]。一个以为自己加入的是私掠者队伍,而且在邦尼特重回海盗的老本行时试图不参与其中的船员拒绝了,坚持说他"宁愿死也不会战斗"[82]。邦尼特差点儿就要满足这名船员求死的愿望,但就在他扣动扳机之前,一名他"非常喜爱"[83]的船员被打死了,这暂时转移了他的注意力。

当邦尼特正为朋友的死而伤心难过时,上涨的潮水首先将"亨利号"托了起来。雷特将船驶入水深一些的地方,让船员在那里整理"交战中被打碎的"索具。鉴于"皇家詹姆斯号"仍然处于搁浅状态,雷特利用这个机会,驾驶"亨利号"直奔海盗的单桅纵帆船,准备对他完成"最后一击"。[84]

虽然邦尼特不惜杀死任何拒绝战斗的人,但当要付出的是他自己的生命时,他立即降低了自己的底线。相信自己不可能击败面前的敌人,也不愿意把生命浪费在无谓挣扎上的邦尼特升起投降的白旗。雷特的手下占领了"皇家詹姆斯号",南卡罗来纳人很高兴地发现隐姓埋名的敌人不是别人,而是斯特德·邦尼特少校。

三艘船上的人员都遭受了伤亡。雷特有十二名船员丧命,十八人受伤。海盗的伤亡人数是七人死亡,五人受伤,伤者中还有两人后来伤重不治。在把邦尼特还停在上游的另外两艘战利品船只找回,并修好自己受损的船只后,胜利者于1718 年 10 月 3 日带着这个战败者回到查尔斯顿。[85]

232

图 65　霍华德·派尔 1921 年创作的描绘邦尼特投降场景的插图，题为《雷特上校和海盗》（Colonel Rhett and the Pirate）

查尔斯顿没有公共监狱，因此大多数海盗都被关进有民兵把守的瞭望楼①。鉴于邦尼特的身份背景和较高的社会地位，他获得了好一些的待遇，被安排在高级军官的府邸中，

233

———————

① 守卫用来观察是否有可疑或危险船只驶入港口，以便在必要时向城镇居民发出警告的建筑。

并由守卫进行看管。很快，戴维·赫里奥特和"皇家詹姆斯号"上的水手长伊格内修斯·佩尔（Ignatius Pell）也被和他关在一起，两人都同意作证指控海盗们。

次级海事法院直到 10 月底才开始审判这个案件。在庭审开始前的那段时间里，查尔斯顿发生了重大骚乱，可惜这些情况在历史记录中只是被一带而过。虽然查尔斯顿的大多数公民，特别是商人和政府官员对海盗被逮捕感到非常高兴和宽慰，但也有一少部分人直率地表达了支持海盗的意见。这个群体很可能包括那些曾从海盗的慷慨中获益的人，或是最近刚刚获得赦免的海盗（城中有很多），又或者是邦尼特的朋友和支持者，他们认为邦尼特的绅士血统在某种程度上可以抵消他犯下的罪行。根据该殖民地的助理检察总长托马斯·赫普沃思（Thomas Hepworth）的说法，这些人组织了一些以让海盗获得释放为目标的暴力抗议，甚至一度威胁说，如果这个要求得不到满足，他们就烧毁这座城市。[86]

10 月 24 日，邦尼特和赫里奥特趁着城中动荡逃之夭夭，只有拒绝逃走的佩尔留下了。① 逃跑成功可能是由于守卫高级军官府邸的两名卫兵失职，但当地官员认为是邦尼特的支持者贿赂了什么人——有人为邦尼特和赫里奥特提供了武器和独木舟的事实增加了这一论点的可信度。他们划着船沿海岸线北上，希望能够逃到北卡罗来纳去。[87]

---

① 赫里奥特的决定令人纳闷，因为他既然同意为国王提供证据，控方肯定已经承诺不起诉他了。

在得知犯人逃跑后，约翰逊总督"通过水路和陆路同时传达消息，号召整个殖民地"[88]的居民提高警惕，并悬赏七百英镑的高额奖金抓捕逃犯。这刺激了很多人的搜寻热情，结果却一无所获。当约翰逊收到邦尼特和赫里奥特在沙利文岛的消息时，总督再一次叫来雷特，后者也同意前往调查。

234　　由于天气恶劣而无法实现自己计划的邦尼特和赫里奥特确实返回了沙利文岛，雷特于 11 月 5 日在那里找到他们。在随后发生的短暂交火中，雷特的手下杀死了赫里奥特，打伤一名黑人和一名印第安人，他们显然都在为逃犯提供帮助。第二天早上，邦尼特被带回查尔斯顿，这一次他受到的看管可比之前严密得多了。[89]

当查尔斯顿人忙于处理内乱以及抓捕逃跑的邦尼特和赫里奥特时，新一波恐慌情绪又笼罩了这座城市。[90]就在囚犯逃跑之前，约翰逊总督被告知，一艘装备了五十门炮和二百名船员的大型海盗船正潜伏在沙洲之外，而且已经俘获了几艘船。人们认为这艘海盗船的船长是像查尔斯·文一样声名狼藉的克里斯托弗·穆迪（Christopher Moody）。担心再次被围困的约翰逊召集市参事会探讨应对策略，最终他们决定主动出击。停泊在港口内的四艘船被选中领导进攻，并展开行动，它们是"海上仙子号"、邦尼特的"皇家詹姆斯号"以及两艘商船"地中海号"（*Mediterranean*）和"威廉王号"（*King William*）。这些船组成了一支强大的船队，船上共装备了约七十门炮，还有三百名响应总督号召、自愿参战的船员。然而，船队的航行却因为船主们优先考虑自己的经济利益，而不是对殖民地的忠诚而推迟了，他们要求政府必须先保证承担此次行动产生的费用，如果他们的船只受损，政府还必须给予赔偿。经过激烈的辩论之后，约翰逊和参事会默许了他们的要求。

以坐镇"地中海号"上的约翰逊为总指挥的船队于11月4日晚沿港口南下，航行至沙洲内侧后抛锚停船。第二天一早，船队再次出发，所有船炮和绝大多数船员被藏了起来，所以从外表来看，这只是一支普通的商船队。这样做的目的是避免引起海盗的警觉，并诱使他们向自己发动进攻。绕过沙洲之后，约翰逊发现了一艘他以为是穆迪带领的海盗船和一艘他以为是其随行船的单桅纵帆船。

海盗们上钩了。他们升起黑旗，把船驶到总督的船和港口之间，希望阻止他们撤回港口内。海盗船先来到"威廉王号"旁边，要求船上的人投降。听到这话，约翰逊给出了预定的信号。南卡罗来纳人高高升起他们的英国国旗，并推出隐藏的船炮，朝海盗发动了震耳欲聋的舷炮轰击；同时还有数百名突然从甲板下方跳出来的船员，使用毛瑟枪和小型武器朝他们射击。

尽管因炮火攻击而受损严重，这艘海盗船仍然设法突破围困，驶入了开阔海域，"地中海号"和"威廉王号"在它后面紧追不舍。至于另外一艘只有六门炮和四十名船员的单桅纵帆船，则在被火力远超过自己的"海上仙子号"和"皇家詹姆斯号"迅速战胜后投降了。这场战斗就发生在城中人可见的范围内，许多查尔斯顿人充满热情地见证了这场战斗。[91]他们有的站在房顶上，有的爬到港口中船只的桅杆上，为的都是观看这场交战。

在远一些的海面上，"地中海号"和"威廉王号"花了好几个小时追逐海盗船，后者已经降下海盗的黑旗，试图靠这种无力的尝试掩盖自己的身份。为了减轻重量、提升船速，海盗们还把小艇和各种货物扔下船。当"威廉王号"终于追上海盗船后，它用追逐炮朝对方开火，炸死了海盗船上的几名船员。几乎没有其他退路的海盗船迅速投降了。

这两艘海盗船上充满了惊喜。首先，被击败的不是穆迪，而是一个名叫理查德·沃利（Richard Worley）的小角色，他的海盗生涯是几个月前才刚刚开始的。靠一艘小船和几个手下起步，沃利在从纽约殖民地驶向巴哈马的途中，一路掠夺船只，更换新船，同时不断吸收更多人手。沃利就在这条单桅纵帆船上，他和他的许多手下一样在战斗中丧生了。

另一艘海盗船则是原本要从伦敦前往弗吉尼亚的"雄鹰号"（*Eagle*），它是在弗吉尼亚海角外被沃利拦截的。船上此时还有一百零六名已被定罪的囚犯，其中包括三十六名妇女。这些人本来是要被送到弗吉尼亚和马里兰做劳工和契约仆人的——这是英国议会实施的将最危险的臣民送到大西洋彼岸，从而使宗主国得以摆脱他们的办法。本杰明·富兰克林（Benjamin Franklin）后来声称，该措施就好比让美洲殖民地将他们所有的响尾蛇聚集起来送到英格兰去。[92]显然，海盗的打算是把这些妇女送到某个无人居住的巴哈马岛屿上，他们的意图几乎肯定与肉欲有关。

如原本所传的那样，穆迪确实曾经在查尔斯顿的海岸外掠夺船只。但一些同情他的当地人在得知总督的计划后，划着小艇从城镇中出来给他送信，提醒他攻击即将降临，这让穆迪有充足的时间在总督出动自己的队伍之前就逃离了。就这样，沃利粗心地落入一个原本是为他人设置的陷阱。幸存的二十四名海盗于 11 月 19 日接受了审判，不到一个星期之后，其中五人被无罪释放，剩下十九人被判有罪并被处以绞刑。

与此同时，对邦尼特手下的审判也于 10 月 28 日开始，主审法官是尼古拉斯·特罗特。作为英属美洲殖民地知识最渊博的法学家之一，特罗特还是一位希伯来语学者，格外喜欢坐在法官的长凳上，用谚语和《圣经》中的引语发表见解。在这场审判中，他这样做的频率更是高得惊人。特罗特 237 的叔叔与他同名，曾任巴哈马总督。他在 1696 年 4 月以收取一定费用为交换条件，向海盗亨利·艾弗里提供过保护。最终特罗特因自己的这种利益交换行为而遭到本国政府谴责，还被革除了职务。叔叔给自己的家族带来的耻辱可能刺激了特罗特法官，造成他对海盗的批判格外严厉。[93] 这名法官将他们从窃贼这个大范围中单挑出来，是因为他们的反人类罪行具有"不可饶恕性"和"缺乏道德性"。[94]

在为期八天的审判中，共有三十三名男子因涉嫌掠夺"财富号"和"弗朗西斯号"而被指控犯有海盗罪。然而所有人都不认罪；大多数人没有提出抗辩理由，另一些人提出的理由是自己受到了胁迫，或者根本没有参与过海盗活动。 238 最终有四人被判无罪，二十九人罪名成立并被判处绞刑。

11月5日，特罗特发表了他的结案陈词，其中提出了和科顿·马瑟经常使用的一样的主题，即恳求被定罪的人悔改，并在上帝的眼中找到宽恕。法官引用了《以赛亚书》1：18中的内容："虽然你们的罪污殷红，我却要使你们像雪一样的洁白。"[95]三天后，海盗们就在港口边缘的白角（White Point）被处决了。

对邦尼特的审判安排在11月10日。总检察长理查德·阿林（Richard Allein）把邦尼特称为"大海盗"（Archpirata），以此暗示其不同寻常的身份背景引发了一些人的同情。理查德·阿林表示自己在听说城中有些人因为邦尼特"是一位绅士、一个重视荣誉的人、一个家境殷实的人、一个受过良好教育的人"，就对他表露出偏爱时感到痛心。在阿林看来，这些身份反而加深了邦尼特罪行的严重性，他断言："一个据称是重视荣誉的人，怎么能抛弃所有的尊严和人性，成为人类的敌人，堕落到掠夺和摧毁其他人财物的地步？怎么能去做匪徒，做海盗呢？"[96]对于阿林来说，邦尼特显然就是一个堕落的人。

邦尼特就劫掠"弗朗西斯号"的指控做了无罪辩护，声称自己曾计划成为一名私掠者，没有同意或参与海盗活动，而且曾多次要求其他人把自己送上岸。然而，对他不利的证词是压倒性的。在一次对质中，邦尼特在为自己辩护时询问曼纳林船长，是否真的听到他命令手下从"弗朗西斯号"上抢夺货物了。曼纳林回答说："我很遗憾你竟然这样问，因为你明知道自己这么做过。"这位愤愤不平的船长对邦尼特大喊，说邦尼特抢走了自己在世上拥有的一切，就因

THE
TRYALS
OF
Major *STEDE BONNET,*
AND OTHER
PIRATES,
VIZ.

Robert Tucker,	Samuel Booth,	Henry Virgin,
Edward Robinson,	William Hewet,	James Robbins,
Neal Paterson,	John Levit,	James Mullet alias Millet,
William Scot,	William Eddy alias Nedy,	Thomas Price,
Job Bayley,	Alexander Annand,	John Lopez,
John-William Smith,	George Ross,	Zachariah Long,
Thomas Carman,	George Dunkin,	James Wilson,
John Thomas,	John Ridge,	John Brierly, and
William Morrison,	Matthew King,	Robert Boyd.
William Livers alias Evis,	Daniel Perry,	

Who were all condemn'd for PIRACY.

AS ALSO

The TRYALS of *Thomas Nichols, Rowland Sharp, Jonathan Clarke,*
and *Thomas Gerrat,* for PIRACY, who were Acquitted.

AT THE

Admiralty Seffions held at *Charles-Town,* in the Province of *South Carolina,* on
Tuefday the 28th of *October,* 1718. and by feveral Adjournments
continued to Wednefday the 12th of *November,* following.

To which is Prefix'd,

An ACCOUNT of the Taking of the faid Major *BONNET,* and
the reft of the PIRATES.

———————————

LONDON:
Printed for BENJ. COWSE at the *Rofe* and *Crown* in *St. Paul's Church-*
Yard. M.DCC.XIX.

**图 66　1719 年在伦敦出版的《审判斯特德·邦
尼特少校和其他海盗》（*The Tryals of Major Stede
Bonnet, and Other Pirates*）的书名页**

为这个，曼纳林说他怀疑自己的"妻子和孩子现在正在新
英格兰，因为吃不上饭而快要被饿死了"。曼纳林继续说
道，如果自己是单身，绑架他还不是什么严重的问题，但
"想到我可怜的家人，我感到很悲痛"。[97]

当邦尼特被判定强占"弗朗西斯号"罪名成立时，他取消了就强占"财富号"做无罪辩护的念头，改为直接认罪，他这样做显然是意识到下次审判的结果很可能会与前一次结果相同。11月12日，特罗特判处邦尼特绞刑。总检察长阿林在审判期间贬抑地提及过的那些同情邦尼特的公民此时站了出来，他们要求总督批准推迟死刑，以便国王最终决定是否给予邦尼特王室赦免。邦尼特本人也加入了这个求情的队伍，他以"一个基督徒"的身份给总督写信，恳请总督"带着温柔的怜悯和同情"来看待他。[98]邦尼特还给雷特写了一封信，乞求他在总督面前为自己说情。不过，这一切努力都是徒劳的。12月10日这一天，全城人都来观看了双手被绑在一起，手里握着一个花束的邦尼特被用车拉到白角，并在那里被执行绞刑的过程。[99]

邦尼特的绞刑为南卡罗来纳海盗历史上最具爆炸性、影响也最深远的一个时期画上了恰当的句号。历史学家戴维·邓肯·华莱士（David Duncan Wallace）中肯地评价说："在一个月内对四十九名罪犯执行死刑，是美洲历史上绝无仅有的一次由被扰乱的群体对犯罪行为发动攻击的例子。"[100]但邦尼特和沃利并不是这一时期仅有的被处决的海盗船船长。黑胡子猖狂的日子也将很快迎来一个戏剧性的终结。

黑胡子于1718年6月中抵达巴斯时，邦尼特和他的手下已经离开，并且即将发现黑胡子在托普塞尔湾的背叛行为。黑胡子和他的手下都像邦尼特一样获得了王室赦免。伊登总督还召集了一个次级海事法庭，宣布"冒险号"是合

图 67　1725 年荷兰语版约翰逊的《海盗通史》中描绘的斯特德·邦尼特在 1718 年 12 月 10 日被执行绞刑的场景

法获得的战利品，从而让黑胡子获得了该船的完全所有权。黑胡子的许多手下自此离开了巴斯，但没有多少历史记录能提供他们去了哪里，或者过上了何种生活的线索。就黑胡子来说，他和大约二三十个手下一起定居在这片地区，在任何人看来，他们似乎已经彻底告别了海盗生涯。伊登当然清楚这些人臭名昭著的经历，但他对赦免这些人，认定单桅纵帆船为战利品，以及许可海盗在他们中间生活这些问题似乎毫无疑虑，至少是从来没有表示过。再说，就算确信黑胡子和他的手下不配获得赦免，而是应该被逮捕，伊登也召集不到能够采取行动的人手。实际上，海盗们如果想的话，完全可以轻松地占领这个小得出奇的城镇。

黑胡子在巴斯的生活神秘莫测，几乎没有什么证据能够帮助人们了解他在那里的活动。虽然后来出现过他在镇上有一幢房子的说法，但没有证据能证明这一点，而且他在那里的大部分甚至是全部时间，很有可能都是在"冒险号"上渡过的。"冒险号"停泊在一条小溪或河流上，或者是在位于距离巴斯约五十英里的帕姆利科湾（Pamlico Sound）对面的奥克拉科克岛附近，那里是他最喜欢的隐居地点之一。根据约翰逊的说法，黑胡子经常与巴斯的农民一起"昼夜不停地狂欢作乐，（那些人）热情地接纳了他，但不知是出于喜爱还是惧怕"[101]。伊登总督确实提到过要平息由海盗在纵酒狂欢时引发的"一些混乱"[102]，但没有其他已知的提及这些庆祝活动或其他公共骚乱的内容存在。

241　　约翰逊还宣称，在总督亲自主持的结婚仪式上，黑胡子"娶了一位大约十六岁的年轻姑娘"。据说这是黑胡子的第十四任妻子，在"和她过了一整夜"后，他通常会（从"冒险号"上）邀请五六个野蛮的同伴上岸来，强迫妻子在自己面前，与所有这些人依次发生关系"[103]。虽然有几个非常简短的当时的二手记录提及过黑胡子的婚姻状况，但最近一份深入的家谱研究显示，"没有直接证据证明黑胡子有合法的妻子"[104]。说他的一次（或多次）婚姻从来没有被

图 68　1770 年北卡罗来纳地图的细节，显示了奥克拉科克岛的奥克拉科克湾 ［Ocracoke（Occacock）Inlet］ 及帕姆利科河 ［Pamlick（Pamticoe）River］。帕姆利科河以北，位于图中左上角的地方是巴斯

正式承认是有可能的，但说他有十四个妻子未免太让人难以置信了。① 至于黑胡子作践自己妻子的恶行，先不说他有没有过妻子，就算有，人们也几乎完全可以肯定那是约翰逊编造的情节，目的是强化海盗在当时的报道和评论中普遍具有的堕落形象，同时也是为了让故事更多彩、更淫秽，这样他的书才能卖得更好。

　　正如邦尼特和其他许多获得王室赦免的海盗一样，黑胡子和他的手下"恰如狗回头吃它吐出的东西"[105]，最终也会走上从前的老路，因为他们无法抗拒不劳而获的吸引。到

242

_____

① 在撰写此书的过程中，笔者见到过两位根据家族传说而认定自己是黑胡子后代的人。

8月底，黑胡子又踏上了寻找战利品的航程，"冒险号"成为他的主要进攻工具。8月24日上午，在离百慕大不远的地方，黑胡子的人发现两个潜在目标，然后花了三个小时赶上它们。这两艘船分别是"罗丝·埃米莉号"（*Rose Emelye*）和"金羊毛号"（*Toison d'Or*），都是从马提尼克岛返回法国南特的。[106]虽然两艘船都比"冒险号"大得多，但黑胡子还是俘获了它们。他先强占了没有装备武器的"金羊毛号"，然后利用它和"冒险号"一起形成夹击之势，迫使"罗丝·埃米莉号"投降。海盗们在"罗丝·埃米莉号"上搜出了数百袋可可和近两百桶精制糖。把这么多货物都搬到"冒险号"上是不切实际的，因此黑胡子决定以"罗丝·埃米莉号"为运输工具，直接用它把东西运回奥克拉科克岛。他还把"罗丝·埃米莉号"的船员都转移到"金羊毛号"上，并命令"金羊毛号"的船长继续驶向法国，他还威胁说，如果船长不这样做，他就烧毁这艘船。对于这个法国人来说，这样的结果已经不算最糟糕的了，因为黑胡子告诉他们，如果不是正好有两艘船，他就"把他们扔进海里了"[107]。

大约在9月中，黑胡子将"冒险号"和"罗丝·埃米莉号"锚定在奥克拉科克岛南端附近，然后把船上的糖和可可卸下来，存放到陆地上的帐篷中。不久之后，黑胡子和他的几名手下一起回到巴斯。他们拜见了伊登总督，黑胡子的四名手下都签署了宣誓证词，声称他们在海上发现了这艘被遗弃的法国船只。伊登总督召集的次级海事法庭接受了船员的宣誓证词，并官方宣布这艘船为失事残骸，从而有效地授予黑胡子抢救"罗丝·埃米莉号"上物品的权利。紧接

243

着，黑胡子又以"罗丝·埃米莉号"漏水严重，如果用来航行可能会发生沉船事故的虚假理由，骗取伊登许可他将船拖到浅滩中烧毁。这个工作是由黑胡子负责完成的，这样他就销毁了自己实施海盗掠夺的主要证据。[108]

虽然伊登对于黑胡子就"罗丝·埃米莉号"讲述的故事毫不怀疑，并且完全接受了黑胡子的一面之词，但他在北方的同僚们可不像他这么天真。弗吉尼亚殖民地副总督亚历山大·斯波茨伍德确信黑胡子已经重操海盗的老本行，他发誓这一次要彻底终结黑胡子的劫掠行为。

图 69　1880 年的雕版印刷肖像，画中人是弗吉尼亚殖民地副总督亚历山大·斯波茨伍德

四十二岁的斯波茨伍德出生于英国占领下的丹吉尔（Tangier），在来到美洲之前曾在军队服役。他于 1710 年被任命为副总督时的军衔是中校。无论他的头衔为何，斯波茨伍德实际上就是本殖民地最高级别的官员。[109]真正被任命为总督的奥克尼伯爵乔治·汉密尔顿（George Hamilton，the Earl of Orkney）从没来过殖民地，因而是把管理这里的工作基本上全部交给这位副总督了。居住在殖民地首府威廉斯堡（Williamsburg）的斯波茨伍德对海盗怀有深深的仇恨。1716年7月，他敦促海军大臣注意在新普罗维登斯"安顿下来的一群流氓带来的危险后果"，他还警告说"如果不及时采取措施，打击这些日益壮大的邪恶之人，整个大陆的贸易活动都可能会受到威胁"[110]。两年后的此时，最让斯波茨伍德担忧的"流氓"莫过于黑胡子和他的手下。

黑胡子的一些手下在获得赦免后不久去了弗吉尼亚殖民地，这令斯波茨伍德感到担忧。他不认为这些人已经洗心革面，而是确信，如果不禁止这些人携带武器及大规模聚集到一起，"一旦钱被花光，（他们就会）抢一艘船，重操旧业"[111]。为了避免发生这样的事，斯波茨伍德于1718年7月10日发布了一则公告，要求任何曾经做过海盗的人在进入弗吉尼亚殖民地时，必须将自己的武器交给治安法官或军队官员，并禁止他们三人以上结伴旅行或聚集。如果这些前海盗不遵守公告，参与任何"违法活动或聚众暴乱"[112]，他们就会被强行剥夺武器并投入监狱。

没有行动支持的公告只能算空谈，而且斯波茨伍德很快就发现，人们根本没有采取行动的意愿。公告发布后不久，就有一大波黑胡子的手下全副武装地穿过弗吉尼亚，前往宾夕法尼亚。一路上他们都在试图引诱商船水手加入他们的队

第八章　绅士海盗和黑胡子

伍，他们的计划显然是要再次成为海盗。地方政府官员试图采取行动，但找不到任何愿意为了协助"压制这群流氓，并解除他们的武装"[113]而冒生命危险的人。

在接下来的几个月里，斯波茨伍德对黑胡子及其手下的担忧越发加深了，因为有证据表明他们已经重新干起了"老本行"。斯波茨伍德收到北卡罗来纳商人的书信，内容是向他投诉黑胡子及其手下做出的不守规矩的行为。随后，部署在弗吉尼亚的皇家海军军舰"莱姆号"（HMS *Lyme*）的埃利斯·布兰德船长（Captain Ellis Brand）派出一个人，到北卡罗来纳了解黑胡子在搞什么名堂，这个人带回来的信息为人们描绘出一幅令人不安的画面。埃利斯的探子报告说，有多个消息来源告诉他，黑胡子一直忙着"侮辱和伤害所有进行贸易活动的单桅纵帆船的船长，并从他们那里抢走任何他喜欢的货物和酒"。为了避免被贴上海盗的标签，黑胡子会按照他认为适当的"那种价格"，为他抢走的货物付钱。[114]

然而，真正激怒斯波茨伍德并使他确信黑胡子绝对又干起海盗勾当的事件，就是他强占"罗丝·埃米莉号"。与伊登不同，斯波茨伍德不接受黑胡子的说辞。最终，正是俘虏这艘法国船的举动，以及其他一些据称是由黑胡子做出的违法行为，迫使斯波茨伍德采取措施。他在给贸易委员会的一封信中巧妙地阐述了自己的理由，他告诉委员们说，黑胡子和他的人又开始在海岸线上实施海盗行为——他们最近拖回一条装满糖和可可的船，并谎称那是在海上发现的被遗弃的船只残骸，之后他们还为隐藏该船的真实身份而把它烧毁

245

了。鉴于与此同时还有很多北卡罗来纳商人向他抱怨"海盗团伙的厚颜无耻，以及政府在限制他们方面的软弱无力"，斯波茨伍德认为是时候消灭"这群恶人"了。副总督最不想看到的未来莫过于放任黑胡子变得更加胆大妄为，甚至是在奥克拉科克岛上建造防御工事，将那里转变为那些可能将目光集中在攻击弗吉尼亚商船上的海盗的"惯常聚集地"，这必然会威胁该殖民地极其有利可图的烟草贸易。[115]当得知查尔斯·文曾在 10 月到访该岛，他和他的海盗船员还与自己的老朋友黑胡子狂欢一个星期之后，[116]斯波茨伍德的担忧变得更加强烈了。

图 70　1718 年 10 月，黑胡子和查尔斯·文的手下在奥克拉科克岛上痛饮狂欢（1837 年的雕版印刷品）。当时是否真的如图中显示的那样有女性在场是一个无法确定的问题

　　在布兰德船长和另一艘驻扎在弗吉尼亚的皇家海军军舰"珍珠号"（HMS *Pearl*）的船长乔治·戈登（George Gordon）

的帮助下，斯波茨伍德想出了一个在奥克拉科克岛变成到弗吉尼亚近海水域中作乱的海盗的出发地之前"铲除这群海盗"[117]的计划。几个人都认可的是一种水陆双管齐下的袭击策略，因为谁也不知道黑胡子和他的手下究竟在巴斯还是在奥克拉科克岛。布兰德将领导由两百名水手和弗吉尼亚民兵组成的陆上部队；"珍珠号"的罗伯特·梅纳德中尉将负责海上攻势，时年三十四岁的他是当时在美洲服役的海军军官年龄最大的。[118]

246

　　然而，组织这场攻击面临着一个重大的后勤问题。鉴于奥克拉科克岛附近的海水很浅，无论"莱姆号"还是"珍珠号"都无法作为运输或攻击船只，因为它们的吃水很深。虽然可以租到较小的船只，但那意味着必须有人为此买单。布兰德和戈登很乐意为行动提供人员，但他们都不肯为租船花钱，所以斯波茨伍德主动承担了租船的费用。

　　斯波茨伍德租了两艘小型单桅纵帆船："巡游者号"（*Ranger*）小一些，船上配备了二十五名船员；"简号"（*Jane*）略大一些，船上配备了三十五名船员。[119]梅纳德将登上"简号"完成这次行动。虽然这些单桅纵帆船可以在奥克拉科克岛周围又浅又曲折的水道中航行自如，但船上没有配备加农炮，这意味着梅纳德的船员们将不得不依靠个人携带的武器来对抗有九门炮的敌人。如果是派遣拥有四十门炮的"珍珠号"和二十四门炮的"莱姆号"来制服海盗，那对方肯定不是对手，但换成没有配备重武器的单桅纵帆船，战斗的结果就很难预测了。

247

　　为了帮助确保海上进攻人员能够从准确的情报中受益，

斯波茨伍德派出一名使者前往巴斯，找到最初提醒他注意黑胡子非法活动的商人之一，向此人询问了有关"冒险号"的状况、船员人数，以及它通常停泊在哪里之类的问题。这名商人还被要求需安排两名熟悉奥克拉科克岛附近水域的领航员前往威廉斯堡，雇用他们的费用也由斯波茨伍德承担。

　　整个计划都是在极端保密的状态下设计出来的。斯波茨伍德没有向殖民地大议会或参事会透露他的这一计划，因为他担心如果这些人知道了，进攻的消息就有可能传到黑胡子耳朵里，毕竟在弗吉尼亚，有不少人是支持海盗的。[120]斯波茨伍德也没有通知伊登总督自己有进入他管辖的殖民地的打算，这么做当然完全是违法的。斯波茨伍德对北卡罗来纳殖民地的评价不太高，[121]他认为那里是一个由不称职的领导人领导的落后地区，那些领导人甚至没有能力守卫自己的殖民地。斯波茨伍德不仅不相信北卡罗来纳殖民地能够对付本殖民地范围内的海盗犯罪，还认为自己听说过的，关于伊登及殖民地首席法官兼海关稽查员托拜厄斯·奈特（Tobias Knight）的传言都是真的，即他们与黑胡子是盟友，已经被他用抢来的货物和金钱买通了。

　　为了给他派遣至北卡罗来纳的海军人员提供金钱上的激励，斯波茨伍德于 11 月中敦促弗吉尼亚大议会通过了一项法律，规定抓住海盗的人可以获得奖励。鉴于斯波茨伍德不想公开他的秘密任务，所以他提出了一套不同的理由来说服立法者采取行动。斯波茨伍德最近刚刚以海盗罪的罪名，把黑胡子曾经的舵手威廉·霍华德（William Howard）送上审判席，他是在后者进入本殖民地范围后抓住他的。斯波茨伍

248

德告诉立法者们说，在审判过程中，有消息显示黑胡子和他的手下因为霍华德被抓而威胁要给弗吉尼亚的航运造成极大的破坏，因此，"绝对有必要采取一些快速有效的措施来打击这群强盗"[122]。无论这些消息是否属实，反正他的论证发挥了效果。11 月 24 日，大议会通过了《鼓励逮捕和消灭海盗法案》（Act to Encourage the Apprehending and Destroying of Pirates）[123]。内容包括一系列奖励措施，比如奖励抓捕出现在弗吉尼亚、北卡罗来纳和其他相邻近海水域内的海盗的人，以及在上述海盗拘捕时将他们杀死的人，可受奖励的行为须发生在 1718 年 11 月 14 日至 1719 年 11 月 14 日。黑胡子是唯一被该法案点名道姓的海盗，抓捕他的奖金是一百英镑。其他奖金数额分别是：抓捕其他任何海盗船船长奖励四十英镑；任何水手长或木匠二十英镑；任何普通船员十英镑。当该法案获得通过时，斯波茨伍德进入北卡罗来纳的行动已经开始了。①[124]

11 月 17 日下午三点，"巡游者号"和"简号"沿詹姆斯河（James River）顺流而下，布兰德的陆上部队则在当晚晚些时候出发。到 11 月 21 日下午，布兰德的队员们距离巴斯还有约五十英里，但梅纳德的单桅纵帆船已经到达奥克拉科克岛的南端。他们很快就发现有两艘单桅纵帆船停泊在一

---

①　斯波茨伍德显然告诉布兰德船长和戈登船长说，进攻一开始，他就会提出这项法案，并且确信法案会获得通过。因此，船长们是在获得一旦队伍得胜归来，就会领到斯波茨伍德承诺的金钱奖励的保证后才愿意发起行动的，他们认为自己一定能够凯旋。

个面向帕姆利科湾的水湾中，至今，这个地方仍被称为蒂奇霍尔［Teach's Hole，或萨奇霍尔（Thatch's Hole）］。随着夜幕降临，梅纳德让"巡游者号"和"简号"抛锚停船，在此过夜。[①]

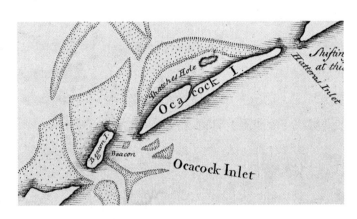

图71 1733年北卡罗来纳地图的细节，显示了奥克拉科克岛（此图中拼写为"Ocacok"）和位于它正上方的萨奇霍尔

249　　那天晚上，不知道附近有军队正在聚集的黑胡子和大约二十个手下与一位名叫塞缪尔·奥德尔（Samuel Odell）的本地商人一起喝酒狂欢，后者是早些时候乘坐自己的单桅纵帆船抵达这里的。第二天早晨，海上风平浪静，唯一可以听到的是鸟儿迎接黎明到来的歌唱。九点时，梅纳德命令

---

① 接下来将要介绍的是黑胡子和梅纳德之间的战斗。当时的人对这一事件的描述，包括一份亲历者记录的经过都非常简短，内容各不相同，有时甚至相互矛盾。结果就是，很多东西只能靠人们想象。许多作家在这些最基本记叙的基础上创造了极具戏剧性的细节，增加了对战斗的大段叙述。笔者尽可能地遵循了当时人的描述，只在必要时做出一些自己的判断。

第八章　绅士海盗和黑胡子

"巡游者号"驶向那两艘单桅纵帆船，此时他们还不确定其中之一就是黑胡子的船。"简号"紧跟在"巡游者号"后面。它们刚出发不久，"简号"就搁浅了，紧接着"巡游者号"也遭遇同样的背运。"简号"的船员们开始疯狂地把重物扔向船外，以减轻负荷；出于同样的目的，"巡游者号"的船员们将水桶都打破了。很快，两艘单桅纵帆船都重新漂浮起来，但宝贵的突袭机会已经失去了。

尽管已经醉得神志不清，但黑胡子的手下还是因不远处的骚动而警醒起来。意识到自己正受到攻击，黑胡子命令手下切断"冒险号"的锚索，立即起航。为了吓唬袭击者，海盗们开始向接近他们的两艘单桅纵帆船射击。黑胡子的计划似乎是想从敌人刚刚驶入时走过的这条水道上冲出去，设法让对方加入追逐它的竞速战。当黑胡子试图接近水道出口时，"巡游者号"直奔"冒险号"而去，"简号"上的船员们也在拼命划桨，紧紧跟随着"巡游者号"。

当"简号"追赶到距离"冒险号"大约只剩手枪射程一半的地方时，梅纳德和黑胡子之间有过一次简短的对话。《波士顿新闻通讯》上的二手转述内容如下：

> 蒂奇（Teach）招呼梅纳德中尉，并告诉他自己是效忠乔治国王的。黑胡子希望中尉能把自己的船停下，然后到他的船上去。梅纳德回答说他正是要尽快登上黑胡子的船。蒂奇明白了对方的意思，说道，如果中尉放过他，他就不会给中尉添乱。但梅纳德回答说，自己要抓的正是黑胡子，活捉或带回他的尸体都可以，失败的

话，自己宁愿以死谢罪。话说到这里，蒂奇让人给自己送来一杯葡萄酒，并发誓说他既不需要对手的仁慈，也不会对对手手下留情。[125]

梅纳德就这段对话的描述与此相似，但更简洁，人们不禁希望这位海军军官没有那么惜字如金。他是这样写的："我们第一次对话时"，黑胡子"喝着酒辱骂了我和我的船员，他称我们都是哭哭啼啼的小年轻，还说他既不会对我们手下留情，也不需要我们对他仁慈"。[126]

谈话刚一结束，黑胡子就充分利用自己的火力优势，朝敌人发射了猛烈的舷炮攻击。他用的都是山鹑弹或天鹅弹，"巡游者号"的指挥官被炮弹打死，还有五名船员受了重伤，其中包括船上职衔第二高和第三高的人。失去指挥官的"巡游者号"自此落在后面，直到战斗即将结束才重新发挥作用。

"简号"的许多船员也被舷炮击伤，但他们仍在继续战斗。可能真的是枪法惊人，当然更可能是运气太好，他们的子弹碰巧打断了"冒险号"上挂艏帆的升降索（用于升起艏帆的绳索），结果三角形的艏帆掉了下来，导致"冒险号"的速度也减慢了。梅纳德不想再将他的船员们暴露在黑胡子的加农炮下，所以命令所有人都到甲板下面去，他自己则进入位于船尾的舱房。梅纳德并不是靠做缩头乌龟来避免受到伤害，而是给黑胡子设置了一个陷阱。在进入舱房之前，梅纳德命令领航员和一名候补少尉留在甲板上，他们的任务是向中尉汇报黑胡子的一举一动。如果一切都朝着梅纳德希望的方向发展，那么海盗很快就会主动送上门来。

第八章　绅士海盗和黑胡子

看到"简号"的甲板上没有人了，黑胡子以为自己的加农炮发挥了致命的威力，这意味着他获得了一场大胜。为完成最后一击，在将"冒险号"驶到"简号"旁边后，黑胡子带着手下翻过船舷，此时他手里还拿着一根绳子，为的是把两艘船绑在一起。黑胡子一上船，领航员就向梅纳德发出信号，后者随即带领十二名手下冲到主甲板上，杀了海盗一个措手不及。在接下来的六分钟混战中，交战双方在近距离内挥动兵器，用力砍杀、戳刺，甚至开枪射击，他们发出的痛哼、尖叫和呻吟，与钢铁兵器碰在一起的撞击声，还有火药的爆炸声混合在一起。

当硝烟终于散尽时，了不起的黑胡子已经死了，跟随他登上"简号"的手下也是非死即伤。与此同时，"巡游者号"赶了过来，船员们登上"冒险号"，制服了其余的海盗。在这个过程中，一名海军水手被同伴误杀。有些吓破胆的海盗放弃了战斗，直接从船上跳入水中，但海军水手开枪把这些试图游水逃跑的海盗也打死了。这些跳水的人都没能活下来，有一个人的尸体是几天后在芦苇丛中被发现的，当时有秃鹰在他的头顶上方盘旋。

据梅纳德描述，他率领的"简号"上的水手"像英雄一样战斗"，战斗中无一丧生，但有许多人"被严重砍伤，甚至失去部分肢体"。[127] 尽管各种说法在提及数字时存在分歧，但总的来说，大约有十名海军水手和十名海盗死亡，超过二十名海军水手受伤。梅纳德总共抓获九名海盗，其中三人是白人，其余的是黑人。

还有一个在"冒险号"上受伤的男子是商人塞缪尔·奥

图 72　梅纳德和黑胡子决一死战（1837 年的雕版印刷品）

德尔，他原本是来和黑胡子一起狂欢的，结果却被卷入战斗。虽然奥德尔和海盗并肩作战，但梅纳德和自己的手下还是欠他一份人情，因为如果不是奥德尔思维敏捷，那天在奥克拉科克岛的死亡人数还会高得多。原来在战斗开始之前，黑胡子就给一个名叫恺撒（Caesar）的黑人船员留下指示，说如果海盗被击败，他就要炸毁船只。当恺撒正准备点燃船舱内的

253

第八章　绅士海盗和黑胡子

弹药库时，是奥德尔和自己的一名船员从他手中抢下了火把。

黑胡子的死可以算作海盗历史上最著名，或至少是具有标志性的事件。他被杀死的确切方式毫不意外地成为人们争论的焦点。《波士顿新闻通讯》向欣喜若狂的公众提供了一份关于黑胡子生命最后时刻的精彩二手转述：

> 梅纳德和蒂奇两人一开始是用长剑对决的，梅纳德用力刺向黑胡子，结果剑尖扎到蒂奇身上挂的弹药匣上，长剑从剑柄处整个被戳弯了。蒂奇打破了剑柄上的护手，弄伤梅纳德的手指，但这并没有让梅纳德失去行动能力。他向后跳了一步，扔下剑，改用手枪射击，并打伤了黑胡子。德梅尔特（Demelt）此时加入两人的战局，他用长剑狠狠划破了蒂奇的脸；……梅纳德的一个船员是（苏格兰）高地人，他用自己的宽剑与蒂奇交战，割伤了后者的脖子。蒂奇说："做得好，小伙子。"高地人则回答："如果做得不够好，我还能做得更好。"（说着）他再次发动攻击，这次他齐着黑胡子的肩膀，砍下了黑胡子的头。[128]

约翰逊和许多后来的作家都对这段描述进行了各种修饰和渲染，将黑胡子的死转变成某种值得拍一部好莱坞史诗巨制的场景。但考虑到梅纳德在说到黑胡子的死时，只提到"他倒下时身上有五处枪伤，身体的多个部位有二十处严重的（刀剑）伤口"，所以《波士顿新闻通讯》上刊登的这份详细到一招一式的描述的准确性实在值得怀疑。梅纳德还补充说："我砍下了黑胡子的头，并把它挂在船首斜桅上，为的是把它带回弗吉尼亚。"[129]黑胡子的无头尸体被扔进帕姆利科湾深沉的海水中，据传说，它在"简号"周围漂了几圈才终于沉入水中看不见了。

图73　梅纳德把被砍下来的黑胡子的头颅挂在"简号"的船首斜桅上，供所有人观看（1837年的雕版印刷品）

254　　黑胡子已死的消息慢慢传遍了各个殖民地，还传到大西洋对岸的英格兰，不仅激起人们强烈的关注，也让他们为又一个臭名昭著的海盗落得罪有应得的下场而倍感欣慰。这个故事让十二岁的本杰明·富兰克林着迷，当时他在波士顿给做印刷商的哥哥当学徒。本杰明不久前刚刚开始对诗歌产生浓厚的兴趣，于是詹姆斯鼓励弟弟尝试就非同寻常的大事件创作一些叙事歌谣，这些内容可以印刷出来，拿到街上售卖。黑胡子的死被本杰明看作进行这种尝试的一个好选择，另一个特别的原因是，梅纳德中尉的姐妹玛格丽特就居住在波士顿，[130]因此这件事在这里尤其受关注。鉴于此，本杰明·富兰克林写了一首诗，诗的名字是"水手之歌，抓捕海盗蒂奇（也就是黑胡子）的故事"[131]。

　　许多年后，本杰明在他的自传中将这首诗归类为"糟糕 255 的东西，符合格鲁布街民谣（Grub-street-ballad）风格"。塞缪尔·约翰逊在他著名的 1755 年作品《英语词典》（*A Dictionary of the English Language*）中是这样定义这种风格的："格鲁布街原本是伦敦穆尔菲尔德（Moorfields）一条街道的名称，居住在这条街上的人大多是小范围历史题材作家、词典编纂者以及创作当代诗歌的诗人，这就是为什么所有低劣平庸的作品都被称作格鲁布街作品。"[132]这首诗歌肯定也没有什么销路，这大概能够解释为什么该作品没有确定属实的版本流传下来。尽管如此，在接下来的几个世纪中，还是有一些候选内容被当作原诗歌的片段，甚至全文提供出来。有一篇候选内容常被引用，但流传下来的只有最后一节。

> 然后每个男人都拿起枪，
>
> 因为他们有任务必须完成，
>
> 无论是用弯刀、长剑或手枪；
>
> 如果我们无法再攻击，

> 那就炸掉弹药库，小伙子们，我们都会被炸上天。
> 在下面的海水中游泳，
> 也好过被绞死在半空，成为乌鸦的食物，
> 布里斯托尔的快乐的内德·蒂奇①这样说。[133]

另一篇更可信的候选作品是一首名为《海盗的落败》的诗歌，它最初于 1765 年被印在一本歌集中，很可能是效仿富兰克林的作品创作的，甚至就是他的原作。该诗歌的最后一节内容如下：

> 当血腥的战斗结束，我们收到一封书面通告，
> 蒂奇的头已经被挂在小船的旗杆上：
> 他们就这样航行到弗吉尼亚，给人们讲述这个故事，
> 他们讲到如何杀死很多海盗，听众无论老幼，都在为他们鼓掌。[134]

无论真实的诗歌内容是什么，反正本杰明的父亲乔赛亚（Josiah）并不觉得它有任何精彩之处，正如本杰明后来回忆的那样，父亲"嘲笑了我的作品，还说写诗歌的人通常都是乞丐，这让我很沮丧，所以我没有走上成为诗人的道路，因为我很可能会是一个非常糟糕的诗人"[135]——但美国由此获得了一位伟大的政治家。

256

---

① 即黑胡子，内德（Ned）是爱德华的昵称。——译者注

第八章　绅士海盗和黑胡子

奥克拉科克岛一战结束后，需要做的工作还有很多。梅纳德把黑胡子的所有文件、一百四十袋可可，以及他储存在陆地上的十桶糖都带回巴斯。他在那里与布兰德及其陆上的部队会合，后者直到战斗结束后的第二天才抵达这个殖民地首府。布兰德抓获了当时仍在巴斯的六名黑胡子的手下，没收了大量的糖和可可，这些东西都藏在奈特的谷仓里，上面还盖着一些干草作为掩饰。[136]

1719 年 1 月 3 日，在明媚的阳光下，得胜的梅纳德乘坐"冒险号"沿詹姆斯河返回，黑胡子那已经腐烂、毫无疑问还会发出刺鼻臭味的头颅就挂在船首斜桅上。当梅纳德经过"莱姆号"和"珍珠号"时，他用加农炮鸣放了九响礼炮作为致敬，这两艘海军舰船也以同样的方式回敬了他。[137] 为了警告那些可能认为海盗是一种有利可图的事业的人，斯波茨伍德将黑胡子的头颅挂在一杆插在河边的长矛顶端[138]——后来这个地方被命名为黑胡子角（Blackbeard's Point）。据传说，黑胡子的头最终被拿了下来，他的上半部分头骨在"用银子扩大了容积或只是镀了一层银"[139] 之后，被制成一个装潘趣酒的大碗，这个碗还在威廉斯堡的一家小酒馆中使用了一段时间。如果这件事是真的，那么这件可怕的手工艺品已经丢失了，因为从那以后，它再也没有出现在人们的视野中。

虽然梅纳德带回了他杀死或俘虏许多海盗的确切证据，但弗吉尼亚应该向他和他的手下支付的奖金却拖欠了四年之久[140]，这都要怪政治和官僚的拖泥带水。梅纳德和布兰德缴获的所有货物，包括"冒险号"本身都在公开拍卖中售出，由此获得的两千两百三十八英镑由"莱姆号"和"珍珠号"的船员分享。[141]这个数目还说得过去，但算不上特别令人印象深刻，[142]用这些钱大概可以购买一万一千加仑马德拉葡萄酒，或近三百桶火药。看起来，作为一名名气极大的海盗，黑胡子和他的一小伙手下并未真正拥有多少财富。

斯波茨伍德派遣军队进入北卡罗来纳的举动还催生了一系列持续多年的戏剧性事件，其复杂的细节远远超出本书的范围。可以这么说，它让弗吉尼亚和北卡罗来纳之间原本就不牢靠的关系变得更加紧张，双方都宣称对方的行为是非法的，或至少是可以被质疑的。其中还包括对北卡罗来纳官员与黑胡子及其手下勾结的指控，奈特为此受到了最严厉的审查。隐藏的糖和可可是从他的谷仓里发现的，以及他显然不愿意把这些东西交给布兰德的做法，都被认定为奈特已被海盗收买的证据。另外，人们还在"冒险号"上发现了一封奈特写给黑胡子的措辞隐晦的书信。这封信是在梅纳德抵达奥克拉科克岛几天之前写下的，所以它被一些人解读为奈特想要就即将到来的攻击给黑胡子通风报信。这些指控都非常严重，所以伊登总督的参事会对奈特进行了审判，以决定他是否真的是海盗罪的从犯。奈特极力为自己辩护，声称他储藏糖和可可只是帮黑胡子一个忙，而那封信不过是朋友之间的对话而已，既没有说到，也没有暗示任何关于弗吉尼亚的行动的内容——事实上，他说的都是真的。所以在审查了证据之后，参事会认定奈特无罪。[143]

伊登本人也被怀疑与黑胡子勾结，但没有人对他提出正式的指控。尽管如此，他在历史上留下的名声并不好。许多历史学家将他赦免黑胡子，以及授予黑胡子对"罗丝·埃米莉号"打捞权的做法，视为他与黑胡子之间达成过某种协议的间接证据，他们认为伊登肯定是为了获得某种形式的回扣，才默许黑胡子继续从事海盗活动的。约翰逊在第一版《海盗通史》中明确表示双方达成过这样的协议，但在后来的版本中，他修正了自己对总督的看法，称"坦诚地考虑了所有事实之后，似乎可以说……（伊登）"和黑胡子之间"不存在任何私人的或具有犯罪性质的通信"，而且他似乎还是"一位不错的总督，一个诚实的人"。[144]至于"罗丝·埃米莉号"的问题，约翰逊指出，伊登遵循了官方宣布船只不适于航行和处置船上货物的正确流程，在有四份关于该船失事情况的宣誓证言，且没有人提出反诉的情况下，其他任何海事法院很可能也会做出同样的判决。[145]黑胡子讲述的发现"罗丝·埃米莉号"漂浮在海上，且船上没有任何船员的故事确实是荒谬可笑的，考虑到黑胡子臭名昭著的历史，他的话就更不应当被采信——斯波茨伍德肯定也这么认为——不过，没有明确的证据证明伊登或法院做了任何违法的事，或从任何海盗那里收受了贿赂。

对海盗的审判于 1719 年 3 月 12 日在威廉斯堡进行。遗憾的是，庭审记录已经丢失，但判决结果是已知的。十五名被告中有十三名被认定有罪并判处绞刑。那个倒霉的碰巧出现在现场的商人奥德尔被无罪释放，因为虽然他和黑胡子及其船员并肩作战，但他证明了自己实际上并不是一个海盗。黑胡子曾经的舵手，也曾是"冒险号"船长的伊斯雷尔·

258

汉兹虽然被判有罪，但在最后一刻被免于执行死刑。当时有一艘从伦敦来的船送达了王室的最新公告，内容是延后了投降海盗可以获得赦免的截止日期。抓住这个机会的汉兹重新成为自由人。[146]根据约翰逊的说法，汉兹返回了英格兰，几年后有人看到他"在伦敦要饭"[147]。

图74　1736 年版约翰逊的《海盗通史》中描绘的海盗船船长
爱德华·洛。画中展现的大风天气指的是船长和他的手下于 1722 年
末在前往巴西途中遭遇的飓风

　　1717 年 4 月至 1719 年 3 月这两年的时间是美洲海盗历史上最充满戏剧性的一个阶段。在不同的时间点上，贝拉米、威廉姆斯、巨鹰、邦尼特、黑胡子、沃利、文和穆迪等海盗船船长，以及其他同样进行海盗活动，但产生的影响较小的海盗们，在从缅因到南卡罗来纳的海岸沿线横行，各个殖民地都因他们而感到恐惧。一些殖民地做出反击，并取得了巨大成功。他们的英勇举动直接导致一些历史上最臭名昭著的海盗最终落败，邦尼特和黑胡子就是其中的代表。贝拉米和他的许多船员虽然是被自然力量夺去了生命，但马萨诸塞殖民地的官员仍然把幸存者一网打尽，以确保他们受到法律的制裁。在波士顿、威廉斯堡和查尔斯顿进行的那些曾被广泛报道的审判中，殖民地官员共判处六十八名海盗绞刑，让本就相当可观的海盗死亡人数进一步提高了。这无疑释放了一个明确的信息：殖民地已经向海盗宣战。

　　这一时期同时也是美洲海岸沿线海盗活动最活跃的时期。从 1719 年到 1726 年，困扰殖民地的海盗数量将直线下降至一个微乎其微的水平。造成这种下降的众多因素之一当然是殖民地决心在海上打击海盗，并在法庭上将他们绳之以法。另一个关键的决定性因素则是英国加大了在整个大西洋范围内消灭海盗的努力。英国采取的措施是综合性的，包括赦免、实施更严格的法律、动用海军力量、处决，以及根除海盗在新普罗维登斯的海盗据点。

　　乔治国王于 1717 年 9 月 5 日颁发了《恩赦法案》，随后在 1719 年又施行了一次大赦。赦免的结果好坏参半，但总体上令人失望。虽然许多海盗接受了赦免，但他们中的

第九章 逝去

大部分人后来又都重操旧业，比如邦尼特和黑胡子。不过，《恩赦法案》中也规定了鼓励人们抓捕，或把未能在特定日期前接受赦免的海盗押送至官方机构的奖励措施。在赦免截止日期后，任何抓获海盗，或提供的信息能使海盗归案的人都将获得王室的奖励——抓获一名海盗船船长奖励一百英镑；抓获副船长、舵手、水手长、木匠和炮手奖励四十英镑；抓获再低一个层级的中级船员奖励三十英镑；抓获其他普通船员奖励二十英镑。如果一个大胆的海盗供出他的船长，并协助将船长绳之以法，这个海盗就可以获得二百英镑的奖励。尽管很难衡量这些奖励措施发挥了多大作用，但有证据表明，在某些情况下，它们促成了逮捕和定罪。[1]

1721 年通过的与 1700 年《更有效地禁止海盗活动的法案》名称类似的新法案对旧法案予以补充，为王室打击海盗的战斗提供了新武器。除了重申任何被判定犯有海盗罪或作为海盗罪从犯的人都将被判处死刑，以及继续为在与海盗交战过程中受伤的人提供经济补偿之外，新法案还要求所有武装商船的高级船员和普通船员必须对海盗的进攻做出还击，以防止商船落入海盗手中。那些没有履行此义务的人将被剥夺全部薪水，还要被投入监狱六个月。

1721 年的法案还改变了英国海军舰艇军官的思考方式。多年来，殖民地官员一直有很多抱怨，认为一些海军军官违背了海事法院的指示，不但没有去追捕海盗，反而把更多时间花在与他们做交易上，以此来弥补海军发给他们的微薄薪水的不足。根据新的法律，任何与海盗交易的军官一旦被抓住，就会被送到军事法庭接受审判，被判有罪的人将失去职位和任何应付给他的薪水，并且终身不能再为海军服役。1721 年的法案让商人、商船船长和船员，以及海军军官们意识到：与海盗狼狈为奸，或放弃抵抗海盗的进攻会使自己付出巨大的代价。[2]

尽管存在不少将海盗视为牟利重心的海军军官，但在大多数情况下，海军舰艇依然是打击海盗活动的有效工具。这就是为什么来自美洲和加勒比地区的殖民地官员长期以来一直在恳求宗主国向殖民地港口派遣更多海军舰队的原因。到 1717 年 9 月，国王终于同意了，他在 9 月 15 日这天发布了一则公告，其中提到，"再不采取一些有效手段"，以减少在牙买加和美洲殖民地海域中肆虐的海盗数量，"从大不列颠到这些地区的所有贸易将不仅仅是受到阻碍，而是面临遭受损失的迫在眉睫的危险"。[3]国王选择的手段依旧是派遣更多的军舰横跨大西洋，并且明确命令它们将所有精力集中在根除海盗上。

在随后的几年中，在美洲殖民地巡航的海军舰船数量增至五艘，比 1715 年多了一艘。另有几艘舰船被派遣到牙买加、巴巴多斯和背风群岛，还有军舰被派往纽芬兰群岛，以保护那里的捕鱼船队。[4]根据海军内部的分类系统，这些舰艇都不是最大的海军舰艇，它们至多排在第五级或第六级，舰艇上配备二十至四十门火炮不等，但完全可以对抗和击败它们遇到的任何海盗船。美洲殖民地肯定希望获得更多火力支援，尤其是考虑到少数几艘军舰和总共几百名水手根本不可能保卫整条美洲海岸线，不过这五艘军舰及舰上人员确实发

图 75　英国皇家海军"警报号"（HMS *Alarm*）是一艘英国五级战舰，这幅图创作于 1781 年前后。从 1710 年至 1729 年，在美洲海岸沿线巡逻的五级战舰看起来应该与此图中的船非常相似

挥了威慑作用，在某些情况下，他们还与海盗交战并取得了胜利——为击败黑胡子发挥了重要作用的"莱姆号"和"珍珠号"就是其中一个例子。在加勒比地区和纽芬兰附近，额外派遣来的海军舰艇也都取得过一些成功。[5]

　　海军最令人印象深刻的胜利不是发生在大西洋西部，而是在非洲海岸外，他们在那里击败了巴塞洛缪·罗伯茨（Bartholomew Roberts）。[6]罗伯茨去世后，人们常常用黑巴（Black Bart）的简称指代他。他是黄金时代最成功的海盗，虽然这种成功并不是在美洲水域内取得的，但仍然对大西洋两岸的海盗活动产生了重大影响。

　　1720 年初，罗伯茨是一艘英国贩奴船上的二副，他所

263

Cap. BARTHOLOMEW ROBERTS.

图 76　1736 年版约翰逊的《海盗通史》中
描绘的海盗船船长巴塞洛缪·罗伯茨

在的船在驶向几内亚海湾的途中被海盗豪厄尔·戴维斯

264　（Howell Davis）俘获。罗伯茨很快就适应了海盗生活，当豪
厄尔在不到两个月后被人杀死时，已经成为船员中最受欢迎
的人的罗伯茨被选为新船长。据说在接下来的两年里，他和

第九章　逝去

他这支人数不多，但实力强大的海盗小队在非洲、巴西、纽芬兰以及加勒比地区的海岸沿线掠夺了超过四百艘船，不过他们从没在美洲殖民地海岸沿线行动过一次。

1720 年 7 月，塞缪尔·卡里船长（Captain Samuel Cary）的"塞缪尔号"（*Samuel*）在纽芬兰海岸外遭到罗伯茨的袭击，这次行动让人们对这些海盗令人着迷的劫掠方式有了一点儿了解。登船后，他们抢光了乘客和船员的钱和衣服，只给他们留下身上穿的。抢劫时，他们会用枪抵住受害者的胸膛，威胁说，任何"不立即坦白衣服和钱的情况，不把它们都交出来"的人就会被射杀。接下来，这些"疯狂且愤怒的"海盗会掀开甲板舱口的遮挡，"像一股席卷一切的狂怒风暴"一样冲进货舱，砸掉箱子上的锁，或用刀劈开装货物的箱子，拿走他们想要的一切，把他们不要的乱扔在一旁。整个过程中，海盗们都在"以人们能想象到的最恶劣的言辞诅咒、痛骂、批判和亵渎神明"，宣称他们永远不会像基德船长一样被绞死在泰晤士河岸边，因为如果他们被一支优于自己的力量击败，他们宁愿"朝自己的火药开一枪，那样所有人就可以一起开心地下地狱了！"海盗们还嘲笑了国王的《恩赦法案》，说他们还没有足够的钱，但等攒够钱的时候，他们一定会接受国王的提议，并"为此而感谢他"。尽管罗伯茨自己的船上载有白兰地，而且据说有二十吨之多，但他和他的手下仍然非常乐意翻出卡里船长准备送到波士顿的优质葡萄酒，用弯刀砍断酒瓶的瓶颈，然后一口气喝光里面的酒。就在海盗们讨论是否要烧掉卡里的船时，又有一艘商船出现在远方，所以海盗们为了去追捕新目标而释放了卡里。[7]

　　罗伯茨的掠夺行为让英国当局感到震惊，1722 年 2 月，装备了五十门炮的皇家海军军舰"燕子号"（HMS *Swallow*）终于在几内亚的海岸沿线发现了罗伯茨。经过两次激烈的交手后，"燕子号"的查洛纳·奥格尔船长（Captain Chaloner Ogle）俘获了罗伯茨统领的三艘船，包括他的旗舰"皇家财富号"（*Royal Fortune*）。根据约翰逊的说法，战斗开始时，罗伯茨站在"皇家财富号"的主甲板上，"看上去非常勇敢……穿着深红色的锦缎背心和马裤，上面还挂着一个钻石十字架。他手上拿着一把剑，斜挂在肩膀上的丝绸悬带末端系着两对手枪"[8]。尽管他英勇无畏、着装醒目，但罗伯茨在"燕子号"的第一波舷炮轰击中就受了致命伤，被一轮葡萄弹击穿了脖子。领头人的丧命使海盗们灰心沮丧，他们很快就投降了，不过在那之前，他们还没忘记尊重罗伯茨长久以来的愿望，即如果他遭遇不测，他希望被投入海中。所以船员们把罗伯茨佩带武器、穿着华丽衣物的尸体扔下了船。

　　在这些交战中，罗伯茨的船员中有超过二十人丧命或受伤。奥格尔①带着二百六十二名俘虏回到海岸角城堡（Cape Coast Castle），这里是位于非洲的英属黄金海岸（Gold Coast，今加纳）的首府。十九名海盗因伤势过重，没过多久就死了。奥格尔俘虏的七十五名黑人男子则被卖作奴隶。剩下的海盗都接受了审判，尽管大多数人被

---

①　奥格尔后来因为自己在击败罗伯茨的行动中发挥的作用而受封为骑士。

图77　1724年版约翰逊的《海盗通史》第二版中的雕版印刷插图细节，插图前方的两艘船是在几内亚海岸附近的巴塞洛缪·罗伯茨的船，正准备前去俘获画面远方的多艘商船。画中的罗伯茨的旗舰"皇家财富号"上高挂着两面海盗旗

无罪释放、监禁、缓刑或被送去做契约仆人，但还是有五十二人被处决了。这是海盗黄金时代中执行死刑人数最多的一次，它对整个大西洋中的海盗活动都是一次沉重的打击。然而，这依然只是更大规模事件中的一个组成部分。1716～1726年，据说有超过四百名海盗因犯下的罪行被绞死，[9]真实数字很可能比这高得多。而且，每绞死一个海盗，还意味着在抓捕他的过程中，可能已经有一两个海盗被抓捕他们的人当场杀死了。[10]所有这些可怕的处决和战斗中造成的死亡对于海盗来说都是说明他

们正在进行的是一场必将失败的事业的又一个迹象，这个时代即将走向终结。

另一个关键性的挫败是巴哈马新普罗维登斯海盗被根除。[11]多年来，政府官员和商人们都对在这个岛屿附近活动的"一群恶棍"怨声载道，海盗行为对贸易构成了严重威胁。一份当时关于新普罗维登斯局势的政府报告描绘了一幅令人不安的画面："如今，他们（海盗）统治着这里，正如我们听说的那样，他们大约有四千人，有二十或三十艘不同样式的船在海上游弋，在我们的弗吉尼亚和卡罗来纳海岸外搜寻，甚至会航行至新英格兰。他们给商业造成了难以想象的损害，也给我们的人民带来毁灭。"[12]不断增加的投诉最终迫使国王采取行动，当一群私人投资者向政府提出一个解决海盗问题，并夺回新普罗维登斯控制权的计划时，王室热情地支持了他们。

这些投资者获得的是一份允许他们管理巴哈马的租约，有效期为二十一年。在此期间，他们有权获得在岛上进行贸易和农业活动的任何收益。作为交换，投资者同意派遣相当数量的雇佣兵和殖民者，以及武装舰船和物资到这里，从而加强新普罗维登斯的防御，并将它开拓为殖民地。国王于1717年9月5日发布的赦免是投资者计划中的关键要素之一，他们希望这一措施能够吸引拿骚（以及其他地方）的海盗放弃海盗活动，这样就可以使在岛上实施文明统治的工作容易进行得多。

伍兹·罗杰斯（Woodes Rogers）是这项计划的主要推

第九章 逝去

动者，也是投资者之一，他被选为巴哈马的新总督。西班牙王位继承战争期间，罗杰斯因为在世界各地进行的私掠航行而出名，他不仅俘获过一艘载满财富的西班牙大帆船，还从马萨铁拉岛（Más a Tierra）上救出苏格兰人亚历山大·塞尔扣克（Alexander Selkirk）。这个岛位于智利海岸外约三百五十英里处，是胡安·费尔南德斯群岛（Juan Fernández Islands）中的一个岛屿。1704年时，塞尔扣克是英国私掠船"五岛港号"（Cinque Ports）上的航海专家，因为对船长托马斯·斯特拉德林（Thomas Stradling）越来越不满，再加上担心这艘船漏水严重，根本不适宜在海上航行，他要求船长把自己送到马萨铁拉岛上。斯特拉德林同意了，但当塞尔扣克改变主意时，船长拒绝让他回到船上，无疑是巴不得摆脱掉这个麻烦的家伙。到1709年初罗杰斯发现塞尔扣克时，后者已经有四年零四个月没接触过任何人，这次忍耐力和独自生存的考验让塞尔扣克在返回伦敦后获得一些小名气。许多人认为，罗杰斯后来在其著作《环游世界的航行》（A Cruising Voyage Round the World）中讲述的塞尔扣克的精彩生存故事，就是丹尼尔·笛福的1719年经典作品《鲁滨孙漂流记》的基础，但也有人认为笛福的灵感有多个来源。1966年，智利政府为纪念马萨铁拉岛上这位最具传奇色彩的居民，将这座岛屿的名字改为鲁滨孙·克鲁索岛（Robinson Crusoe Island）。至于"五岛港号"的适航性问题，塞尔扣克确实具有先见之明。该船后来真的沉没了，船上有一半人淹死，其余人靠筏子幸存下来，最终登上了南美洲大陆。[13]

ROBINSON CRUSOE.

图78 1720年法语版丹尼尔·笛福
的《鲁滨孙漂流记》中的插图

1718年7月底，罗杰斯带领一支由四艘船组成的船队抵达拿骚，船上有约三百名将在这里定居的殖民者和由合伙人提供的雇佣兵。跟随他们前来的还有三艘英国海军军舰，它们是奉国王之命来护送船队航行，并在罗杰斯执行任务的最初几周中为他提供支援的。几个月前，赦免的消息就传到了巴哈马，许多海盗已经抓住《恩赦法案》的机会，其中

最著名的要数飞翔帮的前任领导人本杰明·霍尼戈尔德，此
时的他也加入了在岸上热情迎接罗杰斯到来的人群。罗杰斯
后来写道："我登陆并占领了堡垒，然后在那里宣读了陛下
给我的委任状，在场的有我的军官、士兵，以及大约三百名
来到这里的群众，那些人都是带着武器来迎接我的，他们做
好了投降的准备，这显示了人们为政府重新统治这里感到非
常高兴。"[14]

　　二百多名海盗迅速接受了赦免，但几个月后，罗杰斯懊
恼地注意到，其中大约有一百人回归了海盗的行列。[15]不过
也有许多人没有重操旧业，而且，罗杰斯带来的变化，包括
建立一个有效的政府、提升堡垒的防御能力等，都产生了积
极的影响。但真正改造了这个岛屿的还要数 1718 年底进行
的一场审判及随后执行的处决。

　　1718 年秋，罗杰斯委托霍尼戈尔德和另一名洗心革面
的前海盗约翰·科克莱姆（John Cockram）担任海盗猎人。
此后不久，他们就在巴哈马埃克苏马岛（Exuma）附近捕获
了一艘海盗的单桅纵帆船。在短暂的交战中，有三名海盗被
杀死，十人被带回拿骚。其中九人在随后进行的为期两天的
审判中被判犯有哗变罪和海盗罪，但最终只有八人在 12 月
12 日被执行了绞刑。[16]那第九名海盗确实非常幸运。就在他
即将被处死之前，罗杰斯宣布这位年轻人是"多塞特郡
（Dorsetshire）一对忠诚善良的父母的儿子"[17]，因此，他应
该获得免除死刑的机会。这个受罗杰斯怜悯的幸运儿刚从绞
刑架的平台上走下来，顶住平台的木桶即被拉开，平台随之
落下，八名海盗都被吊在半空中，各自跳起了泰伯恩舞。与

此同时，曾经将他们团结到一起的黑色海盗旗则在他们头顶上迎风飘扬。

在前往绞刑架的途中，一名被判刑的男子"高兴地看着"聚集在一起的群众，并大声喊道"他知道岛上曾经有许多勇敢的人，那些人不会看着他像狗一样死去"[18]。但那样的时代已经过去，此时，没有人会帮助他了。正如历史学家戴维·科丁利指出的那样，这些绞刑"标志着拿骚和新普罗维登斯岛作为海盗基地的时代已经终结，这是向成百上千名仍在加勒比地区活动的海盗发出的明确信号，即巴哈马已经不再是可以随意进行海盗活动的地方"[19]。这些事件的发生极大地削弱了大西洋上的海盗群体，也使这个群体朝着最终瓦解的方向又迈进一步。从此时起，海盗不再有避难所，"海盗共和国"也不复存在，他们只会变得越来越被孤立，不得不东躲西藏。

还有一个导致海盗活动减少的因素是美洲殖民者对待海盗态度的转变。十七世纪末的海盗往往会受到殖民者的欢迎，因为他们带来了后者渴望和必需的那些极具价值的货物；更好的是，这些东西是在遥远的海洋中从"异教徒"驾驶的莫卧儿船只上抢来的，或者是在加勒比地区从他们讨厌的西班牙船只上抢来的。这意味着，从殖民者的角度来说，海盗活动通常被视为一种有益的，且几乎或完全没有缺点的行为。虽然当海盗在美洲水域中袭击殖民地船只时，殖民者也会对海盗产生非常负面的看法，但在那一时期中的大部分时间里，此类袭击并不多见。

然而，在西班牙王位继承战争结束后的那些年里，情况就完全不同了。从1716年到1726年，很少再有海盗从远方带着有价值的商品或大量钱财来到殖民地。海盗们在印度洋中掠夺莫卧儿船只，然后返回美洲港口大肆挥霍的时代早已经过去。相反，绝大多数海盗此时改为袭击近海水域或公海中的美洲船只，这让殖民地的商人、官员和广大市民都战战兢兢。海盗不但无法再为本地经济提供有益的补充，反而会给经济造成破坏。此外，海盗也不再是因为给群体带来财富而深受爱戴的父亲、兄弟和殖民者的朋友。他们如今成了外人，在大多数情况下，他们只会带来冲突。曾经被殖民者接受的海盗此时成了对殖民地的威胁。让殖民者更加坚定地打算消灭而不是鼓励海盗活动的原因还有，殖民地本身已经变得比十七世纪末时更加繁荣，因此，他们有更多的利益需要保护。[20]

当然，例外总是存在的。当斯特德·邦尼特接受审判时，当斯波茨伍德总督解决黑胡子的问题时，殖民地有很多居民对这些海盗表露出显而易见的同情。不过从更广阔的范围来看，就殖民地整体而言，持这种态度的人只能算一个独特的少数群体。对大多数美洲定居者来说，海盗已经被宣布为"不受欢迎的人"（personae non gratae）。正如消除新普罗维登斯作为海盗飞地的身份是对海盗活动的严重打击一样，殖民者对待这些海上歹徒态度的转变也让他们难以承受。在美洲殖民地上没有任何安全的港口可以停泊，再加上能够仰仗的本地人数量日益减少，海盗的处境已经变得越来越孤立、越来越脆弱、越来越令人绝望。

1719~1726 年，美洲海岸沿线发生的海盗活动急剧减少，敢于大胆地发起攻击，并获得一些足以载入史册的成功的海盗并不多。这其中最让人着迷的，要数臭名昭著、卑鄙无耻，甚至可以说是精神错乱的爱德华·洛的故事。

爱德华·洛出生于伦敦，年纪轻轻时就当了水手。他于 1710 年前后来到波士顿，在当地一家造船厂里做索具操纵工，负责一些通常很危险的高空作业，即给帆船安装缆绳、链条及滑轮组等航海必需的装备。1714 年，洛与伊丽莎·马布尔（Eliza Marble）结婚，并加入第二教堂，打算成为一名以家庭为重的男人。但悲剧很快就颠覆了他的生活。先是他的儿子在婴儿时期就夭折了，接着他的妻子在 1719 年生下女儿伊丽莎白（Elizabeth）后不久也去世了。洛为失去挚爱而悲痛欲绝。忧郁的精神状态还影响了他的工作，洛要么是被解雇了，要么是自己辞职了。反正到 1721 年的某个时候，他丢下伊丽莎白，登上了一艘去洪都拉斯收集洋苏木的船。

有一个说法是，洛所在的由十二名船员组成的小队在某天下午晚些时候带着部分洋苏木返回，洛请求船长允许他们上船吃饭，但船长迫切地希望尽快装满船舱，那样就可以早点驶离这个让他们随时有可能被总处于警觉状态的西班牙海岸卫队袭击的危险地方。所以船长拒绝了洛的请求，而是给了他们一瓶朗姆酒，并命令他们回到岸上继续工作。被激怒的洛举起毛瑟枪向船长射击，但没有打中船长，却给另一个

第九章　逝去

图 79　艾伦和金特公司在 **1888** 年前后制作的卡片，画中的人物是爱德华·洛，以及他"折磨一名美国人"的景象，这些都是依据插图师的想象创作的。除了一份同时期的资料提及洛身材矮小之外，人们对于他的外貌一无所知

人造成致命伤。在船长有所反应之前，洛和他的小队成员们已经沿海岸逃走了。

以洛为领头者的这些人很可能早就开始计划实施哗变，或弃船自谋生路了，船长的粗暴拒绝正好给了他们采取行动的机会。但无论他们的行动是蓄谋已久还是临时起意，结果并没有区别。他们成了海盗，在逃跑后的第二天，他们就强占了一艘船，并驶向开曼群岛，最终于 1721 年底到达目的地。[21]

在那里，他们与另一个名叫乔治·劳瑟（George Lowther）的海盗合并成一伙。后者也是刚刚做海盗不久，他在冈比亚海岸外的一艘属于英国皇家非洲公司（British Royal African Company）的船上领导了哗变，然后驶向加勒比地区。他和他的船员们驾驶着"快乐递送号"（*Happy*

Delivery），在当地掠夺了一些船只。新抵达的船员都登上劳瑟的单桅纵帆船，劳瑟依然任船长，洛则成为他的副手。接下来在洪都拉斯湾渡过的五个月里，他们俘虏了很多从波士顿来的船，海盗们不仅烧毁了大部分被俘船只及船上装载的洋苏木，还经常残酷地虐待被俘船员。直到春天来临，他们才起航向北驶去。

1722 年 5 月 28 日，在弗吉尼亚海岸外，海盗们俘获了来自马萨诸塞殖民地查尔斯顿，此时正从加勒比的圣克里斯托弗岛（St. Christopher，今天的圣基茨）返航的双桅帆船"丽贝卡号"（*Rebecca*）。俘获这艘船让两拨海盗有了分道扬镳的办法。劳瑟继续留在他的单桅纵帆船上，而洛则成为"丽贝卡号"的船长。这艘船上配备了两门加农炮和四门回旋炮。总共约一百名船员被平均分成两伙。至于"丽贝卡号"上原本的船员和乘客，除了三人被强行扣留之外，其余的都被送上另一艘船，并最终返回查尔斯顿。劳瑟和洛也各朝不同的方向起航了。[22]

6 月 3 日，洛和他的手下在布洛克岛附近掠夺了三艘船，抢光了船上的食物、水、衣服、船帆、桅杆和火药。海盗们还恶毒地刺伤了纽波特的詹姆斯·卡洪船长（Captain James Cahoon），并严重地损坏了他的船和另外两艘船，让它们都成为无法驾驶的废品——这显然是海盗想在受害者去提醒地方当局之前有更多时间离开这片地区。当天晚上，卡洪的船费力地驶入布洛克岛港（Block Island Harbor）。第二天早上，岛上派出一艘捕鲸小艇去向纽波特的官员汇报这次袭击事件，于是总督立即下令"在整个镇上敲鼓……以召

274

275

图 80　海盗乔治·劳瑟船长在危地马拉（Guatemala）的阿马蒂克湾（Amatique Bay）。画面背景中有一艘帆船正在进行洗刷和修理

集志愿者前去追捕海盗"[23]。在这一天结束之前，共有一百三十名男子自愿登上两艘全副武装的单桅纵帆船，出海追捕洛。[24]在罗得岛的海上武装队伍起航后不久，袭击的消息就传到了波士顿，马萨诸塞殖民地政府于是命令彼得·帕皮伦船长（Captain Peter Papillion）也武装一艘单桅纵帆船，并参与到追捕活动中。

黑色的旗，蓝色的海

本杰明·富兰克林的哥哥詹姆斯·富兰克林是通常充满讽刺和反体制内容的《新英格兰报》（*New-England Courant*）的出版商，这份出版物也是美洲殖民地上最早的报纸之一。詹姆斯发现帕皮伦在进行准备之后写道："他大概会在本月某个时候起航，如果风向和天气情况允许的话。"[25]政府早就因为《新英格兰报》就其对各种问题采取的行动做出不敬攻击而感到挫败，富兰克林的这段评论更让政府感觉受到冒犯。往轻了说，这些话可以理解为是在取笑政府在追捕海盗方面懒散懈怠；往重了说，就是暗示政府在某种程度上与海盗狼狈为奸，给他们提供充足的逃跑时间。这种似乎带有诽谤意思的说法激怒了大议会，詹姆斯被立即抓来接受询问，最终他的言论还被判定"是对这届政府的严重侮辱"[26]。作为惩罚，詹姆斯被判处监禁一个月。在他被迫无法主持出版工作的这段时间里，他的弟弟本杰明担负起了出版商的重任。[①][27]

虽然詹姆斯的评论很尖刻，但马萨诸塞殖民地政府对海盗造成的威胁其实是非常重视的。6月12日，塞缪尔·舒特总督发布公告，要求进行广泛的斋戒，包括一系列祈求全能者保佑的祈祷活动，其中之一的祈祷内容就是恳求上帝让"那些海盗，那些暴力之子不能再在我们的海岸外继续作恶"[28]。大约在同一时间，帕皮伦带领着一百多人的队伍起航了，[29]但无论他还是罗得岛的多艘单桅纵帆船都没有追上洛。没过多久，这些船都返回了港口。

---

① 年轻的本杰明·富兰克林在詹姆斯的指导下参与报纸出版工作一事，为后来他在十八世纪中后期如何利用媒体反对英国统治打下基础。

第九章　逝去

　　对于正在进行的搜寻活动一无所知的洛沿海岸线继续北上。他在马撒葡萄园岛附近一个名叫诺曼斯地岛（Nomans Land）的小岛上收集淡水，偷走了一些羊，然后又在附近掠夺了几艘渔船，其中一艘是来自马撒葡萄园岛的单桅纵帆捕鲸船。洛强迫六七个捕鲸船上的船员加入自己的队伍，这些人中有两个是白人，其余的是万帕诺亚格部落（Wampanoag tribe）的印第安人。几天后，洛殴打了两名印第安人，随后将他们吊起来并砍下他们的头。[30]没人知道他为什么要这样做，但他杀人行为的可怕证据很快就被发现了。根据马撒葡萄园岛牧师威廉·霍姆斯（Reverend William Homes）在日记中记录的内容来看，一名"从东方驶过来的海船"船长"发现了一具男性尸体漂浮在水面上，尸体的头被砍掉了，手脚都被绑着"。[31]

　　到了6月15日星期五，洛已经一路航行至位于新斯科舍西南角的罗斯韦港［Port Roseway，今天的谢尔本（Shelburne）］。当"丽贝卡号"于午后不久驶入港口时，洛看到自己面前停泊着各种各样的船只。这些船都是在海岸外的渔场中作业的，此时它们要在这个安全、水够深、面积也相对宽敞的港口内停泊到安息日结束。[32]洛就在这里放下"丽贝卡号"的船锚，在接下来的几个小时里，又有更多的渔船驶入港口。为了不引起别人的注意，以避免引起警觉，洛肯定是让大多数船员都躲到甲板下面，以便让"丽贝卡号"看起来不过是一艘寻求庇护港湾的商船。对于洛来说，这些聚集在一起的渔船绝对是一个吉兆。

　　菲利普·阿什顿是当天下午晚些时候进入港口的渔民之

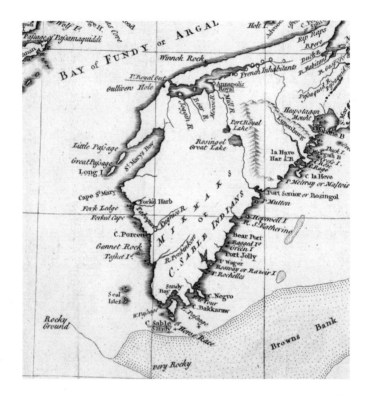

图81　显示 1755 年新斯科舍省南端塞布尔角情况的地图。仔细看可以发现罗斯韦港（今天的谢尔本）就在塞布尔角的东北方。它位于犬牙交错、像两根岔开的手指形状的海湾的最北部边缘，在图中"C. Sable Indians"几个单词内的字母"b"和"l"下面

一。他是来自马布尔黑德的"米尔顿号"（*Milton*）的船长。在这一周的大部分时间里，他和他数目不多的船员在塞布尔角以南的水域里捕捞鳕鱼。阿什顿看到了远处的"丽贝卡号"，自顾自地认为它是从西印度群岛来的商船。大约六点钟的时候，阿什顿发现"丽贝卡号"的小艇朝"米尔顿号"划来，小艇上有四个人，他以为这些人是基于社交礼仪来打个招呼的，但当小艇靠近后，船上的人跳上"米尔顿号"的甲板。根据阿什顿后来的描述，在他们这些马布尔黑德人明白发生了什么事之前，海盗们"已经从衣服下面抽出了"手枪和弯刀，"一手举着枪，一手挥着刀，开始诅咒和辱骂我们，还要求我们投降并交出自己的船"。[33]

THE BANK HAND-LINE COD FISHERY.

图82　菲利普·阿什顿和他的船员被爱德华·洛俘获时，驾驶的就是一条这种类型的渔船

洛的船员继续着他们的疯狂劫掠，又以同样的方式奇袭了另外十几条渔船，[34]还从每条船上带几个人到"丽贝卡号"上接受审问，之后这些人就被集中囚禁在一条斯库纳纵帆船上，由带武器的海盗负责看守。洛把这条渔船直接转化成一座漂浮在水面上的监狱。第二天，阿什顿和其他六名马布尔黑德渔民被拖到洛的面前，洛手里举着一把手枪，要求知道他们之中是否有人已婚。这个问题太出乎意料了，而且站在

278

面前的海盗又这么凶恶可怕，所以几个被审问的人一时都默不作声。然而，他们的沉默进一步激怒了洛，他用手枪的枪口抵着阿什顿的头，并"大声喊道，'你们这群卑鄙的家伙！为什么不回答我？'"[35]洛做出的如果他们不回应，他就要开枪打死阿什顿和其他人的威胁让渔民们立即给出了答案，他们都没有结婚，奇怪的是，他们的回答立即让海盗船船长镇定下来。

与当时的其他许多海盗一样，洛也不愿意接受已婚男子加入，因为他们会受到家乡和家庭的强烈牵绊。他询问马布尔黑德男子们的婚姻状况就是为了确定他应该要求哪些渔民签署海盗合约，成为海盗的一员。如阿什顿后来才知道的那样，洛询问这个问题的动机更私人化。在接下来的几个月里，作为被强迫登上"丽贝卡号"的船员之一，阿什顿观察到洛"心中有一种不安的情绪，他特别喜欢他从波士顿带来的一个小孩儿……在每次从狂欢和痛饮后清醒过来的时间里，他都会对这个小孩儿表现出极大的温柔，我曾经看到他只是因为提到这件事而坐在那里痛哭流涕"。[36]带着对女儿伊丽莎白，很可能还有对已离世妻子苦乐参半的记忆，洛最明白家的吸引力到底有多强。

洛要求他前面的六个马布尔黑德男子签署海盗合约，但这些人拒绝了，就算洛对他们做出威胁，他们也没有屈服。阿什顿还接受了另外一种形式的劝说。在拒绝洛的邀请之后，他被送到甲板下面，海盗试图通过向他提供朗姆酒来获得他的好感，他们抱着"尊重和善意"对待他，给他讲"他们注定会成为多么伟大的人"，还请他"加入他们，和他们一起分

279

享战利品"。[37]无论这些优待措施还是洛的不顺从就开枪打死他的威胁都未能说服阿什顿签署海盗合约。他的马布尔黑德同乡们也同样坚决。最后，签不签字对洛来说并不重要了，反正他已经自行将这些人的名字都添加到合约中——无论他们是否愿意，他们都必须跟他走。

6 月 19 日，洛将他的武器和船员都转移到一艘斯库纳纵帆船上。这艘渔船"很新，又干净，是一艘不错的帆船"[38]。洛将其命名为"奇想号"（*Fancy*）。所有囚犯都被安置在"丽贝卡号"上，洛命令他们驶向波士顿。他也释放了其余的渔船，然后就驶离了罗斯韦港。

在接下来的八个月里，洛穿越大西洋，向东航行到亚速尔群岛（the Azores）和佛得角群岛，接着再次穿越大西洋，先是到达巴西，又从那里向北行驶到加勒比地区的圣克罗伊岛（St. Croix），然后再到库拉索岛，最终于 1723 年冬末驶入洪都拉斯湾。在航行过程中，洛掠夺了十多艘船，其中一些船被他占为己有，组建起一支船队。他欢迎那些自愿加入他的人，也强迫一些人加入，所以此时他的船员人数足有一百人了。

在这段航行过程中，洛那标志性的残忍和近乎疯狂的愤怒愈加频繁地显现出来，这让他成为一个与黄金时代的大多数海盗不同的存在，因为其他海盗一般很少使用暴力和极端残忍的行为，而是将它们作为最后的手段。当洛占领一艘前往巴西的葡萄牙船时，他通过折磨船员来逼迫他们说出隐藏贵重物品的地方。其中一名被洛吓坏了的倒霉船员脱口说出，船长把一个装满金币的袋子用绳子拴着挂在船的外侧。

280

可当海盗登船时，这位船长已经切断了绳子，他宁可让袋子掉进大海，也不能让它落入海盗之手。怒火中烧的洛割下船长的嘴唇，并当着船长的面把它们放在火上烤。之后，他把船长和全部三十二名船员全都杀死了。[39]

图 83　葡萄牙船长切断拴着装有金子的袋子的绳子，让金子落入深海中

在这八个月的时间里，洛还失去了两艘船。一艘是被俘虏们轻易地开走了；另一艘是在进行洗刷和修理时，因为船身倾斜得太厉害，导致海水从舱口涌进船身，灌了水的船最终整个翻了过去，并沉入水中。海盗们自己也经历了一些惊险时刻。有一次他们差点儿被一艘英国军舰抓住，不过当海

第九章　逝去

盗故意将其引入浅水区后，军舰因为撞上水下的礁石而搁浅 281
了。当海盗接近巴西时，遭遇了飓风的袭击，他们的船几乎
沉入海底，当时的处境让许多人绝望地喊出了"天啊！我
真希望我待在家里没有出来"[40]。

在这段时间里，阿什顿大部分时间都在尽力避开俘虏他
的人，他经常遭到口头侮辱和身体上的虐待，尤其是他一再
拒绝签署海盗合约的做法，不可避免地导致他"被用长剑
或手杖抽打"[41]。与海盗的近距离接触，以及洛的残忍成性，
只能让阿什顿对他们的仇恨更加强烈。他后来回忆说："我
很快就发现，任何死亡都是比与这群邪恶的歹徒有瓜葛更好
的选择。对他们来说，作恶就是休闲游戏；他们无时无刻不
在疯狂饮酒，破口大骂，用丑陋的言辞亵渎神明，甚至公然
蔑视天堂和地狱……只有睡觉的时候，噪音和狂欢才能减少
一些。"[42]饱受虐待、心情沮丧的阿什顿梦想着逃跑，直到
1723 年 3 月 9 日，他终于有了机会。

在一个冬末的日子里，洛的迷你海盗船队行驶到罗阿坦
岛附近，这是一个无人居住的菱形岛屿，周围环绕着茂盛的
珊瑚礁。岛屿长三十英里，宽不过几英里，距离洪都拉斯的
大陆约四十英里。① 当阿什顿看到洛的船队中有一艘船派出
一条大艇去罗阿坦岛补充淡水时，他请求那些人带上他。那
些人一开始不情愿，但阿什顿苦苦哀求，并指出自己从在罗
斯韦港被俘虏后就没有再踏上过陆地，而其他人都已经上岸

---

① 罗阿坦岛如今是洪都拉斯海湾群岛（Bay Islands of Honduras）中的一个。

好多次了。带领这支取水小队的是船上的箍桶匠，此人的态度缓和了，于是阿什顿跳上了大艇。

这个机会来得意外，阿什顿不愿意错过，但他没能为逃跑做任何特别的准备。他只穿了一条裤子，戴着一顶帽子，没有穿鞋，也没有上衣、袜子，更没有刀子。如果他要求箍桶匠等他带齐有用的物品再走，他们肯定会对他的动机产生怀疑，毕竟补充淡水这么简单的工作并不需要他准备什么。无论此行后果如何，阿什顿已经决定再也不会踏上洛的任何一艘船。

上岸后，阿什顿急切地帮助这些人灌满了最初的几个水桶，然后就慢慢地沿着沙滩缓步慢行，不时捡起一块贝壳或石头，尽可能表现得冷静。当他距离其他人有几百英尺的时候，这个紧张的俘虏开始缓慢而小心地朝树林方向移动。但就在他马上可以钻进树林之前，箍桶匠突然意识到阿什顿与他们的距离已经太远了，于是问阿什顿要去哪里。阿什顿声称他想去捡几个椰子。这个借口似乎说服了箍桶匠，于是他又去忙自己的工作了。意识到逃跑机会即将溜走的阿什顿跑进树林，虽然他没有穿鞋的脚和赤裸的上身都暴露在锋利的灌木枝叶下，但他还是以最快的速度来到一片浓密的灌木丛中蹲下，这里已经远得能让他很好地隐藏起来，同时又足够靠近海滩，这样他仍然可以听到海盗们会说什么。[43]

木桶都灌满水之后，箍桶匠大声招呼阿什顿上船。没有得到回应后，这些船员开始大声呼喊阿什顿的名字，而他只是静静地待在原地不作声。阿什顿听到他们中的一个说："那个狗东西在树林里迷路了，再也出不来了。"接下来的

第九章　逝去

呼喊变得越来越迫切，阿什顿又听到另一个人说："他逃跑了，不会再回来了。"最终，箍桶匠发出了最后的威胁，他大吼道："如果你不马上出来，我们就要把你一个人扔在这里了。"[44]这正是阿什顿想要的，所以他什么也没说。大艇终于划走了。阿什顿还可以看到洛的船停在海岸外，他担心海盗会派搜索队来，把他抓回去，不过他们并没有来——他对于洛的价值还没有那么大，不值得对方前来搜捕。在上岸后的第二天，阿什顿眼看着海盗船离开了。站在沙滩边的他此时真的是独自一人了。

就这样，阿什顿在这个无人居住的岛屿上面临的艰苦生存的考验开始了。[45]在接下来的九个月里，他没有与任何人交谈过，主要依靠水果生存，有很短一段时间里还吃过生的龟卵。结果，他的健康状况渐渐变差，还会不时遭受严重的寂寞和抑郁的折磨。后来，一条好像是从梦境中驶出来的独木舟停在了海滩上，一个头发灰白的苏格兰人从船上走下来。这个人已经在大陆上和西班牙人一起生活了二十多年，但此时的他因为一些不为人知的罪行而面临着死刑威胁，所以他逃到罗阿坦岛上，并计划留在这里生活。这个人非常友好，阿什顿很享受他的陪伴。

三天后，这个苏格兰人到附近的一个岛屿上进行短暂的狩猎，希望能带回些野猪和鹿。他才出发不久就遇到了飑，他的独木舟很可能是被掀翻了，他再也没有回来。不过他在罗阿坦岛的短暂停留让阿什顿受益匪浅，因为他留下了"五磅猪肉、一把刀、一瓶火药、几个烟草钳和一些燧石"⁴⁶。能够杀死、切割和烹煮本地的猎物之后，阿什顿的健康和情绪都大大好转了，但他的处境仍然令人绝望。

又独自生活了七个月后，阿什顿迎来了一支由十八个英国湾民（伐木工）组成的队伍。他们是 1724 年 6 月来到岛上的。阿什顿后来回忆说，当第一个上岸的湾民看清楚他当时的样子后，这个湾民"开始向后退，因为看到这样一个可怜的、衣衫褴褛、骨瘦如柴、面容憔悴、孤单凄凉、像野人一样的人离自己如此之近是会让人感到恐惧的。但他很快就稳住了心神，走了过来，拉起我的手，我们跪在地上拥抱着彼此，他心中充满了惊讶和难以置信，我心中充满了某种狂喜"⁴⁷。这个湾民欢迎阿什顿加入他们的队伍，给他衣服穿，还和他分享了他们的补给。这群人在这里不受侵扰地生活了六个月，但到了 1724 年秋天，英国海盗来到罗阿坦岛上，杀死一名湾民，又殴打了其他人之后才离开。阿什顿当时和部分湾民一起到另一个岛上狩猎，从而逃过一劫。他们回到罗阿坦岛之后，湾民都离开岛屿返回大陆去了，只有一个人带着自己的奴隶留在这里。阿什顿不知道西班牙人会如何对待他，而且他仍然希望最终会有英国船只经过并援救他，所以他留了下来。

阿什顿和他的两个同伴又一起渡过了几个月。1725 年 3 月，当他们在附近的一个岛上抓海龟时，他看到两艘船在岸边抛锚停泊下来。其中一艘船派出一条小艇划向沙滩登陆。躲在一片灌木后面的阿什顿"从他们的衣着和样貌"⁴⁸判断出，小艇上的三个人都是英国人。喜出望外的阿什顿冲向水边，这让小艇上的人吓了一跳，于是他们停下摇桨的动作，并询问阿什顿是什么人。阿什顿告诉他们自己是谁，然后问了他们同样的问题。对方回答说他们是"诚实的人，是做合法生意的人"[49]。于是阿什顿邀请他们上岸，并承诺岛上没有人会伤害他们。

体型较大的那艘船是皇家海军军舰"钻石号"（HMS Diamond），不过救了阿什顿的是另一艘较小的双桅帆船。这艘船来自临近马布尔黑德的马萨诸塞塞勒姆，阿什顿还碰巧认识它的船长达夫先生（Mr. Dove），后者高兴地欢迎阿什顿登上他的船，甚至把阿什顿的名字加入可以领薪水的船员名单中。3月底的时候，双桅帆船起航返回新英格兰。1725年5月1日，在被洛俘虏近三年后，在跑进罗阿坦岛的树林中两年多之后，阿什顿抵达了塞勒姆。他感谢了达夫船长，然后直接冲到父亲的家里，他的家人"把他看成一个死而复生的人，他们的意外和惊喜之情不难想象"[50]。

阿什顿经历的苦难和他的坚韧成为整个新英格兰热议的传奇故事，特别是在马布尔黑德的约翰·巴纳德牧师（Reverend John Barnard）撰写了一本《阿什顿回忆录：菲利普·阿什顿先生的奇特冒险和精彩获救的历史》（*Ashton's Memorial: Or An [sic] History of the Strange Adventures, and Signal Deliverances, of Mr. Philip Ashton*）之后。这本书是1725年10月出版的，巴纳德讲述阿什顿故事的主要目的是想说明上帝无所不能，会通过自己神圣的仁慈来保护那些"有一颗向着他的完美之心"[51]的人，并将他们从危险中解救出来。巴纳德的许多读者无疑会赞赏并领会这一信息，但这本书的广泛流行很可能与它的宗教内容关系不大，而是因为

285

它讲述了一个引人入胜的生存故事。阿什顿的故事能够如此引起人们共鸣的另一个原因在于，它是在 1719 年出版的广受欢迎的《鲁滨孙漂流记》之后问世的。在一个充满了沉船事件和失联探险家的时代，讲述求生经历的作品能够引起读者的注意。对于美洲殖民地和宗主国来说，阿什顿就是"现实生活中的鲁滨孙·克鲁索"[52]。

在阿什顿成为名人之前，当他还在罗阿坦岛上的那些年里，洛一直在开辟一条充满毁灭的道路。据当时的一个说法，他已经"成为美洲最著名的海盗"[53]。从他丢下阿什顿离开后的第二天，洛的恐怖活动一直在延续着。1723 年 3 月 10 日，四艘收集洋苏木的新英格兰船停泊在今天的伯利兹海岸线上的一个海湾中。这时，一艘配备了六十名船员的西班牙船进入他们的视野，这艘船属于西班牙海岸卫队，西班牙人正在执行的任务就是清除那些私自来这片海岸上伐木的闯入者。西班牙人迅速俘获了三艘新英格兰船，但第四艘船割断锚索逃脱了。[54]

不到四个小时之后，当西班牙人仍在庆祝这次成功的抓捕时，三艘船驶入这个海湾。其中两艘是来自洛的船队，第三艘则由洛曾经的犯罪伙伴劳瑟担任船长。海盗船上总共有超过一百名船员，他们轻松地控制了所有新英格兰船和那艘西班牙船，接下来发生的就是一场血腥狂欢。

洛和他的手下登上西班牙船，然后"用剑杀死了所有西班牙人"[55]，只有七个人跳入水中并游上岸才得以幸免。这场大屠杀，再加上洛之前杀死葡萄牙船员的事，导致背风群岛

286

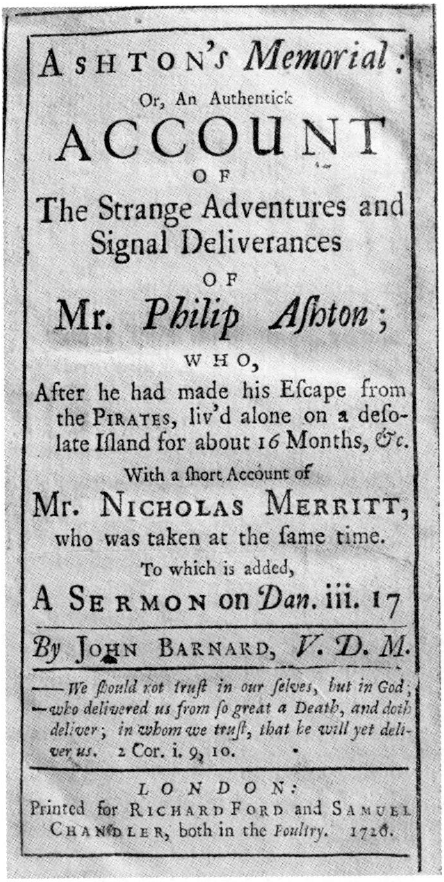

ASHTON's *Memorial:*
Or, An Authentick
ACCOUNT
OF
The Strange Adventures and
Signal Deliverances
OF
Mr. *Philip Ashton;*
WHO,
After he had made his Escape from
the PIRATES, liv'd alone on a deso-
late Island for about 16 Months, &c.
With a short Account of
Mr. NICHOLAS MERRITT,
who was taken at the same time.
To which is added,
A SERMON on *Dan.* iii. 17
By JOHN BARNARD, *V. D. M.*
— We should not trust in our selves, but in God,
— who delivered us from so great a Death, and doth
deliver; in whom we trust, that he will yet deli-
ver us. 2 Cor. i. 9, 10.
LONDON:
Printed for RICHARD FORD and SAMUEL
CHANDLER, both in the Poultry. 1726.

图84　约翰·巴纳德撰写的《阿什
顿回忆录》的书名页

总督约翰·哈特（John Hart）评价洛是"海上从没出现过的
可怕怪物"[56]。三艘被俘的新英格兰船的结局无人知晓，但是，
那艘之前逃脱了西班牙人抓捕的单桅纵帆船的船长告诉一份
报纸说，虽然有一名来自纽波特的船员被杀死了，但海盗
"对待剩下的英国人的方式比我们设想的礼貌一些"[57]。

在接下来的三个月里，洛向北朝弗吉尼亚驶去，一路掠夺了近二十艘商船。在航行途中，他甩掉了劳瑟，还获得了一艘新的旗舰，这艘名为"财富号"（*Fortune*）的单桅纵帆船上配备了十门炮和七十名船员。洛的随行船"巡游者号"（*Ranger*）配备了八门炮和大约五十名船员，船长是洛曾经的舵手查尔斯·哈里斯（Charles Harris）。[58]

在这一时间段内遭到洛袭击的船中有一艘"阿姆斯特丹号"（*Amsterdam*），该船船长是波士顿的约翰·韦兰（John Welland）。他与洛的遭遇发生在 5 月 8 日，事发地点距离古巴西端不远。韦兰交出了价值一百五十英镑的金银，但还是被带到"财富号"上遭受了可怕的虐待，海盗用弯刀在他身上反复砍刺，并割下他的右耳。浑身是血、神志不清的韦兰在未接受任何止血措施的情况下，被扔到甲板下面待了两三个小时。

眼看着自己的生命正在一点点儿流逝的韦兰恳求洛的一名手下给他提供一些救助，不久之后，该船员带着水和一名医生回来了。这名医生也是在好几个月之前被洛强迫加入海盗队伍的。医生处理了韦兰的伤口，很可能救了他一命。但没有人能救他的船。在抢走"阿姆斯特丹号"上的钱财、三桶牛肉和一个黑人奴隶之后，洛把船凿沉了。韦兰被允许与他的船员一起乘另一艘船离开，但还是有一名船员被洛强行扣留了。[59]

6 月 7 日，一艘最近被洛掠夺过的商船在驶回母港途中，于新泽西南端海岸外遇到皇家海军军舰"灵猩号"

第九章 逝去

（HMS *Greyhound*）。"灵猩号"是一艘配备了二十门炮和一百三十名船员的六级护卫舰，部署在纽约，任务是保护殖民地的商业并抓捕海盗。因此，当商船船长告诉"灵猩号"的指挥官彼得·索尔加德（Peter Solgard），说洛正朝布洛克岛驶去时，索尔加德立刻展开追击。由于洛最近的攻击给整个海岸地区都带来了恐慌，索尔加德自然非常看重这个捕获或杀死美洲头号公敌的机会。[60]

三天后，在长岛东端以南约五十英里处，索尔加德于凌晨四点半发现大约七英里以外有两艘船。[61]他认为那一定是洛和他的随行船，于是设置了一个陷阱。到了五点，索尔加德向南抢风航行，"吸引他们前来追逐"[62]。与此同时，他命令自己的士兵做好战斗准备。

海盗果然上钩了，不过要追上这条可能成为战利品的船，对于他们来说还是有一些难度，因为当时的风力几乎不足以鼓动船帆，所以海盗们只好放下船桨开始划船。过了两个半小时，索尔加德认为这种缓慢追逐持续的时间已经足够长了，于是"灵猩号"干脆掉转船头，改为正面迎击对手。

到了八点，海盗船与护卫舰之间的距离还剩不到四分之三英里。为了吓唬他们的猎物，"财富号"和"巡游者号"分别开了一炮，同时升起黑色海盗旗，旗子上的图案是"一个人体骨架，骨架一手举着一个沙漏，另一只手举着一颗插着一支镖的心脏，心脏下面滴了三滴血"[63]。不过"灵猩号"并没有投降，而是继续保持着对海盗的蔑视，在这种的挑衅下，海盗降下黑旗，改为升起代表他们不会手下留情的血腥红旗。然而海盗的信心转瞬间就动摇了，因为此时的"灵猩号"高高升起了国王陛下的旗帜，并开始朝海盗开火。

在接下来的一个小时之内，加农炮的发射和小型武器的射击声音不绝于耳，双方都在向对方发射炮弹和葡萄弹。有一个说法宣称洛在"财富号"的甲板上，手握长剑敦促手下迎战。[64]但再多的激励也改变不了"财富号"和"巡游者号"不是"灵猩号"对手的现实，所以洛下令撤退。接下来是漫长而艰苦的追逐。海盗们放下武器，把所有力量都投入划船中，而"灵猩号"上的八十六名水手也在做同样的事。

接近六个小时之后，"灵猩号"终于在下午三点时逼近了目标，战斗重新打响了。索尔加德操纵着"灵猩号"插到海盗的两艘单桅纵帆船之间，但将大部分火力集中在攻击"巡游者号"上，因为他错误地认为，既然这艘船做出了更有效率和更具攻击性的反击，那么它肯定是洛的船。在"灵猩号"炸毁了"巡游者号"的主帆之后，哈里斯投降了。以为自己已经抓住洛的索尔加德将注意力都放在控制"巡游者号"上。与此同时，更在乎如何保住自己的性命，而不是去帮助自己的海盗同伴的洛抓住这个机会，趁战斗间隙抛弃了自己的随行船，驾驶"财富号"逃离了现场。

当索尔加德的人登上"巡游者号"时，一名海盗拒绝投降。他"手里拿着手枪和酒瓶走上前来，喝了几口酒，说了几句诅咒的话，然后就用枪抵着头，扣动扳机把自己的脑袋打开了花"[65]。算上这个人，"巡游者号"上共有四人丧命，八人受伤。相比之下，"灵猩号"则没有人死亡，只有七人受伤。原本以为自己能抓住洛的索尔加德在发现自己追错了船之后，难免会感到非常失望。

尽管"灵猩号"花了近一个小时的时间才将所有的囚犯转移到船上，并将他们关押起来，但"财富号"并没有逃出多远，"灵猩号"上的人甚至还能看见它就在不远处，诱惑他们前去追赶。不想错失真正目标的索尔加德在五点钟重新开始追击，一直追到天黑，最终还是在布洛克岛附近跟丢了"财富号"。放弃追逐的"灵猩号"驶入纽波特港。船上的囚犯在卫兵的严密看护下被押送到监狱。几天之后，仍然迫切渴望抓获这个臭名昭著的海盗船船长的索尔加德起航继续搜寻洛的踪迹，结果再次空手而归。

1723 年 7 月 10 日至 12 日，"巡游者号"的船员在纽波特市政厅接受审判。三十六名男子被指控"以海盗的方式，穷凶极恶地"[66]掠夺和凿沉"阿姆斯特丹号"，割下韦兰的耳朵，袭击"灵猩号"并导致七名水手受伤。最后，八人被无罪释放，二十八人被判处死刑，其中两人后来被撤销死刑并最终获得赦免。在审判之后，被判处死刑的一名海盗提供了一份洛和哈里斯自 1723 年初以来掠夺的所有船只的名单。被劫船只总数达到令人震惊的四十五艘。[67]

绞刑是在 7 月 19 日中午至下午一点之间进行的，行刑地点是纽波特港边缘的格雷夫利角（Gravelly Point），一大群欣喜若狂的围观者目睹了处决过程。在二十六名被判处死刑的男子中，最年轻的二十一岁，最年长的四十岁，大多数

290

371

人都出生于英国。本地牧师纳撒尼尔·克拉普（Nathaniel Clap）做了一次简短的布道，然后这些人被带到挂着黑旗的绞刑架上。[68]富兰克林在《新英格兰报》上写道："他们称这种旗帜为'老罗杰'，（海盗）总说自己会活在和死在这面旗子之下。"[69]一位目击者称："在这片土地上，再没有比他们站在绞刑架上，等待着自己的呼吸停止，自己的灵魂升入永恒世界更阴郁的景象了。"[70]海盗们也不是悄无声息地离开人世的。另一位目击者说："天啊！那些垂死之人发出的呻吟多么可怕。"[71]接下来，犯人的尸体都被取下，埋在山羊岛（Goat Island）上，那里是"一个会被潮水反复冲刷的地方"[72]。

291　　根据几年后发表的一篇文章来看，被判处死刑的人当中有一个名叫约翰·菲茨－杰拉德（John Fitz-Gerald）的爱尔兰人，他用自己在世上的最后时间写了一首诗，并且在被执行绞刑的前一天将这首诗交给一位访客。他希望用这首诗警告那些可能会效仿他这个可鄙的人。诗中有一段是这么写的：

> 年轻气盛时，
>
> 我选择了这条路；
>
> 我犯下了海盗罪，
>
> 因为肮脏的收益确实充满诱惑。
>
> 我们都屈服于邪念，
>
> 只为满足自己的欲望；
>
> 我们想做的就是在海上抢劫，

图85　一幅1884年的石板印刷品，描述的是1730年的纽波特的景象。仔细看可以发现，左起第二条帆船桅杆顶部上方有一个延伸入水中的陆岬。那里就是格雷夫利角，1723年7月19日，哈里斯和另外二十五名海盗就是在这里被执行绞刑的。埋葬这些海盗的山羊岛在画面前方，这里还有布满加农炮的堡垒

> 并犯下所有罪恶……
>
> 我祈求上帝保佑你们，
>
> 让你们不要落得这个下场；
>
> 愿菲茨－杰拉德的巨大失败，
>
> 引你们走向幸福安康。[73]

在执行完绞刑之后，索尔加德在殖民地成了颇有名气的人。为感谢他的英勇之举，纽约市授予他"城市自由奖"[74]。这是一份让他成为该市荣誉市民的正式文件。文件被放在一个金制的盒子里，盒子一面刻有表现战斗场景的图案，另一

面刻有铭文，内容是："人类的敌人已被找到，虚荣之人当被制服"（*Quaesitos Humani Generis Hostes Debellare Superbum*）[75]。

失去"巡游者号"和一半海盗队伍激怒了洛，而且更助长了他的野蛮和虐待狂倾向。在甩掉"灵猩号"两天后，洛在距离陆地大约八十英里的地方袭击了一艘楠塔基特的捕鲸船，这艘单桅纵帆船的船长名叫内森·斯基夫（Nathan Skiff）。海盗登船后，"在甲板上"鞭打斯基夫，还把他的两个耳朵都割掉了，这种做法似乎已经成为洛的标志。"在玩够了折磨这个可怜人的游戏之后，他们告诉他，因为他是一个好船长，理应获得一个痛快的死法，然后他们就开枪射穿了他的头。"感到厌倦的洛带走一个男孩和两名印第安人，并命令船上剩下的三名男子把单桅纵帆船凿沉，然后让他们驾驶捕鲸小艇"继续做他们的事去"。[76] 当时的海面风平浪静，这些人在只有水和饼干的情况下，用了近五十个小时才划回楠塔基特岛。[77] 当洛抢劫这艘船时，船上一些船员正好划着另一条捕鲸小艇去捕鲸了，那些人意识到发生了什么之后，就划向附近的一艘单桅纵帆船，警告他们可能遇到的危险，同时也以这种方式救了自己。

接下来，洛又在马萨诸塞殖民地的普利茅斯海岸外俘获了两艘船，并野蛮地杀死了两名船长。第一位船长被剥了头皮，然后还被剖开胸部取出心脏。海盗们把心脏放在火上烤，然后强迫一名船员吃；接着，海盗们又把注意力转向另一名船长，他们"划开他的皮肉"[78]，割掉他的耳朵，然后强迫他吃自己被烤过的耳朵。这名男子很快就因为伤势过重而死亡了。洛还充满不祥地告诉幸存者之一说："他会对他遇到的所有人都这样做。"[79]

几周之后，洛又在新斯科舍海岸附近继续进行暴力破坏。据说他在这里掠夺了四十多艘法国渔船，还会划破受害者的脸，切开他们的鼻孔，割下他们的耳朵和鼻子。当洛从其中一艘船上找到成桶的葡萄酒和白兰地时，船长请求他仁慈地写一两句话，以说明是他拿走了酒，这样货物的所有者就不会认为，是船长不诚实地卖掉了这些酒，并把利润装进自己的腰包。洛欢快地同意了，说他会马上带着船长要求的东西回来。几分钟后，洛带着两把装满子弹的手枪回来了，他用一把枪"抵着……（船长）的肚子"，告诉这个被吓呆的人说，这一枪"证明我拿了你的葡萄酒，然后他就开枪了"；接着，洛又用另一把手枪抵着船长的头说，这一枪"证明我拿了你的白兰地"，然后他又开枪了。[80]

到了 7 月底，洛强占了一艘体型大一些的"圣诞快乐号"（Merry Christmas），他在船上装备了该船许可装备的最多的三十四门炮，然后将这艘船作为自己的旗舰。此时他又在和劳瑟一起航行。他们正驶向亚速尔群岛，然后沿着非洲海岸南下，最远到达塞拉利昂，之后再次穿越大西洋回到加勒比地区。一路上，他们不仅掠夺船只，更实施了各种各样的残暴行为。

再之后，洛突然从历史记录中消失了。究竟发生了什么没有人清楚。有一个说法是，在 1724 年春天的某个时间里，已经与劳瑟分道扬镳的洛与自己的舵手发生了争吵。他趁舵手睡觉时把后者杀死了，所以其他船员强迫洛和另外几个船

293

员一起登上一条小艇离开。一天之后，据说他被一艘法国船抓住，并送到圣多明各（Santo Domingo）受审，最终被执行了绞刑。另一个说法称洛的野蛮行径最终让他的船员也无法忍受，所以他们将洛和他的一些忠诚支持者放逐了，任由被放逐者驾驶一艘单桅纵帆船驶向未知的命运。还有一个说法是另一艘双桅帆船打败了洛，获胜的海盗烧毁了洛的单桅纵帆船，还把他和他的船员抛弃在一个荒岛上。无论这些故事中的某个或某些情节的组合是否就是事实真相，反正洛作为历史上最残酷的海盗之一的臭名昭著的职业生涯，就这么神秘地走到了尽头。[81]

在纽波特的格雷夫利角执行集体绞刑一个多月后，又有另外一名海盗在殖民地引起了轩然大波，他的故事中最引人入胜的不是对他的抓捕，而是他最不寻常的暴力结局。约翰·菲利普斯（John Phillips）的海盗生涯是1723年夏天从纽芬兰开始的。[82]他本来是佩蒂港（Petty Harbor）的一个切鱼工人。切鱼是加工鳕鱼流水线中的一环，菲利普斯的任务就是接收已经去掉头和内脏的鳕鱼，以同样灵巧和敏捷的方式除去鱼骨，然后将只剩肉的鱼片交给负责腌制环节的工人。菲利普斯和其他四个男人都厌倦这种单调的工作，并梦想着获得财富，于是他们偷了一艘斯库纳纵帆船去做海盗。他们将这艘船命名为"复仇号"（Revenge），还起草了一份海盗合约，而且所有人都签了字。

这一小拨人在纽芬兰大浅滩掠夺了三艘渔船，强迫一些人加入他们的队伍，也接纳了一些自愿成为海盗的人。二十七岁的约翰·罗斯·阿彻（John Rose Archer）就属于后一种情况。他声称自己曾经和黑胡子一起航行过。鉴于他号称 294 对海盗事业颇有了解，所以阿彻被选为船上的舵手。被迫加入的船员中有一人是二十一岁的约翰·菲尔莫尔（John Fillmore），他是后来成为美国第十三任总统的米勒德·菲尔莫尔（Millard Fillmore）的曾祖父。考虑到年轻的菲尔莫尔克服了多少障碍才成为一名水手，他被绑架尤其令人难过。

菲尔莫尔来自马萨诸塞的伊普斯威奇（Ipswich），那里是一个位于格洛斯特西北方向的小渔村。菲尔莫尔一直梦想着出海，但他的母亲始终不允许。因为她已故的丈夫曾经是一名水手，后来被一艘法国护卫舰俘虏并囚禁了多年，在获得释放之前一直遭受虐待。她担心儿子可能遭遇类似的命运，所以拒绝了儿子要求她许可自己加入前往西印度群岛航行的请求。菲尔莫尔的坚持不懈最终让母亲改变了想法，但并不是以他希望的方式。她仍然不允许他执行自己本来的计划，但同意让他加入纽芬兰大浅滩打鱼的当地渔船队伍。结果这却成了一种残酷的讽刺，想尽办法保护儿子的母亲无意中将儿子送到了危险面前。

在接下来的五个月里，菲利普斯的足迹遍布纽芬兰、西印度群岛和美洲海岸沿线。他掠夺了许多船只，但抢到的货物都不是什么令人印象深刻的东西，主要是食物、酒、布料、火药和加农炮炮弹。菲利普斯获得的另一种东西是许多船员对他的敌意。由于他善变的性格和火爆的脾气，其他人越来越憎恨他。菲利普斯常常会因为船员犯下很小的错误而痛斥或威胁他们。菲尔莫尔说：“菲利普斯完全是专制的，谁都无法躲开他的指挥。"[83]菲尔莫尔还宣称，大部分船员"都非常惧怕他，他们宁可死也不敢违背他的命令，就像惧怕死亡一样"[84]。显然，海盗船上实行的船长要让船员满意的一般规则在这里要么没有被执行，要么是大部分船员自愿或勉强接受了菲利普斯阴晴不定、动辄辱骂责罚的做法。

1724年2月4日，菲利普斯在马里兰海岸线外发现了一艘鸟嘴船并追了上去，三天后才俘获了它。对这艘船的航行能力很满意的菲利普斯决定把它作为自己的随行船，所以他派遣四名男子去驾驶这艘船，并看紧俘虏来的船长和船员，他们此时都被关在甲板下面。菲利普斯派去的人中包括塞缪尔·费恩（Samuel Ferne）和詹姆斯·伍德（James Wood），他们都属于被菲利普斯的无法预测和侮辱责骂激怒的那群海盗。于是，他们借机制定了一个逃离计划。

由于两艘船在晚上一直靠点亮的灯笼来确保不会走散，所以费恩和伍德决定，只要把鸟嘴船上的灯熄灭，他们就可以驾船在黑暗的掩护下溜走。但当菲利普斯发现鸟嘴船的灯熄灭之后，他猜出了他们的计划，于是也熄灭了自己船上的灯，然后一直跟在鸟嘴船后面。直到第二天早上，鸟嘴船依然处于菲利普斯的视线内，这场猫捉老鼠的游戏又持续了两天，最终"复仇号"还是赶上了鸟嘴船。菲利普斯的手下迅速朝鸟嘴船开炮，阻止了后者的逃跑。

菲利普斯命令费恩到他的船上来，后者拒绝了，并用手枪向菲利普斯射击，但没有打中。费恩和伍德随后冲进甲板下面，费恩迫使一个名叫威廉·菲利普斯（William Phillips，与船长无亲属关系）的人爬到主甲板上面去。此人刚一爬

第九章 逝去

出舱口，"复仇号"上的一名海盗就朝他开枪了，因为枪伤非常严重，最后他的腿被截肢。

随着对峙的继续，鸟嘴船的船长以及除一人之外的其他所有船员都认定，他们是这场争端中将要失败的一方，所以他们登上鸟嘴船的大艇，划向"复仇号"，向菲利普斯投降。这些人还带来费恩和伍德的口信。这两个悔改的逃跑者说，如果船长赦免他们并欢迎他们重新加入海盗队伍，他们就投降；否则，他们会顽抗到死。菲利普斯同意了赦免条件，并派大艇去把这两个人接回来。

考虑到菲利普斯的斑斑劣迹，费恩和伍德竟然相信菲利普斯能够遵守诺言让人感到非常惊讶。他俩刚踏上"复仇号"的甲板就发现他们信错了人，然而一切为时已晚。菲利普斯用自己的长剑刺穿了费恩和伍德的身体，然后又在两人的头上各开了一枪，彻底要了他们的命。已经消气的菲利普斯把鸟嘴船还给船长和船员，放他们离开了。

菲利普斯继续沿海岸北上，又俘获了几艘船，包括两艘 296从弗吉尼亚出发的船，这两艘船是在 3 月 27 日被拦下的。其中一艘船的船长约翰·莫蒂默（John Mortimer）拒绝交出他宝贵的鹅和猪。这激怒了菲利普斯，两人之间爆发了激烈的争吵。莫蒂默显然是一个勇敢而又鲁莽的男人，他抓起一根绞盘棒，并用它击打菲利普斯。于是争吵很快升级为战斗，而菲利普斯从来不是一个会躲避战斗的人，他拔出剑，刺穿了莫蒂默的身体，杀死了他。这还不是他当天杀死的唯一一个人。当菲利普斯到莫蒂默的船上去的时候，"复仇号"上一个被强迫加入的船员试图与斯库纳纵帆船一起逃跑，但被抓住了，菲利普斯也用剑将他砍死了。

　　尽管这么多与菲利普斯战斗或逃脱的尝试都以毁灭性的失败为结局，但当时机成熟时，几个被迫加入的船员又开始悄悄密谋起来。菲尔莫尔也是其中的一员，除他之外还有一个名叫爱德华·奇斯曼（Edward Cheesman）的木匠，以及一个名叫艾萨克·拉森（Isaac Lassen）的印第安人。他们一直都在静观其变，等待机会。几个星期后，机会终于来了。4 月 14 日这一天，菲利普斯在新斯科舍塞布尔角东南约四十英里的地方发现了"松鼠号"（Squirrel），后者是一条崭新、优美的单桅纵帆船，刚从格洛斯特开启自己的捕鱼处女航，船长是安德鲁·哈拉丁（Andrew Harradine）。俘获"松鼠号"之后，菲利普斯决定换船。第二天，他将他的手下都转移到新船上，将"松鼠号"的船员安排到"复仇号"上，然后放他们走了。但哈拉丁却被强迫加入菲利普斯的队伍。

　　无法确定菲利普斯究竟是愚蠢，还是真的以为自己无敌，反正他让自己陷入了一个非常不安全的处境。船上忠诚于他的海盗人数只略微超过被强迫加入的船员和俘虏的人数。此外，菲利普斯不知道的是，当他沿新斯科舍的海岸继续向北航行时，击败他所需的一切已经准备就绪。菲尔莫尔及他的共同筹划者们邀请哈拉丁和其他几个人加入哗变阵营，并于 4 月 18 日执行了这个计划。

　　由于"松鼠号"还非常新，有些地方的木工活都未彻底完成，所以菲利普斯下令，让一些被强迫加入的船员来完成 297 这些工作。[85] 在执行计划当天接近中午的时候，奇斯曼"以工作需要为由带上他的工具"[86]，然后将它们分发给大家。菲利

第九章 逝去

普斯正忙着制造铅弹，其他一些海盗则在甲板上闲逛，拉森在掌舵，而菲尔莫尔、哈拉丁和另外三四名参与计划的船员都部署在战略位置上。几分钟后，行动在十二点时开始了。

奇斯曼跳起来抓住离自己最近的海盗，并把他推下船。转瞬之后，拉森抓住菲利普斯的手臂，哈拉丁则拿起一个锛子朝船长头上砸去，当场杀死了他。与此同时，菲尔莫尔杀死了一名拿着一柄大斧头的海盗，其他参与计划的人则冲向炮手，将他也推下船。剩下的海盗已经看清自己面对的对手的力量，所以全都放弃了抵抗。

哈拉丁首先驾驶"松鼠号"返回格洛斯特，然后又驶向波士顿，在那里，海盗被投入监狱。根据当时的说法，菲利普斯及其水手长被砍下的头颅是被放在加了很多盐的桶里带回来的。[87]几天后，《波士顿新闻通讯》回顾了菲利普斯在历史舞台上短暂而血腥的表演。该报纸的编辑评论说，菲利普斯和他的同伙"在八个月的时间内造成的毁灭、犯下的罪行和实施的罪恶令人难以置信"，他们掠夺了"三十四艘船，抢走了一切，强迫他人加入，还谋杀、殴打和虐待俘虏，甚至经常杀死一些他们自己的船员"。[88]

随后进行的海事法院的审判于5月12日和13日举行。旁听的人很多，其中一些旁听者还引起不小的轰动：有一大群打扮时尚的上流社会女士出席了庭审活动，这让在场的男士非常懊恼。女性到法庭上旁听是很不寻常的，有一个男人对此尤其难以接受。一个以"厨房用品"为笔名的人给《新英格兰报》写了一封信，以发泄他的怒火，同时还显露

298　出一丝轻浮。他写道："那些男性旁听者都是国王陛下的好
　　臣民，却要因为法庭上响起的不寻常的'给女士们让路'
　　的喊声而不得不挤在一起。"女士之中有些人"最后才进入
　　法庭，却急切地要往里闯［这违反了纹章法的规定（Law of
　　Arms）］，她们还把裙撑置于身后，这些东西碰到了国王陛
　　下的没有意识到危险的臣民，给他们造成了致命的伤害"。
　　"厨房用品"最大的恐惧是这次入侵会形成一个危险的先
　　例，因为"我们知道，有教养的女士们拥有的每一种习惯
　　都会被那些粗俗的妓女或长舌妇效仿"。[89]如果发生这种情
　　况，法院里真的挤满妇女，他担心正义将永远无法获得伸
　　张，因为现场会变得非常混乱，充满谈话声和嘈杂的评论，
　　以至于审判根本无法进行下去。虽然大多数现代读者肯定会
　　对"厨房用品"就女性所持有的居高临下和贬低的态度表
　　示不屑，但在这篇文章发表出来时，它反映出的男性的一种
　　普遍视角，即认为禁止女性进入这种传统上属于男性的公共
　　场合是必要的。[90]

　　　　尽管"厨房用品"很担心，但审判还是顺利地完成了。
　　四名海盗被判有罪，但其中两人被撤销了死刑。另外两人，
　　约翰·罗斯·阿彻和二十二岁的威廉·怀特（William
　　White）被判处绞刑。科顿·马瑟虽然年事已高，但谁也拦
　　不住他去探望海盗，他还为他们和他的受众主持了一场布
　　道，布道的内容当然很快又被制成印刷品。[91]马瑟针对这些
　　被他称为"海上怪物"的海盗的罪行创作文章和进行布道
　　已经有几十年了，他为自己对这些人的影响，以及这些人需
　　要他来填补他们在生命最后时刻突然产生的宗教需求的渴望

第九章　逝去

而得意洋洋。在马瑟于审判结束几周后写的一篇日记中，他指出："海盗们如今成为笼罩在大海上的恐怖阴云，他们让自己的俘虏最先做的事之一就是'诅咒马瑟博士'。"他还补充说，菲利普斯的船员们表示，他们"最渴望见到的和想要请来为自己祈祷的人"就是他；最后他强调，"有些被判处死刑的海盗选择我为他们做人生中最后一次布道"。[92]马瑟有许多优秀品质，但谦逊绝不是其中之一。

阿彻和怀特于 1724 年 6 月 2 日在哈得孙角被执行了绞刑。就在被吊起来之前，他们做出了一些临死之前的最后声明。两人都将导致他们落得这个下场的主要责任归咎于饮酒。怀特承认，当他"被海盗煽动加入他们"时，他"喝醉了"。[93]阿彻也说："比其他任何邪恶对我的影响都大的是我严重的酗酒问题。这些烈性饮品让我变得冲动、冷血，此时，我犯下的罪行比死亡更让我痛苦。"阿彻还补充了希望获得人道对待的请求。"我希望船长们不要像他们中的许多人都在做的那样严苛地对待船员，这会让我们更加抵挡不住诱惑。"[94]

他们的尸体被带到波士顿港中的伯德岛（Bird Island）①，怀特被埋葬在那里。阿彻则被用链子吊起来供所有人观看。[95]接下来的那个秋天，达默总督发表了一份感恩节公告，内容是感谢上帝"至今一直保护我们的海域免受无情海盗的袭击"。提到菲利普斯及其船员最不寻常的结局时，总督补充说，他为海盗"落入我们手中能够让上帝无比喜悦"[96]而感到高兴。

---

① 建造洛根机场后，这个岛就不见了。

在阿彻和怀特被处决两周后，亚历山大·斯波茨伍德于
1724 年 6 月中旬从他位于弗吉尼亚殖民地斯波特夕法尼县
（Spotsylvania County）的拉皮丹河（Rapidan River）沿岸的
房子里，给贸易委员会写了一封信。两年前，斯波茨伍德被
免去弗吉尼亚殖民地总督的职务，原因为何至今仍有争议，
但很可能是他曾经与在殖民地有很大势力的种植园主贵族们
交往过密，以及聚敛了比王室认为个人可以合理拥有的面积
多太多的地产。如今，斯波茨伍德想要回到伦敦，去解决有
关他在美洲拥有大量地产的法律问题。但是，正如他在信中
明确指出的那样，他极度害怕穿越大西洋的航行，如果被海
盗俘虏，他不知道他们会怎么对待他。

300

（他写道，）诸位大人很容易明白我的意思，只要
想一想我在镇压海盗的行动中发挥了多么积极的作用：
如果那些野蛮的可怜虫能够因为船长纠正自己的船员就
割下他们的鼻子和耳朵，我不敢想一旦我落入他们手
中，会遭到何种非人的对待。那些人已经把我标记为他
们最主要的复仇对象，因为是我消灭了他们有各种雄心
壮志的大海盗萨奇（黑胡子），是我把他们的众多海盗
兄弟绞死在弗吉尼亚的半空中。[97]

斯波茨伍德打击海盗的记录确实令人印象深刻。除了发
动针对黑胡子的血腥剿灭行动，并绞死了他的十三个手下之
外，斯波茨伍德还绞死过其他海盗，包括一些在弗吉尼亚冒
失地登陆，还愚蠢地想在这里招摇过市的海盗。这后一种类

型的人当中包括令人畏惧的海盗巴塞洛缪·罗伯茨的八名前船员。他们于 1720 年在弗吉尼亚登陆，还假扮成来自伦敦的游客，然后在小酒馆和妓女身上大肆挥霍他们"行李箱中的财富"[98]。这些男人的消费方式和奇特举止引起了人们的怀疑，斯波茨伍德认定他们是海盗，于是将这些男子都投入监狱。其中六人最终被绞死，另外两人因为"表现出对过去罪行的厌恶"[99]而得到赦免，最终被判决在一艘驻扎在弗吉尼亚的海军舰艇上服役。

当罗伯茨得知这些绞刑的消息时，他发誓要对整个弗吉尼亚进行报复，声称他"不会放过在这片殖民地中发现的任何男人、女人或孩子"[100]。这条信息是由特纳船长（Captain Turner）转达给斯波茨伍德的，他领导的"杰里迈亚号"（*Jeremiah*）于 1721 年春天在前往弗吉尼亚的航行中被罗伯茨俘虏。[101]由于担心人们的安全，斯波茨伍德和弗吉尼亚殖民地的行政参事会（Executive Council）增加了沿海瞭望台的数量，并通过在殖民地主要河流的河口部署大约六十门加农炮来增强防御。[102]

尽管有打击海盗方面令人钦佩的记录，还有罗伯茨的非常具体和尖锐的威胁，但斯波茨伍德根本不必如此担心前往伦敦的航行。到 1724 年夏天，罗伯茨已经死了，整个大西洋中，尤其是美洲海岸沿线的海盗威胁已大大减弱。最后，斯波茨伍德的航程没有受到任何海盗的困扰。在接下来的两年里，海盗的数量继续减少，直到 1726 年 7 月威廉·弗莱在波士顿被绞死时，海盗几乎绝迹。大西洋上海盗的黄金时代走向了终结。

301

尾声

"呦－吼－吼，再来一瓶朗姆酒"

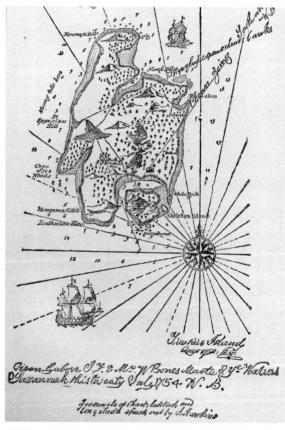

图 86　罗伯特·路易斯·史蒂文森的《金银岛》中包含的骷髅岛的藏宝图。岛屿偏左下的地方有一些文字，写的是"这里有大量财宝"，同时还画了一个红色的"X"标示出埋藏财宝的位置（细节见彩插）

尾声　"呦－吼－吼，再来一瓶朗姆酒"

虽然绝大部分黄金时代的海盗并没有变成富人，但他们做过的事——无论真实发生的还是后人想象的——却以书籍、电影、戏剧、电视剧和视频游戏的形式大量涌现。这不仅让人们迷上了这些海上强盗，也创造出利用这种着迷盈利的机会。结果是，黄金时代的海盗在去世之后反而变得比他们活着的任何时候都更有名气。这个过程从有些海盗仍在进行这个可怕的行当时就开始了，最著名的莫过于1724年出版的约翰逊的畅销书《最臭名昭著的海盗们抢掠和谋杀的通史》，它是海盗文学的始祖，是无数后来出现的海盗故事的灵感源泉。

从那时起，就已经有成百上千本，甚至成千上万本关于海盗活动和黄金时代的海盗的书籍了，其中有些是实事求是，有些恐怕是异想天开，也有些介于两者之间。出现这种文学爆炸的原因显而易见。正如二十世纪早期一位海盗编年史作家观察到的那样："在所有关于旅行和冒险的文学作品中，没有哪个题材比公海上的海盗的故事更能吸引普通读者的兴趣，无论男女，无论老少。"[1]

非虚构类书籍的数量也很惊人。它们涵盖的范围很广，有概括性的综述，比如戴维·科丁利的《黑旗之下》和马库斯·雷迪克的《所有国家的恶棍》（*Villains of All Nations*）；也有更具体的针对个别海盗或海盗团体的研究，包括科林·伍达德的《海盗共和国》（*The Republic of Pirates*）、斯蒂芬·塔尔蒂的《海洋帝国》、安格斯·康斯塔姆（Angus Konstam）的《黑胡子》（*Blackbeard*），以及两本关于基德船长的书，分别是罗伯特·里奇的《基德船长》（*Captain*

Kidd）和理查德·扎克斯的《海盗猎人》。① 这些书，以及其他有价值的作品展示的学术水平令人印象深刻，它们在很大程度上消除了围绕着黄金时代的海盗活动的迷雾。

304　　然而，在催生人们对海盗的兴趣方面，小说、戏剧和电影的功劳才是最大的。最著名的小说作品要数罗伯特·路易斯·史蒂文森的《金银岛》。这本书于 1883 年首次出版。尽管故事的背景被设定为十八世纪五十年代，但这个故事的主题和内容几乎完全来自黄金时代。史蒂文森创造了一些令人难忘的人物形象，包括高个子约翰·西尔弗（Long John Silver）和比利·博恩斯（Billy Bones），以及易受影响但很勇敢的年轻人吉姆·霍金斯（Jim Hawkins）等。史蒂文森编织了一个关于根据一张骷髅岛地图搜寻海盗宝藏的充满戏剧性的精彩故事，地图上用"X"——实际上是"三个红色墨水画的十字"[2]（three crosses of red ink）标记出来的地方，就是能够找到被抢夺的财物的地方〔我们常用的短语"用 X 标记目标"（X marks the spot）并不是史蒂文森用来描述在地图上标明宝藏位置时使用的原话〕。文中还穿插了残酷无情的海盗和勇敢无畏的英国人之间激动人心的战斗情节。《金银岛》激发很多孩子，甚至成年人开启思维的奇幻旅程，他们都可以想象找到一个海盗隐藏的宝藏会是什么感觉。

　　再说，谁能忘记史蒂文森凭借其丰富的想象力创作出的朗朗上口的海盗歌曲片段，即比利·博恩斯在醉酒后向本葆

---

① 关于这些书的详细信息见"参考书目"。

尾声　"呦-吼-吼，再来一瓶朗姆酒"

海军上将旅店（Admiral Benbow Inn）中那些惊恐的顾客唱的歌？

> 十五个汉子爬上了死人胸①——
> 呦-吼-吼，再来一瓶朗姆酒！
> 酒精和魔鬼让其余的人也丧了命——
> 呦-吼-吼，再来一瓶朗姆酒！[3]

在《金银岛》出版不到十年之后，报纸和杂志编辑扬·尤因·艾莉森（Young Ewing Allison）以史蒂文森的单节歌词为第一节，创作了一首比这段词长得多的诗歌《登上破船》（*Onboard the Derelict*）。[4]后来又有人给诗配上了令人愉悦的曲调，把它改编成一种海上的劳动号子。如今它几乎成了某种海盗的圣歌，若想测试其普及程度，你只需唱出上面提到的这一小节的第一句，最可能的结果是，你会听到和声回应的"呦-吼-吼，再来一瓶朗姆酒！"

　　苏格兰小说家巴里（J. M. Barrie）在二十世纪早期创作的关于"不愿长大的男孩"彼得·潘（Peter Pan）的书籍和戏剧，也大大提升了海盗形象在大众文化中的流行度。彼得与可怕的胡克船长（Captain Hook）及其海盗团伙在神秘的梦幻岛上进行的战斗，为整个故事提供了情感冲击，并营造出一种近乎神话的特质。另一部同属这一类型的作品是

305

---

① 史蒂文森认为"死人胸"（Dead Man's Chest）是弗吉尼亚一座岛的名字，但这个名字实际上可能指的是英属维尔京群岛中的死胸岛（Dead Chest Island）。——译者注

黑色的旗，蓝色的海

吉尔伯特（W. S. Gilbert）和阿瑟·沙利文（Arthur Sullivan）的喜歌剧《彭赞斯海盗》（*The Pirates of Penzance*）。该剧于 1879 年在纽约首演。与金银岛类似，这部作品的故事背景也没有设定为黄金时代，而是选择了维多利亚女王统治时期（1837～1901 年）。尽管如此，它仍然在很多方面呼应了黄金时代，而且肯定也为提升海盗题材的受欢迎程度做出了贡献。

歌剧中有一个情节是海盗王（或海盗领袖）正在跟自己的学徒弗雷德里克（Frederic）对话，后者已经决定结束海盗生涯，回归文明社会，并寻求一份海盗猎人的新工作。当弗雷德里克恳求海盗王也一起离开时，后者表示反对，还告诉弗雷德里克说，虽然他并不怎么"看得起"海盗这个"职业"，但他认为，"与那些体面的行当相比，它反而相对诚信"。为了强调自己的观点，他接着唱了一首歌，第一段和副歌部分的歌词是这样的：

> 哦，在我升起的勇敢无畏的黑旗下，
>
> 生也好，死也罢，
>
> 总比扮演一个假装正经的人物好太多啦，
>
> 带着海盗的思维和海盗的真心，
>
> 你回到那充满欺骗的世界去吧，
>
> 海盗在那里会腰缠万贯，
>
> 但我要忠于我唱的这首歌，
>
> 无论生死我都是海盗王。

因为我是海盗王！

而且这是，这是一件光荣的事！

成为海盗王！

因为我是海盗王！[5]

在引领海盗热潮方面，电影的影响比书籍和戏剧的更大，且这种热潮不但没有减退的迹象，近年来反倒呈现出愈演愈烈之势。《金银岛》又一次扮演了重要角色，依照史蒂文森的经典作品设定基本情节和人物形象的电影至少有二十多部，其中不乏最不同寻常和趣味横生的改编，比如 1996年的《布偶版金银岛》（*Muppet's Treasure Island*）。彼得·潘被搬上大荧幕的次数也接近十次。其他经典的描述海盗的电影包括《黑海盗》（*The Black Pirate*，1926）、《黑天鹅》（*The Black Swan*，1942）和《基德船长》（*Captain Kidd*，1945）。再扩大一些范围来说，有《七宝奇谋》（*The Goonies*，1985），这是一部冒险题材的喜剧，讲述了一群不满十三岁的儿童为了让自己生活的社区免遭被拆除的厄运而踏上一场充满危险的旅程，他们要按照一张无意中得来的寻宝图去寻找"独眼威利"（One-Eyed Willy）失落的宝藏。就连电影《公主新娘》（*The Princess Bride*，1987）也是以威廉·戈尔登（William Golden）受欢迎的同名著作为基础，又加入了海盗主题，其中一再提到的"可怕的海盗罗伯茨"（the Dread Pirate Roberts）就是被一系列海盗沿用过的名字，而且他们每个人都会在前人建立的名声上，为之增加新的分量，直到赚足了退休养老的本钱，他们就会将这个令人恐惧的名字传给下一位继任者。

当之无愧的最受欢迎的海盗电影要数迪士尼出品的《加勒比海盗》系列电影。从 2003 年至今，这个系列已经有五部电影在全球上映，票房收入达数十亿美元。约翰尼·德普饰演的杰克·斯帕罗——"黑珍珠号"海盗船的传奇船长是这个电影系列的核心人物，围绕着他出现了各种变换不断的英雄和恶棍，包括威尔·特纳、伊丽莎白·斯旺、黑胡子、戴维·琼斯、幽灵船长萨拉查、杰克·斯帕罗的父亲[由无与伦比的摇滚歌手基思·理查兹（Keith Richards）扮演]，以及凶恶的海盗船船长赫克托·巴博萨，此人在不同时期的设定各不相同，有时是斯帕罗的克星，有时又成为与他并肩作战的好兄弟。

电视剧也帮助海盗巩固了他们在流行文化中的突出地位。《黑帆》（*Black Sails*）是美国 Starz 付费频道于 2014 ~ 2017 年播出的一部系列剧，也是海盗题材的最好范例之一。故事的核心发生在西班牙王位继承战争结束后的巴哈马岛屿新普罗维登斯，《黑帆》中的许多人物都是历史上的真实人物，电视剧剧情也许没有照搬他们的经历，但至少使用了他们的真名，包括本杰明·霍尼戈尔德、内德（爱德华）·洛、查尔斯·文、黑胡子、伍兹·罗杰斯和安妮·邦尼。与虚构的电视连续剧相辅相成的是同样在电视上播出的一些海盗纪录片，它们通过专家描述、原景重现和历史遗物研究切实体会了做海盗是一种什么样的感觉。

最后，一些电子游戏也利用了海盗对人们的吸引力。《刺客信条四：黑旗》（*Assassin's Creed IV: Black Flag*，2013）

就是最受欢迎的游戏之一。像《黑帆》一样，它的故事背景也设定在（西班牙王位继承）战争结束后的加勒比地区，同时选用了一些相同的海盗人物，包括黑胡子和文。在详细介绍了游戏的一些主要特点之后，《纽约时报》视频游戏评论员评论说："做一名海盗很有趣。"[6]

从很大程度上来说，正是这些戏剧性的虚构表现方式使得海盗紧紧地抓住了人们的集体想象力。很多人都做着这样的白日梦：把传统社会抛在脑后，登上一艘船，和一群亲切友好的男人（也有女人）一起共担风险，共享财富，他们的打算是获得他们想要的东西，变得富有，同时还能享受奢侈的自由，只要船舱里装满了朗姆酒，风向可以将他们带到全世界海洋上的任何地方。马克·吐温在他1883年出版的回忆录《密西西比河上的生活》（Life on the Mississippi）中捕捉到了这种渴望，他承认尽管他和他的朋友们抱着做轮船水手的"永恒志向"，但"偶尔我们也会想，如果我们好好生活，不做坏事，上帝会允许我们成为海盗"。[7]

历史学家当然可以在关于海盗的虚构作品中找出许多漏洞，尤其是那些将他们描绘成出奇地英俊、潇洒时髦、性格友善，享受着在海浪中寻找爱情、冒险和财富的美好时光的小坏蛋的作品。虽然无论在虚构还是现实的海盗题材中，贪婪和利益都是海盗最主要的动机，但海盗活动中那些想当然的浪漫和魅力则肯定是想象的结果。海盗的现实生活与一位《纽约时报》记者在1892年时给出的那种令人惊讶的观点完全不同，他抱怨说："对于所有真正热爱别致有趣的东西的人来说，海盗的不复存在和海盗活动已经不再流行绝对是一大遗憾。他们一定是不平凡的人！在他们中间一定能找到英雄、花花公子和才思敏捷的人！陆地上的强盗与他们比差远了……与黑胡子和基德船长相比，这些人太平淡无奇了。"[8]尽管真正的海盗确实令人难以置信地有趣和引人注目，但他们绝对不是什么"不平凡的人"；相反，他们是海上的犯罪分子，既不可爱，也不是英雄。

出于同样的原因，海盗题材的虚构作品还经常会把基本史实弄错。例如，在 1952 年的电影《海盗黑胡子》（*Blackbeard the Pirate*）中，黑胡子和巴克尼尔海盗亨利·摩根一起出现在十七世纪。虽然这是一个非常有趣的配对，充满了各种迷人的可能性，但实际上这两个人从来没有过交集。

一些曾为海盗电影和电视剧做顾问的历史学家亲身体验了将历史与好莱坞结合的艰难。罗伯特·C. 里奇是最早有过这种经历的人之一。于 1986 年出版了对后世有重大影响的关于基德船长的著作之后，他就成了那些制作海盗题材电影和电视剧的制片人最看重的历史顾问。他们总是希望里奇能够让他们的作品在某种程度上貌似真实。尽管里奇试图纠正人们对海盗的许多误解，但他发现自己在很大程度上陷入了一场不可能打赢的战斗。事实证明，制片人、导演和编剧更关注的是制造引人入胜的戏剧性情节，而不是确保故事内容的准确性。回顾自己与电影人和电视人之间的那些小争吵，里奇可以理解地总结道："我开始觉得顾问的角色非常讽刺。"[9]

即便如此，作为一名历史学家，笔者对于分析或批判关于海盗行为的虚构叙述并不特别感兴趣。它们通常富于趣味性和娱乐性，这就是它们想要达到的效果。与其分析它们，还不如享受它们。

在关于海盗的小说中，甚至一些非虚构类作品中反复出现的一个主题是被埋藏的财富，在公众心目中，没有谁比基德船长和隐藏的财富的联系更紧密。自从他把自己的金银留给长岛顶端附近的加德纳斯岛上的约翰·加德纳之后，一直有流言和传说一辈辈传下来，人们认为基德埋藏了他的一些财富，而且不仅是在加德纳斯岛上，也包括大西洋沿岸的其他地方，比如特拉华州、新泽西州、罗得岛州、缅因州和新斯科舍省的橡树岛（Oak Island）。① 恰如一本于二十世纪早期出版的关于埋藏的财富的书中写到的那样："基德船长囤积的财富……已经变得像彩虹尽头有装满黄金的罐子的美梦一样传奇了。"[10] 事实上，这些宝藏被证明是难以找到的。多年来，不少人都在寻找基德的宝藏，甚至为此付出了金钱和时间的沉重代价，结果却一无所获。毫无疑问，将来还会有更多的寻宝活动，笔者希望他们能交到好运，但结果几乎肯定会让他们非常失望，因为根本没有证据表明，基德或黄金时代的任何海盗埋藏过他们的财富。他们为什么要埋藏？海盗们想要的是把财富留在身边并花掉，而不是把它们藏起来。如果他们把财富埋藏在某个偏远的

309

---

①　著名作家、恐怖小说大师，埃德加·爱伦·坡（Edgar Allan Poe）使用基德埋藏财宝作为他 1843 年创作的短篇小说《金甲虫》（*The Gold Bug*）的核心情节元素，不过他把埋藏地点设定在了南卡罗来纳州附近的沙利文岛。

地方，他们怎么知道自己何时，或是否还有机会回来取走这些财富？即使有这样的机会，他们也无法避免财富被其他人先发现的可能。[11]

确定可以找到海盗财富的地方是海底，巴里·克利福德（Barry Clifford）证明了这一点。[12]作为一个生活在科德角的男孩，巴里听人们讲过无数次关于贝拉米和"维达号"沉船的传奇故事。讲得最多的人是比尔，巴里的一个对什么都略知一二的叔叔。他最懂得如何讲述一个引人入胜的故事。找到"维达号"财富的梦想占满了年幼的克利福德的想象力。长大后，他决定追寻自己的梦想。二十世纪八十年代早期，克利福德开始梳理历史记录，想从中寻找船在哪里沉没的线索。他重点研究的一个素材是西普里安·索萨克的著作及其绘制的海角地图，地图上非常粗略地标记了"维达号"沉没的地点。作为一名打捞专家和专业潜水员，克利福德接下来组建了一支由热切的投资者资助的团队，到韦尔弗利特的马科尼海滩（Marconi Beach）附近水域搜寻这个终极奖品。

自"维达号"沉没的几个世纪以来，大量证明海岸外不远处的水下藏有财富的确切证据已经为人所知。牧师利瓦伊·怀特曼（Levi Whitman）在 1793 年写到沉船事件时指出，"至今为止，威廉国王和玛丽皇后的警察一直能（沿着韦尔弗利特和伊斯特姆的海滩）捡到形状不规则的银块（cob money）"[13]，这种粗制的钱币就是西班牙在其美洲殖民地上发行的货币。二十世纪初，一个有魄力的科德角人敢于在每次"东北风暴"（nor'easter）过境之后来到这片海滩上，他收获了近六百个西班牙银元。还有些时候，在潮水低得不同寻常，或是狂风暴雨强烈地搅动海底，让海底地形都发生改变的情况下，人们甚至可以看到残骸的一部分露出水面，但这样的景象总是转瞬即逝。[14]

这些可能是来自"维达号"的暗示和传言，再加上人们反复讲述的沉船事故，以及船上装载着战利品的故事让历史学家爱德华·罗·斯诺（Edward Rowe Snow）在二十世纪四十年代晚期组织了一次找回财富的尝试。他的潜水员总是面对着波涛汹涌的海面状况，他们花了很多个小时在泥沙中搜寻和筛分，结果却只找到几枚银币和金币、一些加农炮弹和一块木头，所有这些后来都被发现是属于另一艘船的。考虑到为这次活动投入的大量资金以及找到的可怜的收获，斯诺懊丧地总结道："除了往里面搭钱，想要找到装载在'维达号'上的难以被发现的财富的寻宝者若能有所收获，那他可真是太幸运了。"[15]最后，克利福德的团队使用遥感技术和打捞技术证明自己确实"太幸运了"。

1984 年 7 月 20 日，一名潜水员在泥沙深处发现加农炮，于是他大声报告了自己的发现。随后几年从大海中找到大量文物的过程就是由此开始的，发现的物品包括大量金币和银币、金粉、枪支、加农炮炮弹、盘子、茶壶、戒指、游戏棋子、袖扣、烛台、布料残余，以及船本身的木头碎片。能够毫无疑问地证明所有这些文物就是来自"维达号"的物品，是 1985 年夏末从水下取出的船上的钟。钟的表面已经被厚厚的硬壳覆盖，当这些凝结物脱落，或被小心翼翼地敲掉之后，钟肩上有清晰可见的刻字显露出来：The ✚

311

Whydah ✚ Gally ✚ 1716（"维达号" ＋船＋ 1716）。克利福德和他的团队创造了历史，他们找到的是第一艘可被证实的海盗船及船上的宝藏。①

　　寻回的宝藏价值多少还不清楚。估计数字范围从低得不合理的二十万美元到高得不可能的四亿美元不等。然而，这个数字对于克利福德来说并不重要——截止到笔者撰写此书时，他没有想要出售自己的收获的打算。相反，他和他的投资者决定继续寻找和记录他们发现的东西，并将所有文物保存在一起，以保护我们文化遗产中的一个重要部分。②

　　"维达号"并不是近年来美国海岸沿线唯一令人兴奋的关于海盗的发现，这使得海盗的黄金时代明确无误地进入了公众视野。1996 年 11 月，来自因特塞尔公司（Intersal，Inc）的打捞人员在博福特湾相对较浅的水域中发现了一艘十八世纪的沉船。他们在二十多英尺深的地方发现了一个满是残骸的区域，在那里找到了两个巨大的锚和九根加农炮炮管。在潜水的第一天，他们带回一个可以追溯到 1705 年的青铜钟，可能是在教堂里用的，也可能是船上的。除此之外，还有一个旧式大口径前膛枪的枪管和两枚加农炮

---

① 2009 年，一群美国寻宝者在多米尼加共和国附近的水域里发现了海盗约瑟夫·班尼斯特（Joseph Bannister）的"金羊毛号"（*Golden Fleece*）及一些财宝。罗伯特·库尔森在他的《海盗猎人：追寻加勒比海的传奇宝藏》[*Pirate Hunters*：*Treasure*，*Obsession*，*and the Search for a Legendary Pirate Ship*（New York：Random House，2015）]中详细讲述了这次发现的故事。

② 任何想要了解更多关于"维达号"的信息，并了解到目前为止发现的一切的人可以去维达海盗博物馆（Whydah Pirate Museum）参观，博物馆已于 2016 年夏天在西雅茅斯（West Yarmouth）开放。

炮弹。许多人认为，这些文物是黑胡子的旗舰"安妮女王复仇号"的部分残骸。在 1997 年 3 月举行的一场新闻发布会上，前北卡罗来纳州州长詹姆斯·亨特（James B. Hunt）与人们分享了这次发现。"看起来大西洋坟场向我们提供了我国沿海水域中最令人兴奋和最具历史意义的发现之一……我们期待着所有北卡罗来纳人都可以亲眼看到 这些令人兴奋的文物的那一天。"¹⁶

312

从那时起，北卡罗来纳州自然和文化资源部（North Carolina Department of Natural and Cultural Resources）的考古学家们监督了从该地点收集数十万件文物的工作。除十几门加农炮之外，他们还找到一些手榴弹、一根船尾柱、白镴餐具、酒瓶、珠子、金粉、压舱石、皮带扣、镀金的剑柄、十八世纪初的一本书上的纸张碎片、黄铜天平砝码，以及一个在巴黎制造的尿道注射器——它是用来注射水银的，在十八世纪初，这是治疗早期梅毒和其他性病的推荐方法。虽然没有一件物品可以像"维达号"上的钟那样证明沉船的确切身份，但基于间接证据众多的优势，北卡罗来纳州的考古学家和官员们确信他们找到的就是"安妮女王复仇号"。因此，这支注射器很可能就来自黑胡子在围困查尔斯顿期间要求市民提供的药箱。^{①17}

本书描绘的那些海盗在殖民地时代美洲的历史中走出了

---

① 亨特州长的希望已经实现。位于博福特湾的北卡罗来纳州海事博物馆是该州的"安妮女王复仇号"项目的官方博物馆，这里展示了这艘船上的各种文物，如今世界各地的游客都可以前来参观。

一条充满激情暴力、令人难忘的道路。几个世纪以来，他们的动荡、具有破坏性，但也引人入胜的生活让我们着迷、恐惧，并津津乐道，也给我们的文化留下了不可磨灭的独特印记。毫无疑问，将来还会有更多关于海盗的电影、书籍和电视剧，其中许多将延续神话或重新创造神话。但从根本上说，我们并没有必要给海盗的历史添枝加叶，因为它实际的样子就已经足够精彩了。

致 谢

这本书的起源故事是从我的孩子们开始的。在我完成313
《辉煌信标：美国灯塔史》之后，我开始寻找新书的主题。
我问当时才十几岁的莉莉（Lily）和哈里（Harry）觉得我
应该写些什么。当我提到海盗的可能性时，他们的眼睛亮
了，他们俩都说："就是这个，你一定要写写海盗。"莉莉
甚至为这本书想了两个可能的书名：《剑、帆和狡猾的人》，
以及《啊!》或者是更加表示强调的《啊——!》。尽管这会
让莉莉很苦恼，但我还是不得不告诉她，黄金时代的海盗们
可能从来没有用过这个感叹词，它很可能是电影创造出来
的，那里面的海盗都喜欢充满感情地大喊"啊!"。

我的孩子们会为海盗的主题感到兴奋并不令人惊讶。莉
莉和哈里是看着《加勒比海盗》系列电影长大的，并且对
其钟爱有加。他们还读过或看过有关黄金时代海盗的其他内
容，并认为海盗们"很酷"。当然，孩子们的强烈支持不是
我写这本书的唯一原因。但事实上，他们是海盗这个主意的
早期接受者这一点给了我希望，他们也许会阅读这本书，谁
知道呢，甚至有可能认为它也"很酷"。

　　我同样非常感谢利夫莱特出版公司（Liveright）的总编兼出版事业主管鲍勃·韦尔（Bob Weil），及诺顿出版社（W. W. Norton）的前销售主管比尔·拉辛（Bill Rusin）。当我寻找新主题时，我向他们提交了几个可能的选项。有几个我自认为很不错的想法，都是近年来没有人出版过的题材。海盗这本书也是我列举的可能选项之一，因为我相信我会非常享受写这样一本书的过程，不过我没有强烈推荐这个选项，只是轻描淡写地说，最近有这么多海盗题材的书，我不确定是否还有再写一本的空间。因此，当我们召开电话会议讨论这些方案时，听到他们说最喜欢海盗的想法让我感到非常惊讶。我重申了我的担忧，而他们回答："但是，还没有一本埃里克·杰·多林写的关于海盗的书。"对此我无可反对，于是这本书就正式诞生了。我感谢鲍勃和比尔对我的信任，我相信这本书证明他们没有信错人。尽管我最初有所担心，但它最终成为一本与其他任何作品都不相同的书，并且能够为相关著述文献提供独特的补充。

　　鲍勃的助理编辑玛丽·潘托扬（Marie Pantojan）是《黑色的旗，蓝色的海》的首席文字编辑，玛丽的工作非常出色，她帮助我删减了不必要的内容，并提供了有关如何使文字更有活力、更顺畅连贯的深刻见解。玛丽不仅改进了这本书的内容，还领导了这本书从提交手稿到制作成读者手中成品的全过程。她能以耐心、周到和幽默的方式完成所有这些任务更是让人喜出望外，与她合作非常愉快。另外，文本编辑夏洛特·凯尔克纳（Charlotte Kelchner）也对书稿进行了细致的修改。

致　谢

　　我在诺顿出版的所有书都设计得很精美。多亏了利夫莱特出版公司制作部主任安娜·奥莱（Anna Oler）提供的细致关注和充满创意的细节，《黑色的旗，蓝色的海》延续了这一趋势。感谢诺顿/利夫莱特出版公司副总编唐·里夫金（Don Rifkin）一如既往的精心编校，他尽可能避免了文字和排版中出现错误或不统一的情况。至于这个捕捉到关于海盗的戏剧性、威胁性和深刻历史的封面，功劳都属于利夫莱特的艺术总监史蒂夫·阿达多（Steve Attardo）。同时，如果没有销售部人员不辞辛劳地向书店、电商和潜在的消费者推荐新书，作者的作品可能无法收获好的反响，所以我非常感谢诺顿出版社的销售副主管戴尔德丽·多兰（Deirdre Dolan），利夫莱特出版公司的宣传主管彼得·米勒（Peter Miller），以及彼得的助理科迪莉亚·卡尔弗特（Cordelia Calvert）的成功推广。

　　长期担任我的经纪人的拉塞尔·盖伦（Russ Galen）一直是我信任的顾问、知己、反馈者、朋友和最宝贵的支持者。他能够直接但让人容易接受地厘清问题，尤其是当我在这方面做得不够好的时候。我想不出在总是令人困惑的出版界里探索前行时，还有谁是比他更杰出的伙伴。

　　我还要感谢詹姆斯·纳尔逊、格雷戈里·弗莱明（Gregory Flemming）、布鲁斯和安·贝拉森（Bruce and Ann Belason）、戴维·凯恩（David Kane）以及鲁思·鲁克斯（Ruth Rooks），他们都针对手稿给我提出了宝贵的反馈，让本书获得了很多改进，如果书中出现任何错误，那绝对是我的责任。纳尔逊看起来比我认识的任何人都更符合人们心中

315

对海盗的刻板印象。我最应该感谢他就各种航海主题回答了我的无数问题，他给出的答案不仅是精确的，也是充满幽默感的。

我还要感谢注释和参考书目中列出的所有人，无论他们是否还在世。这些人的著作和文章是必不可少的信息来源，没有这些资料，我不可能写出这本书。像任何非虚构类作品的作者一样，为了实现我的目标，我不得不站在那些在我之前的故事叙述者和学者的肩膀上。

以下人员也以各种方式帮助了我，对此我表示感谢：彭妮·艾伦（Penny Allen）、马修·奥米勒（Matthew Aumiller）、乔·巴里切拉（Joe Barricella）、卡伦·布丽奇斯（Karen Bridges）、帕特里夏·基南-伯恩（Patricia Keenan-Byrne）、布兰登·克利福德（Brandon Clifford）、安娜·克拉特巴克-库克（Anna Clutterbuck-Cook）、戴维·科丁利、戴维·多布森（David Dobson）、彭妮·多林（Penny Dolin）、保罗·方特诺伊（Paul Fontenoy）、伊恩·格雷厄姆（Ian Graham）、安德烈亚·格林（Andrea Green）、唐娜·凯利（Donna Kelly）、安格斯·康斯塔姆（Angus Konstam）、杰萨·J. 克里克（Jessa J. Krick）、尼尔·拉铁摩尔（Neel Lattimore）、道格拉斯·梅奥（Douglas Mayo），凯莉·麦坎尼（Kelly McAnnaney）、劳伦·麦科马克（Lauren McCormack）、劳拉·纳尔逊（Laura Nelson）、斯蒂芬妮·A. 纳尔逊（Stephanie A. Nelson）、艾莉森·尼克斯（Allison Nicks）、莉比·奥尔德姆（Libby Oldham）、莫莉·布鲁斯·帕特森（Molly Bruce Patterson）、帕姆·彼得森

（Pam Peterson）、贝蒂·雷纳－戴维斯（Betty Raynor-Davis）、戴维·拉姆齐（David Rumsey）、戴尔·索特（Dale Sauter）、约翰·斯库诺弗（John Schoonover）、丹·斯莫尔（Dan Small）、理查德·扎克斯（Richard Zacks）、尼古拉斯·厄奎哈尔（Nickolas Urquhart）、辛迪·瓦拉尔（Cindy Vallar）、塞缪尔·H. 威廉森（Samuel H. Williamson）、维肯·耶普加里恩（Vicken Yepgarian），以及哈佛大学怀德纳图书馆（Harvard's Widener Library）、国家档案馆（伦敦）、国家海事博物馆（格林尼治）的凯尔德图书馆和档案馆（Caird Library & Archive）、阿伯特公共图书馆（Abbot Public Library）和塞勒姆州立大学图书馆（Salem State University Library）的杰出工作人员们。

父亲斯坦利（Stanley）在我写这本书时去世了，我非常想念他。他喜欢听我讲我的课题，他一定会喜欢这本书。妈妈鲁丝（Ruth）一直是，并将继续是我最大的支持者之一。感谢他们两人过去多年来提供的一切。

哈里和莉莉不仅是这本书最早的支持者，在我的整个写作过程中，他们也一直保持着关注，还经常问我是否发现了什么特别可怕的海盗故事。至于我的妻子珍妮弗（Jennifer），我找不到足够的赞美词汇来描述她。当然，她并不完美，但我看不到她的缺陷（好吧，也许有一些）！她是我的第一个读者，也是第一个与我分享好消息和坏消息的人。我相信她的判断超过相信任何人的。没有她坚定不移的支持，我永远不可能去追求成为作家的梦想。现在，如果能拥有她那种从不间断的乐观态度，我就万事俱备了。

注　释

注释中用到的缩写

ADM　高等海事法院（High Court of the Admiralty）

BNL　《波士顿新闻通讯》（*Boston News-Letter*）

CO　殖民地办公室档案（Colonial Office Records）

NAL　伦敦国家档案馆（National Archives, London）

CSPC　《美洲和西印度群岛殖民地大事年表》（Calendar of State Papers Colonial, America and West Indies）。皇家出版局（HMSO）出版的多卷本大事年表，涵盖范围是从 1574 年至 1739 年。本书中引用的内容出自十九世纪末至二十世纪早期和中期发布的各卷，包括 W. Noel Sainsbury, J. W. Fortescue 和 Cecil Headlam 在内的多人对这些卷进行过编辑。引用的文件有质纸书，也可见于以下网站：Proquest（http：//www. proquest. com/）或 British History Online（http：//www. british – history. ac. uk/search/series/cal – state – papers – – colonial – – america – west – indies）。以下注释中引用 *CSPC* 文件的内容时，将注明被引用文件的标题、序号、卷号和页码。

卷首语：William Shakespeare, *The Merchant of Venice*, in *The Works of William Shakespeare*, ed. Edmond Malone, vol. V（London：Printed for the Proprietors, 1816）, 16.

引言

1. Trevor Burnard, *Planters, Merchants, and Slaves: Plantation Societies in British America*（Chicago：University of Chicago Press, 2015）, 64 – 69；James D. Rice, "Jamaica," in *The Historical Encyclopedia of World Slavery*, vol. I, ed. Junius P. Rodriguez（Santa Barbara：ABC – CLIO, 1997）, 374；Gilder Lerhman Institute for American History, "Facts About the Slave Trade and Slavery,"

注 释

https：//www. gilderlehrman. org/history – by – era/slavery – and – anti – slavery/
resources/facts – about – slave – trade – and – slavery，accessed on November 22，
2017；Alan Taylor，*American Colonies*（New York：Viking，2001），217 – 18；and
W. J. Gardner，*A History of Jamaica*（London：Elliot Stock，1873），155 – 56.

 2. Cotton Mather，*The Vial Poured Out Upon the Sea：A Remarkable Relation
of Certain Pirates Brought Unto A Tragical and Untimely End*（Boston：T. Fleet for
N. Belknap，1726），1，21.

 3. 关于弗莱的所作所为的背景信息出自 Joel H. Baer，ed. ，"Tryals of
Sixteen Persons for Piracy etc. "（Boston：Joseph Edwards，1726），in *British
Piracy in the Golden Age：History and Interpretation，1660 – 1730*，vol. 3
（London：Pickering & Chatto，2007）；231 – 58；Mather，*Vial Poured Out*；及
Benjamin Colman，*It is a fearful thing to fall into the Hands of the Living God：A
Sermon Preached to Some Miserable Pirates，July 10，1726，The Lords Day*
（Boston：Philips and Hancock，1726）。

 4. Baer，"Tryals of Sixteen Persons，" 249.

 5. Ibid.

 6. Ibid. ，257.

 7. Ibid. ，256.

 8. Ibid. ，254.

 9. Ibid. ，254. 另见于 "New York，June 20，" *Boston Gazette*（June 20 –
27，1726）；及 "Philadelphia，June 23，" *American Weekly Mercury*（June 23，
1726）。

 10. Baer，"Tryals of Sixteen Persons，" 254.

 11. Mather，*Vial Poured Out*，3.

 12. Colman，*It is a fearful thing*，34.

 13. Ibid. ，34 – 35.

 14. Ibid. ，35 – 36.

 15. "Yesterday came in here，" *BNL*（June 23 – 30，1726）．

 16. "Petition of Poor Prisoners in Boston Jail，1713，" in *Bulletin of the
Boston Public Library*（January – March，1919），82.

 17. Mather，*Vial Poured Out*，11.

 18. Ibid. ，47.

 19. Ibid. ，19.

 20. Ibid. ，47.

 21. Colman，*It is a fearful thing*，37.

 22. Mather，*Vial Poured Out*，47.

23. Ibid. , 48.

24. "On Tuesday the 12th Instant," *BNL* (July 7 – 14, 1726) .

25. "Pirate," *The Oxford English Dictionary*, 2nd ed. , vol. XI, ed. J. A. Simpson and E. S. C. Weiner (Oxford：Clarendon Press, 1989), 898 – 99. 另见于 Ricardo Gosalbo-Bono and Sonja Boelaert, " The European Union's Comprehensive Approach to Combating Piracy at Sea：Legal Aspects," in *The Law and Practice of Piracy at Sea：European and International Perspectives* (Oxford：Hart Publishing, 2014), 81。

26. Homer, *The Odyssey*, translated by Robert Fagles (New York：Penguin, 1996), 28. 更多关于古代海盗的内容，参见 Daniel Heller-Roazen, *The Enemy of All：Piracy and the Law of Nations* (New York：Zone Books, 2009), 31 – 39。

27. John Smith, "The Bad Life, Qualities and Conditions of Pyrates；And How They Taught the Turks and Moores to Become Men of Warfare," in *Capt. John Smith, Works, 1608 – 1631*, ed. Edward Arber (Birmingham：Privately published, 1884), 913.

28. Dio Cassius, *Dio's Annals of Rome*, translated by Herbert Baldwin Foster, vol. II (Troy：Pafraets Book Company, 1905), 16.

29. 参见 William Barton, *A Dissertation on the Freedom of Navigation and Maritime Commerce and Such Rights of States, Relative Thereto, as are Founded on the Law of Nations* (Philadelphia：John Conrad, 1802), 294；及 Angus Konstam, *The World Atlas of Pirates* (Guilford, CT：Lyons Press, 2010), 174。

30. William Blackstone, *Commentaries on the Laws of England*, 9th ed. , vol. 4 (London：Printed for W. Strahan, T. Cadell, and D. Prince, 1783), 71. 爱德华·柯克爵士并不是创造出"人类的敌人"这个说法的人。该说法最初是由罗马政治家马库斯·图利乌斯·西塞罗（Marcus Tullius Cicero，公元前 106 年 – 公元前 43 年）提出的，他称海盗为"全人类共同的敌人"（*communis hostis omnium*）。参见 Daniel Heller-Roazen, *The Enemy of All：Piracy and the Law of Nations* (New York：Zone Books, 2009), 16.

31. Marcus Rediker, " 'Under the Banner of King Death'：The Social World of Anglo-American Pirates, 1716 to 1726," *William and Mary Quarterly* (April 1981), 204.

第一章　微小的开端

1. Philip Ⅲ, King of Spain, letter to the Duke of Medina Sidonia, July 29, 1608, MS 2010. 5, John D. Rockefeller Jr. Library, Colonial Williamsburg Foundation. 另见于 Mark G. Hanna, *Pirate Nests and the Rise of the British*

注　释

Empire: *1570 – 1740* (Chapel Hill: University of North Carolina Press, 2015),
68; 及 *The Genesis of the United States*, vol. I, ed. Alexander Brown (Boston:
Houghton, Mifflin and Company, 1890), 119 – 21。

2. Mark Cocker, *Rivers of Blood*, *Rivers of Gold*: *Europe's Conquest of
Indigenous Peoples* (New York: Grove Press, 1998), 9; and Kim MacQuarrie,
The Last Days of the Incas (New York: Simon & Schuster, 2007), 95 – 96, 123,
133 – 34.

3. Kenneth Pomeranz and Steven Topik, *The World that Trade Created*:
Society, *Culture*, *and the World Economy*, *1400 to the Present* (Armonk, NY:
M. E. Sharpe, 2006), 154.

4. Niall Ferguson, *The Ascent of Money*: *A Financial History of the World*
(New York: Penguin Press, 2008), 25 – 26.

5. Neil MacGregor, "Pieces of Eight," in *A History of the World in 100
Objects* (New York: Viking, 2011), 518.

6. Patrick Greenfield, "Story of Cities #6: How Silver Turned Potosi into ' the
First City of Capitalism, ' " *Guardian* (March 21, 2016), accessed on November
9, 2017, https: //www. theguardian. com/cities/2016/ mar/21/story – of – cities –
6 – potosi – bolivia – peru – inca – first – city – capitalism.

7. David Cordingly, *Spanish Gold*: *Captain Woodes Rogers and the Pirates of
the Caribbean* (London: Bloomsbury, 2011); and Patricio N. Abinales and Donna
J. Amoroso, *State and Society in the Philippine*s (Lanham, MD: Rowman &
Littlefield, 2005), 63.

8. Glyndwr Williams, *The Great South Sea*: *English Voyages and Encounters*,
1570 – 1750 (New Haven, CT: Yale University Press, 1997), 233.

9. H. Michael Tarver and Emily Slape, "Overview Essay," in *The Spanish
Empire*: *A Historical Encyclopedia*, vol. I, ed. H. Michael Tarver and Emily Slape
(Santa Barbara, CA: ABC – CLIO, 2016), 61 – 62.

10. Taylor, *American Colonies*, 63 – 65.

11. Harry Kelsey, *Sir Francis Drake*: *The Queen's Pirate* (New Haven, CT:
Yale University Press, 1998), 76.

12. Kenneth R. Andrews, *Trade*, *Plunder*, *and Settlement*: *Maritime Enterprises
and the Genesis of the British Empire*, *1480 – 1630* (Cambridge: Cambridge
University Press, 1984), 154.

13. Samuel Taylor Coleridge, *Specimens of the Table Talk of the Late Samuel
Taylor Coleridge*, vol. II (New York: Harper & Brothers, 1835), 16.

14. Kelsey, *Sir Francis Drake*, 11 – 39, 75 – 82, 137 – 70, 210 – 19;

Hanna, *Pirate Nests*, 43 - 45; Robert C. Ritchie, *Captain Kidd and the War against the Pirates* (Cambridge, MA: Harvard University Press, 1986), 12; Henry Walter, *A History of England*, vol. Ⅲ (London: J. G. & F. Rivington, 1832), 588 - 89; and David Cordingly, *Under the Black Flag: The Romance and the Reality of Life among the Pirates* (Orlando: Harvest Book, 1995), 28 - 31.

15. William Wood, *Elizabethan Sea-Dogs: A Chronicle of Drake and His Companions* (New Haven, CT: Yale University Press, 1921).

16. Ritchie, *Captain Kidd*, 13; and Mark St. John Erickson, "Spain Feared Jamestown for Harboring English Pirates," *Daily Press* (June 1, 2012).

17. James Horn, *A Land as God Made It: Jamestown and the Birth of America* (New York: Basic Books, 2005), 200 - 203.

18. "Letter of Don Diego De Molina, 1613," *Narratives of Early Virginia*, 1606 - 1625, ed. Lyon Gardiner Tyler (New York: Charles Scribner's Sons, 1907), 218.

19. Horn, *A Land as God Made It*, 286 - 87.

20. *James I, By the King. A Proclamation Against Pirats* (January 8, 1609) (London: Deputies of Robert Barker, 1609).

21. W. Frank Craven, "The Earl of Warwick, A Speculator in Piracy," *The Hispanic American Historical Review* (November 1930), 463 - 64; Hanna, *Pirate Nests*, 76 - 77; John Donoghue, *Fire under the Ashes: An Atlantic History of the English Revolution* (Chicago: University of Chicago Press, 2013), 26 - 27; Horn, *A Land as God Made It*, 244; James Oliver Horton and Lois E. Horton, *Slavery and the Making of America* (Oxford: Oxford University Press, 2005), 27 - 29; Engel Sluiter, "New Light on the '20 Odd Negroes' Arriving in Virginia, August 1619," *William and Mary Quarterly* (April 1977), 395 - 98; "The First Africans," Jamestown Rediscovery, Historic Jamestowne, accessed on November 9, 2017, http://historicjames towne. org/history/the - first - africans/; Bernard Bailyn, *The Barbarous Years: The Peopling of British North America; The Conflict of Civilizations, 1600 - 1675* (New York: Alfred A. Knopf, 2013), 174 - 75; and Clive Senior, *A Nation of Pirates: English Piracy in its Heyday* (London: David & Charles Newton Abbot, 1976), 8.

22. "Virginia Company Instructions to the Governor and Council of State in Virginia (July 24, 1621)," in Samuel M. Bemiss, *The Three Charters of the Virginia Company of London* (Williamsburg: Virginia 350th Anniversary Celebration Corporation, 1957), 110.

23. 关于迪克西·布尔的背景信息出自 Jim McClain, *A Brief Account of the*

Wicked Doings of Dixie Bull, Reportedly the First Pirate in New England Waters (New York： Court Printers, 1980)；C. E. Banks, "Pirate of Pemaquid, 1631 ," *The Maine Historical and Genealogical Recorder*, vol. I (Portland, ME： S. M. Watson, 1884), 57 – 61；John Winthrop, *Winthrop's Journal*, "*History of New England*," 1630 – 1649, vol. I, ed. James Kendall Hosmer (New York： Charles Scribner's Sons, 1908) 82, 95 – 96, 101 – 2；Roger Clap, *Memoirs of Captain Roger Clap* (Boston： David Carlisle, 1807), 18 – 19；及 George Francis Dow and John Henry Edmonds, *The Pirates of the New England Coast, 1630 – 1730* (New York： Sentry Press, 1968, facsimile of the 1923 edition), 20 – 22。

24. Eric Jay Dolin, *Fur, Fortune, and Empire： The Epic History of the Fur Trade in America* (New York： W. W. Norton, 2010), xv, 21 – 22, 37 – 73；and James Truslow Adams, *The Founding of New England* (Boston： Atlantic Monthly Press, 1921), 102.

25. Harry Gratwick, *The Forts of Maine： Silent Sentinels of the Pine Tree State* (Charleston, SC： History Press, 2013)；and J. Wingate Thornton, "Ancient Pemaquid, An Historical Review," *Collections of the Maine Historical Society*, vol. V (Portland, ME： Published for the Society, 1857), 197.

26. "John Winter to Robert Trelawny" (July 11, 1633), *Documentary History of the State of Maine*, vol. Ⅲ, ed. James Phinney Baxter (Portland, ME： Hoyt, Fogg, and Donham, 1884), 23.

27. William B. Weeden, *Economic and Social History of New England, 1620 – 1789*, vol. Ⅱ (Boston： Houghton, Mifflin and Company, 1890), 877 – 78.

28. Clap, *Memoirs*, 18.

29. Winthrop, *Winthrop's Journal*, vol. I, 95.

30. Ibid., 96.

31. Sidney Perley, *The History of Salem Massachusetts*, vol. I (Salem, MA： Sidney Perley, 1924), 223.

32. Clap, *Memoirs*, 18.

33. Winthrop, *Winthrop's Journal*, vol. I, 101 – 2.

34. Clap, *Memoirs*, 18 – 19.

35. Perley, *History of Salem*, 223.

36. James Burney, *History of The Buccaneers of America* (London： Swan Sonnenschein, 1891, reprint of 1816 edition), 41.

37. Alexander O. Esquemelin, *The Buccaneers of America*, translated by Alexis Brown, and introduction by Jack Beeching (Mineola, NY： Dover Publications, 2000 [荷兰语版首次出版于 1678 年, 1969 年企鹅图书出版翻译

版，此书是该翻译版的重印版]），8 - 10，29，47，70 - 72；Violet Barbour，"Privateers and Pirates of the West Indies," *American Historical Review* (April 1911)，536 - 39；James Burney，*A Chronological History of the Voyages and Discoveries in the South Sea or Pacific Ocean*，vol. Ⅳ （London：Like Hansard & Sons，1816)，47 - 51；and Cordingly，*Under the Black Flag*，xviii。

  38. Esquemelin，*Buccaneers*，147.

  39. Ibid. ，107.

  40. Ibid. ，117.

  41. Lennox Honychurch，*The Caribbean People*，Book 2 （Cheltenham，UK：Thomas Nelson & Sons，1995)，45.

  42. Hanna，*Pirate Nests*，102 - 114；Douglas R. Burgess Jr. ，*The Pirates' Pact：The Secret Alliances between History's Most Notorious Buccaneers and Colonial America* （New York：McGraw Hill，2008)，47 - 50；Stephen Talty，*Empire of Blue Water：Captain Morgan's Great Pirate Army，the Epic Battle for the Americas，and the Catastrophe that Ended the Outlaw's Bloody Reign* （New York：Crown，2007)，20 - 23；and Dudley Pope，*The Buccaneer King：The Biography of the Notorious Sir Henry Morgan，1635 - 1688* （New York：Dodd，Mead，1977)，121 - 25.

  43. Michael Pawson and David Buisseret，*Port Royal Jamaica* （Barbados：University of the West Indies Press，2000)，135；Mathew Mulcahy，" 'that fatall spot'：The Rise and Fall— and Rise and Fall Again— of Port Royal，Jamaica," in *Investing in the Early Modern Built Environment*，ed. Carole Shammas （Leiden：Brill，2012)，196；and Mathew Mulcahy，*Hurricanes and Society in the British Greater Caribbean，1624 - 1783* （Baltimore：Johns Hopkins University Press，2006)，120.

  44. Hamilton Mabie and Marshal H. Bright，*The Memorial Story of America，Comprising the Important Events，Episodes，and Incidents Which Make Up the Record of Four Hundred Years* （Philadelphia：John C. Winston，1892)，119.

  45. Carl and Roberta Bridenbaugh，*No Peace beyond the Line：The English in the Caribbean，1624 - 1690* （New York：Oxford University Press，1972)，367.

  46. Esquemelin，*Buccaneers*，81 - 82.

  47. Diana and Michael Preston，*A Pirate of Exquisite Mind：Explorer，Naturalist，and Buccaneer— The Life of William Dampier* （New York：Walker，2004)，28.

  48. Henry Morgan's Account of an Expedition Against the Spaniards （April 20，1671)，in "America and West Indies：April 1671," *CSPC*，item 504，vol. 7，203.

  49. Talty，*Empire of Blue Water*，251.

50. Talty, *Empire of Blue Water*, 101 – 128, 199 – 252; Patrick Pringle, *Jolly Roger: The Story of the Great Age of Piracy* (New York: W. W. Norton, 1953), 67 – 75; Hanna, *Pirate Nests*, 103 – 114; Esquemelin, *Buccaneers*, 180 – 204; Pope, *Buccaneer King*, 62 – 67, 216 – 49; and Cordingly, *Under the Black Flag*, 45 – 53.

51. Anna Keay, *The Magnificent Monarch: Charles II and the Ceremonies of Power* (London: Continuum, 2008), 2 – 3.

52. "Sir Thos. Lynch to Joseph Williamson" (January 13, 1672), *CSPC*, item 729, vol. 7, 315 – 17.

53. Pope, *Buccaneer King*, 248 – 82; Talty, *Empire of Blue Water*, 253 – 82; Patrick Pringle, *Jolly Roger*, 75 – 78; Hanna, *Pirate Nests*, 115 – 42; "King Charles II to Thomas Lynch" (March 10, 1671), CO 137/11, fol. 111, NA; and Burgess, *Pirates' Pact*, 67 – 77.

第二章 热烈欢迎

1. Hanna, *Pirate Nests*, 150 – 58, 167.

2. John Winthrop, *Winthrop's Journal*, *History of New England*, *1630 – 1649*, vol. II, ed. James Kendall Hosmer (New York: Charles Scribner's Sons, 1908), 272.

3. William Bradford, *History of Plymouth Plantation*, ed. Charles Deane (Boston: Privately Published, 1856), 441.

4. Ibid. , 441.

5. Winthrop, *Winthrop's Journal*, vol. II, 272.

6. "Sir Thomas Lynch to the Lords of Trade and Plantations" (February 28, 1684), *CSPC*, item 1563, vol. 11, 592 – 98.

7. John Romeyn Brodhead, *History of the State of New York*, vol. II (New York: Harper & Brothers, 1871), 524.

8. William B. Weeden, *Economic and Social History of New England*, *1620 – 1789*, vol. I (Boston: Houghton, Mifflin and Company, 1890), 334; and Weeden, *Economic and Social History of New England*, vol. II, 887.

9. Hanna, *Pirate Nests*, 171. 另见于 Shirley C. Hughson, "The Carolina Pirates and Colonial Commerce (1670 – 1740)," in *Johns Hopkins University Studies in Historical and Political Science*, ed. Herbert B. Adams, Twelfth Series, V – VI – VIII (Baltimore: Johns Hopkins Press, 1894), 249 – 50; 及 John Fiske, *Old Virginia and Her Neighbours*, vol. II (Boston: Houghton, Mifflin and Company, 1897), 362。

10. "Edward Randolph to the Lords of Trade (May 29, 1689)," in *Documents Relative to the Colonial History of the State of* New-York, ed. John Romeyn Brodhead, vol. III (Albany, NY: Weed, Parsons and Company, 1853), 582.

11. Hanna, *Pirate Nests*, 96 – 98; Thomas Hutchinson, *The History of the Colony of* Massachusetts-Bay (London: M. Richardson, 1760), 177 – 78.

12. Hanna, *Pirate Nests*, 167 – 68.

13. "Edward Randolph to William Blathwayt (October 19, 1688)," in *Edward Randolph, 1678 – 1700*, vol. VI (Boston: The Prince Society, 1909), 275.

14. Abiel Holmes, *American Annals; or A Chronological History of America*, vol. I (Cambridge: W. Hilliard, 1805), 444n2.

15. 关于佩因的背景信息出自 Howard M. Chapin, "Captain Paine of Cajacet," *Rhode Island Historical Society Collections* (January 1930), 19 – 32。

16. "Thomas Lynch to Leoline Jenkins" (November 6, 1682), *CSPC*, item 769, vol. 11, 318 – 21.

17. "Relation of T. Thacker, Deputy-Collector" (August 16, 1684), *CSPC*, item 1862ii, vol. 11, 684 – 86.

18. Ibid.

19. Ibid.

20. "William Dyre to Leoline Jenkins" (September 12, 1684), *CSPC*, item 1862, vol. 11, 684 – 86.

21. Edward Randolph, "A Discourse About Pirates, With Proper Remedies to Suppress Them" (1696), in Philip Gosse, *The History of Piracy* (Mineola, NY: Dover Publications, 2007, reprint of original 1932 edition), 320.

22. Hanna, *Pirate Nests*, 148n6, 178; "Earl of Craven to Lords of Trade and Plantations" (May 27, 1684), *CSPC*, item 1707, vol. 11, 642 – 43.

23. "King James II to Governor Dongan" (October 13, 1687), in *Documents Relative to the Colonial History of the State of* New-York, vol. III, 490 – 91.

24. "Governor Cranfield to Lords of Trade and Plantations" (August 25, 1684), *CSPC*, item 1845, vol. 11, 678 – 79; and C. H. Haring, *The Buccaneers in the West Indies in the XVII Century* (New York: E. P. Dutton and Company, 1910), 251 – 52.

25. "William Dyer to Sir Leoline Jenkins" (September 12, 1684).

26. "William Stapleton to Lords of Trade and Plantations" (January 7, 1685), *CSPC*, item 2042, vol. 11, 759 – 60.

注 释

27. Cotton Mather, "Some Consideration on the Bills of Credit Now Passing in New-England," in *Tracts Relating to the Currency of the Massachusetts Bay, 1682 – 1720*, ed. Andrew McFarland (Boston: Houghton, Mifflin and Company, 1902), 17.

28. Curtis Nettles, "British Policy and Colonial Money Supply," in *Economic History Review* (October 1931), 219 – 33; Bernard Bailyn, *The New England Merchants in the Seventeenth Century* (Cambridge, MA: Harvard University Press, 1979), 182 – 83; Hanna, *Pirate Nests*, 168 – 71.

29. "Edward Randolph to William Popple" (May 12, 1698), *CSPC*, item 452, vol. 16, 211 – 15; Hughson, "Carolina Pirates," 23; Taylor, *American Colonies*, 286; and B. R. Carroll, *Historical Collections of South Carolina*, vol. I (New York: Harper & Brothers, 1836), 86 – 87.

30. Taylor, *American Colonies*, 258.

31. Hanna, *Pirate Nests*, 145 – 46.

32. "A Letter to a Member of Parliament Concerning the Suppression of Piracy (March 20, 1700)," in Letter-Book *of Samuel Sewall*, Collections of the Massachusetts Historical Society, vol. I, Sixth Series (Boston: Massachusetts Historical Society, 1886), 222n.

33. Samuel Niles, "A Summary Historical Narrative of the Wars in New-England with the French and Indians, in the Several Parts of the Country," in *Collections of the Massachusetts Historical Society*, vol. VI of the Third Series (Boston: American Stationers' Company, 1837), 269.

34. Ibid. , 270.

35. Ibid. , 263 – 70; Chapin, "Captain Paine of Cajacet," 25 – 29; and Samuel Greene Arnold, *History of the State of Rhode Island and Providence Plantations*, vol. I (New York: D. Appleton, 1874), 520 – 21.

36. "John J. McCusker, "Colonial Statistics," in *Historical Statistics of the United States, Earliest Times to the Present, Millennial Edition, Part E*, eds. Susan B. Carter et. al. (Cambridge: Cambridge University Press, 2006), 5 – 651 – 53, 5 – 655.

37. Philip Alexander Bruce, *Institutional History of Virginia in the Seventeenth Century*, vol. II (New York: G. P. Putnam's Sons, 1910), 209.

38. 这一部分中关于托马斯·庞德的背景信息出自 John Henry Edmonds, *Captain Thomas Pound* (Cambridge, MA: John Wilson and Son, 1918), 23 – 84; 及 Dow and Edmonds, *Pirates*, 54 – 72。前一个资料中包含了很多当时誊抄的审判记录及参与审判的证人证言等内容，只有在引用原文时才会特别注明。

39. Priscilla Sawyer Lord and Virginia Clegg Gamage, *Marblehead: The Spirit of '76 Lives Here* (Radnor: Chilton Book Company, 1972), 65; and Samuel C. Derby, "The Derby Family," *The 'Old Northwest' Genealogical Quarterly* (January, 1910), 36.

40. Sylvanus Davis, "Deposition" (August 19, 1689), in Edmonds, *Captain Thomas Pound*, 55.

41. Ibid.

42. John Smart, "Deposition" (August 17, 1689), in Edmonds, *Captain Thomas Pound*, 56.

43. "Governor's Council to Samuel Pease" (September 30, 1689), in Edmonds, *Captain Thomas Pound*, 61.

44. Benjamin Gallop et al., "Deposition" (1689), in Edmonds, *Captain Thomas Pound*, 36.

45. Ibid., and Matthew Mayhew, "Deposition" (August 29, 1689), in Edmonds, *Captain Thomas Pound*, 59.

46. "Journal of Benjamin Bullivant" (May 19, 1690), *CSPC*, item 885, vol. 13, 263 - 65.

47. Samuel Sewall, "Diary of Samuel Sewall," vol. I, 1674 - 1700, in *Collections of the Massachusetts Historical Society*, vol. V, Fifth Series (Boston: Massachusetts Historical Society, 1878), 310.

48. Matthew Parker, *The Sugar Barons: Family, Corruption, Empire, and War in the West Indies* (New York: Walker, 2011), 169.

49. "An Account of a Dreadful Earthquake, That Happened at Port Royal in Jamaica, on June the 7th, 1692," in "Two Letters Written by a Minister of that Place," in *Philotheus, True and Particular History of Earthquakes* (London: Printed for the Author, 1748), 57.

50. R. B., *The General History of Earthquakes* (London: A. Bettersworth and J. Hodges, 1734), 134 - 40; M. N., "Earthquake at Port Royal in Jamaica in 1692," *The Gentleman's Magazine* (November 1785), 879 - 80; and Hanna, *Pirate Nests*, 142.

第三章 金钱多如沙石之地

1. J. Ovington, *A Voyage to Suratt in the Year, 1689* (London: Jacob Tonson, 1696), 102 - 3.

2. Charles Grey, *Pirates of the Eastern Seas (1618 - 1723): A Lurid Page of History* (Port Washington, NY: Kennikat Press, 1971, first published in 1933),

注　释

12，89 - 109；Ovington，*A Voyage*，103 - 5；*Piracy Destroyed*：*Or*，*A Short Discourse Showing the Rise*，*Growth and Causes of Piracy of Late*；*With a Sure Method How to Put a Speedy Stop to that Growing Evil*（London：John Nutt，1701），2；and Charles Hill，"Notes on Piracy in Eastern Waters，"*The Indian Antiquary*（March 1927），Hill，89 - 91。

3.　"雅各布号"故事的背景信息出自 Robert C. Ritchie，"Samuel Burgess，Pirate，"*Authority and Resistance in Early New York*，ed. William Pencak and Conrad Edick Wright（New York：New-York Historical Society，1988），117 - 18；Hannah，*Pirate Nests*，215；"Deposition of Samuel Burgess"（May 3，1698），*CSPC*，item 473ii，vol. 16，224 - 29；"Deposition of Edward Taylor"（May 7，1698），*CSPC*，item 473iii，vol. 16，224 - 29；"Letter from Peter Delanoy Relative to Governor Fletcher's Conduct"（June 13，1695），*CSPC*，item 1892，vol. 14，503 - 6；Charles Burr Todd，*The Story of The City of New York*（New York：G. P. Putnam's Sons，1888），174；and "Council of Trade and Plantations to the Lords Justices of England（October 19，1698），"*CSPC*，item 904，vol. 16，480 - 82。

4. William Smith，*The History of the Province of* New-York *From The First Discovery to the Year MDCCXXXII*（London：Thomas Wilcox，1757），80。

5. James Grant Wilson，*The Memorial History of the City of* New-York，*From its First Settlement to the Year 1892*，vol. I（New York：New-York History Company，1892），495。

6.　"Letter from Peter Delanoy Relative to Governor Fletcher's Conduct"（June 13，1695），*CSPC*，item 1892，vol. 14，503 - 6。

7.　"John Graves to Council of Trade and Plantations"（February 19，1697），*CSPC*，item 744，vol. 15，379。

8. Burgess，*Pirates' Pact*，108 - 12；Dow and Edmonds，*Pirates*，84 - 88；Baldridge Deposition，J. Franklin Jameson，*Privateering and Piracy in the Colonial Period*— Illustrative *Documents*（New York：Augustus M. Kelley，1923），183；Randolph，"A Discourse About Pyrates，"321；"Secretary to the East India Company to William Popple"（December 18，1696），*CSPC*，item 517，vol. 15，259 - 64；and Daniel Defoe［Charles Johnson］，*A General History of the Pyrates*，ed. Manuel Schonhorn（Mineola，NY：Dover Publications，1999—这一版本是对《海盗通史》在 1726 ~ 1728 年出版的一些早期版本的精彩汇编），422 - 23，438 - 39。

9. McCusker，"Colonial Statistics，"5 - 655。

10. Rufus Rockwell Wilson，*New York*：*Old & New*，*Its Story*，*Streets*，*and Landmarks*，vol. I（Philadelphia：J. B. Lippincott Company，1903），136 - 37。

11. "Copy of a report from the Attorney-General of New York to Governor Lord Bellomont" (May 4, 1698), *CSPC*, item 846 iii, vol. 16, 455 – 468; and "I. T. South to the Lords Justices of Ireland. Dublin" (August 15, 1696), *CSPC*, item 517, vol. 15, 248 – 67.

12. "Governor Fletcher to Council of Trade and Plantations" (June 22, 1697), *CSPC*, item 1098, vol. 15, 517 – 20.

13. "Benjamin Fletcher to Council of Trade and Plantations" (December 24, 1698), *CSPC*, item 1077, vol. 16, 583 – 91.

14. "Letter from Peter Delanoy Relative to Governor Fletcher's Conduct" (June 13, 1695) .

15. "Council of Trade and Plantations to the Lords Justices of England" (October 19, 1698), *CSPC*, item 904, vol. 16, 480　82.

16. "Nathaniel Coddington Narrative" (November 27, 1699), CO 5/1259, fol. D74, NAL.

17. Dow and Edmonds, *Pirates*, 96; Gosse, *History of Piracy*, 321; "Baldridge Deposition," in Jameson, *Privateering*, 184; Defoe, *General History*, 439; Burgess, *Pirates' Pact*, 113 – 16; and "John Graves to Council of Trade and Plantations" (February 19, 1697), *CSPC*, item 744, vol. 15, 379.

18. "Deposition of James Emott (May 1698) and Deposition of Leonard Lewis" (May 1698), *CSPC*, item 473 vii and ix, vol. 16, 224 – 29.

19. "Deposition of Leonard Lewis" (May 1698), *CSPC*, item 473 vii, vol. 16, 224 – 29.

20. "Deposition of Samuel Burgess" (May 3, 1698) .

21. "Mr. Weaver's Statements to the Board of Trade," September 27, 1698, in John Romeyn Brodhead, *Documents Relative to the Colonial History of the State of New York*, vol. IV (Albany: Weed, Parson and Company, 1854), 384.

22. "Governor Fletcher to Council of Trade and Plantations" (June 22, 1697) .

23. "Letter from Peter Delanoy Relative to Governor Fletcher's Conduct" (June 13, 1695) .

24. P. Bradley Nutting, " The Madagascar Connection: Parliament and Piracy, 1690 – 1701," *American Journal of Legal History* (July 1978), 210.

25. Gary B. Nash, *The Urban Crucible: Social Change, Political Consciousness, and the Origins of the American Revolution* (Cambridge, MA: Harvard University, 1979), 68.

26. Ibid.

注　释

27. 关于菲利普斯的背景信息出自 Jacob Judd, "Frederick Philipse and the Madagascar Trade," New-York *Historical Society Quarterly* (October 1971), 354 – 57; Aline Benjamin, "From Rags to Riches in 1686," *New York Times* (October 30, 1977); Kevin P. McDonald, *Pirates, Mer-chants, Settlers, and Slaves: Colonial America and the* Indo-Atlantic *World* (Oakland: University of California Press, 2015), 48; and Edwin G. Burrows and Mike Wallace, *Gotham: A History of New York City to 1898* (New York: Oxford University Press, 1999), 80。

28. John Steele Gordon, *The Business of America: Tales from the* Marketplace—American *Enterprise from the Settling of New England to the Breakup of AT&T* (New York: Walker Publishing, 2001), 9; and Burrows and Wallace, *Gotham*, 64.

29. Lillian S. Williams, Amybeth Gregory, and Hadley Kruczek-Aaron, "African Americans," *The Encyclopedia of New York State*, ed. Peter Eisenstadt (Syracuse: Syracuse University Press, 2005), 18; and Leslie M. Harris, *In the Shadow of Slavery: African Americans in New York City, 1626 – 1863* (Chicago: University of Chicago Press, 2003), 11 – 12.

30. Burgess, *Pirates' Pact*, 96; and "Deposition of Samuel Perkins" (August 25, 1698), *CSPC*, item 771, vol. 16, 403 – 4.

31. Arne Bialuschewski, "Pirates, Slavers, and the Indigenous Population in Madagascar, c. 1690 – 1715," *International Journal of African Historical Studies* (2005), 404; McDonald, *Pirates, Merchants, Settlers*, 40 – 41, 47, 85; and Virginia Bever Platt, "The East India Company and the Madagascar Slave Trade," *William and Mary Quarterly* (Oct. , 1969), 549.

32. Platt, "The East India Company," 548 – 50; McDonald, *Pirates, Merchants*, 40 – 41; and James C. Armstrong, "Madagascar and the Slave Trade in the Seventeenth Century," *Omaly sy anio* (1983), 218.

33. "Deposition of Adam Baldridge (May 5, 1699)," in Jameson, *Privateering*, 181.

34. McDonald, *Pirates, Merchants*, 88 – 89; and Burgess, *Pirates' Pact*, 95.

35. "Earl of Bellomont to the Lords of Trade" (November 14, 1698), in Brodhead, *Documents Relative to the Colonial History of the State of New York*, vol. IV, 532.

36. Judd, "Frederick Philipse," 358.

37. Ibid. , 357 – 66. 另见于 Ritchie, *Captain Kidd*, 112 – 16; Deposition of Baldridge (May 5, 1699)," 182 – 87; McDonald, *Pirates, Merchants*, 84 – 89; Nash, *Urban Crucible*, 70; 及 "Examination of Edward Buckmaster (June 6,

1699），" in Jameson, *Privateering*, 197。

38. Cathy Matson, *Merchants & Empire: Trading in Colonial New York* (Baltimore: Johns Hopkins University Press, 2002), 63 – 64; and McDonald, *Pirates, Merchants*, 51 – 52.

39. Ritchie, *Captain Kidd*, 38.

40. "Letter from Peter Delanoy Relative to Governor Fletcher's Conduct" (June 13, 1695).

41. Caroline Frank, *Objectifying China, Imagining America: Chinese Commodities in Early America* (Chicago: University of Chicago Press, 2011), 31 – 32.

42. Hanna, *Pirate Nests*, 201.

43. "Lord Bellomont to Lords of the Admiralty, Boston" (September 7, 1699), *CSPC*, item 769 xviii, vol. 17, 425 – 32.

44. Ralph Davis, *The Rise of the English Shipping Industry in the Seventeenth and Eighteenth Centuries* (St. Johns: International Maritime Economic History Association, 2012), 127 – 34.

45. "Nathaniel Coddington Narrative" (November 27, 1699), CO 5/1259, fol. D74, NAL. 另见于 *Piracy Destroyed*, 5。

46. *The Ordinary of Newgate his Account of the Behavior, Confessions, and Dying-Words of Captain William Kidd, and other Pirates, that were Executed at the Execution-Dock in Wapping, on Friday May 23, 1701* (London: Printed for E. Mallet, 1701).

47. McDonald, *Pirates, Merchants*, 41; and Hanna, *Pirate Nests*, 197.

48. Bailyn, *New England Merchants*, 157 – 58; and Taylor, *American Colonies*, 276.

49. Mark G. Hanna, "Well-Behaved Pirates Seldom Make History: A Reevaluation of the Golden Age of English Piracy," in *Governing the Sea in the Early Modern Era: Essays in Honor of Robert C. Ritchie*, eds. Peter C. Mancall and Carole Shammas (Huntington, CA: Huntington Library, Art Collections, and Botanical Gardens, 2015), 134 – 45.

50. Mark G. Hanna, "A Lot of What Is Known about Pirates Is Not True, and a Lot of What Is True Is Not Known: The Pirate Next Door," *Humanities* (Winter 2017), https://www.neh.gov/humanities/2017/winter/ feature/lot – what – known – about – pirates – nottrue – and – lot – what – true – not – known, accessed June 12, 2017.

51. "Lieutenant-Governor Sir William Beeston to Lords of Trade and Plantations" (June 10, 1693), *CSPC*, item 393, vol. 14, 114.

52. "Lieutenant-Governor Sir William Beeston to the Earl of Nottingham" (July 28, 1693), *CSPC*, item 479, vol. 14, 135 – 36.

53. "Edward Randolph to William Popple" (May 12, 1698).

54. "Governor Nicholson to the Duke of Shrewsbury" (June 14, 1695), *CSPC*, item 1897, vol. 14, 510 – 13.

55. "From Captain Thomas Warren, of H. M. S. *Windsor*, to the East India Company" (November 28, 1697), *CSPC*, item 115 I, vol. 16, 67 – 71.

56. Ritchie, *Captain Kidd*, 112; and Jane Hooper, "Pirates and Kings: Power on the Shores of Early Modern Madagascar and the Indian Ocean," *Journal of World History* (June 2011), 223.

57. "Council of Trade and Plantations to the King" (February 26, 1698), *CSPC*, item 265i, vol. 16, 121 – 22.

58. Ritchie, *Captain Kidd*, 112; and "Deposition of Samuel Perkins of New England" (August 25, 1698), *CSPC*, item 771, vol. 16, 403 – 4.

59. John C. Appleby, *Women and English Piracy, 1540 – 1720: Partners and Victims of Crime* (Woodbridge, UK: Boydell Press, 2013), 116.

60. Ritchie, *Captain Kidd*, 119.

61. "Deposition of Samuel Perkins of New England" (August 25, 1698).

62. Ritchie, *Captain Kidd*, 116; "Deposition of Baldridge," Jameson, *Privateering*, 186 – 87; McDonald, *Pirates*, *Merchants*, 126; and "Governor the Earl of Bellomont to Council of Trade and Plantations" (July 1, 1698), *CSPC*, item 622, vol. 16, 301 – 14; and "Governor the Earl of Bellomont to Council of Trade and Plantations" (August 24, 1699), *CSPC*, item 740, vol. 17, 402 – 11.

63. 关于伦道夫的背景信息出自 Bailyn, New England Merchants, 154 – 59; and Michael Garibaldi Hall, Edward *Randolph and the American Colonies: 1676 - 1703* (Chapel Hill: University of North Carolina, 1960), 1, 178 – 82。

64. Randolph, "A Discourse About Pyrates," 320 – 21.

65. "Edward Randolph to the Commissioners of Customs" (November 10, 1696), *CSPC*, item 396i, vol. 15, 212 – 15.

第四章　痛击

1. Hill, "Notes on Piracy," 100.

2. Joel H. Baer, "'Captain John Avery' and the Anatomy of a Mutiny," *Eighteenth Century Life* (February, 1994), 1 – 15; and "Examination of John Dann" (August 3, 1696), in Jameson, *Privateering*, 165.

3. Baer, "'Captain John Avery' and the Anatomy of a Mutiny," 14.

4. "Examination of John Dann," 165 – 66; and Defoe, *General History*, 50 – 52.

5. "Petition of the East India Company" (July 1696), in Jameson, *Privateers*, 154.

6. Ritchie, *Captain Kidd*, 87.

7. "Extract, E. I. Co. , Letter from Bombay" (May 28, 1695), in Jameson, *Privateering*, 155 – 65 (引语出自此资料); John Keay, *The Honourable Company: A History of the English East India Company* (Hammersmith: Harper Collins, 1993), 185 – 86; and Hill, "Notes on Piracy," 94 – 95。

8. "Examination of John Dann" 167 – 70; "Abstract, E. I. Co. Letters from Bombay" (October 12, 1695), in Jameson, *Privateering*, 156 – 59; "Affidavit of Philip Middleton" (November 11, 1696), in Jameson, *Privateering*, 171 – 72; "Narrative of Philip Middleton, of the ship *Charles Henry*, to the Lords Justices of Ireland" (August 4, 1696), *CSPC*, item 517 ii, vol. 15, 259 – 64; Pringle, *Jolly Roger*, 142 – 43; Ritchie, *Captain Kidd*, 87 – 89, 130 – 33; John Biddulph, *The Pirates of Malabar and An Englishwoman in India Two Hundred Years Ago* (London: Smith, Elder, 1907), 26; Hill, "Notes on Piracy," 103; and Cordingly, *Under the Black Flag*, 191.

9. "Abstract, E. I. Co. Letters from Bombay" (October 12, 1695), in Jameson, *Privateering*, 159.

10. Ibid. , 156 – 59; Keay, *Honourable Company*, 186 – 88; and Ritchie, *Captain Kidd*, 130 – 32.

11. "By the Lords Justices, A Proclamation" (July 17, 1696) (London: Charles Bill, July 1696); and "By the Lords Justices, A Proclamation" (August 10, 1696), *Proceedings of the Council of Maryland, 1693 – 1696/7*, ed. William Hand Browne (Baltimore: Maryland Historical Society, 1900), 496 – 98; Ritchie, *Captain Kidd*, 135.

12. Burgess, *Pirates' Pact*, 144.

13. " 'Captain John Avery,' " 1 – 2.

14. Charles Johnson, *The Life and Adventures of Capt. John Avery, and the Successful Pyrate*, introduction by Joel H. Baer (Los Angeles: Augustan Reprint Society, 1980) .

15. Douglas R. Burgess Jr. , *The Politics of Piracy: Crime and Civil Disobedience in Colonial America* (Lebanon, NH: ForeEdge, 2014), 62 – 63; and Dann, in Jameson, *Privateering*, 171.

16. Dr. Newton, "The Trial of Joseph Dawson and Others" (October 19,

注　释

1696), *A Complete Collection of State Trials*, vol. XIII, ed. T. B. Howell (London: Longman, Hurst, Rees, etc. , 1816), 453.

17. Senior, *A Nation of Pirates*.

18. Ritchie, *Captain Kidd*, 135 – 37.

19. Sir Charles Hedges, "The Trial of Joseph Dawson and Others," 456.

20. L. C. J. Holt, "The Trial of Joseph Dawson and Others," 481.

21. Hill, "Notes on Piracy," 102.

22. "Extracts from letters received by the East India Company" (December 21, 1698), *CSPC*, item 115, vol. 16, 61 – 78.

23. "Extracts from letters received by the East India Company" (February 17, 1698), *CSPC*, item 235, vol. 16, 112 – 14.

24. 尽管贸易委员会取代了贸易和殖民地委员会，该机构的官方名称已改为贸易委员会，但在这一变动发生后的很多年里，英国的官方文件中仍然在使用贸易和殖民地委员会这一说法。因此，即便注释中注明相关文件是由贸易和殖民地委员会撰写或送交给贸易和殖民地委员会的，此后的下文中仍将统一使用贸易委员会这一名称。

25. Ian K. Steele, *Politics of Colonial Policy: The Board of Trade in Colonial Administration, 1696 – 1720* (Oxford: Clarendon Press, 1968), 3 – 23, 42 – 43; and Ritchie, *Captain Kidd*, 149 – 50.

26. "Board of Trade to Lieutenant-Governor Stoughton" (January 20, 1697), *CSPC*, item 604, vol. 15, 312 – 14.

27. Charles P. Keith, *Chronicles of Pennsylvania From the English Revolution to the Peace of* Aix-La-*Chapelle, 1688 – 1748*, vol. 1 (Philadelphia: Patterson & White Company, 1917), 312.

28. "Robert Snead to Sir John Houblon" (September 20, 1697), *CSPC*, item 1331, vol. 15, 613 – 15.

29. "Edward Randolph to William Popple" (April 25, 1698), *CSPC*, item 401, vol. 16, 180 – 81; and Governor the Earl of Bellomont to the Council of Trade and Plantations" (May 30, 1700), *CSPC*, item 466, vol. 18, 266 – 82.

30. "Robert Snead to Sir John Houblon" (September 20, 1697).

31. Ibid.

32. "Narrative of Captain Robert Snead" (1697), *CSPC*, item 451i, vol. 16, 211 – 15.

33. Ibid.

34. Ibid.

35. "Information of Thomas Robinson" (1697), *CSPC*, item 451ii, vol. 16,

211 – 15.

36. "Robert Snead to Sir John Houblon" (September 20, 1697).

37. Russell F. Weigley, ed., *Philadelphia*: "Colonial Statistics," 5 – 653. 其他一些资料认为，费城当时的人口接近五千，笔者选择了 *A 300 – Year History* 中的数据，因为这个数据是参照多个基准得出的，包括纳税人列表和免役税名单等。不管怎么说，费城当时都只是一个规模较小的城镇。

38. John Smith, "The Bad Life, Qualities and Conditions of Pyrats," in *The Generall Historie of Virginia, New England & The Summer Isles, Together with The True Travels, Adventures and Observations, and A Sea Grammar*, vol. II (Glasgow: James MacLehose and Sons, 1907), 202 – 3.

39. William L. Stone, "The Earl of Bellomont and the Suppression of Piracy, 1698 – 1701," *National Magazine* (November, 1892), 1 – 5.

40. Ritchie, *Captain Kidd*, 179. 另见于 Herbert L. Osgood, *The American Colonies in the Eighteenth Century*, vol. I (New York: Columbia University Press, 1924), 272。

41. "Minutes of the Council of New York" (May 8, 1698), *CSPC*, item 433, vol. 16, 203 – 4.

42. "Earl of Bellomont At A Council Held at New York" (May 19, 1698), *Journal of the Legislative Council of the Colony of New-York, Began the 9th Day of April, 1691; And Ended the 27th of September, 1743* (Albany: Wee, Parsons, 1861), 111.

43. "Governor the Earl of Bellomont to Council of Trade and Plantations" (June 22, 1698), *CSPC*, item 593, vol. 16 (1697 – 1698), 279 – 89.

44. Ibid. 另见于 Ritchie, *Captain Kidd*, 170。

45. "Council of Trade and Plantations to the King" (March 9, 1699), *CSPC*, item 167, vol. 17, 95 – 98.

46. James S. Leamon, "Governor Fletcher's Recall," *William and Mary Quarterly* (Oct., 1963), 538 – 42; and "Heads of Complaint Against Colonel Fletcher, in Brodhead," in *Documents Relative to the Colonial History of the State of New York*, vol. IV, 433 – 34.

47. Edward Randolph, "List by Mr. Randolph of all the Proprietors of the Plantations That Are Independent of the Government of his Majesty" (February 20, 1697), in *The Manuscripts of the House of Lords, 1695 – 1697* (London: Eyre and Spottiswoode, 1903), 442.

48. William Penn, "Mr. Penn's Answer to Mr. Randolph's Paper Relating to Pennsylvania," *Manuscripts of the House of Lords*, 16953 – 1697, 457.

49. "Col. Quar [r] y to the Council of Trade and Plantations" (October 20, 1699), *CSPC*, item 877, vol. 17, 463 – 82.

50. "Col. Quar [r] y to the Council of Trade and Plantations" (June 6, 1699), *CSPC*, item 495, vol. 17, 274 – 75; and Hanna, *Pirate Nests*, 2.

51. William Penn, Broadside, "By the proprietary of the province of Pennsylvania, and counties annexed with the advice of the Council, a proclamation" (Philadelphia: Reinier Jansen, 1699). 另见于 Hanna, *Pirate Nests*, 1 – 3.

52. "An Act Against Pirates and Sea-Robbers," (November 27, 1700), in *The Statutes at Large of Pennsylvania from 1682 to 1801*, vol. II (Philadelphia: Clarence M. Busch, 1896), 100 – 104.

53. "William Penn to the Council of Trade and Plantations" (April 28, 1700), *CSPC*, item 366, vol. 18, 208 – 12.

54. "Jeremiah Basse to William Popple" (July 26, 1697), *CSPC*, item 1, 203, vol. 15, 563 – 65.

55. "Jeremiah Basse to William Popple" (July 18, 1697), *CSPC*, item 1187, vol. 15, 557 – 58.

56. "Governor Basse to William Popple" (April 1698), *CSPC*, item 415, vol. 16, 186 – 87.

57. "Governor the Earl of Bellomont to William Popple, Postscript" (July 7, 1698), *CSPC*, item 646, vol. 16, 325 – 26.

58. "Governor the Earl of Bellomont to Council of Trade and Plantations" (June 22, 1698), *CSPC*, item 593, vol. 16, 279 – 89.

59. "Governor the Earl of Bellomont to Council of Trade and Plantations" (May 3, 1699), *CSPC*, item 343, vol. 17, 191.

60. "Governor the Earl of Bellomont to Council of Trade and Plantations" (May 18, 1698), *CSPC*, item 472, vol. 16, 221 – 24.

61. "Governor the Earl of Bellomont to William Popple" (October 27, 1698), *CSPC*, item 944, vol. 16, 512 – 13.

62. 参见 "Governor the Earl of Bellomont to the Council of Trade and Plantations" (August 24, 1699)。

63. "Council of Trade and Plantations to the King" (November 9, 1699), *CSPC*, item 943, vol. 17, 514; Ritchie, *Captain Kidd*, 155 – 59; and Steele, *Politics of Colonial Policy*, 53 – 54.

64. 关于 "天命舰" 和詹姆斯船长的背景信息出自 Donald G. Shomette, *Pirates on the Chesapeake: Being a True History of Pirates, Picaroons, and Raiders*

on Chesapeake Bay, 1610 – 1807 （Centreville：Tidewater Publishers, 1985），103 – 113；Lloyd Haynes Williams, *Pirates of Colonial Virginia* （Richmond, VA：Dietz Press, 1937），53 – 62；and Hugh F. Rankin, *The Golden Age of Piracy* （New York：Holt, Rhinehart & Winston, 1969），64 – 76。

65. "Account by Richard Burgess, Master of the Maryland Merchant of Bristol" （August 13, 1699），*CSPC*, item 711, vol. 17, 390.

66. "Deposition of Nicholas Thomas Jones, Robert McEllam, Samuel Johns, and William Parker Himarke" （August 4, 1699），CO 5/1411, NAL.

67. "Governor Day to Council of Trade and Plantations" （September 21, 1699），*CSPC*, item 802, vol. 17, 444 – 45.

68. "John Aldred to Francis Nicholson" （July 26, 1699），CO 5/1411, NAL.

69. "Order of the Lords Justices of England in Council" （October 5, 1697），*CSPC*, item 1363, vol. 15, 269.

70. "John Martin to Francis Nicholson" （July 29, 1699），CO 5/1411, NAL.

71. "Micajah Perry, Edward Haistwell and John Goodwin to the Council of Trade and Plantations" （November 23, 1699），*CSPC*, item 989, vol. 17, 539 – 40.

72. 这一部分中关于皇家海军军舰"肖汉姆号"的背景信息，其与"和平号"的交战，及事件余波的内容出自 Shomette, *Pirates on the Chesapeake*, 122 – 51；"Libel by Captain William Passenger" （May 11, 1700），in Jameson, *Privateering*, 271 – 72；"Deposition of Joseph Man" （June 11, 1700），in Jameson, *Privateering*, 273 – 74；"Deposition of William Woolgar and Others" （June 11, 1700），in Jameson, *Privateering*, 272 – 73；Rankin, *Golden Age of Piracy*, 64 – 76；"Governor Nicholson to the Council of Trade and Plantations" （June 10, 1700），*CSPC*, item 523, vol. 18, 307 – 28；*The Proceedings of the Court of Admiralty, by a Special Commission, Being The Tryal of all the French Pirates at the Old-Bailey, on Monday, Tuesday, Thursday, and Friday, Being the 21st, 22nd, 24th, 25th Days of October, 1700* （London：Printed for W. H. Near Fleet Bridge, 1700）；and Williams, *Pirates of Colonial Virginia*, 53 – 62。

73. Shomette, *on the Chesapeake*, 131.

74. Ibid., 125.

75. Ibid., 133.

76. "Capt. Passenger's account of the taking of a French pirate" （June 10, 1700），*CSPC*, item 523ii, vol. 18, 307 – 28.

77. Ibid.

78. Shomette, *Pirates on the Chesapeake*, 135.

79. Rankin, *Golden Age of Piracy*, 73.

80. "Council of Trade and Plantations to the King" (January 11, 1700), *CSPC*, item 29, vol. 18, 26; "Draft of a Letter for His Majesty's Signature" (February 1, 1700), *CSPC*, item 73, vol. 18, 52; and Steele, *Politics of Colonial Policy*, 56 – 7.

81. "Council of Trade and Plantation" (April 11, 1700), *CSPC*, item 312, vol. 18, 163 – 66.

82. "An Act for the More Effectual Suppression of Piracy" (1700), *The Statutes Relating to the Admiralty, Navy, Shipping, and Navigation of the United Kingdom*, ed. John Raithby (London: George Eyre and Andrew Strahan, 1823), 86 – 89; David R. Owen and Michael C. Tolley, *Courts of Admiralty in Colonial America, the Maryland Experience, 1634 – 1776* (Durham, NC: Carolina Academic Press, 1995), 32 – 34, 165 – 66; and Hanna, *Pirate Nests*, 289 – 90.

83. "An Act to Punish Governors of Plantations in this Kingdom, for Crimes By Them Committed in the Planta-tions," in *Statutes Relating to the Admiralty*, 90; Hanna, *Pirate Nests*, 290; Burgess, *Politics of Piracy*, 193; and Attorney General to the King (June 19, 1700), *CSPC*, item 566, vol. 18, 350 – 51.

84. "Council of Trade and Plantations to the King" (January 11, 1700), *CSPC*, item 29, vol. 18, 26; "Draft of a Letter for His Majesty's Signature" (February 1, 1700), *CSPC*, item 73, vol. 18, 52; and Steele, *Politics of Colonial Policy*, 56 – 57.

85. 这一部分中关于基德的背景信息出自 "The Trial of Captain William Kidd, at the Old Bailey, for Murder and Piracy Upon the High Seas... (May 8, 1701)", in *A Complete Collection of State Trials and Proceedings for High Treason and Other Crimes and Misdemeanors*, vol. XIV, ed. T. B. Howell (London: T. C. Hansard, 1812), 123 – 46; "The Trials of Wm. Kidd, Nicholas Churchill, James Howe... (May 9, 1701)", in Howell, *Complete Collection of State Trials and Proceedings*, 147 – 234; Ritchie, *Captain Kidd*; Richard Zacks, *The Pirate Hunter: The True Story of Captain Kidd* (New York: Hyperion, 2002); Cordingly, *Under the Black Flag*, 180 – 89; "Deposition of Benjamin Franks" (October 20, 1697), in Jameson, *Privateering*, 190 – 95; "Narrative of William Kidd" (July 7, 1699), in Jameson, *Privateering*, 205 – 13; "Examination of Edward Buckmaster" (June 6, 1699), in Jameson, *Privateering*, 197 – 98; 笔者在 2017 年 7 月 11 日与历史学家理查德·扎克斯进行的私人交流, Graham Brooks,

ed. , *Trial of Captain Kidd* (Edinburgh: William Hodge, 1930) , 1 – 50; and ADM, " Captain William Kidd's Deposition, Instance and Prize Courts: Examinations and Answers" (October 15, 1695) , 13/81, 313, NAL。

86. Broadsides announcing . . . former pirates themselves: Zacks, *Pirate Hunter*, 11 – 20; " Col. Robert Livingston to Shrewsbury," (September 20, 1696) , in Historical Manuscripts Commission, *Report on the Manuscripts of the Duke of Buccleuch & Queensbury*, vol. II, part 2 (London: Mackie, 1903) , 405 – 6; and Pringle, *Jolly Roger*, 158 – 60.

87. " One Captain Kidd ": " Governor Fletcher to Council of Trade and Plantations" (June 22, 1697) , *CSPC*, item 1098, vol. 15, 517 – 20; and Hill, "Notes on Piracy," 112 – 22.

88. " Come, boys": "The Trials of Wm. Kidd, Nicholas Churchill, James Howe . . . ," 164.

89. Ritchie, *Captain Kidd*, 99 – 100; and " The Trial of Captain William Kidd, at the Old Bailey, for Murder and Piracy Upon the High Seas . . . (May 9, 1701)," 156 – 57, 195, 203, 213. 关于基德在俘虏" 玛丽号"之前不久可能还俘虏过另一艘英国船的内容，参见 " Extract from a Letter From Carwar to Bombay" (August 9, 1697) , *CSPC*, item 723, vol. 16, 363 – 67。

90. " Narrative of William Cuthbert" (July 1699) , *CSPC*, item 680, vol. 17, 366 – 80.

91. " The Trial of Captain William Kidd, at the Old Bailey, for Murder and Piracy Upon the High Seas . . . (May 9, 1701)," 157.

92. Ritchie, *Captain Kidd*, 102.

93. Ibid. , 100 – 102; and Zacks, *Pirate Hunter*, 134 – 37.

94. " The Trial of Captain William Kidd, at the Old Bailey," 134 – 35.

95. Ibid. , 138.

96. " The Trials of Wm. Kidd, Nicholas Churchill, James Howe . . . ," 158.

97. Ibid. , 160.

98. Ibid. , 167.

99. Benjamin F. Thompson, *The History of Long Island; From Its Discovery and Settlement to the Present Time*, vol. II (New York: Gould, Banks, 1843) , 332.

100. Ritchie, *Captain Kidd*, 127.

101. Narcissus Luttrell, *A Brief Relation of State Affairs from September 1678 to April 1714*, vol. IV (Oxford: Oxford University Press, 1857) , 543 – 49; Ritchie,

Captain Kidd, 168; and Hanna, *Pirate Nests*, 297.

102. "Memorial of Duncan Campbell" (June 19, 1699), in Jameson, *Privateering*, 202 – 5; "Narrative of John Gardner" (July 17, 1699), in Jameson, *Privateering*, 220 – 23; "A Copy of the Earl of Bellomont's Letter to Captain Kidd" (June 19, 1699), *Journals of the House of Commons* (London: House of Commons, 1803), vol. 13, 22; "Declaration of William Kidd" (September 4, 1699), in Jameson, *Privateering*, 236 – 37; and Ritchie, *Captain Kidd*, 176 – 77.

103. "Narrative of William Kidd" (July 7, 1699), 210.

104. Ibid.

105. "Lord Bellomont to the Board of Trade" (July 26, 1699), in Jameson, *Privateering*, 225. 另见于 "Lord Bellomont to the Board of Trade" (July 8, 1699), in Jameson, *Privateering*, 215.

106. "Lord Bellomont to the Board of Trade" (July 8, 1699), in Jameson, *Privateering*, 213 – 18; Ritchie, *Captain Kidd*, 177 – 80; "Narrative of William Kidd" (July 7, 1699), in Jameson, *Privateering*, 205 – 13; "Governor the Earl of Bellomont to the Council of Trade and Plantations" (July 26, 1699), *CSPC*, item 680, vol. 17, 366 – 79.

107. Ritchie, *Captain Kidd*, 183 – 92.

108. "Vernon to the Duke of Shrewsbury (September 25, 1697)," *James Vernon, Letters Illustrative of the Reign of William III, From 1696 to 1708*, vol. I (London: Henry Colburn, 1841), 405.

109. Ritchie, *Captain Kidd*, 192.

110. C. Whitehead, *Lives and Exploits of English Highwaymen, Pirates, and Robbers*, vol. I (Philadelphia: Carey, Hart, 1835), 182; and Cordingly, *Under the Black Flag*, 188.

111. "The Trial of Captain William Kidd, at the Old Bailey," 143.

112. "The Trials of Wm. Kidd, Nicholas Churchill, James Howe . . . ," 169 – 70, 174, and 210.

113. Ritchie, *Captain Kidd*, 208 – 9; and "William Kidd to Speaker of the House of Commons" (April 1701), in Jameson, *Privateering*, 250 – 51.

114. "The Trials of Wm. Kidd, Nicholas Churchill, James Howe . . . ," 234.

115. "William Kidd to Robert Harley, Petition Enclosed" (May 12, 1701), *The Manuscripts of His Grace The Duke of Portland*, vol. IV (London: Eyre and Spottiswoode, 1897), 17.

116. *A True Account of the Behavior, Confession and Last Dying Speeches, Of*

Captain William Kidd, *and the Rest of the Pirates*, *That Were Executed at Execution Dock in Wapping*, *on Friday the 23rd of May*, *1701* (London: Bride Lane, 1701).

117. Ibid.

118. *The Ordinary of Newgate his Account.*

119. Ibid.; Zacks, *The Pirate Hunter*, 381 – 93; Ritchie, *Captain Kidd*, 222 – 27; *A True Account of the Behavior*, *Confession and Last Dying Speeches*, *Of Captain William Kidd*; and Margarette Lincoln, *British Pirates and Society*, *1680 – 1730* (London: Routledge, 2014), 35, 37.

120. Ritchie, *Captain Kidd*, 137.

121. Platt, "The East India Company and the Madagascar Slave Trade," 553 – 54; Lincoln, *British Pirates*, 127; Bialuschewski, "Pirates, Slavers, and the Indigenous Population," 419; and "The East India Company to Council of Trade and Plantations" (March 7, 1698), *CSPC*, item 279, vol. 16, 126 – 27.

122. Ritchie, *Captain Kidd*, 233; and D. T. Valentine, *Manual of the Corporation of the City of New York* (New York: Charles W. Baker, 1857), 466 – 68.

123. "Governor the Earl of Bellomont to the Council of Trade and Plantations" (November 28, 1700), *CSPC*, item 953, vol. 18, 667 – 703.

124. Nutting, "The Madagascar Connection," 208 – 9; Steele, *Politics of Colonial Policy*, 52 – 53; and Osgood, *American Colonies*, vol. I, 543.

125. Steele, *Politics of Colonial Policy*, 53.

126. Hill, "Notes on Piracy," 141, 154; and Woodes Rogers, *A Cruising Voyage Around the World* (London: A. Bell, 1712), 419.

127. Arne Bialuschewski, "Between Newfoundland and the Malacca Strait: A Survey of the Golden Age of Piracy, 1695 – 1725," *Mariner's Mirror* (May 2004), 172 – 73; McDonald, *Pirates*, *Merchants*, *Settlers*, 125 – 27; and Judd, "Frederick Philipse," 374. 已知至少还有一个美洲殖民者变身海盗，于 1700 年之后驾船前往印度洋的案例。约翰·哈尔西（John Halsey）是 1706 年前后携带着在纽芬兰附近俘虏法国船只的私掠许可证从波士顿出发的，此时正处于西班牙王位继承战争期间，英格兰与法国和西班牙是敌对关系（本书下一章中会有更多关于这场战争的内容）。不过哈尔西并没有去俘虏法国船，而是带领自己的手下到印度洋劫掠莫卧儿帝国的船只和其他船只。参见 Hill, "Notes on Piracy," 138 – 40。

128. Ritchie, *Captain Kidd*, 153; and Shawn Antcil, *Order and the Atlantic World: A Study in the British War against the Pirates*, *1695 – 1725* (PhD diss., University of Ottawa, 2008), 61.

129. Ritchie, *Captain Kidd*, 128; and Taylor, *American Colonies*, 296.

130. "Preface," *CSPC*, vol. 18, vii – lxiii; and Steele, *Politics of Colonial Policy*, 42 – 59.

131. "Col. Quarry to the Council on Trade and Plantations" (June 5, 1700), *CSPC*, item 500, vol. 18, 300 – 301.

132. "Governor Blake to the Earl of Jersey" (June 10, 1700), *CSPC*, item 500, vol. 18, 300 – 301.

133. "Governor the Earl of Bellomont to the Council of Trade and Plantations" (November 28, 1700), *CSPC*, item 953, vol. 18, 667 – 703.

134. "George Larkin to the Council of Trade and Plantations" (October 14, 1701), *CSPC*, item 945, vol. 19, 576 – 77. 另见于 "Mr. Larkin to the Council of Trade and Plantations" (December 30, 1701), *CSPC*, item 1131, vol. 19, 719 – 20。

135. "Governor the Earl of Bellomont to Mr. Secretary Vernon" (January 3, 1700), *CSPC*, item 8, vol. 19, 1 – 17.

136. "George Larkin to the Council of Trade and Plantations" (December 5, 1701), *CSPC*, item 1054, vol. 19, 658 – 59.

第五章　战争带来的缓解

1. 参见 Arthur Pierce Middleton, *Tobacco Coast: A Maritime History of Chesapeake Bay in the Colonial Era* (Baltimore: Johns Hopkins Press, 1984), 207; and James G. Lydon, *Pirates, Privateers, and Profits* (Upper Saddle River, NJ: Gregg Press, 1970), 77。另外还依据了《美洲和西印度群岛殖民地大事年表》作者就战争年代所写的一份评述。

2. Christopher Lloyd, *The British Seaman: 1200 – 1860, A Social Survey* (Rutherford, NJ: Fairleigh Dickinson University Press, 1968), 286 – 87.

3. Davis, *Rise of English Shipping*, 129 – 31.

4. W. R. Meyer, "English Privateering in the War of the Spanish Succession, 1702 – 1713," *Mariner's Mirror* (November 1983), 435.

5. 参见 "Governor Dudley to [? the Earl of Nottingham]" (May 10, 1703), *CSPC*, item 673, vol. 21, 408 – 10; and Hill, "Notes on Piracy," 138 – 40。

6. 这一部分中关于奎尔奇和"查尔斯号"的背景信息出自 *The Arraignment, Tryal, and Condemnation of Capt. John Quelch, and Others of his Company* [1705], in *British Piracy in the Golden Age: History and Interpretation, 1660 – 1730*, vol. 2, ed. Joel H. Baer (London: Pickering & Chatto, 2007), 257 – 61, 263 – 88; Clifford Beal, *Quelch's Gold: Piracy, Greed, and Betrayal in*

Colonial New England (Washington, DC: Potomac Books, 2008); and *Chapter* 47
in The Acts and Resolves, *Public and Private*, *of the Province of the Massachusetts
Bay*, vol. VIII, 1703 – 1707 (Boston: Wright & Potter, 1895), 386 – 98。

7. Baer, *Arraignment*, *Tryal*, 286.

8. Ibid. , 284.

9. Ibid. , 287.

10. Samuel Roads Jr. , *The History and Traditions of Marblehead*
(Marblehead, MA: N. Allen Lindsey, 1897), 26, 46 – 47; Lord and Gamage,
Marblehead: *The Spirit of '76 Lives Here*, 18 – 35; and Christine Leigh Heyrman,
Commerce and Culture: *The Maritime Communities of Colonial Massachusetts*,
1690 – 1750 (New York: W. W. Norton, 1986), 245.

11. Ibid. , 286.

12. Ibid. , 286 – 87.

13. Ibid. , 10.

14. *BNL* (May 15 – 22, 1704).

15. Baer, *Arraignment*, *Tryal*, 287.

16. *BNL* (May 22 – 29, 1704).

17. "Rhode-Island May 26," *BNL* (May 22 – 29, 1704).

18. *Chapter* 47 *in The Acts and Resolves*, 389.

19. "Marblehead, June 9," *BNL* (June 12 – 19, 1704).

20. Eve LaPlante, *Salem Witch Judge*: *The Life and Repentance of Samuel
Sewall* (New York: HarperOne, 2007), 1.

21. Ibid. , 170 – 71; Emerson W. Baker, *A Storm of Witchcraft*: *The Salem Trials
and the American Experience* (New York: Oxford University Press, 2015), 37 – 38; 以
及笔者在 2017 年 11 月 26 日与 Emerson W. Baker 进行的私人交流。

22. Baker, *A Storm of Witchcraft*, 223.

23. Mark A. Peterson, "The Selling of Joseph: Bostonians, Antislavery, and
the Protestant International, 1689 – 1733," *Massachusetts Historical Review*
(2002), 1. 另见于 LaPlante, *Salem Witch Judge*, 225 – 29, 300 – 304。

24. Samuel Sewall, "Diary of Samuel Sewall, 1674 – 1729," vol. II, 1699 –
1700 – 1714, *Collections of the Massachusetts Historical Society*, vol. IV, Fifth
Series (Boston: Massachusetts Historical Society, 1879), 103; and "Marblehead,
June 9," *BNL*.

25. Sewall, "Diary of Samuel Sewall," vol. II, 104.

26. Hanna, *Pirate Nests*, 342.

27. Ibid. , 342.

注 释

28. "Gloucester, Upon Cape Anne, June 9," *BNL* (June 12 – 19, 1704).

29. Sewall, "Diary of Samuel Sewall," vol. II, 105.

30. Ibid.

31. Ibid., 106.

32. "Gloucester, June 12," *BNL* (June 12 – 19, 1704).

33. "Boston, June 17," *BNL* (June 12 – 19, 1704).

34. Baer, *Arraignment, Tryal*, 266.

35. Ibid., 268.

36. "Governor Dudley to the Council of Trade and Plantations (July 13, 1704)," *CSPC*, item 455, vol. 22, 213 – 18.

37. Baer, *Arraignment, Tryal*, 263 – 88; *Chapter 47 in The Acts and Resolves*, 386 – 98; and Stephen C. O'Neill, "The Forwardness of Her Majesty's Service: Paul Dudley's Prosecution of Pirate Captain John Quelch," *Massachusetts Legal History*, vol. 6 (000), 29 – 34.

38. Kenneth Silverman, *The Life and Times of Cotton Mather* (New York: Harper & Row, 1984), 29, 129, 194.

39. George Bull, *A Companion for the Candidates of Holy Orders* (London: George James, 1714), 8.

40. Cotton Mather, *Faithful Warnings to Prevent Fearful Judgments* (Boston: Timothy Green, 1704), 37.

41. Ibid.

42. Daniel A. Cohen, *Pillars of Salt, Monuments of Grace: New England Crime Literature and the Origins of American Popular Literature, 1674 – 1860* (Amherst: University of Massachusetts Press, 2006), 3.

43. Silverman, *Life and Times of Cotton Mather*, 197.

44. "Governor Dudley to the Council of Trade and Plantations (July 13, 1704)."

45. Beal, *Quelch's Gold*, 139, 174, 177, 179, 181, 185.

46. "Governor Dudley to the Council of Trade and Plantations (July 25, 1704)," *CSPC*, item 1274, vol. 22, 585 – 93.

47. Sewall, "Diary of Samuel Sewall," vol. II, 109.

48. Daniel Allen Hearn, *Legal Executions in New England: A Comprehensive Reference, 1623 – 1960* (Jefferson, NC: Mcfarland, 1999); and Ronald A. Bosco, "Lectures at the Pillory: The Early American Execution Sermon," *American Quarterly* (Summer, 1978), 159.

49. "The Boston Newsletter, number 1," Massachusetts Historical Society,

Collections Online, accessed on January 13, 2017, http: //www. masshist. org/ database/viewer. php? item_ id = 186.

50. *An Account of the Behavior and Last Dying Speeches of the Six Pirates, That Were Executed on Charles River, Boston Side, On Fryday June 30th, 1704* (Boston: Boone, 1704) .

51. *An Account of the Behavior and Last Dying Speeches of the Six Pirates.*

52. Beal, *Quelch's Gold*, 179.

53. *An Account of the Behavior and Last Dying Speeches of the Six Pirates.*

54. Sewall, "Diary of Samuel Sewall," vol. II, 110.

55. Lincoln, *British Pirates*, 37.

56. Marcus Rediker, *Villains of all Nations: Atlantic Pirates in the Golden Age* (Boston: Beacon Press, 2004) , 53.

57. Catharine Arnold, *Underworld London: Crime and Punishment in the Capital City* (London: Simon & Schuster, 2012) , 106.

58. Henri Misson, *M. Missons's Memoirs and Observations in his Travels over England* (London: D. Browne, 1719) , 123.

59. D. P. Lyle, "What Happens When Someone is Hanged?" Writer's Forensics Blog, accessed on January 15, 2017, https: //writersforensicsblog. wordpress. com/2011/03/31/question – and – answer – what – happens – when – someone – is – hanged/.

60. Ralph D. Paine, *The Ships and Sailors of Old Salem* (Chicago: A. C. McClurg. , 1912) , 42.

61. "Humble Address of the Council and Assembly of the Massachusetts Bay to the Queen (July 12, 1704) ," *CSPC*, item 451, vol. 22, 212 – 13.

62. Beal, *Quelch's Gold*, 184, 194, 197 – 98, 207 – 08; Dow and Edmonds, *Pirates*, 114 – 15; and Philip Steele, *Isaac Newton: The Scientist Who Changed Everything* (Washington, DC: National Geographic, 2007) , 53.

第六章　插入章节，一份海盗完全手册

1. "Wm. Bignall to [? Mr. Dummer] Kingston (January 17, 1708) ," *CSPC*, item 445i, vol. 24, 270 – 71.

2. Francis R. Stark, *The Abolition of Privateering and The Declaration of Paris* (New York: Columbia University Press, 1897) , 68 – 69; Meyer, "English Privateering," 444; and N. A. M. Rodger, *The Command of the Ocean: A Naval History of Britain* (New York: W. W. Norton, 2004) , 196 – 97.

3. "Mr. Dummer to Mr. Popple" (January 17, 1709) , *CSPC*, item 301,

vol. 24 , 201 – 2.

4. Lloyd, *British Seaman*, 287.

5. Davis, *Rise of English Shipping*, 25 – 26, 129 – 31; "A Letter from Jamaica to a Merchant in London" (September 22, 1725), in *The Political State of Great Britain for the Month of March, 1726* (London: T. Warner, 1725), 233; Colin Woodard, *The Republic of Pirates: Being the True and Surprising Story of the Caribbean Pirates and the Man Who Brought Them Down* (New York: Harcourt, 2007), 86 – 7; and Cordingly, *Spanish Gold*, 123.

6. James Boswell, *The Life of Samuel Johnson*, vol. I (London: T. Davison, 1821), 286 – 87.

7. Rediker, *Villains of All Nations*, 46 – 47.

8. "Letter from an Officer of an East-India Ship," in *Piracy Destroy'd: Or, a Short Discourse Shewing The Rise, Growth and Causes of Piracy of Late* (London: John Nutt, 1701), 12.

9. Mather, *Vial Poured Out*, 44.

10. William Snelgrave, *A New Account of Some Parts of Guinea, and the Slave-Trade* (London: James, John, and Paul Knapton, 1734), 225.

11. Cordingly, *Under the Black Flag*, 125.

12. "Lt. Governor Spotswood to Secretary Stanhope" (October 24, 1715), *CSPC*, item 651, vol. 28, 315 – 17.

13. "Captain Belchen to Josiah Burchett" (May 13, 1716), CO 137/11, fol. 97, NAL.

14. E. Lynne Wright, *Florida Disasters: True Stories of Tragedy and Survival* (Guilford, CT: Globe Pequot, 2017), 7 – 11; Cordingly, *Spanish Gold*, 123 – 25; and Woodard, *Republic of Pirates*, 103 – 6.

15. McDonald, *Pirates, Merchants*, 22 – 23; Cordingly, *Spanish Gold*, 130; Lincoln, *British Pirates*, 10 – 11; and Defoe, *General History*, 36.

16. *The Tryals of Major Stede Bonnet, and Other Pirates* (London: Benjamin Cowse, 1719), 8.

17. "Advertisement, James Salter," *Boston Gazette* (November 29 – December 6, 1725).

18. Joel H. Baer, ed., *British Piracy in the Golden Age: History and Interpretation, 1660 – 1730*, vol. 1 (London: Pickering & Chatto, 2007), 282; "Advertisements, New-York, July 4, 1723", *American Weekly Mercury* (July 4 – 11, 1723); and "Advertisement," *BNL* (August 1 – 8, 1723).

19. "Advertisements," *BNL* (August 7 – 14, 1721).

20. Defoe, *General History*, 244.

21. Manuel Schonhorn, "Postscript;" Defoe, *General History*, 705.

22. Defoe, *General History*, 487.

23. Peter Earle, *The Pirate Wars* (New York: Thomas Dunne Books, 2003), 179.

24. Rediker, *Villains of all Nations*, 29 – 30. 不过，人们应当注意，这些在大西洋中的海盗数量都是一种粗略的估计，是基于各种完全不同的资料得出的，实际数字也许并不是这样。实际上，雷迪克早期曾认为这一时期内的海盗总数在 4500 ~ 5500 名，其中 "1716 ~ 1718 年有 1800 ~ 2400 名" "1719 ~ 1722 年有 1500 ~ 2000 名" "1723 ~ 1726 年有 1000 ~ 1500 名，后锐减至 200 名以下"。不管怎么说，数量变化的轨迹是相同的，即先迅速增长，再迅速减少。另见于 Marcus Rediker, *Between the Devil and the Deep Blue Sea*: *Merchant Seamen*, *Pirates*, *and the* Anglo-American *Maritime World*, *1700 – 1750* (Cambridge: Cambridge University Press, 1987), 256。

25. Defoe, *General History*, 26. 另见于 Rediker, *Villains of All Nations*, 33。

26. Davis, *Rise of the English Shipping Industry*, 305.

27. Rediker, *Villains of All Nations*, 33 – 34.

28. Ibid. , 33 – 34.

29. David J. Starkey, *British Privateering Enterprise in the Eighteenth Century* (Exeter, UK: University of Exeter Press, 1990), 100.

30. Rediker, *Villains of all Nations*, 51; and Schonhorn, "Postscript," 703.

31. Rediker, *Villains of all Nations*, 42 – 43, 49 – 52; and Rediker, *Between the Devil and the Deep Blue Sea*, 258.

32. 有些作者辩论说 "约翰逊船长" 是笔名，但不是笛福的，而是纳撒尼尔·米斯特（Nathaniel Mist）的。米斯特曾经是一名水手，后来在伦敦成为记者和印刷商，还出版了 *Weekly Journal*: *or, Saturday's Post*。Arne Bialuschewski, "Daniel Defoe, Nathaniel Mist, and the 'General History of the Pyrates,'" *The Papers of the Bibliographical Society of America* (March 2004), 21 – 38.

33. Defoe, *General History*; Cordingly, *Under the Black Flag*, xix – xx; Lincoln, *British Pirates*, 9n17; P. N. Furbank and W. R. Owens, *The Canonization of Daniel Defoe* (New Haven, CT: Yale University Press, 1988), 100 – 121; John Robert Moore, *Defoe in the Pillory and Other Studies* (Bloomington: Indiana University Publications, 1939), 126 – 88; Bialuschewski, "Daniel Defoe, Nathaniel Mist, and the 'General History of the Pyrates'"; and Larry Schweikart and B. R. Burg, "Stand By To Repel Historians: Modern Scholarship and Caribbean Pirates, 1650 – 1725," *Historian* (February 1984),

228.

34. Cordingly, *Spanish Gold*, 248. 关于这么本书的影响力的相似观点，参见 Moore, *Defoe in the Pillory*, 127。

35. "Governor Sir N. Lawes to the Council of Trade and Plantations" (January 31, 1719), *CSPC*, item 34, vol. 31, 12 – 21.

36. Rediker, *Villains of all Nations*, 49; and Cordingly, *Under the Black Flag*, 14 – 15.

37. 关于这两名女性海盗和拉克姆的背景信息出自 *The Tryals of Captain John Rackham, and Other Pirates* (Jamaica: Robert Baldwin, 1721), 16 – 18; Defoe, *General History*, 148 – 65; and "Jamaica, St. Jago de la Vega, Nov. 21," *BNL* (February 20 – 27, 1721)。

38. *Tryals of Captain John Rackham*, 18.

39. Defoe, *General History*, 152.

40. Ibid. , 165.

41. B. R. Burg, *Sodomy and the Pirate Tradition: English Sea Rovers in the Seventeenth-Century Caribbean* (New York: New York University Press, 1995) .

42. Hans Turley, *Rum, Sodomy, and the Lash* (New York: New York University Press, 1999), 2.

43. Cordingly, *Under the Black Flag*, 100 – 103; Rediker, *Villains of All Nations*, 74 – 75; James Neill, *The Origins and Role of Same-Sex Relations in Human Societies* (Jefferson, NC; McFarland, 2009), 408.

44. Cordingly, *Under the Black Flag*, 103.

45. W. Jeffrey Bolster, *Black Jacks: African American Seamen in the Age of Sail* (Cambridge, MA: Harvard University Press, 1998), 15 – 16.

46. Kenneth J. Kinkor, "Black Men under the Black Flag," in *Bandits at Sea: A Pirates Reader*, ed. C. R. Pennell (New York: New York University Press, 2001), 200 – 201.

47. Cordingly, *Under the Black Flag*, 15 – 16; Rediker, *Villains of all Nations*, 53 – 55; Marcus Rediker, "Libertalia: The Pirate's Utopia," in *Pirates: Terror on the High Seas— From the Caribbean to the South China Sea* (Atlanta: Turner Publishing, 1996), 132 – 34; Arne Bialuschewski, "Pirates, Black Sailors and Seafaring Slaves in the Anglo-American Maritime World, 1716 – 1726," *Journal of Caribbean History* (2001), 143 – 44; Kinkor, "Black Men," 195 – 210; Peter T. Leeson, *The Invisible Hook: The Hidden Economics of Pirates* (Princeton, NJ: Princeton University Press, 2009), 157 – 164; Schonhorn, "Postscript," 705 – 7; Lincoln, *British Pirates and Society*, 7, 9; Angus

Konstam, *Blackbeard*: *America's Most Notorious Pirate* (Hoboken, NJ: John Wiley & Sons, 2006), 49; Benerson Little, *Pirate Hunting*: *The Fight Against Pirates, Privateers, and Sea Raiders from Antiquity to Present* (Washington, DC: Potomac Books, 2010), 159 - 60; Earle, *Pirate Wars*, 171 - 72; Antcil, *Order in the Atlantic World*, 33; Bolster, *Black Jacks*, 13 - 15; and Williams, "Nascent Socialists or Resourceful Criminals," 42 - 43.

48. Kinkor, "Black Men," 201.

49. 笔者在 2017 年 6 月 9 日与詹姆斯·L. 纳尔逊进行的私人交流。

50. "Deposition of Adam Baldridge" (May 5, 1699), 182; Cindy Vallar, "Pirates and their Clothes," accessed on June 9, http://www.cindyvallar.com/dress.html; Cordingly, *Under the Black Flag*, 8 - 13; and Benerson Little, *The Golden Age of Piracy*: *The Truth behind Pirate Myths* (New York: Skyhorse Publishing, 2016), xiii - xxiv.

51. Rediker, *Between the Devil and the Deep Blue Sea*, 263 - 64; and Rediker, *Villains of all Nations*, 68 - 69.

52. Defoe, *General History*, 213 - 14.

53. Johnson, *History of the Pirates*, 213.

54. Rediker, *Villains of all Nations*, 66 - 68; Rediker, *Between the Devil*, 263; and Defoe, *General History*, 213 - 214.

55. Rediker, *Villains of All Nations*, 73.

56. *Tryals of Thirty-Six Persons for Piracy* (Boston: Samuel Kneeland, 1723), reproduced in Baer, *British Piracy in the Golden Age*, vol. 3, 191。另见于 "Here Follow the Articles," *BNL* (August 8, 1723)。

57. Dow and Edmonds, *Pirates*, 316.

58. Defoe, *General History*, 213.

59. Ibid., 211.

60. Peter Linebaugh and Marcus Rediker, *The Many-Headed Hydra*: *Sailors, Slaves, Commoners, and the Hidden History of the Revolutionary Atlantic* (Boston: Beacon Press, 2000), 163.

61. 参见 Snelgrave, *New Account of Some Parts of Guinea*, 225。

62. *Lives of the Most Criminals, Who Have Been Condemned and Executed for Murder, the Highway, Housebreaking, Street Robberies, Coining and Other Offenses*, ed. Arthur L. Hayward (New York: Routledge, 2002, first published in 1735), 37.

63. Leeson, *Invisible Hook*, 20, 27, 203.

64. Angus Konstam, *The Pirate Ship 1660 - 1730* (Oxford: Osprey

Publishing, 2003), 4 – 8.

65. Cordingly, *Under the Black Flag*, 161 – 62, 206; and Angus Konstam, *The History of Pirates* (Guilford, CT: Lyons Press, 1999), 76.

66. Konstam, *History of Pirates*, 76.

67. William Gilkerson and Spencer C. Tucker, "Naval Weapons, Boarding," in *The Encyclopedia of the Wars of the Early Republic, 1783 – 1812*, ed. Spencer C. Tucker (Santa Barbara: ABC – CLIO, 2014), 468; and David F. Marley, *Daily Life of Pirates* (Santa Barbara: Greenwood, 2012), 131.

68. Defoe, *General History*, 5.

69. Rediker, *Villains of all Nations*, 98; Cordingly, *Under the Black Flag*, 114 – 17; and "Philadelphia, Febr. 22," *Boston Gazette* (March 21 – 28, 1726); and Hill, "Notes on Piracy," 147.

70. 关于很多海盗旗的起源存在争议的探讨，参见 Little, *Golden Age of Piracy*, 16 – 23。另见于 Hill, "Notes on Piracy," 147。

71. Hill, "Notes on Piracy," 146.

72. Cordingly, *Under the Black Flag*, 118; Pringle, *Jolly Roger*, 123; Eric Partridge, *A Dictionary of Slang and Unconventional English* (Oxon, UK: Routledge, 1984), 826; Little, *Golden Age of Piracy*, 23 – 30; Robert S. Gauron, "Fascinating Flags of Plundering Pirates and Profiteering Privateers," *Raven: A Journal of Vexillology* (000), 6 – 7; Hill, "Notes on Piracy," 147 – 48; and Grey, *Pirates of the Eastern Seas*, 16 – 19.

73. "London, March 8," *BNL* (June 16 – 23, 1718).

74. Konstam, *The Pirate Ship*, 13 – 15.

第七章　财富和风暴

1. Woodard, *Republic of Pirates*, 28 – 30, 52, 90 – 95; Barry Clifford, *Expedition Whydah: The Story of the World's First Excavation of a Pirate Ship and the Man Who Found Her*, with Paul Perry (New York: Cliff Street Books, 1999), 4 – 7, 104 – 5; Joseph Berger [Jeremiah Digges], *Cape Cod Pilot* (Cambridge, MA: MIT Press, 1969, first published in 1937), 193 – 97; "Information of Andrew Turbett, Master; and Robert Gilmore, Supercargo, of the ship Agnes of Glasgow before Lt. Governor Spotswood, Virginia. April 17, 1717," CO 5/1318 no. 16ii, in *The Whydah Sourcebook*, compiled and edited by Kenneth J. Kinkor (Provincetown: Privately published, 2003), 92; "Last Will & Testament of Mary Hallett," in *Whydah Sourcebook*, 286 – 87; and *Whydah Sourcebook*, 343 – 45; Rozina Sabur, "Possible Remains of World's 'Richest Pirate' Captain Black Sam

Bellamy to Be Compared to English Descendant's DNA," *Telegraph* (February 19, 2018); and Tom Payne, "Carpenter, 33, Gives a DNA Sample to Find Out Whether He Is Related to Infamous Pirate Black Sam Who Plundered Booty Worth £ 85 Million 300 Years Ago," *Daily Mail* (April 6, 2018).

2. George Andrews Moriarty, "John Williams of Newport, Merchant, and His Family," *Genealogical Magazine* (December 1915), 4 – 10.

3. Woodard, *Republic of Pirates*, 97, 106, 124; Clifford, *Expedition Whydah*, 110 – 13; and Defoe, *General History*, 585.

4. "Deposition of Allen Bernard, Jamaica" (August 10, 1716), JCM fols. 63 – 68, reproduced in *Whydah Sourcebook*, 57 – 59; Woodard, *Republic of Pirates*, 122 – 34; Clifford, *Expedition Whydah*, 136 – 40; "Deposition of John Cockrane, Jamaica" (August 10, 1716), JCM fols. 68 – 69, reproduced in *Whydah Sourcebook*, 61 – 62; and "Memorial of Monsr. Moret [n. d.] Jamaican Council Minutes fols. 17 – 23," reproduced in *Whydah Sourcebook*, 47.

5. "Deposition of Joseph Eels of Port Royall, Carpenter" (December 20, 1716), *CSPC*, item 411i, vol. 29, 211 – 15.

6. "Deposition of John Vickers" (July 3, 1716), *CSPC*, item 240i, vol. 29, 139 – 42.

7. "Lt. Governor Pulleine to the Council of Trade and Plantations" (April 22, 1714), *CSPC*, item 651, vol. 27, 332 – 34.

8. Woodard, *Republic of Pirates*, 1, 3, 7.

9. "Deposition of John Vickers" (July 3, 1716).

10. "[Thomas Walker?] to the Council of Trade and Plantations" (August 1716), CO 5, 1265 no. 52, reproduced in *Whydah Sourcebook*, 52.

11. "Mr. Gale to Col. Thomas Pitt, junr. So. Carolina," (November 4, 1718), *CSPC*, item 31i, vol. 31 (1719 – 1720), 1 – 21.

12. Margarette Lincoln, "Woodes Rogers and the War against Pirates in the Bahamas," in *Governing the Sea in the Early Modern Era*, 111. 另见于 "Lt. Governor Pulleine to the Council of Trade and Plantations" (April 22, 1714), *CSPC*, item 651, vol. 27 (1712 – 1714), 332 – 34。

13. "Deposition of John Vickers" (July 3, 1716).

14. "Deposition of Abijah Savage, Commander of the Sloop *Bonetta* of Antigua before His Excellency Walter Hamilton" (November 30, 1716), CO 137/11, no. 45iii, reproduced in *Whydah Sourcebook*, 78. 另见于 Thomas H. Maugh II, "A Pirate's Life for Him— At Age 9," *Los Angeles Times* (June 1, 2006); and Clifford, *Expedition Whydah*, 222, 224。

15. "Examination of John Brown and Thomas South" (May 6, 1717), *The Trials of Eight Persons Indicted for Piracy* (Boston: B. Green, 1718), 23 – 25; "Examination of Jeremiah Higgins, Late Boatswain of the 'Mary Anne'" (July 12, 1717), Papers Relating to a Piracy Case, 6/2/1717 – 7/12/1717, Record Group 21: Records of District Courts of the United States, 1685 – 2009, National Archives at New York; "Letter of Governor [Walter] Hamilton to the Council of Trade and Plantations," (March 1, 1717), CSPCS 29: #484 (also CO 152/11, nos. #57, 57i.)," reproduced in *Whydah Sourcebook*, 88; Woodard, *Republic of Pirates*, 87 – 89, 112 – 13, 131 – 32, 134 – 36, 140, 144 – 54; Clifford with Perry, *Expedition Whydah*, 166 – 69, 221 – 245; and Defoe, *General History*, 31.

16. 这一部分中关于"维达号"、它的被俘和更改构造的背景信息出自 Woodard, *Republic of Pirates*, 156 – 58, 169 – 70; Clifford, *Expedition Whydah*, 246 – 253; "Examination of John Brown and Peter Cornelius Hoof" (May 6, 1717), in *Trials of Eight Persons*, 15, 23, 25; "Examination of Jeremiah Higgins"; "Examination of Richard Caverley (June 15, 1717)," Papers Relating to a Piracy Case, 6/2/1717 – 7/12/1717, Record Group 21: Records of DistrictCourts of the United States, 1685 – 2009, National Archives at New York; Herbert S. Klein, *The Atlantic Slave Trade: New Approaches to the Americas* (Cambridge: Cambridge University Press, 2010), 106 – 7; "Shipping Returns, 1709 – 1722," Jamaica, CO 142/14, no. 58, NAL; and *Whydah Sourcebook*, 347 – 48。

17. Robert Harms, *The Diligent: A Voyage through the Worlds of the Slave Trade* (New York: Basic Books, 2002), 159.

18. *Trials of Eight Persons*, 24.

19. "Examination of John Brown and Peter Cornelius Hoof," in *Trials of Eight Persons*, 23.

20. *Trials of Eight Persons*, 23 – 24; "Examination of Richard Caverley"; and Woodard, *Republic of Pirates*, 170.

21. "Rhode-Island, May 3," *BNL* (April 29 – May 6, 1717).

22. Defoe, *General History*, 587.

23. Aurelius Augustine, *The City of God*, trans. Rev. Marcus Dods, vol. I (Edinburgh: T & T Clark, 1871), 140.

24. 关于认为比尔确实将自己与贝拉米的对话内容记录下来的相反观点的内容，参见 Woodard, *Republic of Pirates*, 174。

25. *Trials of Eight Persons*, 11.

26. "Examination of Richard Caverley."

27. Thomas Daniels et al. , "Deposition, Block Island" (April 28, 1717),
Rhode Island Historical Magazine (April 1885), 291 – 92; Examination of
Jeremiah Higgins"; and "Deposition of John Lucas, Master of the Ship *Tryal of
Brighthelmstone* of Great Britain before John Hart, Governor of Maryland" (April
13, 1717), CO 5/1318 no. 16iii, *Whydah Sourcebook*, 89 – 90; and Woodard,
Republic of Pirates, 178 – 79.

28. *Trials of Eight Persons*, 23 – 24; and "Information of Andrew Turbett,
Master; and Robert Gilmore, Supercargo, of the ship *Agnes* of Glasgow before Lt.
Governor Spotswood" (April 17, 1717), CO 5/1318 no. 16ii, *Whydah
Sourcebook*, 92 – 93.

29. "Anonymous to Council of Trade and Plantations, Rappahannock,
Virginia" (April 15, 1717), CO 5/1318 no. 4, *Whydah Sourcebook*, 91. 另见于
"April the 19th, 1717," *Executive Journals of the Council of Colonial Virginia,
May 1, 1705 – October 23, 1721*, ed. H. R. McIlwaine, vol. III (Richmond:
Virginia State Library, 1928), 443 – 44.

30. *Trials of Eight Persons*, 9, 24; and Woodard, *Republic of Pirates*, 180.

31. *Trials of Eight Persons*, 9 – 11, 24; and "Deposition of Thomas Fitzgerald
and Alexander Mackonachy" (May 6, 1717), in Jameson, *Privateering*, 296 – 98.

32. *Trials of Eight Persons*, 9.

33. Clifford, *Expedition Whydah*, 259.

34. "Deposition of Thomas Fitzgerald and Alexander Mackonachy," 296.

35. *Trials of Eight Persons*, 9.

36. *Trials of Eight Persons*, 9; and "Deposition of Ralph Merry and Samuel
Roberts" (May 11, 16, 1717), in Jameson, *Privateering*, 301 – 2.

37. "Deposition of Ralph Merry and Samuel Roberts" (May 11, 16, 1717),
301.

38. *Trials of Eight Persons*, 9.

39. Ibid. , 10.

40. Ibid. , 9 – 10.

41. Ibid. , 10.

42. 10 – 11.

43. Ibid. , 10.

44. "Deposition of Thomas Fitzgerald and Alexander Mackonachy," 297.

45. *Trials of Eight Persons*, 10.

46. "Deposition of Ralph Merry and Samuel Roberts" (May 11, 16, 1717),
in Jameson, *Privateering*, 301.

47. "Cyprian Southack to Governor Samuel Shute" (May 5, 1717), in Jameson, *Privateering*, 292; Woodard, *Republic of Pirates*, 183 – 85; and Clifford, *Expedition Whydah*, 264 – 65.

48. "Samuel Shute, A Proclamation," *BNL* (May 6 – 13, 1717); Woodard, *Republic of Pirates*, 185; and Clifford, *Expedition Whydah*, 265.

49. *Trials of Eight Persons*, 24. 在审判期间，贝拉米的一个手下作证说船上有在科德角出生的印第安人（几乎肯定是指朱利安）。然而，历史学家肯尼思·金科认为近来更多研究显示，朱利安只能是来自中美洲的莫斯基托印第安人。鉴于人们对于朱利安是什么类型的印第安人存在分歧，笔者此处保留了这个问题的不确定性。参见 *Whydah Sourcebook*, 335。

50. Owen Morris, *Trials of Eight Persons*, 19.

51. "Cyprian Southack to Governor Samuel Shute (May 8, 1717)," in Jameson, *Privateering*, 299.

52. Jeremiah Digges, *Cape Cod Pilot: A Loquacious Guide* (Provincetown, RI: Modern Pilgrim Press, 1937), 136 – 37; Rodney E. Dillon Jr., "South Florida in 1860," *Florida Historical Quarterly*, (April 1982), 453; Birse Shepard, *Lore of the Wreckers* (Boston: Beacon Press, 1961), 7 – 10.

53. Cathryn Pearce, *Cornish Wrecking 1700 – 1860: Reality and Popular Myth* (Woodbridge, UK: Boydell Press, 2010), 86.

54. Cyprian Southack to Governor Samuel Shute" (May 8, 1717), 299 – 300.

55. *Trials of Eight Persons*, 11.

56. *Trials of Eight Persons*, 10, 12; "Colonel Buffet to Governor Shute, Sandwich, Ma." (April 29, 1717), *Whydah Sourcebook*, 100 – 101; "Boston," *BNL* (May 6, 1717).

57. "Deposition of Ralph Merry and Samuel Roberts," 301 – 2.

58. "Journal of Cyprian Southack at Cape Cod, May 3, 1717 1717," MA (Journals 1695 – 1767) 38A: 16 – 17, *Whydah Sourcebook*, 103; "Cyprian Southack to Governor Samuel Shute" (May 8, 1717), 299; and Arthur T. Vanderbilt II, *Treasure Wreck: The Fortunes and Fate of the Pirate Ship Whydah* (Boston: Houghton Mifflin, 1986), 64 – 65.

59. "Advertisement by Cyprian Southack" (May 4, 1717), MA vol. 38A: 18, *Whydah Sourcebook*, 105.

60. Cyprian to Governor Samuel Shute" (May 8, 1717), 299.

61. "Samuel Shute, A Proclamation," *BNL* (May 6 – 13, 1717).

62. "Minutes of Governors Council (September 19, 1717). MA 6: 513 –

14," in *Whydah Sourcebook*, 166; "Advertisements," *BNL* (June 10 – 17, 1717); and "Advertisements," *BNL* (July 22 – 29, 1717).

　　63. "Deposition of Ralph Merry and Samuel Roberts," 302. 另见于 "Piscataqua, May 17," *BNL* (May 13 – 20, 1717); "Marblehead, May 11," *BNL* (May 6 – 13, 1717); "Deposition of Paul Mansfield," Salem, Ma. (May 25, 1717). SCF 11945, *Whydah Sourcebook*, 133 – 34; and "Piscataqua, May 24," *BNL* (May 20 – 27, 1717)。

　　64. "Examination of Richard Caverley."

　　65. "Examination of Richard Caverley"; and "Deposition of Zachariah Hill, Boston (May 11, 1717), SCF 11945," in *Whydah Sourcebook*, 124; and Woodard, *Republic of Pirates*, 189 – 92.

　　66. Woodard, *Republic of Pirates*, 192; "Deposition of Samuel Skinner, Salem, Ma (May 26, 1717)," in *Whydah Sourcebook*, 134 – 35; "New-York, June 17," *BNL* (June 17 – 24, 1717); and "Philadelphia, June 20," *BNL* (June 24 – July 1, 1717).

　　67. "A Proclamation for a Publick THANKSGIVING," *BNL* (November 18 – 25, 1717).

　　68. "Rhode-Island, May 10," *BNL* (May 6 – 13, 1717).

　　69. "Philadelphia, June 20," *BNL* (June 24 – July 1, 1717).

　　70. "Governor Cranston to Governor Shute, Rhode Island (May 31, 1717). MA (Colonial) 2: 166," in *Whydah Sourcebook*, 138.

　　71. "Philadelphia, June 20," *BNL* (June 24 – July 1, 1717).

　　72. "Rhode-Island, May 10," *BNL* (May6 – 13, 1717); "New-York, May 6," *BNL* (May 6 – 13, 1717); "Rhode-Island, May 17," *BNL* (May 13 – 20, 1717); "Piscataqua, May 17," *BNL* (May 13 – 20, 1717); "Piscataqua, May 24," *BNL* (May 20 – 27, 1717); "Boston," *BNL* (May 20 – 27, 1717); "Philadelphia, June 13," *BNL* (June 17 – 24, 1717); "New-York, June 17," *BNL* (June 17 – 24, 1717); "Philadelphia, June 20," *BNL*; "New-York, July 29," *BNL* (July 29 – August 5, 1717); Richard B. Morris, "The Ghost of Captain Kidd," *New York History* (July 1938), 288, 295 – 96; and Woodard, *Republic of Pirates*, 191 – 93, 196.

　　73. Snelgrave, *New Account of Some Parts of Guinea*, 258; and Woodard, *Republic of Pirates*, 321.

　　74. Cotton Mather, *Instructions to the Living, from the Condition of the Dead* (Boston: Allen for Boone, 1717), 7.

　　75. *Whydah Sourcebook*, 335.

76. *Trials of Eight Persons*, 6.

77. Ibid. , 13.

78. Ibid. , 14. 另见于 ibid. , 9 – 12。

79. Cotton Mather, *Diary of Cotton Mather*, vol. II, 1709 – 1724 (New York: Frederick Ungar Publishing, 1957), 488.

80. Cotton Mather, *Instructions to the Living*, 38.

第八章　绅士海盗和黑胡子

1. "Piscataqua, July 19th," *BNL* (July 15 – 27, 1717); and "Boston," *BNL* (July 15 – 27, 1717).

2. John F. Watson, *Annals of Philadelphia* (Philadelphia: E. L. Carey & A. Hart, 1830), 465; and Arne Bialuschewski, "Blackbeard off Philadelphia: Documents Pertaining to the Campaign against the Pirates in 1717 and 1718," *Pennsylvania Magazine of History and Biography* (April 2010), 172.

3. 关于邦尼特的早年生活和他带领"复仇号"出海的内容出自 Defoe, *General History*, 95; Lindley S. Butler, *Pirates, Privateers, and Rebel Raiders of the Carolina Coast* (Chapel Hill: University of North Carolina Press, 2000), 51 – 55; Woodard, *Republic of Pirates*, 197 – 99; and Christopher Byrd Downey, *Stede Bonnet: Charleston's Gentleman Pirate* (Charleston: History Press, 2012), 19 – 25。

4. 我们不清楚邦尼特是怎么获得这个称号的。有些人主张这是他在岛屿民兵队伍中的军衔。其他人则认为巴巴多斯的地主可以根据自己控制的土地面积获得军衔，面积越大，职衔越高。邦尼特拥有四百英亩以上的土地，足够让他被称为"少校"。参见 Byrd Downey, *Stede Bonnet*, 22。

5. Defoe, *General History*, 95.

6. Ibid.

7. Ibid.

8. Ibid. ; and Woodard, *Republic of Pirates*, 198 – 99.

9. Colin Woodard, "The Last Days of Blackbeard," *Smithsonian* (February 2014), 36.

10. Defoe, *General History*, 95 – 96; "New-York, May 6," *BNL* (May 6 – 13, 1717); and "By Letters from South Carolina of the 22nd past," *BNL* (October 21 – 28, 1717).

11. Ibid.

12. Walter J. Fraser Jr. , *Charleston! Charleston!: The History of a Southern City* (Columbia: University of South Carolina Press, 1989), 22; and McCusker, "Colonial Statistics," 5 – 655.

13. Walter Edgar, *South Carolina: A History* (Columbia: University of South Carolina Press, 1998), 66 – 67, 78.

14. "By Letters from South Carolina of the 22nd past," *BNL* (October 21 – 28, 1717); Defoe, *General History*, 96; *Tryals of Major Stede Bonnet*, iii; and Woodard, *Republic of Pirates*, 200 – 201.

15. "By Letters from South Carolina of the 22nd past," *BNL* (October 21 – 28, 1717).

16. Ibid.

17. "Philadelphia, October 24th," *BNL* (November 4 – 11, 1717); and Defoe, *General History*, 96.

18. David Moore, "Blackbeard the Pirate: Historical Background and the Beaufort Inlet Shipwrecks," *Tributaries* (October 1997), 31.

19. Robert E. Lee, *Blackbeard the Pirate: A Reappraisal of His Life and Times* (Winston-Salem, NC: John F. Blair, 1990), 4; and Baylus C. Brooks, *Quest for Blackbeard: The True Story of Edward Thache and His World* (Lake City: Lulu Press, 2016), 127 – 30.

20. Lee, *Blackbeard the Pirate*, 3 – 4; Butler, *Pirates, Privateers*, 29 – 30; Defoe, *General History*, 71; David Moore, "Blackbeard the Pirate: Historical Background and the Beaufort Inlet Shipwrecks," *Tributaries* (October 1997), 31 – 32; Kevin P. Duffus, *The Last Days of Black Beard the Pirate* (Raleigh, NC: Looking Glass Productions, 2008); Brooks, *Quest for Blackbeard*, 143 – 69; and Charles Leslie, *A New History of Jamaica, From the Earliest Accounts, to the Taking of Porto Bello by* Vice-Admiral *Vernon* (London: J. Hodges, 1740), 275.

21. "Deposition of Henry Bostock" (December 19, 1717), CO 152/12, fols. 219 – 20, NAL.

22. "Abstract of a letter from Mr. Maynard, first Lieutenant of His Majesty's Ship *Pearl*, the Station-Ship at Virginia, to Mr. Symonds, Lieutenant of His Majesty's Ship the *Phoenix*, the Station-Ship at New York," *Weekly Journal or British Gazetteer* (April 25, 1719).

23. Defoe, *General History*, 84 – 85.

24. Ibid. , 96.

25. "Depositions of Henry Bostock"; "New-York, Feb. 24th," *BNL* (March 3 – 10, 1718).

26. Bialuschewski, "Blackbeard off Philadelphia," 170.

27. "Capt. Mathew Musson to the Council of Trade and Plantations" (July 5, 1717), *CSPC*, item 635, vol. 29, 338.

28. "Capt. Ellis Brand to the Admiralty" (December 4, 1717), ADM 1/ 1472, NAL; and Woodard, *Republic of Pirates*, 202 – 3.

29. "From Philadelphia, October 24," *BNL* (October 28 – November 4, 1717); "From New-York, Octob. 28," *BNL* (October 28 – November 4, 1717); "Philadelphia, October 24," *BNL* (November 4 – 11, 1717); "New-York, October 28," *BNL* (November 4 – 11, 1717); "Philadelphia, Novemb. 14th," *BNL* (November 18 – 25, 1717); Capt. Ellis Brand to the Admiralty (December 4, 1717); "New-York, Novemb. 4," *BNL* (November 4 – 11, 1717); and "Indictment for William Howard (1717), in Lee, *Blackbeard the Pirate*, 102.

30. "Philadelphia, October 24," *BNL* (November 4 – 11, 1717).

31. Woodard, *Republic of Pirates*, 134, 145.

32. "Philadelphia, October 31," *BNL* (November 4 – 11, 1717).

33. 关于 "和谐号" 及其被俘过程的背景信息出自 David D. Moore and Mike Daniel, "Blackbeard's Capture of the Nantaise Slave Ship *La Concorde*: A Brief Analysis of the Documentary Evidence," *Tributaries* (October 2001); Woodard, *Republic of Pirates*, 210 – 12; "Indictment for William Howard (1717), in Lee, *Blackbeard the Pirate*, 103; 以及 Brooks, *Quest for Blackbeard*, 362 – 63。

34. Moore and Daniel, "Blackbeard's Capture of the Nantaise," 24.

35. Woodard, *Republic of Pirates*, 212 – 14; and "Deposition of Thomas Knight (November 30, 1717)," CO 152/12, no. 67ii.

36. Moore and Daniel, "Blackbeard's Capture of the Nantaise," 25.

37. Ibid. , 21, 27; and Woodard, *Republic of Pirates*, 215.

38. Moore and Daniel, "Blackbeard's Capture of the Nantaise," 25.

39. Woodard, *Republic of Pirates*, 214 – 15, 240 – 41; and "Deposition of Henry Bostock."

40. 斯特德·邦尼特遇到 "新教徒恺撒号" 的背景信息出自 "Boston, on the 31st of May last," *BNL* (June 9 – 16, 1718)。

41. Defoe, *General History*, 72.

42. "The Information of David Herriot and Ignatius Pell," *Tryals of Major Stede Bonnet*, 44; and Defoe, *General History*, 72.

43. "Boston, on the 31st of May last," *BNL* (June 9 – 16, 1718).

44. Ibid.

45. Ibid.

46. Ibid.

47. "The Information of David Herriot and Ignatius Pell," 45. 另见于

"Boston, on the 31st of May last," *BNL* (June 9 – 16, 1718)。

48. Ibid.

49. *Tryals of Major Stede Bonnet*, 9, 45.

50. 这一部分中关于围困查尔斯顿的背景信息出自 *Tryals of Major Stede Bonnet*, iii – iv, 8; "Extracts of several letters from Carolina" (August 19, 1718), *CSPC*, item 660, vol. 30, 336 – 38; Defoe, *General History*, 74 – 5, 87 – 91; 以及 "Governor Johnson to the Council of Trade and Plantations" (June 18, 1718), *CSPC*, item 556, vol. 30, 266 – 67。

51. Defoe, *General History*, 88.

52. "Extracts of several letters from Carolina" (August 19, 1718).

53. Defoe, *General History*, 89.

54. *Tryals of Major Stede Bonnet*, 8.

55. Defoe, *General History*, 74.

56. "Governor Johnson to the Council of Trade and Plantations" (June 18, 1718), *CSPC*, item 556, vol. 30, 266 – 67.

57. "South Carolina, June 6," *BNL* (June 30 – July 7, 1718).

58. 8; Edward McCrady, *The History of South Carolina Under the Proprietary Government, 1670 – 1719* (New York: Macmillan, 1897), 591.

59. *Tryals of Major Stede Bonnet*, 48.

60. Woodard, *Republic of Pirates*, 254.

61. *Tryals of Major Stede Bonnet*, 45; and Moore and Daniel, "Blackbeard's Capture of the Nantaise," 27.

62. *Tryals of Major Stede Bonnet*, 45 – 46; and "Ellis Brand to the Admiralty" (July 12, 1718), ADM 1/1472, NAL.

63. *Tryals of Major Stede Bonnet*, 46. 另见于 "Philadelphia, July 10," *BNL* (July 14 – 21, 1718)。

64. Herbert R. Paschal, *A History of Colonial Bath* (Raleigh, NC: Edwards & Broughton, 1955), 9 – 14, 38.

65. "By the King, A Proclamation for Suppressing of Pirates," *BNL* (December 2 – 9, 1717).

66. *Tryals of Major Stede Bonnet*, iv, 19; Brooks, *Quest for Blackbeard*, 419 – 28; "Brand to the Admiralty (July 12, 1718)"; Woodard, *Republic of Pirates*, 254 – 57; Butler, *Pirates, Privateers*, 38 – 9, 60; Konstam, *Blackbeard*, 183 – 84; and Defoe, *General History*, 75.

67. *Tryals of Major Stede Bonnet*, 46; Defoe, *General History*, 75, 96 – 97; Butler, *Pirates, Privateers*, 39, 60; and Baylus, *Quest for Blackbeard*, 530 – 33.

注　释

68. *Tryals of Major Stede Bonnet*, 11, 19, 46 – 47; "Brand to the Admiralty" (July 12, 1718); Butler, *Pirates, Privateers*, 60 – 61; and Defoe, *General History*, 97 – 99.

69. *Tryals of Major Stede Bonnet*, 23. 另见于 "Philadelphia, August 7," *BNL* (August 11 – 18, 1718)。

70. Ibid., 13. 另见于 "Philadelphia, August 7," *BNL* (August 11 – 18, 1718)。

71. Ibid., 50.

72. United States Department of Labor, *History of Wages in the United States from Colonial Times to 1928*, bulletin no. 604 (Washington, DC: United States Government Printing Office, 1934), 51.

73. *Tryals of Major Stede Bonnet*, iv, 7, 13, 21 – 23, 30, 48; and Hughson, *Carolina Pirates*, 90.

74. Edward McCrady, *The History of South Carolina under The Proprietary Government, 1670 – 1719* (New York: Macmillan, 1897), 369.

75. "Governor Johnson to the Council of Trade and Plantations" (June 18, 1718), *CSPC*, item 556, vol. 30, 266 – 67.

76. "Deposition of Edward North" (May 22, 1718), *CSPC*, item 551ii, vol. 30, 260 – 64.

77. Hughson, *Carolina Pirates*, 92.

78. *Tryals of Major Stede Bonnet*, iv, 8 – 9; Hughson, *Carolina Pirates*, 90 – 93; Defoe, *General History*, 136 – 37; "Rhode-Island, October 10," *BNL* (October 13 – 20, 1718); Butler, *Pirates, Privateers*, 64 – 65; and "Governor and Council of South Carolina to the Council of Trade and Plantations" (October 21, 1718), *CSPC*, item 730, vol. 30, 366 – 67.

79. *Tryals of Major Stede Bonnet*, 50.

80. Ibid., v.

81. Ibid., 19.

82. Ibid..

83. Ibid., 25 – 26.

84. Ibid., v.

85. Tryals of Major Stede Bonnet, iv – v.

86. Ibid., 11.

87. Ibid., v, 11; Hughson, *Carolina Pirates*, 99 – 101; "Mr. Gale of South Carolina to Thomas Pitt" (November 6, 1718), CO 23/1; Brooks, *Quest for Blackbeard*, 455 – 56; and "Philadelphia, Novemb. 13," *BNL* (November 17 –

24，1718）。

88. *Tryals of Major Stede Bonnet*, 9.

89. Ibid. , v – vi.

90. 本部分中关于穆迪和沃利的背景信息出自 Hughson, *Carolina Pirates*, 112 – 22; Defoe, *General History*, 297 – 303（其中包括一封查尔斯顿居民写的包含交战细节的书信）；以及 David Duncan Wallace, *The History of South Carolina*, vol. I（New York: American Historical Society, 1934）, 228 – 3 3。

91. "Letter from a Charleston resident sent to Charles Johnson," in Defoe, *General History*, 302.

92. Walter Isaacson, *A Benjamin Franklin Reader*（New York: Simon & Schuster, 2003）, 149 – 51.

93. L. Lynn Hogue, "Nicholas Trott: A Man of Laws and Letters," *South Carolina Historical Magazine*（January 1975）, 25, 28; and Ritchie, *Captain Kidd*, 150.

94. *Tryals of Major Stede Bonnet*, 3.

95. *Tryals of Major Stede Bonnet*, 36.

96. Ibid. , 9.

97. Ibid. , 39.

98. Defoe, *General History*, 112.

99. *Tryals of Major Stede Bonnet*, 37 – 42; Defoe, *General History*, 111; and David Ramsay, *Ramsay's History of South Carolina*（Newberry, SC: W. J. Duffie, 1858）, 116 – 17n.

100. Wallace, *History of South Carolina*, 232 – 33.

101. Defoe, *General History*, 77.

102. "North Carolina Council Journal"（December 30, 1718）, in *The Colonial Records of North Carolina*, vol. II, ed. William L. Saunders（Raleigh, NC: P. M. Hale, 1886）, 322.

103. Defoe, *General History*, 76.

104. Jane Stubbs Bailey, Allen Hart Norris, and John H. Oden III, "Legends of Black Beard and His Ties to Bath Town," *North Carolina Genealogical Society Journal*（August 2002）, 273. 另见于 "Capt. Ellis Brand to the Admiralty"（February 6, 1719）, ADM 1/1472, NAL。

105. *Tryals of Major Stede Bonnet*, 11.

106. 本部分中关于俘虏法国船只的背景信息出自 Colin Woodard, "Last Days of Blackbeard," 32 – 41。

107. Ibid. , 40.

注 释

108. "Lt. Governor Spotswood to the Council of Trade and Plantations" (December 22, 1718), *CSPC*, item 800, vol. 30, 425 – 35; "Lt. Governor Spotswood to the Council of Trade and Plantations" (August 11, 1719), *CSPC*, item 357, vol. 31, 205 – 14; and Defoe, *General History*, 76 – 77.

109. Leonidas Dodson, *Alexander Spotswood: Governor of Colonial Virginia, 1710 – 1722* (New York: AMS Press, 1969, reprint of a 1932 edition), 6.

110. "Spotswood to the Lords of the Admiralty" (July 3, 1716), *The Official Letters of Alexander Spotswood*, vol. II, ed. R. A. Block (Richmond: Virginia Historical Society, 1885), 168.

111. "Lt. Governor Spotswood to the Council of Trade and Plantations" (August 14, 1718), *CSPC*, item 657, vol. 30, 332 – 35.

112. Alexander Spotswood, "A Proclamation Prohibiting the Unlawful Concourse of Such Persons as Have Been Guilty of Piracy," *Executive Journals of the Council of Colonial Virginia*, vol. III, ed. H. R. McIlwane (Richmond: Virginia State Library, 1928), 612.

113. "Lt. Governor Spotswood to the Council of Trade and Plantations" (December 22, 1718), *CSPC*, item 800, vol. 30, 425 – 35.

114. "Brand to Admiralty" (February 6, 1719).

115. "Lt. Governor Spotswood to the Council of Trade and Plantations" (December 22, 1718).

116. "Alexander Spotswood to George Gordon" (November 21, 1718), ADM 1826, NAL; and Woodard, *Republic of Pirates*, 287.

117. "Lt. Governor Spotswood to the Council of Trade and Plantations" (December 22, 1718). 另见于 "Brand to Admiralty" (February 6, 1719)。

118. "George Gordon to the Admiralty" (March 10, 1718), ADM 1826, NAL.

119. "Brand to Admiralty" (February 6, 1719); and Butler, *Pirates, Privateers*, 43.

120. "Lt. Governor Spotswood to the Council of Trade and Plantations" (December 22, 1718); and "Alexander Spotswood to Lord Cartwright" (February 14, 1719), *The Official Letters of Alexander Spotswood*, vol. II (Richmond: Virginia Historical Society, 1885), 274.

121. Herbert L. Osgood, *The American Colonies in the Eighteenth Century*, vol. II (New York: Columbia University Press, 1924), 229; and Dodson, *Alexander Spotswood*, 16.

122. H. R. McIlwaine, ed., *Journals of the House of Burgesses of Virginia*

(Richmond: Printed by Virginia State Library, 1912), 223.

123. Ibid. , xl.

124. 关于这次进攻及其结果的背景信息出自 "Brand to Admiralty" (February 6, 1719); "George Gordon to Adm. Sec. Josiah Burchett" (September 14, 1721), ADM 1/1826, NAL; "Lt. Governor Spotswood to the Council of Trade and Plantations" (December 22, 1718); "Abstract of a letter from Mr. Maynard, first Lieutenant of His Majesty's Ship *Pearl*"; Lee, *Blackbeard the Pirate*, 115, 137, 227 – 28; and Butler, *Pirates*, *Privateers*, 44 – 47。

125. "Rhode Island, February 20," *BNL* (February 23 – March 2, 1719).

126. "Abstract of a letter from Mr. Maynard, first Lieutenant of His Majesty's Ship *Pearl*."

127. Ibid.

128. "Rhode Island, February 20," *BNL* (February 23 – March 2, 1719).

129. "Abstract of a letter from Mr. Maynard, first Lieutenant of His Majesty's Ship *Pearl*."

130. J. A. Leo Lemay, *The Life of Benjamin Franklin: Journalist, 1706 – 1730*, vol. 1 (Philadelphia: University of Pennsylvania Press, 2006), 62.

131. Benjamin Franklin, *Benjamin Franklin's Autobiography*, ed. William B. Cairns (New York: Longmans, Green, and Co. , 1905), 13.

132. Samuel Johnson, *A Dictionary of the English Language*, vol. II (London: Longman, Hurst, Rees, Orme, and Brown, 1818), s. v. "Grub Street."

133. Justin Winsor, *The Memorial History of Boston*, vol. II (Boston: James R. Osgood and Company, 1881), 174n1.

134. Lemay, *Life of Benjamin Franklin*, 66.

135. Franklin, *Benjamin Franklin's Autobiography*, 13.

136. "Capt. Ellis Brand to Admiralty" (February 6, 1719); and "Capt. Ellis Brand to the Admiralty" (March 12, 1718), ADM 1/1472, NAL.

137. Cordingly, *Spanish Gold*, 176 – 77.

138. John F. Watson, *Annals of Philadelphia, and Pennsylvania, In the Olden Time*, vol. II (Philadelphia: Edwin S. Stuart), 221.

139. Ibid. , 221. 另见于 Lee, *Blackbeard the Pirate*, 124 – 25。

140. Lee, *Blackbeard the Pirate*, 139.

141. "Alexander Spotswood to Secretary Craggs" (May 26, 1719), *The Official Letters of Alexander Spotswood*, vol. II, ed. R. A. Brock (Richmond: Virginia Historical Society, 1885), 317; and Butler, *Pirates*, *Privateers*, 48.

142. Weeden, *Economic and Social History of New England*, vol. II, 890 – 91.

143. Minutes of the North Carolina Executive Council for December 30 – 31, 1718, April 3 and May 27, 1719; in *Records of the Executive Council, 1664 – 1734*, ed. Robert J. Cain (Raleigh, NC: Department of Cultural Resources, 1984), 79 – 91; Lee, *Blackbeard the Pirate*, 143 – 56; "Capt. Ellis Brand to the Admiralty" (March 12, 1718), ADM 1/1472, NAL; "Capt. Brand to the Admiralty" (July 14, 1719), ADM 1/1472, NAL; "Alexander Spotswood to Secretary Craggs" (May 26, 1719), 316 – 19; "Alexander Spotswood to the Lords of Trade" (May 26, 1719), in *The Colonial Records of North Carolina*, vol. II, ed. William L. Saunders (Raleigh, NC: P. M. Hale, 1886), 336 – 38; and "North Carolina Council Journal (May 27, 1719)," in Saunders, *Colonial Records of North Carolina*, vol. II, 341 – 49.

144. Defoe, *General History*, 92.

145. Ibid., 93. 另见于 Butler, *Pirates, Privateers*, 49。

146. Lee, *Blackbeard the Pirate*, 136 – 38; and "Brand to the Admiralty" (July 14, 1719).

147. Defoe, *General History*, 84.

第九章　逝去

1. "By the King, A Proclamation," *BNL* (April 13 – 20, 1719); "Rhode-Island, August 8," *BNL* (August 4 – 11, 1718); Lincoln, *British Pirates*, 72 – 73; Cordingly, *Under the Black Flag*, 205 – 6; and "Mr. Popple to Sir Edward Northey" (August 9, 1717), *CSPC*, item 9, vol. 30, 6.

2. "Governor Sir N. Lawes to the Council of Trade and Plantations" (June 21, 1718), *CSPC*, item 566, vol. 30, 270 – 72; Leeson, *Invisible Hook*, 147 – 48; and Rediker, *Villains of all Nations*, 27 – 28.

3. "Whitehall, September 15, 1717," *BNL* (December 16 – 23, 1717).

4. Ibid.; and Cordingly, *Under the Black Flag*, 208 – 9; and Earle, *Pirate Wars*, 185.

5. Earle, *Pirate Wars*, 185 – 89.

6. 关于罗伯茨及其死亡的背景信息出自 Defoe, *General History*, 5, 194 – 287; and Cordingly, *Spanish Gold*, 209 – 28。

7. 这个故事和所有的引语均出自 "Boston," *BNL* (August 15 – 22, 1720)。

8. Defoe, *General History*, 243.

9. Rediker, *Villains of all Nations*, 163.

10. Taylor, *American Colonies*, 297.

11. 本部分中关于消灭新普罗维登斯的海盗的活动的背景信息出自 Cordingly, *Spanish Gold*, 132 – 66; Woodard, *Republic of Pirates*, 163 – 68, 232 – 35, 284 – 86, 301 – 4, 311; 以及 "Whitehall, September 15, 1717," *BNL* (December 16 – 23, 1717)。

12. Lincoln, "Woodes Rogers and the War against Pirates in the Bahamas," 115.

13. Woodes Rogers, *A Cruising Voyage Round the World* (London: Cross Keys and Bible in Cornhil, 1712), 124 – 31; Cordingly, *Spanish Gold*, 40 – 42; and Becky Little, "Debunking the Myth of the 'Real' Robinson Crusoe," *National Geographic* (September 28, 2016), accessed on November 19, 2017, https: // news. nationalgeographic. com/2016/09/ robinson – crusoe – alexander – selkirk – history/.

14. "Governor Woodes Rogers to the Council of Trade and Plantations" (October 31, 1718), *CSPC*, item 737, vol. 30, 372 – 81.

15. Ibid.

16. "Trials and Condemnation of Ten Persons for Piracy at New-Providence in December 1718," CO 23/1, no. 28, fols. 75 – 82, NAL; and Defoe, *General History*, 643 – 58.

17. "Governor Rogers to Mr. Secretary Craggs" (December 24, 1718), *CSPC*, item 807, vol. 30, 424 – 46.

18. "Trials and Condemnation of Ten Persons," 80.

19. Cordingly, *Spanish Gold*, 167.

20. Carl Bridenbaugh, *Cities in the Wilderness: The First Century of Urban Life in America, 1625 – 1742* (New York: Alfred A. Knopf, 1968), 175 – 82.

21. Defoe, *General History*, 318 – 19; Dow and Edmonds, *Pirates*, 141 – 43; Gregory N. Flemming, *At the Point of a Cutlass: The Pirate Capture, Bold Escape, & Lonely Exile of Philip Ashton* (Lebanon, NH: ForeEdge, 2014), 9 – 11; and "Rhode Island, June 8," *American Weekly Mercury* (June 14 – 21, 1722).

22. "On the 10th of January," *BNL* (April 23 – 30, 1722); "Rhode-Island, June 8," New-England *Courant* (June 4 – 11, 1722); and "Advertisement," New-England *Courant* (June 11 – 18, 1722); Flemming, *At the Point of a Cutlass*, 13 – 15; "Boston, July 2," *Boston Gazette* (June 25 – July 2, 1722); Defoe, *General History*, 304 – 14; and Dow and Edmonds, *Pirates*, 134 – 35, 143 – 46.

23. "Newport, Rhode Island, June 7," *American Weekly Mercury* (June

14 – 21, 1722）; and Flemming, *At the Point of a Cutlass*, 15.

24. "Newport, Rhode Island, June 7," *American Weekly Mercury* （June 14 – 21, 1722）; "Rhode Island, June 8," *American Weekly Mercury* （June 14 – 21, 1722）; Defoe, *General History*, 319 – 20; and Flemming, *At the Point of a Cutlass*, 15.

25. "Newport, Rhode-Island, June 7," New-England *Courant* （June 4 – 11, 1722）.

26. James Parton, *Life and Times of Benjamin Franklin*, vol. I （Boston: Ticknor and Fields, 1867）, 87.

27. Lemay, *Life of Benjamin Franklin*, vol. 1, 158; and Parton, *Life and Times of Benjamin Franklin*, vol. I, 87 – 88.

28. "By his Excellency, Samuel Shute," *Boston Gazette* （July 16 – 23, 1722）.

29. "Boston, July 2," *Boston Gazette* （June 25 – July 2, 1722）.

30. Ibid.

31. Gregory Flemming, "Dangerous Waters: In the Early Days of Whaling on Martha's Vineyard, Foul Weather and Ferocious Whales Were the Least of a Whaler's Worries," *Martha's Vineyard* （May – June, 2014）, 4. 另见于 *Tryals of Thirty-Six Persons for Piracy*, in *British Piracy in the Golden Age*, vol. 3, 182; and "Boston," *BNL* （June 25 – July 2, 1722）。

32. "Boston, June 18," New-England *Courant* （June 11 – 18, 1722）; Dow and Edmonds, *Pirates*, 148 – 49; John Barnard, *Ashton's Memorial: An History of the Strange Adventures, and Signal Deliverances, of Mr. Philip Ashton* （Boston: Samuel Gerrish, 1725）, 1 – 2; and Daniel E. Williams, "Of Providence and Pirates: Philip Ashton's Narrative Struggle for Salvation," *Early American Literature* （1989）, 169.

33. Barnard, *Ashton's Memorial*, 2.

34. "Boston, July 2," *Boston Gazette* （June 25 – July 2, 1722）.

35. Barnard, *Ashton's Memorial*, 3.

36. Ibid.

37. Ibid. , 4.

38. Ibid. , 5.

39. "Governor Hart to the Council of Trade and Plantations" （March 25, 1724）, *CSPC*, item 102, vol. 34, 71 – 73.

40. Barnard, *Ashton's Memorial*, 10.

41. Ibid. , 7.

42. Ibid. , 7.

43. Ibid. , 16 – 18.

44. Ibid. , 17.

45. 关于阿什顿在罗阿坦岛期间情况的背景信息出自 ibid. , 18 – 40。

46. Ibid. , 27.

47. Ibid. , 31.

48. Ibid. , 37.

49. Ibid. , 40.

50. Ibid. , 38.

51. Ibid. , preface.

52. Flemming, *At the Point of a Cutlass*, 168.

53. "Captain Peter Solgard" (June 12, 1723), ADM, 1/2452, NAL; and Flemming, *At the Point of a Cutlass*, 14.

54. "Rhode Island, May 9," *BNL* (May 9 – 16, 1723); and "Rhode-Island, May 8," New-England *Courant* (May 13 – 20, 1723).

55. "Rhode-Island, May 8," New-England *Courant* (May 13 – 20, 1723).

56. "Governor Hart to the Council of Trade and Plantations" (March 25, 1724), *CSPC*, item 102, vol. 34, 71 – 73.

57. "Rhode-Island, May 8," New-England *Courant* (May 13 – 20, 1723).

58. Flemming, *At the Point of a Cutlass*, 103 – 5; and *Tryals of Thirty-Six Persons*, 176 – 77.

59. *Tryals of Thirty-Six Persons*, 174 – 75, 176 – 77, 188 – 89.

60. "Rhode-Island, June 14," *BNL* (June 13 – 20, 1723); and Flemming, *At the Point of a Cutlass*, 105.

61. 本部分中关于"灵猩号"与海盗交战的背景信息出自 *Tryals of Thirty-Six Persons*, 177 – 78; "Captain Peter Solgard (June 12, 1723)"; "Rhode-Island, June 14," New-England *Courant* (June 10 – 17, 1723); "Postscript," New-England *Courant* (June 10 – 17, 1723); "From the *Boston Gazette*, June 17," *American Weekly Mercury* (June 20 – 27, 1723); and "Rhode-Island, June 14," *BNL* (June 13 – 20, 1723)。

62. *Tryals of Thirty-Six Persons*, 178.

63. "New-port, Rhode-Island, July 19," *BNL* (July 18 – 25, 1723).

64. "Rhode Island, June 14," *BNL* (June 13 – 20, 1723).

65. "Rhode-Island, June 14," New-England *Courant* (June 10 – 17, 1723).

66. *Tryals of Thirty-Six Persons*, 174 – 75.

67. "An exact account of the vessels taken by the pirates during the time

John Waters (one of those lately executed at Rhode Island) was with them." *BNL* (August 1 – 8, 1723).

68. *Tryals of Thirty-Six Persons*, 171 – 92; and Cotton Mather, *Useful remarks: An essay upon Remarkables in the Way of Wicked Men: A Sermon on the Tragical End, Unto Which the way of* Twenty-Six *Pirates Brought Them; at New Port on* Rhode-Island, *July 19, 1723: With an Account of their Speeches, Letters, & Actions, Before Their Execution* (New London: T. Green, 1723), 29; Dow and Edmonds, *Pirates*, 307 – 8; "New-port, Rhode-Island, July 19," *BNL* (July 18 – 25, 1723); Flemming, *At the Point of a Cutlass*, 188 – 89.

69. "Postscript," New-England *Courant* (July 22, 1723).

70. *An Account of the Pirates With Divers of Their Speeches, Letter, &c., and A Poem Made by One of Them: Who Were Executed at Newport, on Rhode Island, July* 19, 1723 (pamphlet, 1769, location and name of printer unknown, but likely printed in Boston).

71. Mather, *Useful remarks*, 43 – 44. 马瑟没有亲临处决现场，但是他收到了亲临现场的人写下的书面描述。

72. Arnold Greene, *The Providence Plantations for Two Hundred and Fifty Years* (Providence, RI: J. A. & R. A. Reid, 1886), 439.

73. *An Account of the Pirates, With Divers of Their Speeches*, 11 – 12.

74. "City of New-York," *Boston Gazette* (September 23 – 30, 1723); and Minutes of the Common Council of the City of New York, 1675 – 1776, vol. III (New York: Dodd, Mead and Company, 1905), 321 – 23.

75. 笔者在 2017 年 6 月 27 日与艺术与科学学院 (College of Arts and Sciences) 副院长、波士顿大学 (Boston University) 古典学副教授 Stephanie A. Nelson，及波士顿学院中学 (Boston College High School) 古典语言学教师 Mathew Aumiller 进行的私人交流。

76. "Rhode-Island, June 24," *BNL* (June 27, 1723). 另见于 "Boston," *BNL* (June 13 – 20, 1723)。

77. "A True Lover of Passive Obedience and Non-Resistance, Boston, June 24," New-England *Courant* (June 17 – 24, 1723).

78. "Rhode-Island, June 24," *BNL* (June 27, 1723).

79. *American Weekly Mercury* (June 20 – 27, 1723); and Flemming, *At the Point of a Cutlass*, 111.

80. "Canso, August 1, 1723," *BNL* (September 12 – 19, 1723).

81. Dow and Edmonds, *Pirates*, 213 – 17; Flemming, *At the Point of a Cutlass*, 114; Robert Francis Seybolt, Jonathan Barlow, and Nicholas Simons,

"Captured by Pirates: Two Diaries of 1724 – 1725," *New England Quarterly* (October 1929), 658 – 59; "New-York, March 9," *Weekly Journal or British Gazetteer* (May 30, 1724); and "Advertisements," *BNL* (August 1 – 8, 1723) .

82. 本部分中关于菲利普斯的内容出自 John Fillmore, "A Narrative of the Singular Sufferings of John Fillmore and Others, Onboard the Noted Pirate Vessel Commanded by Captain Phillips" (Aurora, NY: A. M. Clapp, 1837), *Millard Fillmore Papers*, vol. I, Publications of the Buffalo Historical Society, vol. X, ed. by Frank H. Severance (Buffalo, NY: Buffalo Historical Society, 1907), 29 – 39; "Trial of John Fillmore and Edward Cheesman May 12, 1724," in Jameson, *Privateering*, 323 – 30; "Trial of William Phillips and Others (May 12, 1724), in Jameson, *Privateering*, 330 – 38; "Trial of William White, John Rose Archer, and William Taylor" (May 13, 1724), in Jameson, *Privateering*, 338 – 42; "Trial of John Baptis and Peter Taffery" (May 13, 1724), in Jameson, *Privateering*, 342 – 44; "Deposition of John Fillmore," *Boston Gazette* (April 27 – May 4, 1724); Defoe, *General History*, 341 – 51; Dow and Edmonds, *Pirates*, 310 – 27; "Boston, June 3," *BNL* (May 29 – June 4, 1724); and Flemming, *At the Point of a Cutlass*, 114 – 18, 134 – 38。

83. Fillmore, "A Narrative of the Singular Sufferings of John Fillmore," 36.

84. Ibid. , 34.

85. John J. Babson, *History of the Town of Gloucester, Cape Ann, Including the Town of Rockport* (Gloucester, MA: Proctor Brothers, 1860), 287.

86. "Deposition of John Fillmore," *Boston Gazette* (April 27 – May 4, 1724) .

87. "Boston, May 4," New-England *Courant* (April 27 – May 4, 1724); and "Diary of Jeremiah Bumstead of Boston, 1722 – 1727," in *New England Historical and Genealogical Register* (July 1861), 201.

88. "On the Lord's Day," *BNL* (April 30 – May 7, 1724) .

89. "To Old Father Janus," New-England *Courant* (May 11 – 18, 1724) .

90. Mary Beth Norton, *Separated by Their Sex: Women in Public and Private in the Colonial Atlantic World* (Ithaca, NY: Cornell University Press, 2011), 120 – 22.

91. Cotton Mather, *The Converted Sinner. The Nature of a Conversion to Real and Vital Piety: and the Manner in Which it is to be Pray'd & Striv'n for: A Sermon Preached in Boston, May 31, 1724* (Boston: Nathaniel Belknap, 1724) .

92. Cotton Mather, Mather, *Diary of Cotton Mather*, vol. II, 729.

93. Ibid.

94. Dow and Edmonds, *Pirates*, 325.

95. "Boston, May 18," *Boston Gazette* (May 11 – 18, 1724); "Boston, June 8," New-England *Courant* (June 1 – 8, 1724); and Babson, *History of the Town of Gloucester*, 288.

96. "By the Honourable William Dummer, Esq., A Proclamation for a General Thanksgiving," *BNL* (October 15 – 22, 1724).

97. "Col. Spotswood to the Council of Trade and Plantations" (June 16, 1724), *CSPC*, item 210, vol. 34, 112 – 20.

98. "Philadelphia, March 17," *American Weekly Mercury* (March 17, 1720).

99. "Alexander Spotswood to the Board of Trade" (May 20, 1720), 338.

100. Rankin, *Golden Age of Piracy*, 137. 另见于 "Lt. Governor Spotswood to the Council of Trade and Plantations" (May 31, 1722), *CSPC*, item 513, vol. 32, 326 – 29。

101. "At a Council Held at the Capitol, the 3rd Day of May 1721," *Executive Journals of the Council of Colonial Virginia, May 1, 1705 – October 23, 1721*, 542; and Dodson, *Alexander Spotswood*, 220.

102. "Lt. Governor Spotswood to the Council of Trade and Plantations" (June 11, 1722), *CSPC*, item 175, vol. 33, 79 – 99.

尾声　"呦 – 吼 – 吼，再来一瓶朗姆酒"

1. Grey, *Pirates of the Eastern Seas*, vii.

2. Robert Louis Stevenson, *Treasure Island* (London: Cassell, 1883), 51.

3. Ibid., 7.

4. Young E. Allison, "Onboard the Derelict," *Library of Southern Literature*, ed. Charles Alphonso Smith, vol. 14 (New Orleans, LA: Martin & Hoyt Company, 1907), 6134 – 36; and Walt Mason, "An Apology and Appreciation," *Seven Seas Magazine* (November, 1915), 8.

5. W. S. Gilbert and Arthur Sullivan, *The Pirates of Penzance* (New York: J. M. Stoddart, 1880), 7.

6. Stephen Totillo, "Does It Say 'Aargh' When You Make a Kill?" *New York Times* (October 29, 2013).

7. Mark Twain, *Life on the Mississippi* (Hartford, CT: American Publishing Company, 1899), 43.

8. M. E. S., "Deeds of Pirate Kings: A Romantic Kind of Sailor Now Extinct," *New York Times* (January 24, 1892).

9. Robert C. Ritchie, "Living with Pirates," *Rethinking History* (September

2009），417.

10. Ralph D. Paine, *The Book of Buried Treasure* (London: William Heinemann, 1911), 9.

11. Paine, *The Book of Buried Treasure*, 26 – 41; Peter Ross, *A History of Long Island From Its Earliest Settlement to the Present Time*, vol. I (New York: Lewis Publishing Company, 1902), 180 – 81; Cordingly, *Under the Black Flag*, 178 – 90; Thomas A. Janvier, "The Sea-Robbers of New York," *Harper's New Monthly Magazine* (November 1894), 822; Rebecca Simon, "The Many Deaths of Captain Kidd," *History Today* (July 2015), 7; and W. C. Jameson, *Buried Treasures of the Mid-Atlantic States: Legends of Island Treasure, Jewelry Caches, & Secret Tunnels* (Little Rock, AR: August House, 2000), 25 – 29.

12. 本部分中关于发现"维达号"及其财富的背景信息出自 Clifford, *Expedition Whydah*; Donovan Webster, "Pirates of the *Whydah*," *National Geographic Magazine* (May 1999), 64 – 77; Great Big Story and CNN Films, "This Explorer Shares Shipwrecked Treasures with the World," https://www.discoverpirates.com/news/, accessed on June 15, 2017; The Whydah Pirate Museum website, https://www.discoverpirates.com/, accessed on June 15, 2017; and Doug Fraser, "Legend of the *Whydah* Pirate Ship Endures," *Cape Cod Times* (April 23, 2017)。

13. Levi Whitman, "A Topographical Description of Wellfleet, in the County of Barnstable," (October 26, 1793), in *Collections of the Massachusetts Historical Society for the year 1794*, vol. III (Boston: Apollo Press, 1794), 120.

14. Vanderbilt, *Treasure Wreck*, 121 – 22; and Edward Rowe Snow, *True Tales of Buried Treasure* (New York: Dodd, Mead, 1951), 57 – 59.

15. Snow, *True Tales of Buried Treasure*, 59.

16. Mark U. Wilde-Ramsing and Charles R. Ewen, "Beyond Reasonable Doubt: A Case for 'Queen Anne's Revenge,'" *Historical Archaeology* (2012), 110.

17. 关于发现"安妮女王复仇号"的背景信息出自 North Carolina Department of Natural and Cultural Resources *Queen Anne's Revenge* Project website, http://www.qaronline.org/, accessed on June 17, 2017; Moore, *Blackbeard the Pirate*, 31 – 39; David D. Moore, "Blackbeard's *Queen Anne's Revenge*: Archaeological Interpretation and Research Focused on the Hull Remains and Ship-Related Accoutrements Associated with Site 31 – CR – 314," *Tributaries* (October 2001), 49 – 64; Mark Wilde-Ramsing and Charles R. Ewen, "Beyond Reasonable Doubt: A Case for Queen Anne's Revenge," *Historical Archaeology*

（June 2012），110 – 33；Samir S. Patel and Marion P. Blackburn，"Blackbeard Surfaces," *Archaeology* （ March/April 2008 ），22 – 27；Willie Drye，"Blackbeard's Ship Confirmed off North Carolina," National Geographic News （August 29, 2011, and updated on July 24, 2017），http：//news. nationalgeographic. com/news/2011/08/110829 – blackbeard – shipwreck – pirates – archaeology – science/，accessed July 25, 2017；Kristin Romey，"Chance Blackbeard Discovery Reveals Pirate Reading Habits," *National Geographic* （January 4, 2018 ），https：//news. nationalgeographic. com/2018/01 /blackbeard – pirate – book – cannon – revenge/；以及笔者在 2017 年 7 月 11 日与北卡罗来纳海事博物馆海事历史馆馆长（Curator of Maritime History, North Carolina Maritime Museum）Paul Fontenoy 进行的私人交流。

参考书目

参考书目列表中只包含了本书引用的一小部分资料来源，旨在为想要了解更多美洲海盗和更广泛的海盗历史的读者提供一个出发点。关于本书涉及的具体问题和特定海盗的额外信息，请参见注释。

Appleby, John C. *Women and English Piracy, 1540 – 1720: Partners and Victims of Crime*. Woodbridge, UK: Boydell Press, 2013.

Baer, Joel H. , ed. *British Piracy in the Golden Age: History and Interpretation, 1660 – 1730*, 4 vols. London: Pickering & Chatto, 2007.

Beal, Clifford. *Quelch's Gold: Piracy, Greed, and Betrayal in Colonial New England*. Washington, DC: Potomac Books, 2008.

Bialuschewski, Arne. "Between Newfoundland and the Malacca Strait: A Survey of the Golden Age of Piracy, 1695 – 1725. " *Mariner's Mirror* (May 2004), 167 – 86.

Brooks, Baylus C. *Quest for Blackbeard: The True Story of Edward Thache and His World*. Lake City: Lulu Press, 2016.

Burgess, Douglas R. , Jr. , *The Pirates' Pact: The Secret Alliances between History's Most Notorious Buccaneers and Colonial America*. New York: McGraw Hill, 2008.

Butler, Lindley S. *Pirates, Privateers, and Rebel Raiders of the Carolina Coast*. Chapel Hill: University of North Carolina Press, 2000.

Clifford, Lindley S. *Expedition Whydah: The Story of the World's First Excavation of a Pirate Ship and the Man Who Found Her*. With Paul Perry. New

参考书目

York: Cliff Street Books, 1999.

Cordingly, David. *Spanish Gold: Captain Woodes Rogers and the Pirates of the Caribbean*. London: Bloomsbury, 2011.

—. *Under the Black Flag: The Romance and the Reality of Life among the Pirates*. Orlando: Harvest Book, 1995.

select BIBllography

Defoe, Daniel [Charles Johnson]. *A General History of the Pyrates*, ed. Manuel Schonhorn. Mineola, NY: Dover Publications, 1999.

Dow, George Francis, and John Henry Edmonds. *The Pirates of the New England Coast, 1630 – 1730*. New York: Sentry Press, 1968. First published in 1923.

Downey, Christopher Byrd. *Stede Bonnet: Charleston's Gentleman Pirate*. Charleston: History Press, 2012.

Earle, Peter. *The Pirate Wars*. New York: Thomas Dunne Books, 2003.

Esquemelin, Alexander O. *The Buccaneers of America*. Translated by Alexis Brown, and introduction by Jack Beeching. Mineola, NY: Dover Publications, 2000.

Fleming, Gregory N. *At the Point of a Cutlass: The Pirate Capture, Bold Escape, & Lonely Exile of Philip Ashton*. Lebanon, NH: ForeEdge, 2014.

Gosse, Philip. *The History of Piracy*. Mineola, NY: Dover Publications, 2007. First published in 1932 by the University of North Carolina Press.

Grey, Charles. *Pirates of the Eastern Seas (1618 – 1723): A Lurid Page of History*. Port Washington, NY: Kennikat Press, 1971. First published in 1933 by S. Low, Marston & Co.

Hanna, Mark G. *Pirate Nests and the Rise of the British Empire: 1570 – 1740*. Chapel Hill: University of North Carolina Press, 2015.

Jameson, J. Franklin. *Privateering and Piracy in the Colonial Period, Illustrated Documents*. New York: Augustus M. Kelley, 1923.

Konstam, Angus. *Blackbeard: America's Most Notorious Pirate*. Hoboken, NJ: John Wiley & Sons, 2006.

—. *The History of Pirates*. Guilford, CT: Lyons Press, 1999.

—. *The Pirate Ship: 1660 – 1730*. Oxford: Osprey Publishing, 2003.

Lee, Robert E. *Blackbeard the Pirate: A Reappraisal of His Life and Times*. Winston-Salem, NC: John F. Blair, 1990.

Leeson, Peter T. *The Invisible Hook: The Hidden Economics of Pirates*. Princeton, NJ: Princeton University Press, 2009.

Lincoln, Margarette. *British Pirates and Society, 1680 – 1730*. London: Routledge, 2014.

Little, Benerson. *The Golden Age of Piracy: The Truth behind Pirate Myths*. New York: Skyhorse Publishing, 2016.

McDonald, Kevin P. *Pirates, Merchants, Settlers, and Slaves: Colonial America and the* Indo-Atlantic *World*. Oakland: University of California Press, 2015.

Moore, David. "Blackbeard the Pirate: Historical Background and the Beaufort Inlet Shipwrecks." *Tributaries* (October 1997).

Pringle, Patrick. *Jolly Roger: The Story of the Great Age of Piracy*. New York: W. W. Norton, 1953.

Rankin, Hugh F. *The Golden Age of Piracy*. New York: Holt, Rhinehart & Winston, 1969.

Rediker, Marcus. *Between the Devil and the Deep Blue Sea: Merchant Seamen, Pirates, and the* Anglo-American *Maritime World, 1700 – 1750*. Cambridge: Cambridge University Press, 1987.

—. "'Under the Banner of King Death': The Social World of Anglo-American Pirates, 1716 to 1726," *William and Mary Quarterly* (April 1981).

—. *Villains of all Nations: Atlantic Pirates in the Golden Age*. Boston: Beacon Press, 2004.

Ritchie, Robert C. *Captain Kidd and the War against the Pirates*. Cambridge, MA: Harvard University Press, 1986.

Senior, Clive. *A Nation of Pirates: English Piracy in its Heyday*. London: David & Charles Newton Abbot, 1976.

Shomette, Donald G. *Pirates on the Chesapeake: Being a True History of Pirates, Picaroons, and Raiders on Chesapeake Bay, 1610 – 1807*. Centreville, MD: Tidewater Publishers, 1985.

Williams, Lloyd Haynes. *Pirates of Colonial Virginia*. Richmond, VA: Dietz Press, 1937.

Woodard, Colin. "The Last Days of Blackbeard." *Smithsonian* (February 2014).

—. *The Republic of Pirates: Being the True and Surprising Story of the Caribbean Pirates and the Man Who Brought Them Down*. New York: Harcourt, 2007.

Zacks, Richard. *The Pirate Hunter: The True Story of Captain Kidd*. New York: Hyperion, 2002.

图片来源

正文黑白插图

图 1：E. Keble Chatterton, *The Romance of Piracy：The Story of the Adventures, Fights & Deeds of Daring of Pirates, Filibusters, & Buccaneers From the Earliest Times to the Present Day* (London：Seeley, Service & Cp., Ltd., 1914)

图 2：Courtesy Library of Congress

图 3：Courtesy John Carter Brown Library at Brown University

图 4：Courtesy John Carter Brown Library at Brown University

图 5：John Carter Brown Library at Brown University

图 6：*Howard Pyle's Book of Pirates：Fiction, Fact & Fancy Concerning the Buccaneers & Marooners of the Spanish Main, From the Writing & Pictures of Howard Pyle*, compiled by Merle Johnson (New York：Harper & Brothers, 1921)

图 7：Courtesy Library of Congress

图 8：Courtesy Library of Congress

图 9：Courtesy Library of Congress

图 10：Courtesy Collections & Archives Department, Nimitz Library, U. s. Naval Academy.

图 11：Courtesy Library of Congress

图 12：Courtesy John Carter Brown Library at Brown University

图 13：Courtesy John Carter Brown Library at Brown University

图 14：Courtesy John Carter Brown Library at Brown University

图 15：Courtesy Library of Congress

图 16：Courtesy John Carter Brown Library at Brown University

图 17：Courtesy Library of Congress

图 18：TPG Images

图 19：Courtesy Houghton Library, Harvard University

图 20：Courtesy John Carter Brown Library at Brown University

图 21：Courtesy John Carter Brown Library at Brown University

图 22：TPG Images

图 23：E. Donovan, *The Natural History of British Shells*, vol. V (London: F. and C. Rivington, 1803)

图 24：Wikimedia Commons

图 25：M. N. , "Earthquake at Port Royal in Jamacia in 1692," *The Gentleman's Magazine* (November 1785) , 879 – 80.

图 26：Charles Ellms, Tbe Pirates Own Book, or Authentic Narratives of the Lives, Exploits, and Executions of the Most Celebrated Sea Robbers (Boston: S. N. Dickinson, 1837) . Courtesy Houghton Library, Harvard University

图 27：*Howard Pyle's Book of Pirates: Fiction, Fact & Fancy Concerning the Buccaneers & Marooners of the Spanish Main, From the Writing & Pictures of Howard Pyle*, compiled by Merle Johnson (New York: Harper & Brothers, 1921)

图 28：Courtesy New York Public Library, I. N. Phelps Stokes Collection of American Historical Prints

图 29：Charles Ellms, *The Pirates Own Book, or Authentic Narratives of the Lives, Exploits, and Executions of the Most Celebrated Sea Robbers* (Boston; S. N. Dickinson, 1837) . Courtesy Houghton Library, Harvard University

图 30：Courtesy Library of Congress

图 31：Charles Ellms, *The Pirates Own Book, or Authentic Narratives of the Lives, Exploits, and Executions of the Most Celebrated Sea Robbers* (Boston: S. N. Dickinson, 1837) . Courtesy Houghton Library, Harvard University

图 32：Nicolas de Larmessin, *Les augustes représentations de tous les rois de France, depuis Pharamond jusqu'à Louis XIV, ... avec un abrégé historique sous chacun, contenant leurs naissances, inclinations et actions plus remarquables pendant leurs règnes* (Paris: N. de L'Armessin, 1690)

图 33：Courtesy The Miriam and Ira D. Wallach Division of Art, Prints andPhotographs: Print Collection, The New York Public Library

图 34：Courtesy John Carter Brown Library at Brown University

图 35：Courtesy Art and Picture Collection, The New York Public Library, Astor,

图片来源

Lenox and Tilden Foundations

图 36：Courtesy John Carter Brown Library at Brown University

图 37：Courtesy Library of Congress

图 38：Charles Ellms, *The Pirates Own Book, or Authentic Narratives of the Lives, Exploits, and Executions of the Most Celebrated Sea Robbers* (Boston： S. N. Dickinson, 1837). Courtesy Houghton Library, Harvard University

图 39：*Howard Pyle's Book of Pirates： Fiction, Fact & Fancy Concerning the Buccaneers & Marooners of the Spanish Main, From the Writing & Pictures of Howard Pyle*, compiled by Merle Johnson (New York： Harper & Brothers, 1921).

图 40：Courtesy of Wikimedia Commons and the Rijksmusuem (Amsterdam)

图 41：Courtesy Library of Congress

图 42 ：Courtesy Library of Congress

图 43：Wikimedia Commons

图 44：Courtesy Library of Congress

图 44：Courtesy Library of Congress

图 45：Courtesy Library of Congress

图 46：Map reproduction courtesy of the Norman B. Leventhal Map Centerat the Boston Public Library

图 47：Courtesy Houghton Library, Harvard University

图 48：Courtesy John Carter Brown Library at Brown University

图 49：Courtesy John Carter Brown Library at Brown University

图 50：Charles Ellms, *The Pirates Own Book, or Authentic Narratives of the Lives, Exploits, and Executions of the Most Celebrated Sea Robbers* (Boston： S. N. Dickinson, 1837). Courtesy Houghton Library, Harvard University

图 51：Courtesy John Carter Brown Library at Brown University

图 52：Courtesy Library of Congress

图 53：John Seller, *The Sea – Gunner： Shewing the Practical Part of Gunner, As It Is Used at Sea* (London： H. Clark, 1691)

图 54：*Howard Pyle's Book of Pirates： Fiction, Fact & Fancy Concerning the Buccaneers & Marooners of the Spanish Main, From the Writing & Pictures of Howard Pyle*, compiled by Merle Johnson (New York： Harper & Brothers, 1921)

图 55：Courtesy John Carter Brown Library at Brown University

图 56：Courtesy Metropolitan Museum of Art, the Jefferson R. Burdick Collection, Gift of Jefferson R. Burdick

图 57：Courtesy Library of Congress

图 58：Courtesy Library of Congress, Geography and Map Division

图 59：Courtesy John Carter Brown Library at Brown University

图 60：Courtesy John Carter Brown Library at Brown University

图 61：Courtesy Library of Congress

图 62：Courtesy John Carter Brown Library at Brown University

图 63：Courtesy John Carter Brown Library at Brown University

图 64：Courtesy Library of Congress

图 65：*Howard Pyle's Book of Pirates: Fiction, Fact & Fancy Concerning the Buccaneers & Marooners of the Spanish Main, From the Writing & Pictures of Howard Pyle*, compiled by Merle Johnson (New York: Harper & Brothers, 1921)

图 66：Courtesy Library of Congress

图 67：Courtesy John Carter Brown Library at Brown University

图 68：Courtesy Library of Congress

图 69：Courtesy Miriam and Ira D. Wallach Division of Art, Prints and Photographs: Print Collection, The New York Public Library

图 70：Charles Ellms, *The Pirates Own Book, or Authentic Narratives of the Lives, Exploits, and Executions of the Most Celebrated Sea Robbers* (Boston: S. N. Dickinson, 1837). Courtesy Houghton Library, Harvard University

图 71："New and Correct Map of the Province of North Carolina," byEdward Moseley (1733). Courtesy Joyner Library, East Carolina University

图 72：Charles Ellms, *The Pirates Own Book, or Authentic Narratives of the Lives, Exploits, and Executions of the Most Celebrated Sea Robbers* (Boston: S. N. Dickinson, 1837). Courtesy Houghton Library, Harvard University

图 73：Charles Ellms, *The Pirates Own Book, or Authentic Narratives of the Lives, Exploits, and Executions of the Most Celebrated Sea Robbers* (Boston: S. N. Dickinson, 1837). Courtesy Houghton Library, Harvard University

图 74：Courtesy John Carter Brown Library at Brown University

图 75：Courtesy Wikimedia Commons

图 76：Courtesy John Carter Brown Library at Brown University

图 77：Courtesy Houghton Library, Harvard University

图 78：Courtesy John Carter Brown Library at Brown University

图 79：Courtesy Metropolitan Museum of Art, the Jefferson R. Burdick Collection, Gift of Jefferson R. Burdick

图 80：Courtesy John Carter Brown Library at Brown University

图 81：Courtesy Library of Congress

图 82：Courtesy NOAA National Marine Fisheries Service

图 83：Charles Ellms, *The Pirates Own Book*, *or Authentic Narratives of the Lives*, *Exploits*, *and Executions of the Most Celebrated Sea Robbers* (Boston：S. N. Dickinson, 1837). Courtesy Houghton Library, Harvard University

图 84：John Barnard, *Ashton's Memorial*：*Or An* [*sic*] *History of the Strange Adventures*, *and Signal Deliverances*, *of Mr. Philip Asbton.* Courtesy Houghton Library, Harvard University

图 85：Courtesy Library of Congress

图 86：Robert Louis Stevenson, *Treasure Island* and *Kidnapped* (London：Cassell and Company, Ltd. , 1912)

彩色图片

1. *Howard Pyle's Book of Pirates*：*Fiction*, *Fact & Fancy Concerning the Buccaneers & Marooners of the Spanish Main*, *From the Writing & Pictures of Howard Pyle*, compiled by Merle Johnson (New York：Harper & Brothers, 1921)

2. TPG Images

3. TPG Images

4. Robert Louis Stevenson, *Treasure Island* and *Kidnapped* (London：Cassell and Company, Ltd. , 1912)

5. Wikipedia Commons

6. Courtesy Library of Congress

7. TPG Images

8. *Howard Pyle's Book of Pirates*：*Fiction*, *Fact & Fancy Concerning the Buccaneers & Marooners of the Spanish Main*, *From the Writing & Pictures of Howard Pyle*, compiled by Merle Johnson (New York：Harper & Brothers, 1921)

9. TPG Images

10. Wikipedia Commons

11. Wikipedia Commons

12. Courtesy Library of Congress

13. TPG Images

14. Courtesy Library of Congress

15. Wikipedia Commons

16. Wikipedia Commons
17. Robert Louis Stevenson, *Treasure Island* (New York： Charles Scribner's Sons, 1911)
18. Courtesy Library of Congress
19. Lily Dolin

索 引

（以下页码为原书页码，即本书边码）

图书在版编目（CIP）数据

黑色的旗，蓝色的海：美洲海盗史／（美）埃里克·杰·多林（Eric Jay Dolin）著；冯璇译. -- 北京：社会科学文献出版社，2021.3

书名原文：Black Flags, Blue Waters: The Epic History of America's Most Notorious Pirates

ISBN 978-7-5201-6677-5

Ⅰ.①黑… Ⅱ.①埃… ②冯… Ⅲ.①海盗-历史-美洲 Ⅳ.①D770.88

中国版本图书馆 CIP 数据核字（2020）第 084317 号

地图审图号：GS（2021）557 号

黑色的旗，蓝色的海
——美洲海盗史

著　者／〔美〕埃里克·杰·多林（Eric Jay Dolin）
译　者／冯　璇

出 版 人／王利民
组稿编辑／董风云
责任编辑／李　洋

出　　版／社会科学文献出版社·甲骨文工作室（分社）（010）59366432
　　　　　　地址：北京市北三环中路甲 29 号院华龙大厦　邮编：100029
　　　　　　网址：www.ssap.com.cn
发　　行／市场营销中心（010）59367081　59367083
印　　装／三河市东方印刷有限公司

规　　格／开本：889mm×1194mm　1/32
　　　　　　印张：15.75　插页：0.5　字数：334 千字
版　　次／2021 年 3 月第 1 版　2021 年 3 月第 1 次印刷
书　　号／ISBN 978-7-5201-6677-5
著作权合同
登 记 号／图字 01-2019-1975 号
定　　价／89.00 元